考前充分準備　臨場沉穩作答

 千華公職證照粉絲團 f
https://www.facebook.com/chienhuafan
優惠活動搶先曝光

 千華公職資訊網
http://www.chienhua.com.tw
每日即時考情資訊 網路書店購書不出門

 千華 Line 生活圈 @
https://line.me/R/ti/p/%40cus3586l
即時提供最新考訊、新品出版、活動優惠等資訊

 千華數位文化
Chien Hua Learning Resources Network

名師精心整理

3大特色帶你上榜！

特色 1 ▶ 頻出度

根據出題頻率分為三個等級A(頻率最高)、B(中等)、C(最低)。可依據頻出度高低來規劃讀書計畫以及考前衝刺的閱讀重點。

特色 2 ▶ 關鍵句

整理重要關鍵字句，以**粗黑底線**字體呈現，立即掌握命題焦點，針對這些內容要特別熟讀。

第一篇　外匯市場概況及相關知識

第一章　國內外匯市場實況與交易市場作業

依據出題頻率區分，屬：**C** 頻率低

焦點速成

一、外匯市場

進行國際間的交易行為時，由於各國所使用通貨的不同，亦連帶產生不同通貨間的兌換行為，此即為外匯交易。從事外匯交易的場所，就是所謂的外匯市場。外匯市場係以外匯指定銀行為中心，由進出口商、外匯經紀商、中央銀行，以及其他外匯的供需者，為履行外匯交易所形成的市場。

二、外匯市場交易時間

匯市場，遍佈於不同國家，其中，較重要的為倫下表為全球主要外匯市場及其交易時間，開盤時間，收盤時間最晚的是美國洛杉磯碼外匯市場。

求主要外匯市場及交易時間

開盤時間(GMT+8)	收盤時間(GMT+8)
6：00AM（冬令時）	2：00PM（冬令時）
7：00AM（夏令時）	3：00PM（夏令時）
8：00AM	2：30PM
9：00AM	4：00PM
9：00AM	4：00PM
2：00AM	10：00PM
3：30AM	11：00PM
4：00AM	5：00PM
9：20PM（冬令時）	4：00AM（冬令時）
8：20PM（夏令時）	3：00AM（夏令時）

74　第一篇　外匯市場概況及相關知識

(五) 承作於外幣提款機提領人民幣現鈔業務，每人每次提領之金額，**不得逾人民幣二萬元**。

(六) 承作自然人匯款人民幣至大陸地區業務，其對象應以領有中華民國國民身分證之個人為限，並應透過人民幣清算行或代理行為之；匯款性質應屬經常項目，且每人每日匯款之金額，**不得逾人民幣八萬元**。

(七) 其他本行為妥善管理人民幣業務所為之規定。

(八) 大陸地區人民（非我國國民配偶）依法繼承臺灣地區人民遺產，**每人結匯最高金額為新臺幣二百萬元**。

(九) **結售未超過十萬美元、結購未超過十萬美元時**，銀行業逕行辦理大陸地區人民新臺幣結匯。

精選試題

( )　1. 依據央行「管理外匯條例」第二條之規定，下列何者非屬此條例所稱之外匯？ (A)外國貨幣 (B)外國票據 (C)外國有價證券 (D)黃金。

( )　2. 依據「銀行業辦理外匯業務作業規範」之規定，未經央行許可辦理外匯業務之銀行、信用合作社、農（漁）會信用部辦理買賣外幣現鈔及旅行支票業務時，其外匯賣超部位限額為何？
(A)以央行核給之額度為限　(B)五百萬美元
(C)五千萬美元　(D)賣超部位額為零。

( )　3. 有關指定銀行辦理新臺幣與外幣間換匯交易業務（FX SWAP），依據央行「銀行業辦理外匯業務管理辦法」之規定，下列何者不得申請辦理？ (A)國外法人 (B)國外自然人 (C)國內法人 (D)國內自然人。

( )　4. 依據央行「銀行業辦理外匯業務管理辦法」之規定，下列有關無本金交割新臺幣遠期外匯業務（NDF）之敘述，何者錯誤？ (A)到期結清時，一律採現金差額交易 (B)本項交易時不得展期、不得提前解約 (C)不得以保證金交易槓桿方式處理 (D)限公司行號始得辦理。

特色 3 ▶ 精選試題

收錄該章相關範圍試題，幫助學習並驗收學習成效。

千華數位文化
Chien Hua Learning Resources Network

高分上榜 讀書計畫表

使用方法 ▶ 本讀書計畫表為60天學習區段。

各章出題率分析
A 頻率高 **B** 頻率中 **C** 頻率低

可針對頻率高的章節加強複習！

頻出度	章節範圍			60天完成	考前複習
B	第一篇 外匯市場概況 及相關知識		第一章 國內外匯市場實況 與交易市場作業	第1～3天 完成日期 ___年___月___日	完成日期 ___年___月___日
A			第二章 影響匯率的關鍵因素	第4～11天 完成日期 ___年___月___日	完成日期 ___年___月___日
A			第三章 國內外匯交易相關法令	第12～14天 完成日期 ___年___月___日	完成日期 ___年___月___日
A	第二篇 外匯金融商品 交易實務		第一章 即期外匯交易	第15～18天 完成日期 ___年___月___日	完成日期 ___年___月___日
A			第二章 遠期外匯交易	第19～24天 完成日期 ___年___月___日	完成日期 ___年___月___日
C			第三章 換匯交易、換匯換利	第25～28天 完成日期 ___年___月___日	完成日期 ___年___月___日
B			第四章 外幣選擇權	第30～36天 完成日期 ___年___月___日	完成日期 ___年___月___日
B			第五章 外幣期貨	第37～42天 完成日期 ___年___月___日	完成日期 ___年___月___日
C			第六章 外幣保證金交易	第43～44天 完成日期 ___年___月___日	完成日期 ___年___月___日
B	第三篇 全範圍模擬試題			第45～55天 完成日期 ___年___月___日	完成日期 ___年___月___日
A	附錄			第56～60天 完成日期 ___年___月___日	完成日期 ___年___月___日

千華數位文化
Chien Hua Learning Resources Network

新北市中和區中山路三段136巷10弄17號
TEL: 02-22289070　FAX: 02-22289076
千華公職資訊網 http://www.chienhua.com.tw

外匯交易專業能力測驗

完整考試資訊
立即了解更多

■ **壹、辦理依據**

為提昇國內金融從業人員及一般大眾對外匯市場投資之認知，特舉辦本項測驗，以達到推廣外匯市場交易專業知識之目的。

■ **貳、報名資格**

報名資格不限。

■ **參、報名及考試日期**

報名日期：第19屆110年1月。（正確日期以官方公告為準）
考試日期：第19屆110年3月。（正確日期以官方公告為準）

■ **肆、報名費用**

每位應考人報名費用為新台幣855元整（或愛學習點數85點）。

■ **伍、報名方式**

一律採網路報名方式辦理。

■ **陸、測驗日期及考區**

一、測驗日期：108年3月。
二、考區：分為台北、台中、高雄及花蓮等四個考區，請擇一報考。

■ **柒、測驗科目、時間及內容**

一、測驗科目、時間及題型

節次	預備時間	測驗時間	測驗題型及方式
第一節	13：50	14：00至15：30	測驗分兩節，不分科目，每節90分鐘；四選一單選選擇題，採答案卡作答，其中概念題占30%~40%，計算題占60%~70%。
第二節	15：50	16：00至17：30	

二、測驗內容與範圍

(一)外匯市場概況及相關知識

1.國內外匯市場實況與國際外匯市場實況。

2.交易室作業。

3.影響匯率的關鍵因素。

4.基本面及技術面分析。

5.國內外匯交易相關法令。

(二)外匯金融商品交易實務

1.即期外匯交易。

2.遠期外匯交易（含無本金交割遠期外匯）。

3.換匯交易、換匯換利。

4.外幣選擇權。

5.外幣期貨。

6.外幣保證金交易。

■ 捌、合格標準

因各期測驗難易度無法完全相同，本項測驗並無固定合格分數，僅通知應試人合格與否。第1屆測驗本院已委請公正專家組成委員會，依據測驗內容、難易度及工作所需專業水準訂定合格標準，往後各屆測驗之合格標準將採用測驗等化方法，客觀比較各期難易度調整訂定之。

～以上資訊僅供參考，詳細內容請參閱招考簡章～

目次

準備秘技 *All Pass*

本書係為欲參加「外匯專業能力測驗」之考生所撰寫，利於考生快速研讀，因本科並未公布考題，相對考生在準備上，變成只能靠熟讀書本，卻沒有試題可以模擬演練，因此這樣的準備方式，勢必對考生造成很大的負擔。有鑑於此，本書在精要整理每章重點後，也幫考生蒐集大量試題演練，補足練習量的不足，善用本書可快速打通任督二派，輕鬆進考場。本書特色説明如下：

1. 焦點整理，清楚明白

書本內容特別整理每章必考焦點，焦點整理完整充實，清晰明白，易讀易記，幫助考生建立基本觀念。

2. 試題蒐羅齊全，快速驗收成效

精心收錄相關試題，加以分門別類編排整理，是您觀念建立後，快速驗收成果的好幫手！

以下為各位考生歸納外匯專業能力測驗的準備方法：

1. 擬定讀書計畫表

擬定讀書計畫表，配合熟讀書本內容，循序漸進。準備考試這條路真的像馬拉松競賽一樣，要比誰有耐力、有恆心，考生們一定要擬定讀書計畫表，持之以恆，相信成功一定會到來！

2. 精選試題

演算題目是測量自己是否吸收的一個很好的方式，所以本書在每章節後面，均附有精選試題，幫助各位考生熟悉題型外，更可以慢慢累積解題的方法、速度等，對於考試都是很有幫助。

3. 考前複習及模擬

參加任何考試皆然，考生們一定要在考前挪出一至二星期的時間，快速的複習重點，並配合試題來模擬演練，以讓自己的記憶保持在最佳狀態。

總而言之，只有計畫性的讀書計畫，並持之以恆，才能得到勝利的甜美果實，祝各位考生金榜題名。

參考資料來源

1. 金管會金融智慧網。
2. 證券市場-理論與實務，財團法人中華民國證券暨期貨市場發展基金會，台北。
3. 兆豐銀行網站。
4. 中央銀行網站。

焦點速成

一、外匯市場

進行國際間的交易行為時，由於各國所使用通貨的不同，亦連帶產生不同通貨間的兌換行為，此即為外匯交易。從事外匯交易的場所，就是所謂的外匯市場。外匯市場係以外匯指定銀行為中心，由進出口商、外匯經紀商、中央銀行，以及其他外匯的供需者，為履行外匯交易所形成的市場。

二、外匯市場交易時間

目前全球約有30多個主要外匯市場，遍佈於不同國家，其中，較重要的為倫敦、紐約、東京及新加坡。下表為全球主要外匯市場及其交易時間，開盤時間最早的是澳洲雪梨外匯市場，收盤時間最晚的是美國洛杉磯外匯市場。

全球主要外匯市場及交易時間

地區	城市	開盤時間(GMT+8)	收盤時間(GMT+8)
大洋洲	澳洲雪梨	6：00AM（冬令時）	2：00PM（冬令時）
		7：00AM（夏令時）	3：00PM（夏令時）
亞洲	日本東京	8：00AM	2：30PM
	香港	9：00AM	4：00PM
	新加坡	9：00AM	4：00PM
歐洲	德國法蘭克福	2：00AM	10：00PM
	法國巴黎	3：30AM	11：00PM
	英國倫敦	4：00AM	5：00PM
北美洲	紐約外匯市場	9：20PM（冬令時）	4：00AM（冬令時）
		8：20PM（夏令時）	3：00AM（夏令時）

三、固定匯率及浮動匯率

(一) 固定匯率：

1. **固定匯率制**：又稱「釘住匯率制」，是國家間貨幣採用固定匯率進行貨幣交換的制度，一國政府可透過行政方式限定其貨幣相對於另一貨幣的價值。該國政府依照一定重量的黃金，或者一定數量的另一種貨幣，或貨幣組合給本國貨幣定價。

2. **固定匯率制的主要優缺點：**

優點	固定匯率是有利於世界經濟的發展。由於固定匯率制是指兩國貨幣比價基本固定，或匯率波動範圍被限制在一定的幅度之內，因此其就便於經營國際貿易、國際信貸和國際投資的經濟主體進行成本和利潤核算，也使進行這些國際經濟交易的經濟主體面臨匯率波動的風險損失較小。
缺點	匯率基本上不能發揮調節國際收支的經濟槓桿作用；固定匯率制很可能會造成內部平衡失調；易引起國際匯率制度的動盪與混亂。

3. **全球常見的固定匯率制度比較：**

類別	定義	實施前提
一般固定匯率 Conventional peg	將本國貨幣的價位釘住另一國或一籃子他國貨幣，如沙烏地阿拉伯里爾（Riyal）設定在1美元兌換3.75里爾。	貨幣當局有能力透過直接干預（在外匯市場操作）或間接干預（透過利率政策或資本移動管理措施等）維持固定匯率制度。
聯繫匯率制度 Currency Board	**以香港為例。** 指由貨幣當局保證，民眾可透過 固定匯率自由地將本國貨幣兌換為外國貨幣（通常為美元）的制度。	1.一國的貨幣當局發行貨幣，須有至少百分之百的外匯準備擔保，並犧牲貨幣政策自主性。 2.貨幣基礎變動須有外匯準備的相應變動完全配合。

類別	定義	實施前提
美元化制度 No separate legal tender	以厄瓜多為例。 指以其他國家發行的貨幣作為法償貨幣的國家，因大多以美元為法償貨幣，故俗稱美元化制度。	1.經濟規模通常較小，可能因在政治或經濟方面高度依附其法償貨幣發行國；亦可能為了化解嚴重經濟危機而實行美元化。 2.完全放棄貨幣政策自主權及鑄幣稅。

（參考資料來源：中央銀行）

(二) **浮動匯率：**

1. **浮動匯率制**：是指由外匯市場或自由市場需求與供給來決定升貶的匯率制度。

2. **浮動匯率制的主要優缺點：**

優點	浮動匯率制能發揮其調節國際收支的經濟槓桿作用；只要國際收支失衡不是特別嚴重，就沒有必要調整財政貨幣政策；減少對儲備的需要，並使得逆差國避免儲備的流失。
缺點	當匯率頻繁，其劇烈的波動將使國際信貸、國際投資等國際貿易經濟主體難於核算成本和利潤；另外，助長了外匯投機活動，必然加劇國際金融市場的動盪和混亂。

四、匯率報價

(一) **直接報價法**：又稱「價格報價法」，一單位外國貨幣可以折算為多少本國貨幣的匯率報價法。

(二) **間接報價法**：又稱為「歐式報價法」或「數量報價法」，指一單位本國貨幣可折合為多少單位的外幣。目前國際匯市中除英鎊（GBP）、歐元（EUR）、澳幣（AUD）、紐幣（NZD）屬此種報價法，其餘皆採「直接報價」。

(三) **完全報價法**：針對一般顧客，其報價方式與即期匯率相同。

(四) **點數報價法**：指銀行報出遠期匯率和即期匯率的差額點數，點數又稱為「換匯率（swap rate）」。採用點數報價時會有兩個數字，若數字前低後高，表示遠期匯率高於即期匯率，稱為「升水」或「溢價」；若數字前高後低，表示遠期匯率低於即期匯率，稱為「貼水」或「折價」；若前後數字相同，表示遠期匯率與即期匯率相同，稱為「平價」。

五、外匯交易報價慣例

(一) **通常以百萬元為單位**：例如：USD／JPY 1 MIO、EUR／USD 0.3MIO。

(二) **5 Digits原則**：國際上主要外匯交易貨幣組合，匯率大多以5位數字表示，例如：USD／JPY115.30、EUR／USD1.2275。匯率前三個數字稱為大數（Big Figure），最後二個數字稱為小數。

(三) **基本點（Base Point）**：基本點係指匯率變動的最小基本單位，例如：USD／JPY115.30，則0.01即為基本點，又EUR／USD1.2275，則0.0001即為基本點。

六、交割日

(一) **原定交割日**：
　1.當日交割日。
　2.次營業日交割日。
　3.即期交割日（一般即期交割日為成交日後第二個營業日）。
　4.遠期交割日（一般以即期交割日加上星期或月數或以即期交割日，加上遠期日曆天數）。

(二) **特殊交割日**：新的交割日原則上應變更為原交割日後的第一個營業日（須符合二種貨幣的營業日），但若是在月底日，則應變更為月底的前一個營業日。

七、市場參與者

(一) **辦理外匯業務之金融機構**：在市場上負責接受顧客買、賣外匯後之拋補工作，或為其他目的的金融性交易，是市場的主角。

(二) **外匯經紀商**：從事交易撮合的工作，在市場上扮演橋樑的角色。可分為「人工撮合」與「網路電子撮合」兩種。

(三) **其他外匯買賣中間業者。**

(四) **外匯供需者。**

(五) **中央銀行**：基於調節供需或政策上之考慮，必要時在市場上進行調節性或政策性干預，是市場的監督人。

八、交易流程

整個過程包括：詢價／報價、交易確認、辦理交割：

(一) **詢價／報價**：

1. 交易之當事人、代理人或經紀商均有義務以明確的方式表明其報價是有效報價或參考報價。

2. 交易員透過經紀商，或直接向對方報出有效報價時，除非有特別指示或協議，即有義務依該報價就市場標準慣用金額與可接受之對方完成交易。

3. 交易員與經紀商不得進行本身無意承諾，而僅企圖誤導市場參與者之非真意報價。

4. 對各種貨幣之報價，市場參與者若採用非國際市場慣用的報價方式時，須事先聲明。

5. 交易員欲從事畸零或非標準慣用金額之交易，應事先向交易對方具體明確表明。

6. 交易員應立刻表明成交幣別、金額，報價者亦須立即表示願承諾及接受之金額。

(二) **交易完成之確認**：

1. 價格及任何條件只要經雙方同意，那麼交易員就應該信守交易的承諾。

2. 交易員應該將口頭上的交易承諾視為具有約束力，而隨後的書面確認應視其為交易憑證，並不會逾越先前的口頭協定，不一定要有書面文件才視為達成交易。為了降低交易完成後可能再發生爭議，買賣雙方應在口頭磋商時就把各項交易細節談妥，並且儘快就未決定的部分達成協議。

3. 所有市場參與者無論其角色為金融機構管理人、交易員或經紀商，都有義務明白表示他們的報價都是確實有效的價格，或僅是參考性質的報價。而經紀商所報出的價格更應該是在合理的市場金額下能成交的確實有效價格，除非另有其他規範。

4.交易員對於報給經紀商的價格要負全責，在這種情況下，交易員一開始就應該對價格訂出時效（例如明訂只有一分鐘）。否則，交易員有義務在合理的市場金額下，以所報價格進行交易。

5.在金融市場交易中，許多報價都是參考報價，只有在交易當事人直接與顧客交易，或者該當事人從經紀商處得知客戶是誰，始為有效報價。交易者依據對方所報出的價格，只要姓名與先前認定者一致，都必須履行。

(三) **交割：**

1.除非另有約定，報價均屬「即期交割」，亦即於成交後第二個營業日交割。

2.鑑於各地假日不盡相同，對營業日之認定，可能產生誤解，因此報價時，市場參與者宜與交易對方確定交割日期。

3.交割日之月份，最好以英文月份字母表示，免生混淆。

4.倘遇不可抗力之事件而須順延交割日時，新臺幣利息之補償按前一日公告之金融業拆款市場隔夜拆款加權平均利率計收，但雙方另有約定者，從其約定。

九、交易員行為規範

(一) **秘密保護原則：**涉及交易相關之人員（包括前、中、後台作業人員及經紀商）均有責任採行嚴格的保密標準，以維護市場秩序。

(二) **毒品及酗酒：**管理階層應主動介入處理交易員毒品及酗酒問題，預先防範，以免危及當事人及市場發展。

(三) **交際應酬及禮品：**交易員應避免不當的交際應酬或餽贈。

(四) **洗錢防治：**交易相關人員應有責任注意防範洗錢，並應該明瞭「認識你的客戶」的執行程序，對可疑交易隨時保持高度警覺，以遏止不正當之經濟利益取得。遇到任何可疑的交易時，應向主管提出報告，倘裁定係屬應申報事項，則須依防制洗錢注意事項辦理申報事宜。

(五) **賭博：**金融機構應嚴格限制交易員不得涉及賭博，以免成為弊病並引發利益衝突，或甚至造成個人財務破產等無法控制之嚴重後果。

(六) **舞弊：**非標準化之交割程序辦理付款交割，則應就該筆交易之內容及條件再以電文或其他方式進行確認，以確定該項交易真實無誤。當受益人為第三人而非交易對方時，需要特別注意是否取得授權或確實遵循相關規定辦理，始能付款。遇到任何存疑的情況時，員工應立即通知管理階層，不得延誤。

(七) **個人帳戶的交易**：為維持市場交易之公平性，交易相關人員不應利用公司內部資訊擅自為自己或相關人員進行交易而謀取利益，並禁止下列行為：
1. 與客戶約定分享利益或共同承擔損失。
2. 利用客戶帳戶或名義為自己從事交易。
3. 利用他人或自己名義供客戶從事交易。
4. 交易人員不得以對作之形式，逕行私自承受客戶所委託之交易。

(八) **誤傳及謠言**：交易員對未經證實的消息，倘認為可疑且可能損及第三者利益者，應該慎言以對，不得繼續散播。交易員不得對客戶運用誇大宣傳的方式謀取自己利益。

(九) **風險告知**：面對日益複雜之金融商品，金融機構應對一般客戶（非金融機構）善盡風險告知義務，於交易前讓客戶充分瞭解交易內容及可能發生之風險，特別是對涉及衍生性金融商品交易或相關之組合式產品。交易員亦應請客戶審慎評估判斷與交易有關之各項風險，依客戶自身之獨立判斷及風險承受度選擇交易項目，不得有誤導客戶之情事。

(十) **法規遵循**：交易相關人員應確實遵循主管機關所頒布之相關法規及內部制定之各項規範。

十、作業部門

(一) **前台（交易室）**：負責金融商品之交易。
(二) **後台（交割作業）**：負責交易之確認、清算及交割。
(三) **中台（風險控管）**：負責風險之監控及維護。

十一、交易室安全控管

(一) 在金融市場從事交易活動，交易室容易成為外部破壞或攻擊之目標。因此，高階管理人員除了認知交易室的安全及系統設備之重要性外，應以書面方式制訂相關安全措施，包括作業資訊與設備、機密文件的保存、交易室門禁規則等，以防範非財務人員與外部訪客之不當干擾。交易室或經紀商之所有成員，對於可疑之活動或異常要求有關財務部門之業務訊息或系統者，應保持警覺並立即報告高階管理人員。

(二) 前台交易與後台交割人員不得相互兼任，同時前、後台之呈報系統及風險控管亦應嚴格區分，倘有設置中台作業控管風險，亦應採取類似的職掌區分與呈報流程劃分，以達相互監控之功能。

(三) 後台與中台之業務績效應避免與交易員的操作績效直接連結。

十二、匯率制度

匯率制度的領域涵蓋廣泛─從自由浮動到不同型式的「硬性」釘住。以下就比常見的幾種匯率制度做介紹：

(一) **獨立浮動匯率制**：外匯的價值由市場自由決定，中央銀行不干預外匯市場，對外部和內部衝擊名義匯率即時做出反應，不需要高額外匯儲備。這種制度的缺點是名義（和實際）匯率的大幅波動可能扭曲資源配置，匯率的隨機性和通貨膨脹偏向較大。實際上，沒有任何一個國家單純只採用的浮動匯率制。

(二) **管理浮動匯率制**：中央銀行偶爾干預外匯市場，但不捍衛任何確定的平價，干預的頻率根據匯率目標而定。主動的干預（對沖的或非對沖的）導致外匯儲備的變化，間接的干預（透過改變利率、流動性和其他金融工具）並不引起儲備的變動。管理浮動匯率制的優點是避免了匯率的過分波動，主要缺點是央行行為缺乏透明度，可能引起很多不確定性，干預只能帶來短期效果，而且這種效果還可能是負面的。

(三) **釘住匯率制**：又稱「水平區間制」，名義匯率允許在一個區間內自由浮動，這個區間的中心是一個固定匯率，這個固定匯率就是要盯住一種貨幣，要不然就是盯住一籃子貨幣，因此又稱為「基礎均衡匯率」，即期匯率圍繞著這一基礎均衡匯率波動，波動幅度有上下限限制。在實踐中，波動幅度往往是「軟波幅」，貨幣當局並沒有絕對義務在即期匯率衝擊目標區邊界時進行干預。

(四) **爬行釘住匯率制**：匯率在一個區間內波動，中心平價隨時間而改變。這一匯率制度可以使高通脹國家採用區間調整的匯率而不必調整中心平價，缺點是回顧性爬行可能引入通貨膨脹慣性，而前瞻性爬行則可能產生匯率高估，引來貨幣投機。

(五) **區間爬行匯率制**：在高通貨膨脹國家，釘住匯率可以透過一系列的小幅貶值重新確定，而這種調整可以是每週一次。釘住匯率制的缺點是如果得不到財政政策和收入政策的支持很難維持，而通脹率指數化的匯率帶來了通貨膨脹慣性，可能使匯率失去經濟定錨的作用。

(六) **最適通貨區制**：為一群組的國家列出數個條件，以採行共同通貨或貨幣聯盟。

精選試題

( )　1. 下列市場交易時區，何者交易時間最早？　(A)紐約　(B)倫敦　(C)雪梨　(D)東京。

( )　2. 下列何項貨幣採間接報價？　(A)EUR　(B)CHF　(C)CAD　(D)JPY。

( )　3. 請問目前人民幣的匯率機制為何？　(A)固定匯率機制　(B)完全浮動匯率機制　(C)管理浮動匯率機制　(D)釘住匯率機制。

( )　4. 有關外匯交易常用術語，下列敘述何者錯誤？　(A)大數指前二個數字　(B)小數指最後二個數字　(C)匯率多以五位數字表示　(D)貨幣最小的計價單位稱之基本點。

( )　5. 澳幣對美元的價格為0.8895／00，若交易員依市場慣例的小碼（pips）報價方式應為何？　(A)0.8895／0.8900　(B)895／900　(C)5／0　(D)95／00。

( )　6. 有關外匯交易風險，下列敘述何者錯誤？　(A)臺幣匯率的波動性相對低於日圓　(B)即期外匯交易，交割日僅在交易日後兩個營業日，信用風險問題較小　(C)專業信評機構的債信評等報告，公信力已大不如前　(D)可經由控管各幣別的每日交割總額，以規避市場風險。

( )　7. 下列各組EUR／USD之報價中，何者最具競爭力？　A：1.3611－1.3615　B：1.3610－1.3615　C：1.3612－1.3614　D：1.3609－1.3613　(A)A　(B)B　(C)C　(D)D。

( )　8. 外匯市場上不論金額大小與交易時間長短都可進行交易，有關外匯交易的敘述，下列何者錯誤？　(A)交易金額愈大，流動性愈好　(B)銀行是外匯市場的主要造市者　(C)外匯經紀商藉由撮合交易賺取手續費　(D)央行有時會進場干預，維持市場穩定。

( )　9. 外匯市場詭譎多變，漲跌難料，下列何者可降低外匯交易市場風險的發生？　(A)設定單一交易對手交易總金額限制　(B)管控每日幣別交割總金額　(C)注意交易對手信用評等概況　(D)分散投資幣別。

( )　10. 如AUD／USD匯率從0.9050來到0.8850，下列說明何者錯誤？
　　　　(A)美元相對澳幣升值　(B)AUD／USD匯率下跌200個基本點
　　　　(C)美元買澳幣價格變便宜　(D)澳幣轉美元價格變好。

( )　11. 貨幣依自由化程度區分成三種，其中有關「局部外匯管制貨幣」之
　　　　敘述，下列何者錯誤？　(A)避險困難，難以吸引外資進入　(B)流
　　　　動性較「外匯管制貨幣」市場好　(C)臺幣及韓圜市場均屬此類
　　　　(D)雖有NDF交易，但大多設有管制。

( )　12. 外匯市場內涵蓋全球各種貨幣，幾乎是24小時全天交易，有關外匯
　　　　市場的敘述，下列何者錯誤？　(A)網路交易比重愈來愈高　(B)交
　　　　易對手愈多，流動性愈佳　(C)交易流動性與交易時區無關　(D)交
　　　　易員可與不同時區之對手進行交易。

( )　13. 外匯交易都是以貨幣對貨幣的組合方式來表示，下列四個貨幣組
　　　　合中，何者流動性相對較差？　(A)EUR／USD　(B)USD／JPY
　　　　(C)GBP／USD　(D)USD／ZAR。

( )　14. 對於國際主要貨幣的外匯交易而言，下列哪類型的風險相對較小？
　　　　(A)流動性風險　(B)市場風險　(C)交割風險　(D)信用風險。

( )　15. 甲銀行USD／JPY的報價為90.63／90.68，乙銀行USD／JPY的報價
　　　　為90.64／90.67，下列敘述何者正確？　(A)欲買入美元，甲銀行報
　　　　價較好　(B)欲買入美元，乙銀行報價較好　(C)欲賣出美元，甲銀
　　　　行報價較好　(D)兩家銀行報價存在套利空間。

( )　16. 有關國際匯市GBP／USD=1.5485的報價，下列敘述何者正確？
　　　　(A)英鎊為「作為商品的貨幣」　(B)代表1美元可兌換1.5485英鎊
　　　　(C)如果GBP／USD由1.5485變成1.5575，代表美元升值，英鎊貶值
　　　　(D)此報價為美式報價的一種。

( )　17. 甲銀行EUR／USD的報價為1.3825／1.3827，乙銀行EUR／USD的
　　　　報價為1.3826／1.3830，下列敘述何者正確？
　　　　(A)乙銀行報價價差較小
　　　　(B)報價最好的買價（BID）為甲銀行
　　　　(C)欲把歐元轉成美金，乙銀行價格較好
　　　　(D)兩家銀行報價存在套利空間。

( )　18. 假設EUR／USD＝1.3900，如匯價上漲300個基本點，則匯價應為何？　(A)1.3930　(B)1.4200　(C)1.6900　(D)1.3870。

( )　19. 有關貨幣的升貶，下列敘述何者錯誤？
(A)日圓升值，對日本汽車出口業者不利
(B)標準普爾調降西班牙、希臘等國的債信評等，對歐元不利
(C)國際油價下跌，將有利於加拿大幣
(D)澳洲央行降息及金價下跌，將不利於澳幣。

( )　20. 下列何者是報價賣價（OFFER）最好的銀行，報價為何？　A.銀行：90.30－90.35　B.銀行：90.31－90.33　C.銀行：90.32－90.34　D.銀行：90.29－90.32
(A)A銀行：90.35　　　　　　　(B)B銀行：90.31
(C)C銀行：90.32　　　　　　　(D)D銀行：90.32。

( )　21. 倘EUR／USD＝1.3800，下列敘述何者錯誤？　(A)EUR代表商品貨幣　(B)代表1歐元可兌換1.38的美元　(C)1美元約可兌換0.7246的歐元　(D)若匯率上升至1.40，代表美元升值了。

( )　22. 下列何者是報價買價（BID）最好的銀行，其報價為何？　A.銀行：1.3650－1.3653　B.銀行：1.3651－1.3654　C.銀行：1.3652－1.3655　D.銀行：1.3651－1.3652
(A)A銀行：1.3653　　　　　　　(B)B銀行：1.3651
(C)C銀行：1.3652　　　　　　　(D)D銀行：1.3652。

( )　23. USD／TWD＝31.888，下列敘述何者錯誤？　(A)USD代表計價貨幣　(B)若匯率上升至32，代表美元升值了　(C)TWD屬新興市場貨幣的一種　(D)代表1美元可兌換31.888的臺幣。

( )　24. 有關USD／CHF＝1.0654－1.0657的敘述，下列何者錯誤？
(A)客戶可以賣出美元的價位為1.0657
(B)此報價之價差為3個基本點
(C)1.0654為Bid Rate
(D)Offer Rate代表客戶可買入的價格。

( )　25. 投資人可藉由管控各幣別每日交割總額來降低何種外匯交易風險的發生？　(A)流動性風險　(B)市場風險　(C)交割風險　(D)信用風險。

( )　26. 請問目前港幣的匯率機制為何？　(A)固定匯率機制　(B)完全浮動匯率機制　(C)管理浮動匯率機制　(D)釘住匯率機制。

( )　27. 有關GBP／USD＝1.5485的敘述，下列何者正確？
(A)英鎊為「做為商品的貨幣」
(B)代表1美元可兌換1.5485英鎊
(C)如果GBP／USD由1.5485變成1.5575，代表美元升值，英鎊貶值
(D)此報價為直接報價的一種。

( )　28. 有關雙向報價，下列敘述何者正確？
(A)報價者以offer rate買入外匯　　(B)報價者以bid rate買入外匯
(C)詢價者以bid rate買入外匯　　(D)詢價者以offer rate賣出外匯。

( )　29. 外匯市場既深且廣，參與者眾，有關外匯市場的敘述，下列何者錯誤？　(A)具有24小時不間斷的交易特性　(B)當市場流動性變差，買賣價差將變小　(C)東京及首爾屬同個交易時區　(D)不需透過集中市場即可完成交易。

( )　30. 下列何者不屬於同業間的外匯交易方式？
(A)E-trading　　　　　　　　　(B)EBS
(C)路透專屬交易系統　　　　　　(D)網路銀行。

( )　31. 下列何者不屬於個人敘作外匯交易方式？
(A)臨櫃　　　　　　　　　　　　(B)EBS
(C)網路銀行　　　　　　　　　　(D)ATM。

( )　32. 傳統的投資學理論面對市場風險時通常採取兩種因應模式，消極分散風險及積極管理風險，下列何者不屬於積極的因應模式？
(A)日本出口商以日圓作為對外報價基礎
(B)臺灣出口商以美元作為對外報價基礎
(C)中國出口商買入美元賣權／人民幣買權
(D)德國出口商預售美元遠期外匯。

( )　33. 目前臺灣所實施的匯率制度，比較接近下列何種匯率制度？
　　　(A)浮動匯率制度　　　　　　　　(B)固定匯率制度
　　　(C)管理浮動匯率制度　　　　　　(D)金本位匯率制度。

( )　34. 下列敘述何者為非？　(A)銀行間的外匯市場，又稱躉售外匯市場
　　　(B)銀行間的外匯市場並無最小交易單位之限制　(C)銀行與顧客間
　　　市場的交易，金額較小者，依銀行牌告匯率交易　(D)銀行與顧客
　　　間市場的交易，金額較大者，以議價方式交易。

( )　35. 外匯交易中，交易雙方無法同步進行無時差的資金收付，因而產生
　　　的風險稱為：
　　　(A)流動性風險　　　　　　　　　(B)市場風險
　　　(C)交割風險　　　　　　　　　　(D)作業風險。

( )　36. 下列何者為外匯市場的參與者？　(A)外匯指定銀行　(B)外匯經紀
　　　商　(C)中央銀行　(D)以上皆是。

( )　37. 下列何者是外匯市場的參與者？　(A)賓士汽車的進口商　(B)留學
　　　生在臺灣的父母　(C)中央銀行　(D)以上皆是。

( )　38. 下列何者在我國外匯市場中主要扮演外匯（USD）供給者的角色？
　　　(A)LV皮件的進口商　　　　　　(B)中央銀行
　　　(C)中油公司　　　　　　　　　　(D)外銷廠商。

( )　39. 匯款至下列哪一國家時，不得經由美系銀行清算或轉匯，以免資金
　　　遭凍結？　(A)南韓　(B)敘利亞　(C)越南　(D)菲律賓。

( )　40. 本國外匯市場係由不同型態的外匯交易參與者所組成，下列何者非
　　　屬其組織成員？
　　　(A)進出口商及旅行、投資者　　　(B)外匯指定銀行
　　　(C)外匯經紀商　　　　　　　　　(D)外匯經紀商。

( )　41. 有關國際外匯市場之主要功能，下列敘述何者有誤？　(A)提供國際
　　　匯兌與清算　(B)擴大國際間各種貨幣之利差　(C)提高國際資金運
　　　用效率　(D)提供規避匯率風險的工具。

( ) 42. 衡量一國通貨的對外價值時，如考慮到兩國間物價相對變動而加以調整，所得到之匯率稱為下列何者？ (A)名目匯率 (B)交叉匯率 (C)均衡匯率 (D)實質匯率。

( ) 43. 當任何兩種通貨無直接兌換比率，必須透過第三種通貨間接計算而得的兌換率，稱為下列何者？ (A)名目匯率 (B)實質匯率 (C)交叉匯率 (D)均衡匯率。

( ) 44. 遠期匯率與即期匯率的差額，稱為下列何者？ (A)實質匯率 (B)換匯匯率 (C)交叉匯率 (D)均衡匯率。

( ) 45. 下列何者非屬「外匯」涵蓋的範圍？ (A)英鎊 (B)美元存款 (C)以英鎊計價的股票 (D)臺灣存託憑證。

( ) 46. 下列何者不屬於歐元區國家？ (A)德國 (B)法國 (C)英國 (D)荷蘭。

( ) 47. 下列那一非歐元區國家，但卻採取緊盯歐元的匯率制度？ (A)英國 (B)波蘭 (C)丹麥 (D)瑞典。

( ) 48. 下列何者讓參與國的匯率僅能在法定匯率±2.25%的範圍內波動？ (A)布芮頓伍茲協定 (B)斯密森協定 (C)牙買加協定 (D)馬斯垂克協約。

( ) 49. 大多數國家普遍認同並接受浮動匯率制度是在_____之後。 (A)布芮頓伍茲協定 (B)斯密森協定 (C)牙買加協定 (D)馬斯垂克協約。

( ) 50. 在下列哪一種匯率制度之下，一國無法有獨立自主的貨幣政策？ (A)固定匯率制度 (B)浮動制度 (C)管理浮動制度 (D)純浮動制度。

( ) 51. 歐元（EURO）取代了下列哪一種準備資產？ (A)Bancor (B)ECU (C)SDR (D)以上皆被取代。

( ) 52. 特別提款權（special drawing right, SDR）是由一籃子貨幣組成，下面何種貨幣所佔權重最高？ (A)日圓 (B)歐元 (C)英鎊 (D)美元。

( ) 53. 下列何者是採用浮動匯率制度的缺點？ (A)國內經濟受外來因素的衝擊較小 (B)本國貨幣政策制度的自主權較高 (C)匯率的自動穩定機制 (D)匯率波動不利投資及貿易的進行。

(　)　54. 一單位外國貨幣可以兌換多少本國貨幣的匯率，稱之為下列何者？
　　　　(A)直接匯率　(B)間接匯率　(C)遠期匯率　(D)實質匯率。

(　)　55. 若我國中央銀行對匯率所進行的干預，是讓新臺幣對美元貶值但不影
　　　　響國內的貨幣供給量，則：　(A)此種干預行為稱之為有消毒的干預
　　　　(B)央行的作法是一面賣新臺幣（買美元），一面在公開市場買進國
　　　　庫券　(C)此種干預行為稱之為無消毒的公開市場操作　(D)央行的作
　　　　法是一面買新臺幣（賣美元），一面在公開市場買進國庫券。

(　)　56. 在銀行同業市場，下列何者是採歐式報價？　(A)英鎊　(B)歐元
　　　　(C)澳幣　(D)加幣。

(　)　57. 何謂「通貨對通貨交易」？
　　　　(A)若外匯交易完全不涉及美元，自營商稱此種交易為通貨對通貨交易。
　　　　(B)若外匯交易完全涉及商品買賣者，稱此種交易為通貨對通貨交易。
　　　　(C)若外匯交易完全涉及交易者，稱此種交易為通貨對通貨交易。
　　　　(D)若外匯交易完全涉及多種貨幣者，稱此種交易為通貨對通貨交易。

(　)　58. 通貨對通貨交易所採用的匯率為何？　(A)直接匯率　(B)間接匯率
　　　　(C)固定匯率　(D)交叉匯率。

(　)　59. 根據下列的報價：

銀行報價	美式報價		歐式報價	
	買價	賣價	買價	賣價
澳幣（A$）	0.7152	0.7168	1.3950	1.3982
新加坡幣（S$）	0.5828	0.5863	1.7057	1.7157

　　　　請計算A$/S$（交叉匯率）的買價與賣價？
　　　　(A)0.8130／0.8197　　　　　　(B)0.9977／1.0022
　　　　(C)0.9941／1.0059　　　　　　(D)1.2199／1.2298。

(　)　60. 下列何者為正確的歐洲貨幣制度演進順序？　(A)歐洲經濟同盟
　　　　（EEC）→歐洲貨幣制度（EMS）→歐洲經濟暨貨幣聯盟（EMU）
　　　　(B)歐洲貨幣制度（EMS）→歐洲經濟同盟（EEC）→歐洲經濟暨貨
　　　　幣聯盟（EMU）　(C)歐洲經濟暨貨幣聯盟（EMU）→歐洲貨幣制
　　　　度（EMS）→歐洲經濟同盟（EEC）　(D)歐洲貨幣制度（EMS）
　　　　→歐洲經濟同盟（EEC）。

( ) 61. 在銀行同業市場，Cable指的是下列哪一種匯率？ (A)美元兌英鎊 (B)歐元兌美元 (C)加幣兌美元 (D)歐元兌英鎊。

( ) 62. 1945－1971年間通行的新金匯兌本位制中，扮演準備通貨的是： (A)英鎊 (B)馬克 (C)美元 (D)法郎。

( ) 63. 如一美元等於新臺幣29元，則下列何者正確？
(A)直接報價、價格報價法、美元是商品
(B)直接報價、數量報價法、新臺幣是商品
(C)間接報價、價格報價法、新臺幣是商品
(D)間接報價、數量報價法、美元是商品。

( ) 64. 假設日圓對新臺幣的匯率是0.35，在日本一碗拉麵是700日圓，在臺灣一碗拉麵是新臺幣200元，則日本與臺灣的實質匯率是多少？
(A)0.35 (B)1.225 (C)2.857 (D)3.5。

( ) 65. 關於金本位制度，下列敘述何者錯誤？
(A)係將一國通貨與一定量黃金維持特定兌換比例 (B)准許金幣自由熔解及鑄造 (C)黃金不得在國際間自由移動 (D)各國通貨發行受黃金準備量之限制。

( ) 66. 在國際匯率制度的發展過程中，有關「金本位制度」之敘述，下列何者正確？
(A)各國貨幣之間的匯率會隨黃金的市場價位變動而有巨幅波動
(B)各國貨幣之間的匯率變動幅度不能超過或低於黃金的保存成本
(C)各國貨幣之間的匯率是由各國貨幣的相對含金量多寡而決定
(D)在1944年的布里敦森林協議（Bretton Woods Agreement）之後，根據IMF協定，35英鎊兌一盎司黃金，其他國家匯率則以英鎊為中心，各自評定其通貨價值。

( ) 67. 若美元兌新臺幣的匯率，由$1美元兌$30新臺幣變動為$1美元兌$32新臺幣，則下列敘述何者正確？ (A)新臺幣升值，美元貶值 (B)新臺幣貶值，美元貶值 (C)新臺幣升值，美元升值 (D)新臺幣貶值，美元升值。

( )　68. 由於國內惡性通貨膨脹失控，而曾經發行過面額100兆（one hundred trillion）貨幣的是下列哪一個國家？　(A)剛果　(B)南斯拉夫　(C)辛巴威　(D)衣索比亞。

( )　69. 下列何者在我國外匯市場中，一般而言屬於外匯供給者角色？　(A)暑期赴美遊學之高中生　(B)國內賓士汽車總代理商　(C)國內電子零件出口商　(D)中央銀行。

( )　70. 下列何者是中央銀行的主要資產？　(A)通貨淨額　(B)銀行存款準備金　(C)外匯準備　(D)國庫存款。

( )　71. 在臺灣的外匯市場裡，下列各種外國貨幣的代表符號何者正確？　(A)美元（￥），歐元（£）　(B)英鎊（＄），美元（＄）　(C)日圓（￥），歐元（€）　(D)歐元（£），英鎊（＄）。

( )　72. 假設甲國貨幣升值，則下列敘述何者正確？　A.有利甲國出口　B.有利甲國進口　C.不利甲國出口　D.不利甲國進口　(A)A、D　(B)B、C　(C)A、B　(D)C、D。

( )　73. 採行何種匯率制度，對一國貨幣政策的自主性最大？　(A)固定匯率制度　(B)浮動匯率制度　(C)管理浮動匯率制度　(D)釘住匯率制度。

( )　74. 一單位外國貨幣兌換多少單位本國貨幣的匯率表示方式，稱為：　(A)即期匯率　(B)單一匯率　(C)間接匯率　(D)直接匯率。

( )　75. 銀行對匯率的掛牌均採雙向報價，請問下列何者適用買入匯率？　(A)出口押匯　(B)進口押匯　(C)出國旅行結匯　(D)結購外匯存款。

( )　76. 匯率依分類不同，以一單位外國貨幣兌換多少單位本國貨幣的報價方式是：　(A)直接匯率　(B)間接匯率　(C)單一匯率　(D)複式匯率。

( )　77. 買賣外幣的市場稱為：　(A)股票市場　(B)外匯市場　(C)債券市場　(D)衍生性金融市場。

( )　78. 在固定匯率制度下，如果國外資金大量流入英國投資房地產，則：　(A)英鎊會升值　(B)英國外匯市場的成交金額會減少　(C)英國的貨幣供給會減少　(D)英國的物價水準會上升。

( )　79. 歐洲通貨存款中，下列那種貨幣的存款最為龐大？　(A)歐洲歐元　(B)歐洲美元　(C)歐洲英鎊　(D)歐洲日圓。

( )　80. 下列那種匯率制度，貨幣政策自主性最大？　(A)獨立浮動　(B)匯率目標區　(C)管理浮動　(D)爬行釘住。

( )　81. 下列那種匯率制度，貨幣政策自主性最小？　(A)獨立浮動　(B)匯率目標區　(C)管理浮動　(D)爬行釘住。

( )　82. 一個國家將本國貨幣與某一外國貨幣或是一籃子外國貨幣的匯率釘住在一固定範圍內，而且匯率是依照一定的比例或是根據一些特定的經濟指標定期小幅調整的匯率制度稱為：
(A)管理浮動匯率制度　　　　　　　(B)固定釘住匯率制度
(C)爬行釘住匯率制度　　　　　　　(D)匯率目標區匯率制度。

( )　83. 下列何者不是中央銀行干預外匯市場的方式？　(A)以道德勸服方式要求銀行不要炒作匯率　(B)以改變交易規定方式限制銀行炒作匯率的空間　(C)直接進場以買賣外幣的方式穩定匯率　(D)要求銀行不准接受客戶外幣買賣交易。

( )　84. 在外匯市場上，政府買進外匯同時不希望貨幣數量受到影響，政府可採取何種政策？　(A)匯率政策　(B)外匯干預政策　(C)資本管制政策　(D)沖銷政策。

( )　85. 浮動匯率下，在外匯市場中存在對外幣的超額供給，則：
(A)外幣會升值　　　　　　　　　　(B)外幣會貶值
(C)本國貨幣會貶值　　　　　　　　(D)匯率維持不變。

( )　86. 下列何者會構成本國對外匯的供給？　(A)廠商支付進口物品或勞務的價款　(B)廠商付予外人投資或貸款的紅利或利息　(C)民眾對外購買長短期金融性資產　(D)中央銀行在外匯市場進行預防國幣貶值的干預操作。

( )　87. 進口商至銀行買100萬美元外匯，對外匯市場的影響為何？
(A)外匯供給增加　　　　　　　　　(B)外匯供給減少
(C)外匯需求增加　　　　　　　　　(D)外匯需求減少。

( )　88. 關於外匯市場與匯率制度的敘述，下列何者錯誤？
　　　　(A)浮動匯率制度下，外匯市場超額供給，本國幣升值
　　　　(B)固定匯率制度下，國際熱錢湧入臺灣，易造成本國外匯存底增加
　　　　(C)浮動匯率制度下，本國資金大幅外流，易造成匯率下跌
　　　　(D)固定匯率制度下，外匯市場超額需求，易造成央行賣出外匯。

( )　89. 若我國中央銀行利用外匯市場干預使新臺幣貶值，意味：
　　　　(A)中央銀行外匯存底會減少　　　(B)國內貨幣供給會因此減少
　　　　(C)外國利率會因此下降　　　　　(D)不利於穩定國內物價。

( )　90. 在一個採取固定匯率的國家，若其本國貨幣被低估時，會發生下列
　　　　那一種狀況？
　　　　(A)該國中央銀行會在外匯市場上買入本國貨幣
　　　　(B)該國中央銀行之外匯存底會增加
　　　　(C)該國之貨幣供給量會減少（未沖銷時）
　　　　(D)該國之利率短期會上升。

( )　91. 中央銀行如果在外匯市場拋售美元，將會造成何種影響？　(A)強力
　　　　貨幣供給減少　(B)套利的資金外流　(C)貨幣需求增加　(D)新臺幣
　　　　對美元貶值。

( )　92. 若採用浮動匯率（floating exchange rate）制，則不會產生以下何種
　　　　現象？　(A)外匯市場的供需自行決定均衡匯率　(B)因為外匯是浮
　　　　動的，因此利率必須固定　(C)在此匯率制度下，外匯市場永遠結清
　　　　(D)在此匯率制度下，中央銀行可以不必干預匯率。

( )　93. 我國外匯市場為了避免匯率波動太大，中央銀行仍會進場干預，
　　　　可見我國是採取哪一種匯率制度？　(A)固定匯率　(B)浮動匯率
　　　　(C)管制匯率　(D)管理浮動匯率制度。

解答與解析

1. **C** (1)國際金融市場由於時區不同而形成全球24小時不間斷的營業，惟基於合
　　　　法性及商業考量，各主要地區之主管機關，一致認同之正式市場每週開
　　　　始與結束時間為雪梨時間星期一早上5點至紐約時間星期五下午5點整。
　　　(2)綜上，市場交易時區，雪梨交易時間最早。

2. **A** 間接報價法，又稱為「歐式報價法」或「數量報價法」，指一單位本國貨幣可折合為多少單位的外幣。EUR採間接報價。

3. **C** 目前人民幣的匯率機制為管理浮動匯率機制。

4. **A** 大數指前三個數字，例如USD/TWD＝30.123，30.1為大數，23為小數。

5. **D** (1)後面的數字只有報出兩碼，稱為小碼報價。

　　(2)故澳幣對美元的價格為0.8895/00，若交易員依市場慣例的小碼（pips）報價方式應為95/00。

6. **D** (1)市場風險是指未來市場價格（利率、匯率、股票價格和商品價格）的不確定性對企業實現其既定目標的不利影響。市場風險可以分為利率風險、匯率風險、股票價格風險和商品價格風險。

　　(2)外匯交易風險，可經由控管各幣別的每日交割總額，以規避之。

7. **C** 報價價差愈小對客戶愈有利，故上述各組EUR/USD之報價中，以C：1.3612-1.3614最具競爭力。

8. **A** (1)外匯市場上不論金額大小與交易時間長短都可進行交易，交易金額愈大，流動性愈不好。選項(A)有誤。

　　(2)銀行是外匯市場的主要造市者。選項(B)正確。

　　(3)外匯經紀商藉由撮合交易賺取手續費。選項(C)正確。

　　(4)央行有時會進場干預，維持市場穩定。選項(D)正確。

9. **D** 外匯市場詭譎多變，漲跌難料，分散投資幣別可降低外匯交易市場風險的發生，不會使風險過於集中。

10. **D** (1)AUD/USD匯率從0.9050來到0.8850，表示原先1AUD可換得0.9050美元，變為1AUD可換得0.8850美元，代表美元相對澳幣升值，此時美元買澳幣價格變便宜，澳幣轉美元價格變差。選項(A)(C)正確。選項(D)有誤。

　　(2)100個基本點等於1個百分點，即1基點等於0.01個百分點。故匯價下跌200個基本點，即為匯價下跌2個百分點，下跌後AUD/USD＝匯價0.9050－0.02＝0.8850。選項(B)正確。

11. **A** 外匯管制（Exchange Control）即是限制國內的外匯流出境外，或規定在境外投資所得的外匯需即時匯回國內，或兩者皆有。「局部外匯管制貨幣」即只限制部分貨幣的流出流入，流動性較「外匯管制貨幣」市場好，臺幣及韓圜市場均屬此類，避險較外匯管制容易，易吸引外資進入。選項(A)有誤。選項(B)(C)(D)正確。

12. **C** 外匯市場交易流動性仍與交易時區有關，有些時區限制較多，則該時區的外匯市場較不具流動性。

13. **D** ZAR（南非幣）的流動性相對較差。故本題選(D)。

14. **A** 對於國際主要貨幣的外匯交易而言，流動性風險所產生的風險相對較小。

15. **B** 報價愈往內對客戶愈有利，欲買入美元，乙銀行報價較好。

16. **A** (A)國際匯市GBP/USD＝1.5485的報價，代表英鎊為「作為商品的貨幣」。(B)代表1.5485美元可兌換1英鎊。(C)如果GBP/USD由1.5485變成1.5575，代表美元貶值，英鎊升值。(D)美式報價法，是以一單位外國貨幣折合若干單位的本國貨幣的匯率表示的型態。例如：1美元可兌換新臺幣30元，則美元兌新臺幣的匯率為30。故本題報價非美式報價法。

17. **C** (1)在外匯市場中交易進行時，通常採用雙向報價法。即報價者（銀行或經紀商）同時向客戶報出買入價格（Bid Rate）和賣出價格（Offer Rate）。買入數值較小，賣出數值較大，如USD/JPY報價為101.25-101.35，101.25為買價，101.35為賣價，兩者之為匯差，匯差越小代表該銀行的報價越具競爭力。

　　 (2)本題如把歐元轉成美金，則乙銀行可換到的美元較多。

18. **B** 100個基本點等於1個百分點，即1基點等於0.01個百分點。故匯價上漲300個基本點，即為匯價上漲3個百分點，上漲後EUR/USD＝匯價1.3900＋0.03＝1.4200。

19. **C** 加拿大是美國最大的原油進口國，其擁有大量的油田，原油上漲，對加拿大的經濟有非常大的助益，因此，也會表現在該國的幣值上，故國際油價下跌，將不利於加拿大幣，加拿大幣將會貶值。

20. **D** (1)在外匯市場中進行交易時，通常採用雙向報價法。即報價者（銀行或經紀商）同時向客戶報出買入價格（Bid Rate）和賣出價格（Offer Rate）。買入數值較小，賣出數值較大，如USD/JPY報價為101.25-101.35，101.25為買價，101.35為賣價。

　　 (2)本題報價賣價最好的銀行為D銀行：90.32。

21. **D** 這是間接匯率，EUR/USD＝1.38；EUR＝1.38×USD
若匯率為EUR＝1.4×USD，代表歐元貶值了。

22. **C** 銀行在報價時，會同時報出買入價和賣出價，賣出價總是大於買入價。買入價以報價銀行的角度來講，就是銀行在報價當時願意買入被報價幣

的最高價位。而就辦理外匯買賣的客戶來説，買入價表示客戶當時可以賣出被報價幣的最高價位。因此四家銀行最高的報價為C銀行的買入價：1.3652。

23. **A**　USD代表連結貨幣。

24. **A**　1.0657是指銀行的賣出價，對客戶（投資者）來説是可以買進美元的價位。

25. **C**　投資人可藉由管控各幣別每日交割總額來降低外匯交易風險的交割風險。

26. **D**　目前港幣的匯率機制為釘住匯率機制。

27. **A**　(B)1英鎊可以兌換1.5485美元。(C)英鎊可以兌換更多美元，故英鎊升值，美元貶值。(D)為間接報價。

28. **B**　報價者以bid rate買入外匯；offer rate賣出外匯，詢價者則相反。

29. **B**　當市場流動性變差，買賣價差應變大以補償此風險。

30. **D**　網路銀行不屬於同業間的外匯交易方式。

31. **B**　電子控制制動系統簡稱EBS。EBS不屬於個人敍作外匯交易方式。

32. **A**　傳統的投資學理論面對市場風險時通常採取兩種因應模式，消極分散風險及積極管理風險，日本出口商以日圓作為對外報價基礎屬於消極的因應模式。

33. **C**　目前臺灣所實施的匯率制度，比較接近管理浮動匯率制度。

34. **B**　銀行間的外匯市場有最小交易單位之限制。

35. **C**　交割風險，係指交易雙方無法同步進行無時差的資金收付，因而產生的風險。

36. **D**　市場參與者：
    (1)辦理外匯業務之金融機構：在市場上負責接受顧客買、賣外匯後之拋補工作，或為其他目的的金融性交易，是市場的主角。
    (2)外匯經紀商：從事交易撮合的工作，在市場上扮演橋樑的角色。可分為人工撮合與網路電子撮合兩種。
    (3)其他外匯買賣中間業者。
    (4)外匯供需者。
    (5)中央銀行。

37. **D** 市場參與者：
    (1) 辦理外匯業務之金融機構：在市場上負責接受顧客買、賣外匯後之拋補工作，或為其他目的的金融性交易，是市場的主角。
    (2) 外匯經紀商：從事交易撮合的工作，在市場上扮演橋樑的角色。可分為人工撮合與網路電子撮合兩種。
    (3) 其他外匯買賣中間業者。
    (4) 外匯供需者。
    (5) 中央銀行。

38. **D** 在外匯市場中，進口廠商或個人（如有外匯需求的民眾）是最具代表性的外匯需求者，出口廠商或外資則是外匯供給者的代表。

39. **B** 匯款至敘利亞時，不得經由美系銀行清算或轉匯，以免資金遭凍結。

40. **D** 外匯經紀商非屬外匯交易參與者。

41. **B** 國際外匯市場之主要功能，有提供國際匯兌與清算、提高國際資金運用效率、提供規避匯率風險的工具等。

42. **D** 衡量一國通貨的對外價值時，如考慮到兩國間物價相對變動而加以調整，所得到之匯率稱為「實質匯率」。

43. **C** 當任何兩種通貨無直接兌換比率，必須透過第三種通貨間接計算而得的兌換率，稱為「交叉匯率」。

44. **B** 遠期匯率與即期匯率的差額，稱為「換匯匯率」。

45. **D** 外匯就是外國的貨幣（包括現金、存款、支票、本票、匯票等）和可以兌換成貨幣的有價證券（包括公債、國庫券、股票、公司債等）。

46. **C** 歐元區共有19個成員，另有10個國家和地區採用歐元作為當地的單一貨幣，不包括英國。

47. **C** 丹麥非歐元區國家，但卻採取緊盯歐元的匯率制度。

48. **B** 斯密森協定讓參與國的匯率僅能在法定匯率±2.25%的範圍內波動。

49. **C** 大多數國家普遍認同並接受浮動匯率制度是在牙買加協定之後。

50. **A** 固定匯率制，又稱「釘住匯率制」，是國家間貨幣採用固定匯率進行貨幣交換的制度。在固定匯率制度之下，一國無法有獨立自主的貨幣政策。

51. **B** 歐元（EURO）取代了ECU（歐洲通貨單位）。

52. **D** SDR一籃子貨幣於2016年時增加了人民幣，權重分配為：美元（41.73%）、歐元（30.93%）、人民幣（10.92%）、日元（8.33%）、英鎊（8.09%）。

53. **D** 浮動匯率制的主要優點是：它能發揮其調節國際收支的經濟桿杆作用；只要國際收支失衡不是特別嚴重，就沒有必要調整財政貨幣政策；減少對儲備的需要，並使得逆差國避免儲備的流失。
    它主要的缺點是：匯率頻繁、劇烈的波動使國際信貸、國際投資等國際貿易經濟主體難於核算成本和利潤，不利投資及貿易的進行；另外，助長了外匯投機活動，必然加劇國際金融市場的動盪和混亂。

54. **A** (1)直接報價（價格報價）：把美元視為商品，需要多少貨幣才能購買（買1美元需要多少錢），以美元為基準。如：1 USD：1.0138 CAD。
    (2)間接報價（數量報價）：把非美元視為商品，值多少美元（可以買多少美元），以非美元為基準。如：1EUR：1.3895 USD。

55. **A** 若我國中央銀行對匯率所進行的干預，是讓新臺幣對美元貶值但不影響國內的貨幣供給量，則此種干預行為稱之為有消毒的干預。

56. **D** 在銀行同業市場，加幣是採歐式報價。

57. **A** 若外匯交易完全不涉及美元，自營商稱此種交易為通貨對通貨交易。在批發市場，自營商於處理通貨對通貨交易時，是透過兩筆交易來達成。這是因為國際大銀行的交易室（Trading Room）設有許多交易桌，負責每一交易桌的交易員（Trader）都只應付一種外匯對美元的交易；銀行若為10種非美元通貨創造市場，而每一交易桌處理其中一種非美元通貨對美元的交易，如此會有10個交易桌。倘若非美元通貨彼此之間也直接交易，則10種非美元通貨加上美元（共11種通貨）就會有55（11×10/2）個交易桌。此狀況導致每一交易員須負責好幾個交易桌，造成資訊的混雜且難於應付。因此，實務上大多數自營商都只從事非美元通貨對美元的直接交易，處理通貨對通貨交易時就透過兩筆交易來達成，也就是說非美元通貨之間的兌換，其交易成本有可能會比較高。

58. **D** 若外匯交易完全不涉及美元，自營商稱此種交易為通貨對通貨交易，所報價之匯率稱為交叉匯率（Cross Rate）。

59. **A** $(A\$/S\$)^{Bid}=$ 美式報價 $(US\$/S\$)^{Bid}×$ 歐式報價 $(A\$/US\$)^{Bid}$
    $=US\$0.5828/S\$×A\$1.3950/US\$$
    $=A\$0.8130/S\$$

交叉匯率的賣價（套用（4-5）式）：

$(A\$/S\$)^{Ask}=$美式報價（US\$/S\$）$^{Ask}\times$歐式報價（A\$/US\$）^{Ask}

$\qquad\qquad =$US\$0.5863/S\$$\times$A\$1.3982/US\$

$\qquad\qquad =$A\$0.8197/S\$

60. **A**　正確的歐洲貨幣制度演進順序為：

歐洲經濟同盟（EEC）→歐洲貨幣制度（EMS）→歐洲經濟暨貨幣聯盟（EMU）。

61. **A**　在銀行同業市場，Cable指的是美元兌英鎊之匯率。

62. **C**　1945～1971年間通行的新金匯兌本位制中，扮演準備通貨的是「美元」。

63. **A**　直接報價，又稱價格報價法，此係一單位外國貨幣折合若干本國貨幣所表示的匯率報價法。本題一美元等於新臺幣29元，係直接報價、價格報價法，美元是商品。

64. **B**　拉麵折合臺幣應為＝700×0.35＝245

日本與臺灣的實質匯率＝245÷200＝1.225

65. **C**　黃金可在國際間自由移動。選項(C)有誤。

66. **C**　金本位是一種金屬貨幣制度。在金本位制下，每單位的貨幣價值等同於若干重量的黃金（即貨幣含金量），亦即各國貨幣之間的匯率是由各國貨幣的相對含金量多寡而決定。

67. **D**　當一單位A國貨幣可兌換B國貨幣的金額增加，即表示A國貨幣升值、B國貨幣貶值。例如：美金兌臺幣匯率由30上漲為32，即表示臺幣貶值、美金升值。

68. **C**　辛巴威曾因國內惡性通貨膨脹失控，發行過面額100兆（one hundred trillion）貨幣。

69. **C**　一般而言出口商在我國外匯市場中，屬於外匯供給者角色。

70. **C**　外匯準備是中央銀行的主要資產。

71. **C**　貨幣符號是一種常被用來作為貨幣名稱的圖像速記符號，貨幣符號主要在各自的國家內使用。美元的貨幣的符號為\$，歐元的貨幣的符號為€，日圓的貨幣的符號為¥，英鎊的貨幣的符號£。

72. **B** (1) 當本國貨幣升值時，對進出口物價的變化而言，以外國貨幣表示的本國出口品價格將上揚，貨幣升值有利於進口，因為可以較少的臺幣兌換外幣，支付進口貨款；但不利於出口，因為收到外幣貨款僅能兌換成較少的臺幣。
    (2) 假設甲國貨幣升值，則有利甲國進口；不利甲國出口。

73. **B** (1) 浮動匯率是指由外匯市場或自由市場的需求與供應來決定升貶的匯率制度。一般而言，政府不加干涉，才能使市場機能充分發揮，因此若是外匯市場越發達且金融組織愈健全的國家，對於外匯市場的干預也就越少。
    (2) 採行浮動匯率制度，對一國貨幣政策的自主性最大。

74. **D** (1) 直接報價法，又稱為直接匯率法，是指一單位外國貨幣可以折算為多少外國貨幣的匯率報價法。
    (2) 綜上，一單位外國貨幣兌換多少單位本國貨幣的匯率表示方式，稱為直接匯率。

75. **A** (1) 銀行經營處外匯買賣業務需要一定的成本，也需要賺取一定的利潤。因此，所有經過銀行交易的外匯的匯率都分為買入匯率和賣出匯率。買入匯率即買入價，與賣出匯率的賣出價相對稱。
    (2) 出口押匯時適用買入匯率。

76. **A** 匯率依分類不同，以一單位外國貨幣兌換多少單位本國貨幣的報價方式是直接匯率。

77. **B** 買賣外幣的市場稱為「外匯市場」。

78. **D** 在固定匯率制度下，如果國外資金大量流入英國投資房地產，則英國的物價水準會上升，英國外匯市場的成交金額會增加、貨幣供給會增加，進而造成英鎊貶值。

79. **B** 歐洲通貨存款中，歐洲美元的存款最為龐大。

80. **A** 獨立浮動匯率制度是指本國貨幣價值不與他國貨幣發生固定聯繫，其匯率根據外匯市場的供求變化單獨浮動。獨立浮動匯率制度之貨幣政策自主性最大。

81. **D** 爬行釘住匯率制度，係指貨幣按週期而少量地在一個固定且預先公開的匯率或者按某些特定指標而作出調節。例如：伊朗、哥斯大黎加。爬行釘住匯率制度其貨幣政策自主性最小。

82. **C** 爬行釘住匯率制度，係指一個國家將本國貨幣與某一外國貨幣或是一籃子外國貨幣的匯率釘住在一固定範圍內，而且匯率是依照一定的比例或是根據一些特定的經濟指標定期小幅調整的匯率制度。

83. **D** 要求銀行不准接受客戶外幣買賣交易不是中央銀行干預外匯市場的方式。

84. **D** 沖銷政策，是指政府利用反方向的公開市場操作，以控制市場上的貨幣供給量。在外匯市場上，政府買進外匯的同時不希望貨幣數量受到影響，政府可採取沖銷政策。

85. **B** 浮動匯率下，在外匯市場中存在對外幣的超額供給，則外國貨幣會貶值，本國貨幣會升值。

86. **D** 中央銀行在外匯市場進行預防國幣貶值的干預操作，會使本國對外匯的供給增加。

87. **C** 進口商至銀行買美元外匯，代表外匯需求增加。

88. **C** 浮動匯率制度下，本國資金大幅外流，易造成匯率上升。

89. **D** 中央銀行利用外匯市場干預使新臺幣貶值，意味不利於穩定國內物價。

90. **B** 本國貨幣被低估時，熱錢會湧進來買本國幣，此時為了維持匯率不變，中央銀行會賣本國幣買外匯。

91. **A** 中央銀行拋售美元，即是收回新臺幣，強力貨幣供給減少。

92. **B** 浮動匯率制（Floating Exchange Rates）是指一國貨幣的匯率並非固定，而是由自由市場的供求關係決定的制度。浮動匯率制下，利率是變動的。

93. **D** 在管理浮動匯率制度下，匯率原則上由市場供需決定，不過若受到季節性、偶發性及不當的市場預期心理等因素干擾，或是資金大量異常進出，造成匯率波動幅度過大、影響金融穩定時，中央銀行會透過調節外匯市場供需，來縮小匯率波動幅度。

第二章　影響匯率的關鍵因素

依據出題頻率區分，屬：**A** 頻率高

焦點速成

一、外匯升貶值

(一) **升值**：當一國貨幣可以換到的外國貨幣數量增加，表示該國貨幣升值。一國貨幣升值代表以本國貨幣表示的進口品價格變便宜了，故一國貨幣升值，有利進口，不利出口。

(二) **貶值**：當一國貨幣可以換到的外國貨幣數量減少，表示該國貨幣貶值。一國貨幣貶值代表以外幣表示的出口品價格變便宜了，故一國貨幣貶值，不利進口，有利出口。

二、影響匯率的關鍵因素

(一) **國際收支狀況**：當一國對外經常項目收支處於順差時，在外匯市場上則表現為外匯（幣）的供給大於需求，因而本國貨幣匯率上升，外國貨幣匯率下降；反之，本國貨幣匯率下降，外國貨幣匯率上升。

(二) **通貨膨脹率的差異**：當一國出現通貨膨脹時，其商品成本加大，出口商品以外幣表示的價格必然上漲，引起出口減少，因而本國貨幣匯率貶值，外國貨幣匯率上升；反之，相對通貨膨脹率較低的國家，其貨幣匯率則會趨於升值。

(三) **利率差異**：當一國的利率水平高於其他國家時，本國貨幣匯率上升，外國貨幣匯率下降；反之，當一國利率水平低於其他國家時，本國貨幣匯率下降，外國貨幣匯率上升。

(四) **財政、貨幣政策**：一般來說，擴張性的財政、貨幣政策造成的巨額財政收支逆差和通貨膨脹，會使本國貨幣對外貶值；緊縮性的財政、貨幣政策會減少財政支出，穩定通貨，使本國貨幣對外升值。

(五) **預期心理**：對匯率的預期心理正日益成為影響短期匯率變動的重要因素之一。預期心理是影響短期內匯率變動的最主要因素。

(六) **外匯儲備**：外匯儲備充足，則本國貨幣匯率上升，外國貨幣匯率下降；反之，則本國貨幣匯率下降，外國貨幣匯率上升。

(七) **經濟增長率差異**：當一國的經濟增長率高於其他國家時，則本國貨幣匯率上升，外國貨幣匯率下降；反之，當一國經濟增長率低於其他國家時，則本國貨幣匯率下降，外國貨幣匯率上升。

(八) **政治局勢**：通常一國的政治形勢越穩定，則該國的貨幣匯率越穩定。

(九) **央銀對外匯市場的干預**：透過干預直接影響外匯市場供求的情況，雖無法從根本上改變匯率的長期走勢，但對匯率的短期走向有一定的影響。

(十) **其他**：國際美元走勢、競爭對手國家的匯率、季節性因素、戰爭、國際投資熱錢流向，以及外銷競爭力等因素，都會影響到外匯的升貶與強弱。

(十一) **消息面對匯市的影響**：其實除了基本面長遠的影響外，匯市短期還是會受到消息面的影響而波動，詳細內容如下表：

消息面種類	內容	影響與因應
天災	大地震、森林大火大風雪、大水災	1.發生在景氣衰退期：匯率會因利率降低而走低。 2.發生在景氣復甦期：匯率會因利率維持在高檔而易升難貶。
政治不穩	戰爭、政變、大選、醜聞	1.發生戰爭、政變國家，其幣值貶值。 2.選後經濟前景看好，匯率提前升值。 3.醜聞對匯率的殺傷力最大。
經濟金融政策重大改變	調整利率、貿易法案	1.利率降低、景氣看好：匯率升值。 2.利率調高、景氣看淡：匯率貶值。
國際重要集會	七大工業國會議、國際貨幣基金會	在後續影響難測的情況下，宜退場觀望。
央行進場干預	央行準備進場拉抬或打壓	1.發生戰爭、政變國家，其幣值貶值。 2.選後經濟前景看好，匯率提前升值。 3.醜聞對匯率的殺傷力最大。
其他雜音	突然有大筆買、賣單	與匯率波動可能沒有關聯，投資人要弄清楚狀況再做決策。

三、技術分析

(一) K線理論：K線圖又稱「陰陽線」，是將每天的開盤價與收盤價畫成直立的方塊，若當天最高價大於收盤價或開盤價，則在方塊上方加畫一直線稱為「上影線」；而當天之最低價小於開盤價或收盤價，則在方塊下方加畫一直線稱為「下影線」。

陽線方塊多以白色或紅色表示，代表當天「收紅盤」，陰線之方塊會以黑色或綠色表示，代表當天「收黑盤」，圖示如下：

陽線	陰線	十字線
常以紅色、白色實體柱或黑框空心柱表示	常以綠色、黑色或藍色實體柱表示	開盤價與收盤價相同，成為「一」字。
股價強勢	股價弱勢	多空不明
收盤價高於開盤價	收盤價低於開盤價	收盤價等於開盤價
最高價等於收盤價時，無上影線。	最高價等於開盤價時，無上影線。	最高價等於開盤價時，無上影線。
最低價等於開盤價時，無下影線。	最低價等於收盤價時，無下影線。	最低價等於開盤價時，無下影線。

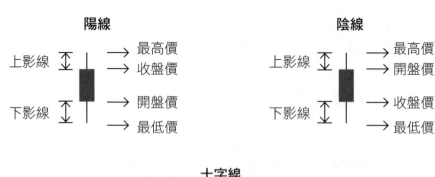

(二) MACD移動平均斂散值：

1.利用移動平均線即將要收斂或發散的徵兆，判斷買賣股票的時機與訊號：

應用兩條速度不同的平滑移動平均線（EMA），計算兩者之間的差離狀態（DIF），並且對差離值（DIF）做指數平滑移動平均，即為MACD線。簡單來說MACD就是長期與短期的移動平均線，即將要收斂或發散的徵兆，是用來判斷買賣股票的時機與訊號。

快線DIF向上突破慢線MACD →買進訊號。

快線DIF向下跌破慢線MACD →賣出訊號。

2.MACD指標多會使用柱狀圖觀察：

當柱線接近0時，就是短線買進或賣出訊號。

柱線由負轉正→買進訊號。

柱線由正轉負→賣出訊號。

(三) RSI相對強弱指標：

1.RSI的定義：為相對強弱指數（relative strength index），是衡量市場上漲與下跌力量的指標。若上漲力量較大，則計算出來的指標上升；若下跌的力量較大，則指標下降，由此測算出市場走勢的強弱。

2.RSI的應用：

(1)一般而言，RSI在高位掉頭向下，為賣出訊號；在低位掉頭向上，為買入信號。

(2)RSI出現M頂可以賣出，出現W底可以買入。

(3)RSI出現頂背離可以賣出，出現底背離可以買入。

(4)RSI跌破其支撐線是賣出信號，升越其阻力線為買入信號。

(5)RSI的參數常見取5～14。參數大的指標線趨勢性強，但反應滯後，稱為慢速線；參數小的指標線靈敏，但易產生飄忽不定的感覺，稱為快速線。若慢速線與快速線同向上，升勢較強；若兩線同向下，跌勢較強；快速線上穿慢速線為買入信號；快速線下穿慢速線為賣出信號。

(四) KD線

1.KD線是衡量收盤價在最高價、最低價區間所占的位置，以判斷趨勢及進出市場時機點。隨機指數坐標在0～100比例範圍內。K線表示收盤價與一定時間內最高價、最低價的百分比，例如，20表明價格在最近一段時間內的20%位置。D軸則平均了K軸。

2. 指標為80以上，表示強勁的上升趨勢，市場處於所謂的「超買狀態」；如果指標在20以下，則為強勁的下降趨勢，市場處於所謂「超賣狀態」。

判斷買賣信號：

(1)K線高於D線，但於超買區內向下跌破D線，為賣出訊號。

(2)K線低於D線，但於超賣區內向上突破D線，為買進訊號。

(3)K、D線在高價區連續出現兩次以上交叉，為賣出訊號。

(4)K、D線在低價區連續出現兩次以上交叉，為買進訊號。

(5)K、D線與價位走勢背離時，為反轉訊號。

(五) **威廉指標**：威廉指標是由拉利・威廉斯（Larry Williams）在1973年所提出，是一種簡單而有效的擺盪指標。它是衡量多空雙方將每天收盤價推到最近價格區間邊緣的能力。威廉指標可以確認趨勢，並預示即將發生的反轉。WMS威廉指標應用法則與買賣點應用法則如下：

1. 當威廉指數線高於80，市場處於超賣狀態，行情即將見底。

2. 當威廉指數線低於20，市場處於超買狀態，行情即將見頂。

3. 威廉指數應與動力指標配合使用，在同一時期的股市週期循環內，可以確認股價的高峰與低谷。

4. 使用威廉指數作為測市工具，既不容易錯過大行情，也不容易在高價區套牢。但由於該指標太敏感，在操作過程中，最好能結合相對強弱指數等較為平緩的指標一起判斷。

(六) **葛蘭碧八大法則**：葛蘭碧八大法則是利用價格與其移動平均線的關係作為買進與賣出訊號的依據。其認為價格的波動具有某種規律，但移動平均則代表著趨勢的方向。因此當價格的波動偏離趨勢時（即價格與移動平均的偏離），則未來將會朝趨勢方向修正，所以發生偏離時，是一個買賣訊號。

葛氏利用股價與移動平均線兩者間的變化，包括相互的關係性、股價穿越均線的方式、兩者乖離的大小等各種情況，歸納出八種不同的情形，作為進出的依據，其內容如下：

買進訊號	1	突破	當移動平均線從下降趨勢逐漸轉變為水平盤整或呈現上昇跡象時，若價位線從下方穿破移動平均線往上昇時，即為買進的訊號。
	2	支撐	當價位線的趨勢走在移動平均線之上，價位線下跌但卻未跌破移動平均線便再度反彈上昇，亦可視為買進訊號。

買進訊號	3	騙線 （假跌破）	雖然價位線往下跌破移動平均線，但隨即又回昇到移動平均線之上，且此時移動平均線依然呈現上昇的走勢，仍可視之為買進的訊號。
	4	反彈	當價位線往下急跌，不僅跌破移動平均線，而且深深地遠離移動平均線下，開始反彈上昇又趨向於移動平均線時，亦為買進之訊號。
賣出訊號	5	跌破	當移動平均線從上昇趨勢逐漸轉變成水平盤局或呈現下跌跡象時，若價位線從上方跌破移動平均線往下降時，為賣出的訊號。
	6	阻力	當價位線的趨勢走在移動平均線之下，價位線上昇但卻未能穿破移動平均線便再度反轉下跌，亦可視為賣出訊號。
	7	騙線 （假突破）	雖然價位線往上昇穿破移動平均線，但隨即又回跌到移動平均線之下，且此時移動平均線依然呈現下跌的走勢，仍可視之為賣出的訊號。
	8	回轉	當價位線往上急漲，不僅穿破移動平均線，而且高高地遠離移動平均線上，開始反轉下降又趨向於移動平均線時，亦為賣出之訊號。

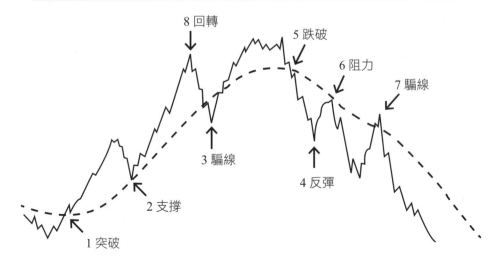

(七) **乖離率**（Bias Ratio, BIAS）：乖離率是衡量目前股價與平均線距離的指標，也就是目前股價偏離了平均線的百分比，有助於對股價行為做預測。比較均線與乖離率，天數必須相同，如果是5日乖離率，就要用股價來和5日均線來比較；同樣的，如果是60日乖離率那麼就是用股價來和60日均線來比較了。當收盤價大於移動平均價時的乖離，稱為正乖離。當收盤價小於移動平均價時的乖離，稱為負乖離。乖離率計算公式如下：

$$乖離率（BIAS）=\frac{目前價-移動平均價}{移動平均價}$$

結合均線與正負乖離，看出股價短期的波動訊號：

1. **當股價觸碰到「正乖離線」**：不要追高買進，未來幾天可能會有一波 股價下跌的修正。
2. **當股價觸碰到「負乖離線」**：不要殺低賣出，未來幾天可能會有一波 股價上漲的反彈。

精選試題

( ) 1. 若以直接匯率的方式來表示，當匯率上升時，代表本國貨幣： (A)升值 (B)貶值 (C)不受影響 (D)不一定。

( ) 2. 若本國貨幣相對外國貨幣貶值，在其他情況不變下，本國的進口量將會： (A)增加 (B)不變 (C)下降 (D)不一定。

( ) 3. 在其他情況不變下，提高關稅會造成： (A)匯率下降 (B)進口增加 (C)匯率上升 (D)本國人對外國的產品需求增加。

( ) 4. 在其他情況不變下，下列那一項因素變動，會使本國貨幣升值？ (A)本國相對物價水準上漲 (B)本國進口關稅下降 (C)本國利率下降 (D)本國的相對生產力提高。

( ) 5. 假設其他情況不變下，一國的利率水平高於其他國家時，本國貨幣會： (A)升值 (B)貶值 (C)不變 (D)不一定。

(　)　6. 下列那一種因素最有可能造成本國貨幣貶值？　(A)外國物價水準不變，而本國物價水準上漲　(B)預期本國貨幣會升值　(C)本國利率水準上升，而外國利率水準不變　(D)本國提高進口關稅。

(　)　7. 若1美元兌換新臺幣的匯率從20升為25，表示新臺幣貶值了：(A)20%　(B)25%　(C)5%　(D)10%。

(　)　8. 國際收支長期順差，累積大量外匯存底，對國內經濟的影響是：(A)貨幣貶值　(B)貨幣升值　(C)經濟不景氣　(D)投資不足。

(　)　9. 本國支付匯率上升時，表示：　(A)有利出口，不利進口　(B)新臺幣升值　(C)進口物價下跌，出口物價上漲　(D)不利出口，有利進口。

(　)　10. 一般而言，國際間資金的移動，會從：　(A)利率高的國家流向利率低的國家　(B)利率低的國家流向利率高的國家　(C)風險低的國家流向風險高的國家　(D)不受利率高低的影響。

(　)　11. 在其他情況不變下，新臺幣貶值對我國國際貿易所造成的影響為：(A)出口增加，進口減少　(B)出口減少，進口增加　(C)出口不變，進口增加　(D)出口減少，進口不變。

(　)　12. 下列何者將導致新臺幣升值？　(A)進口大於出口　(B)利率較高導致外匯流入　(C)捐贈外匯予他國　(D)中央銀行買入外匯。

(　)　13. 貨幣對外價值貶值，以支付匯率表示係指：　(A)匯率下降　(B)匯率上升　(C)物價水準下降　(D)物價水準上漲。

(　)　14. 以前美元：新臺幣＝1：40，現在為美元：新臺幣＝1：25，則：(A)新臺幣升值62.5%　(B)新臺幣升值60%　(C)新臺幣升值37.5%　(D)美元貶值62.5%。

(　)　15. 如果臺灣人民對國家信心動搖、心生恐慌，於是紛紛將存款兌換成美元匯往國外帳戶，此時外匯市場上會產生下列何種現象？(A)臺幣相對於美元升值　(B)臺幣相對於美元會貶值　(C)臺幣／美元的匯率不變　(D)臺灣人民對美元的需求會減少。

(　)　16. 國內物價上漲，如不降低本國貨物的對外價值，將：　(A)鼓勵進出口　(B)鼓勵進口，阻礙出口　(C)阻礙進出口　(D)阻礙進口，鼓勵出口。

( )　17. 影響新臺幣升值的因素為下列何者？　(A)進口大於出口　(B)本國利率較高，外匯流入　(C)中央銀行買入外匯　(D)捐贈外匯予他國。

( )　18. 下列何者會促使臺幣升值？　(A)臺灣到美國的留學生增加　(B)外資大量湧入臺灣股市投資　(C)臺灣增加進口美國產品　(D)到臺灣的美國觀光客減少。

( )　19. 政府推動觀光客倍增計畫讓來台外國觀光客增加，在其它條件不變下，外匯市場將產生何種改變？　(A)匯率仍維持不變　(B)新臺幣貶值　(C)新臺幣升值　(D)增加外匯需求。

( )　20. 如果外商公司在集中市場大量賣出股票，將新臺幣轉換成美金匯出，對臺灣會有什麼影響？　(A)美金貶值　(B)臺幣貶值　(C)臺幣升值　(D)股市大漲。

( )　21. 若在國際之外匯市場上，原來匯率E_1＝115日圓／1美元，即1美元可兌換115日圓，若匯率產生變動，變動後1美元可兌換之日圓為E_2。則下列有關美元與日圓兩幣別間的敘述，何者正確？　(A)若E_2＝120，表示日圓升值　(B)若E_2＝110，表示美元升值　(C)在其他條件不變且市場上之美元需求增加，將有利於美國的出口　(D)在其他條件不變且市場上之美元供給增加，則日圓會升值。

( )　22. 有關貨幣升貶值之敘述，下列何者正確？　(A)每一美元可兌換的日圓由115提高至120，表示美元相對於日圓為貶值　(B)每一歐元可兌換的美元由1.2降低為1.1，表示美元相對於歐元為貶值　(C)每一英鎊可兌換的新臺幣由45降低為42，表示新臺幣相對於英鎊為貶值　(D)每一英鎊可兌換的歐元由1.15提高至1.20，表示歐元相對於英鎊為貶值。

( )　23. 在國際外匯市場上，因經濟情勢變動使美元兌換其他幣別的匯率產生變動。一美元可兌換的日圓由100變為95、一美元可兌換的英鎊由0.67變為0.70、一美元可兌換的歐元由0.9變為0.85、一美元可兌換的澳幣由1.2變為1.3。下列有關變動後美元相對於各幣別之間升貶值的敘述，何者正確？　(A)美元相對於日圓與英鎊皆為升值　(B)歐元與澳幣相對於美元皆為貶值　(C)英鎊相對於美元為貶值，歐元相對於美元為升值　(D)美元相對於日圓為貶值，澳幣相對於美元為升值。

( )　24. 貨幣政策透過許多管道影響產出水準，匯率效果（exchange rate effect）是其中之一，擴張性貨幣政策的匯率效果為何？　(A)利率下降，導致本國貨幣貶值，使得本國淨出口增加　(B)利率下降，導致本國貨幣升值，使得本國淨出口減少　(C)利率上升，導致本國貨幣貶值，使得本國淨出口增加　(D)利率上升，導致本國貨幣升值，使得本國淨出口減少。

( )　25. 在其他條件不變的情況下，若外國的利率上升，則本國將發生：(A)資本流出　(B)外匯需求減少　(C)匯率下跌　(D)本國物價上升。

( )　26. 倘AUD／USD匯率從0.9050來到0.8850，下列敘述何者錯誤？(A)美元相對澳幣升值　(B)AUD／USD匯率下跌200個基本點(C)美元買澳幣價標變便宜　(D)澳幣轉美元價格變好。

( )　27. 一般而言，當美元貶值時，美元計價商品（例如石油）的價格會：(A)上升　(B)下降　(C)不變　(D)不確定如何改變。

( )　28. 美國非農就業指標為全球最重要經濟指標之一，請問多數情況於星期幾公布？　(A)星期三　(B)星期四　(C)星期五　(D)不一定。

( )　29. 美國消費者對臺灣電子商品的需求增加，會產生下列何種情形？(A)美元外匯需求增加　(B)美元外匯供給減少　(C)美元外匯供給增加　(D)美元外匯供給不變。

( )　30. 在國際收支帳中，觀光旅遊支出科目，會被歸為：　(A)經常帳(B)金融帳　(C)資本帳　(D)誤差與遺漏淨額。

( )　31. 在國際收支帳中，專利權、商譽等無形資產之買賣科目，會被歸為：　(A)經常帳　(B)金融帳　(C)資本帳　(D)誤差與遺漏淨額。

( )　32. 下列各項因素，何者會造成外匯需求減少？　(A)本國物價水準相對外國提高　(B)政府實施提高進口關稅政策　(C)央行在外匯市場上拋售外匯　(D)國際貿易產生大量逆差。

( )　33. 當貿易對手國的所得增加，會帶動本國出口上升，則本國：　(A)貨幣貶值　(B)外匯需求量增加　(C)外匯供給量增加　(D)外匯供給量減少。

( )　34. 發生出超時，該國的貨幣會：　(A)升值　(B)貶值　(C)不變動幣值　(D)不一定。

( )　35. 外匯市場上，若新臺幣相對日圓貶值、新臺幣相對美元升值、日圓相對美元升值，則以（日圓／新臺幣）、（新臺幣／美元）、（日圓／美元）為計算單位的三種匯率價格中，匯價上升者有幾項？(A)0項　(B)1項　(C)2項　(D)3項。

( )　36. 報載：我國外匯市場年關資金需求旺盛，銀行及出口商拋匯，新臺幣兌美元匯率因中央銀行阻升，新臺幣轉貶3.7分，收在29.622元，出口商喜上眉梢。若出口以美元計價，臺灣的出口商為什麼看到新臺幣貶值會喜上眉梢？　(A)出口商能以更優惠的價格增加國內銷售量　(B)出口商拿到價款後，換成新臺幣利潤會增加　(C)貶值使進口產品價格下跌，降低出口商成本　(D)出口的意願會降低，競爭的程度也隨之下降。

( )　37. 兩國之間通貨交換的比率，稱為下列何者？　(A)利率　(B)折現率　(C)匯率　(D)準備率。

( )　38. 假設大麥克漢堡在美國的售價為3U$、在英國為2.5GBP，而匯率為0.9GBP／U$，請問英鎊被高估或低估的比例是多少？　(A)高估7.41%　(B)低估7.41%　(C)高估3.625%　(D)低估3.625%。

( )　39. 遠期匯率與即期匯率的差額，稱為下列何者？　(A)實質匯率　(B)換匯匯率　(C)交叉匯率　(D)均衡匯率。

( )　40. 下列何者會使得臺幣相對於美元升值（appreciation）？　(A)其他因素不變，臺灣利率提高　(B)其他因素不變，臺灣利率下降　(C)其他因素不變，美國利率提高　(D)美國減少貨幣供給。

( )　41. 第一個正式出現在交易所交易的金融期貨是何者？　(A)日本稻米期貨　(B)利率期貨　(C)股價指數期貨　(D)外匯期貨。

( )　42. 有關經濟基本面分析的敘述，下列何者錯誤？　(A)適用於中長期走勢分析　(B)對於匯率的影響是長期且深遠的　(C)使用技術圖形預測匯率未來走勢　(D)收集各種經濟指標，分析經濟狀況。

( )　43. 有關匯率走勢分析，下列敘述何者錯誤？　(A)經濟基本面適用於長期走勢分析　(B)政治風險只發生在開發中國家　(C)市場關注的經濟指標不斷在變　(D)主要經濟體經濟指標的發布常引發市場的骨牌效應。

( )　44. 在固定匯率制度下，如果國外資金大量流入臺灣投資房地產，則：(A)新臺幣會升值　(B)臺灣外匯市場的成交金額會減少　(C)臺灣的貨幣供給會減少　(D)臺灣的物價水準會上升。

( )　45. 在浮動匯率制度下，下列敘述何者正確？　(A)臺灣出口增加會使新臺幣貶值　(B)臺灣進口增加會使新臺幣升值　(C)國外資金流入臺灣投資股票會使新臺幣升值　(D)本國人出國旅遊增加會使新臺幣升值。

( )　46. 浮動匯率制度的特色不包括：　(A)匯率波動頻繁，且幅度可能很大　(B)易引發通貨膨脹　(C)維持貨幣政策的自主性　(D)資金無法自由移動。

( )　47. 一個國家將本國貨幣與某一外國貨幣或是一籃子外國貨幣的匯率釘住在上限與下限差距大於2%的範圍內的匯率制度稱為：　(A)共同法償貨幣　(B)固定釘住　(C)爬行釘住　(D)匯率目標區。

( )　48. 如果預期臺幣升值，在資金可以自由移動下，國際資金會：　(A)匯出臺灣　(B)匯入臺灣　(C)不會移動　(D)同時匯入和匯出且金額相等。

( )　49. 當我國因產業外移至中國大陸，導致鉅額貿易順差，則下列敘述何者為真？　(A)若我國採固定匯率制，則中央銀行須賣出外匯，供應不足的外匯　(B)若我國採固定匯率制，中央銀行須買入外匯，此時國內物價會下跌　(C)若我國採浮動匯率，則匯率會下降，出口減少，進口增加　(D)若我國採浮動匯率，則匯率會上升，出口減少，進口增加。

( )　50. 若本國貨幣有升值壓力，則下列何者為正確？　(A)外匯市場有超額供給且央行可在外匯市場買匯以穩定匯率　(B)外匯市場有超額需求　(C)央行可在外匯市場出售外匯以穩定匯率　(D)以上皆非。

( ) 51. 考慮臺幣與美元外匯市場的均衡匯率，下列何者會促使臺幣升值？ (A)臺灣到美國留學生增加 (B)外資大量湧入臺灣股市投資 (C)臺灣增加進口美國產品 (D)到臺灣的美國觀光客減少。

( ) 52. 一國應付匯率上升，則： (A)有利進口，不利出口 (B)對進出口均有利 (C)有利出口，不利進口 (D)對進出口均不利。

( ) 53. 下列何者屬於技術分析模式的範疇之一？ (A)由上往下模式 (B)現金股利固定成長模型 (C)K線分析法 (D)資本資產訂價模式（CAPM）。（第22屆理財人員）

( ) 54. 就技術分析而言，下列何項指標代表買進訊號？ (A)隨機指標（KD值）在20以下，且K值大於D值時 (B)相對強弱指標（RSI）值高於80時 (C)乖離率（Bias）達12%至15%時 (D)威廉指標值低於20時。

( ) 55. 下列何者屬於反轉的型態之一？ (A)突破 (B)頭肩型 (C)下降旗形 (D)以上皆非。

( ) 56. 已知有三條移動平均線，天期分別為3、10與30，下列何者為真？ (A)30天期最平滑 (B)10天期最敏銳 (C)3天期最不能反應市場價格的變動 (D)以上皆非。

( ) 57. 下列何者缺口常為趨勢即將結束之訊號？ (A)突破 (B)逃逸 (C)耗竭 (D)非型態。

( ) 58. RSI是指： (A)乖離率 (B)人氣指標 (C)相對強弱指標 (D)移動平均。

( ) 59. 以下四個數字分別代表開盤價、最高價、最低價、收盤價，請問下列何組價格畫出的K線會呈現十字線的樣貌？ (A)54、57、53.5、55.5 (B)41、42、38、39 (C)31、33.5、31、31.5 (D)23、23.5、21.5、23。

( ) 60. 當我國外匯市場上出現「臺幣升值」時，接著可能會出現那些現象？ A.進口外國商品將變得較便宜 B.有助於我國出口商 C.我國進口商的成本將會降低 D.出國旅行較為昂貴 (A)AB (B)AC (C)BD (D)CD。

( ) 61. 相對強弱指標（RSI）之買進時機為何值？ (A)高於80 (B)介於60 與80之間 (C)介於30與50之間 (D)低於20。（第23屆理財人員）

( ) 62. 將匯率一段固定期數（如每20日）的收盤價加以計算簡單算術平 均數，然後將隨時間經過所形成的點圖連接而成，稱為下列何 者？ (A)移動平均斂散值（MACD） (B)乖離率（Bias） (C)K 線 (D)移動平均線（MA）。

( ) 63. 艾略特波浪理論中關於第五波之敘述，下列何者正確？ (A)通常 為下降趨勢中向上反彈的修正波 (B)通常可能出現雙重底現象 (C)通常為五波中最短的一波 (D)通常其波幅寬度不如第三波。

( ) 64. 有關市場常用之技術指標，下列敘述何者錯誤？ (A)RSI俗稱相對 強弱指標 (B)Bias俗稱乖離率 (C)K線俗稱長條圖 (D)KD值俗稱 隨機指標。

( ) 65. 當日圓即期匯率為0.2715點，60日平均即期匯率為0.2800點時，其 60日的乖離率（BIAS）為下列何者？ (A)－3.04% (B)4.23% (C)3.54% (D)－4.54%。

( ) 66. 根據波浪理論，當市場呈上升趨勢時會有幾個波段？ (A)三個 (B)四個 (C)五個 (D)六個。

( ) 67. 歐元即期匯率35.05元，其10日平均即期匯率為34.65元，請問其 乖離率（BIAS）為下列何者？ (A)1.15% (B)2% (C)－1.15% (D)－2.15%。

( ) 68. 下列何者為外匯技術分析的「賣出時機」？ (A)相對強弱指標 （RSI）低於20 (B)即期匯率由平均線上方下降，但未跌破平均 線，且平均線趨勢向上 (C)威廉指標（WMS）低於20 (D)當D值 小於20，且K線由下而上與D線交叉。

( ) 69. 依移動平均線（Moving Average）理論，於短期移動平均線由下 方往上突破長期移動平均線時，在技術分析上，意指下列何者？ (A)死亡交叉 (B)黃金交叉 (C)賣出訊號 (D)向上反彈。

( ) 70. 技術分析所依賴的方法為何？ (A)資本市場的情況 (B)產業發展 (C)歷史交易資料 (D)總體經濟表現。

( )　71. 下列何組價格所畫出的K線為十字線（四個數字依序代表開盤價、最高價、最低價、收盤價）？
　　(A)54、57、53.5、55.5　　　　(B)41、42、38、39
　　(C)31、33.5、31、31.5　　　　(D)23、23.5、21.5、23。

( )　72. 下列何種技術指標為交易之賣出訊號？　(A)6日RSI指標低於20　(B)9日威廉指標低於20　(C)乖離率在－12%至－15%之間　(D)形成黃金交叉。

( )　73. 由下往上（Bottom-Up Approach）的投資分析標準程序，係依一定判斷指標，比較所有股票的業績及其市價，下列敘述何者錯誤？
　　(A)公司是否處於獲利情況　　　　(B)銷售量是否持續成長
　　(C)市價／帳面價值比是否低於兩倍　(D)資本市場分析。

( )　74. 艾略特波浪理論中，下跌最重要的賣出時機通常出現在下列何者？
　　(A)第一波　(B)第三波　(C)第A波　(D)第B波。

( )　75. 下列何者通常為股票投資技術分析的「賣出時機」？
　　(A)相對強弱指標低於20（RSI）
　　(B)股價由平均線上方下降，但未跌破平均線，且平均線趨勢向上
　　(C)短期MA由上而下與長期MA交叉
　　(D)當D值小於20，且K線由下而上與D線交叉。　（第29屆理財人員）

( )　76. 下列何者非屬股票投資之技術分析模式？　(A)移動平均線（MA）　(B)由下往上分析法　(C)隨機指標（KD）　(D)K線分析法。

( )　77. K線分析法中，下列何種情況可能會形成十字線？
　　(A)開盤價＝最高價　　　　　　(B)開盤價＝最低價
　　(C)開盤價＝收盤價　　　　　　(D)開盤價＞收盤價。

( )　78. 葛蘭碧八大法則是利用下列何者為工具，以判斷交易訊號之重要法則？　(A)移動平均線（MA）　(B)K線　(C)相對強弱指標（RSI）　(D)波浪理論。

( )　79. 若本國為小國且資本可完全移動，在浮動匯率制度下，增加貨幣供給的效果為：　(A)所得增加，本國貨幣貶值　(B)所得不變，本國貨幣貶值　(C)所得增加，本國貨幣升值　(D)所得不變，本國貨幣升值。

( )　80. 當大家預期美元報酬率相對於新臺幣比較高的時候，對美元存款的需求會_____，對於新臺幣存款的需求會_____，造成新臺幣相對_____。下列配對何者正確？
(A)增加；增加；升值　　　　　(B)增加；減少；貶值
(C)減少；增加；貶值　　　　　(D)增加；減少；升值。

( )　81. 自1986年起，英國經濟學人雜誌以麥當勞（McDonald）在各國販售的麥香堡（Big Mac）價格編製麥香堡指數（Big Mac Index）。請問麥香堡指數是用以比較各國的何種總體經濟變數？　(A)國民所得成長率　(B)利率　(C)匯率　(D)失業率。

( )　82. 下列哪一種因素最有可能造成本國貨幣貶值？
(A)本國提高進口關稅
(B)預期本國貨幣會升值
(C)外國人對本國貨的偏好提高
(D)外國物價水準不變，而本國物價水準大幅上漲。

( )　83. 若新臺幣兌美元的匯率從29變為32，表示新臺幣對美元：　(A)升值　(B)貶值　(C)價值不變　(D)無法判斷。

( )　84. 假設外匯市場上新臺幣對美元有升值壓力，但中央銀行希望臺幣不要升值，而干預外匯市場。下列有關央行干預外匯市場的結果之敘述，何者錯誤？
(A)央行應該買進美元　　　　　(B)臺幣供給額會增加
(C)外匯市場美元需求增加　　　(D)臺幣供給額會減少。

( )　85. 下列有關外匯市場供需之敘述，何者正確？　(A)本國對外國投資增加則外匯需求減少　(B)外來投資增加則外匯供給增加　(C)外國人至本國旅遊支出增加則外匯供給減少　(D)本國商品出口增加則外匯需求增加。

( )　86. 根據相對購買力平價說（comparative purchasing power parity），當本國物價上漲6%，外國物價上漲2%，本國對外國貨幣：
(A)貶值6%　　　　　　　　　(B)貶值2%
(C)貶值4%　　　　　　　　　(D)貶值3%。

( )　87. 假設其他情況不變下，當一國實施浮動匯率制度且國內信用大幅擴張時，本國貨幣將會：　(A)升值　(B)貶值　(C)不變　(D)不一定。

( )　88. 臺幣兌美元的價值由20到25（直接報價），表示臺幣：
(A)升值25%　　　　　　　　　(B)貶值25%
(C)升值20%　　　　　　　　　(D)貶值20%。

( )　89. 根據購買力平價說（theory of purchasing power parity, PPP）：P=EP*，P為本國一般物價水準，P*為外國一般物價水準，E為匯率。當本國一般物價水準上漲10%、外國一般物價水準上漲15%時，匯率的變動為何？　(A)上漲15%　(B)下降15%　(C)上漲5%　(D)下降5%。

( )　90. 下列何者使得外匯市場上的外匯需求減少？
(A)本國民眾至外國旅遊的人數增加
(B)近年來本國學生至外國留學的人數減少
(C)外國人來台觀光的人數逐年遞增
(D)食安風暴導致國人購買外國食品原料的數量增加。

( )　91. 當美元對新臺幣的匯率由29到31.5，則美元：　(A)升值7.94%　(B)升值8.62%　(C)貶值4.76%　(D)貶值7.94%。

( )　92. 當日本的物價上漲率為－1%，臺灣的物價上漲率為3%，則日圓：
(A)升值4%　(B)升值3%　(C)貶值2%　(D)貶值1%。

( )　93. 假設其他條件不變，下列何者可能造成本國貨幣貶值？　(A)本國生產力提升　(B)本國降低進口關稅　(C)本國物價水準下跌　(D)對外國貨的偏好降低。

( )　94. 在我國1美元折合新臺幣約30元，此報價法在我國屬於何種報價法？(A)實質匯率報價法　(B)間接報價法　(C)收進報價法　(D)直接報價法。

( )　95. 假設大麥克漢堡在美國的售價為2.9US$、在臺灣為80NT，而匯率為31NT／US$，請問新臺幣被高估或低估的比例是多少？　(A)高估11%　(B)低估11%　(C)高估3.625%　(D)低估3.625%。

( )　96. 假如美國就業市場持續強勁且國際原油庫存持續減少，在其他條件不變下，這些訊息將立即造成對美國資產需求_____和美元的_____。

(A)增加；貶值　　　　　　　(B)增加；升值
(C)下降；貶值　　　　　　　(D)下降；升值。

( )　97. 依據購買力平價理論（Theory of Purchasing Power Parity），假若本國物價水準上漲5%，同時外國的物價水準上漲5%，則：

(A)本國貨幣升值5%，同時外國貨幣升值5%
(B)本國貨幣貶值5%，同時外國貨幣升值5%
(C)本國貨幣貶值5%，同時外國貨幣貶值5%
(D)本國貨幣與外國貨幣的匯率不變。

( )　98. 在固定匯率制度下，若外匯供給大於需求，為維持固定的匯率，中央銀行必須：　(A)調升利率　(B)賣出外匯　(C)買入外匯　(D)減少貨幣供給。

( )　99. 依購買力平價理論（Theory of Purchasing Power Parity），下列敘述何者正確？

(A)各國貨幣購買力的比較即可決定其均衡利率
(B)貨幣購買力較高的國家，其匯價應貶值
(C)任何兩國均衡匯率的決定，取決於這兩國貨幣購買力的比較
(D)當本國物價上漲，本國貨幣的購買力上漲，則本國貨幣應升值。

( )　100. 在浮動匯率制度，資本完全移動下，若其他因素不變，下列何者會造成本國貨幣貶值？　(A)減稅　(B)政府支出增加　(C)貨幣供給增加　(D)課徵進口關稅。

( )　101. 在固定匯率制度下，若外匯供給大於外匯需求，會造成：

(A)本國貨幣貶值　　　　　　(B)本國貨幣升值
(C)本國貨幣供給增加　　　　(D)本國貨幣供給減少。

( )　102. 許多國家在過去經歷過相當高的通貨膨脹率，而這些國家的貨幣也因此經歷過大幅貶值。此現象是與下列何者的概念有關？　(A)一般化費雪效應條件　(B)國際費雪效應條件　(C)購買力平價條件　(D)利率平價（IRP）條件。

( )　103. 在固定匯率制度之下，若英鎊過度升值，則：
　　　　(A)美國央行應該賣英鎊買美元，而英格蘭銀行（英國央行）應該
　　　　　　賣美元買英鎊
　　　　(B)美國央行應該賣英鎊買美元，而英格蘭銀行應該賣英鎊買美元
　　　　(C)美國央行應該賣美元買英鎊，而英格蘭銀行應該賣美元買英鎊
　　　　(D)美國央行應該賣美元買英鎊，而英格蘭銀行應該賣英鎊買美元。

( )　104. 下列敘述何者正確？
　　　　(A)其他情況不變，本國貨幣貶值會造成國內通貨膨脹率上升
　　　　(B)其他情況不變，國內通貨膨脹率上升會造成本國貨幣貶值
　　　　(C)其他情況不變，本國貨幣貶值會造成國內失業率下降
　　　　(D)以上皆正確。

( )　105. 一國中央銀行若為了有效實施釘住美元之匯率政策，下列何種方式
　　　　較無法達成這個目標？
　　　　(A)縮小國內與美國之利率差距
　　　　(B)降低國內與美國之通貨膨脹率差距
　　　　(C)增加發行國內通貨準備，融通銀行資金需求
　　　　(D)備有足夠的美元外匯存底。

( )　106. J曲線效果指的是一國貨幣貶值後，貿易餘額的變化會呈現：
　　　　(A)先減後增　(B)先增後減　(C)一直增加　(D)一直減少。

( )　107. 外幣的買賣匯差（bid-ask spread）會隨著該貨幣的何種因素增加而
　　　　降低？　(A)交易量　(B)辨識度　(C)價值　(D)波動程度。

( )　108. 在其他條件不變的情況下，下列有關匯率變動的敘述，何者正確？
　　　　(A)國內利率上升，會使本國貨幣升值
　　　　(B)預期本國物價水準上漲，會使本國貨幣升值
　　　　(C)預期進口需求增加，會使本國貨幣升值
　　　　(D)預期本國生產力下降，會使本國貨幣升值。

( )　109. 如果金額夠大，下列何者最有可能導致新臺幣升值？　(A)外資大賣
　　　　台股　(B)本地壽險公司於海外投資匯出　(C)臺灣向美國購買八艘
　　　　潛艇　(D)上市公司於大陸投資所得匯回。

( )　110. 在浮動匯率的情形下，若其他因素不變，則當國內信用擴張時，本國貨幣幣值將會如何變化？　(A)升值　(B)貶值　(C)固定不變　(D)不一定。

( )　111. 當一國出超嚴重時，為鼓勵進口，減少出口，可將本國貨幣對它國貨幣：　(A)升值　(B)貶值　(C)不變　(D)先貶值後升值。

( )　112. 關於匯率的看法，下列何者正確？　(A)臺幣升值時，購買美國進口品較貴　(B)臺幣升值時，對臺灣出口相當有利　(C)臺幣升值時，會減少貿易順差　(D)央行的匯率制度是純粹浮動匯率制度。

( )　113. 一國匯價升值，在短期內貿易順差不但未見縮小，反呈擴大，一段時間後才逐漸縮小的過程，稱為下列何者？
(A)J曲線效果（J Curve Effect）
(B)馬斯洛條件（Marshall-Lerner condition）
(C)進口替代效果
(D)倒轉的J曲線效果（Reversed J Curve Effect）。

( )　114. 有關一國之外匯，下列敘述何者正確？
(A)外匯存底持續增加，會使該國之貨幣供給數量大幅度的減少
(B)對外國的貿易大幅順差，會使該國之外匯存底減少
(C)外匯存底的增加會使該國貨幣面臨升值的壓力
(D)一國的外匯存底以單一外國貨幣持有，可以大幅減少匯兌風險。

( )　115. 有關外匯存底的敘述，下列何者正確？　(A)某一國的外匯存底持續大幅增加，將使該國國內貨幣供給額大幅減少　(B)某一國的外匯存底集中以一個特定外國貨幣持有，可以大幅減少匯兌損失的風險　(C)某一國的外匯存底持續大幅增加，則該國貨幣面臨貶值風險也將持續增加　(D)某一國的外匯存底持續大幅增加，將使該國面臨國內物價水準上漲的壓力。

( )　116. 有關匯率之敘述，下列何者正確？
(A)購買力平價說可以完全解釋匯率的變動
(B)一國物價水準的變動與匯率無關
(C)一國貨幣的升值，將使廠商更不容易將貨物賣到國外
(D)貿易障礙的增加導致一國的貨幣長期間會傾向貶值。

( ) 117. 下列哪一因素有利於新臺幣升值？ (A)臺灣貿易逆差擴大 (B)美元利率走高，與新臺幣間之利差加大 (C)外資看好臺灣股市，持續匯入鉅額資金 (D)臺灣物價與工資持續上漲。

( ) 118. 當美國退休基金大量投資亞洲股票，下列哪種情況最有可能發生？
(A)歐元因此升值　　　　　　(B)美元因此升值
(C)臺幣會升值　　　　　　　(D)韓圜將大跌。

( ) 119. 北韓宣布試射彈道飛彈，目標彈著區在東京灣外海，下列何項情形最有可能發生？ (A)韓圜將大漲 (B)日圓會大漲 (C)日圓對美元會跌 (D)日經指數報以「漲」聲。

( ) 120. 當美元兌換新臺幣的匯率由31元上升至33元，則新臺幣：
(A)貶值6.06%　　　　　　　(B)升值6.06%
(C)貶值6.45%　　　　　　　(D)升值6.45%。

( ) 121. 長期間影響匯率的因素中，若臺灣勞工的生產力增加，會使新臺幣相對於外國貨幣： (A)升值 (B)貶值 (C)不變 (D)無法預測。

( ) 122. 有關新臺幣實質有效匯率指數（REER），下列敘述何者錯誤？
(A)以付出匯率來計算加權平均匯價
(B)會受所選擇的通貨籃之幣別組成影響
(C)會受所選擇的物價指數影響
(D)易受所選擇的基期影響。

( ) 123. 在其他因素不變下，何種貨幣政策最可能造成本國貨幣升值？
(A)大量買進本國公債　　　　(B)大量買進美元
(C)調高重貼現率　　　　　　(D)限制外資流入。

( ) 124. 有關長期匯率的影響因素，下列敘述何者正確？ (A)長期而言，相對於外國物價水準，一國物價水準上揚會使該國貨幣升值 (B)貿易障礙的增加，如關稅與配額，會導致一國的貨幣長期間傾向貶值 (C)長期而言，一國出口的增加會使該國貨幣升值 (D)長期而言，相對於其他國家，當一國變得更有生產力時，該國貨幣會貶值。

( ) 125. 下列關於新臺幣實質有效匯率指數（REER）之敘述，何者正確？
(A)新臺幣兌美元匯率上升，REER下跌
(B)外資股利匯出，REER上升
(C)臺灣REER低於南韓，代表出口競爭力低於南韓
(D)本國貨幣升值，REER下跌。

( ) 126. 社會大眾預期本國貨幣將會貶值，則目前外匯市場有何變化？
(A)外匯供給增加　(B)外匯需求減少　(C)外匯市場供需不變
(D)本國貨幣對外國貨幣匯率水準提高。

( ) 127. 其他條件不變的情況下，當本國貨幣對外國貨幣貶值時，下列敘述
何者正確？　(A)會使本國出口至外國的物品價格變得更貴，同時
外國進口至本國的物品變得更便宜　(B)會使本國出口至外國的物品
價格變得更貴，同時外國進口至本國的物品變得更貴　(C)會使本國
出口至外國的物品價格變得更便宜，同時外國進口至本國的物品變
得更便宜　(D)會使本國出口至外國的物品價格變得更便宜，同時
外國進口至本國的物品變得更貴。

( ) 128. 一個國家的中央銀行增加貨幣供給，通常會使得這國家的貨幣：
(A)在短期升值的比長期多　　　　(B)在長期升值的比短期多
(C)在短期貶值的比長期多　　　　(D)在長期貶值的比短期多。

( ) 129. 如果日圓貶值可以使得日本出口增加，則安倍首相的日圓貶值政
策會造成：　(A)日本的總合供給減少　(B)日本的總合供給增加
(C)日本的總合需求減少　(D)日本的總合需求增加。

( ) 130. 對於長期間影響匯率的因素，相對於外國物價水準，當本國物價水
準上漲時，則本國貨幣的匯率會有何反應？
(A)升值　　　　　　　　　　　(B)不變
(C)貶值　　　　　　　　　　　(D)以上都有可能。

( ) 131. 許多國家的資料顯示，本國貨幣貶值的初期會使得貿易收支惡化，
但過了一段期間之後，貿易收支才會獲得改善，這種現象稱之為：
(A)Marshall-Lerner Condition　　(B)Overshooting
(C)Johnson effect　　　　　　　(D)J-curve。

( )　132. 以1美元兌換英鎊的匯率為縱軸，美元數量為橫軸。當英國居民對美國商品的偏好上升時，英國外匯市場的美元供需曲線將如何變動？　(A)供給線向右移動　(B)供給線向左移動　(C)需求線向右移動　(D)需求線向左移動。

( )　133. 當一國的外匯存底持續增加時，對該國總體經濟有何影響？
(A)該國的貨幣供給數量會大幅度減少
(B)該國的物價水準會大幅度降低
(C)該國貨幣會面臨升值壓力
(D)該國貨幣會面臨貶值壓力。

( )　134. 假設其他情況不變下，當本國利率高於外國利率的差距擴大時，本國貨幣會：　(A)升值　(B)貶值　(C)不變　(D)通貨膨脹。

( )　135. 貨幣的價值與物價水準之間有何關係？
(A)物價之漲跌與貨幣價值無任何關係
(B)通貨膨脹期間，貨幣價值上升
(C)物價翻倍，意謂貨幣價值砍半
(D)通貨緊縮的情況下，貨幣價值下滑。

( )　136. 下列何者不會造成新臺幣升值？　(A)我國的中央銀行實施寬鬆的貨幣政策　(B)他國的中央銀行實施寬鬆的貨幣政策　(C)他國民眾增加對我國商品的喜好　(D)我國民眾減少對他國商品的喜好。

( )　137. 若中央銀行不樂於看到本國幣的_____，它會採取擴張性政策以降低國內的利率，應而使本國幣_____。
(A)升值／強化（strengthening）　(B)升值／疲軟（weakening）
(C)貶值／疲軟（weakening）　(D)貶值／強化（strengthening）

( )　138. 其他條件不變，當預期未來本國幣會貶值，則本國金融資產的需求會_____且本國幣會_____。
(A)增加／貶值　　　　　　　(B)增加／升值
(C)減少／貶值　　　　　　　(D)減少／升值。

( )　139. 對於某一固定匯率的經濟體，如果該國中央銀行必需干預外匯市場而買進本國幣，賣出外匯，如公開市場操作，該國的貨幣基數與貨幣供給將會_____；本國利率會_____。
(A)減少／下降　　　　　　　　(B)增加／下降
(C)減少／上升　　　　　　　　(D)增加／上升。

( )　140. 其他條件不變，下列何者會使臺幣升值？　(A)臺灣通貨膨脹率大於外國通貨膨脹率　(B)臺灣通貨膨脹率小於外國通貨膨脹率　(C)臺灣利率下跌　(D)外國利率上升。

( )　141. 其他條件不變，下列何者會使臺幣升值？
(A)臺灣利率上升　　　　　　　(B)臺灣進口增加
(C)民眾普遍預期臺幣將貶值　　(D)中央銀行購買外匯。

( )　142. 其他條件不變，下列何者會使臺幣貶值？　(A)本國進口需求減少　(B)外國提高進口關稅　(C)國外資金流入　(D)外國貨幣供給增加。

( )　143. 下列哪些因素會使新臺幣貶值？　A：美國調高利率　B：臺灣物價下跌　C：臺灣的房地產價格看跌
(A)B及C　(B)A及B　(C)A及C　(D)ABC。

( )　144. 下列何者使得匯率變動的方向與其他三者不同？　(A)本國物價上升　(B)外國生產力下降　(C)本國人對外國商品的偏好增加　(D)本國利率下跌。

( )　145. 下列何者使本國貨幣貶值？　(A)美國調高利率　(B)外國通貨膨脹情況嚴重　(C)本國政府調升利率　(D)大眾預期未來本國匯率將會上升。

( )　146. 本國採取寬鬆貨幣政策將導致本國貨幣如何變動？　(A)升值　(B)貶值　(C)先升後降　(D)沒有影響。

( )　147. 以1美元兌換新臺幣的匯率為縱軸，美元數量為橫軸。當美國的房地產看漲時，臺灣外匯市場的美元供需曲線將如何變動？
(A)供給線向右移動　　　　　　(B)供給線向左移動
(C)需求線向右移動　　　　　　(D)需求線向左移動。

( )　148. 以1美元兌換新臺幣的匯率為縱軸，美元數量為橫軸。當美國對臺灣商品的需求增加時，臺灣外匯市場的美元供需曲線將如何變動？
(A)供給線向右移動　(B)供給線向左移動　(C)需求線向右移動
(D)需求線向左移動。

( )　149. 關於貨幣學派的匯率預測，下列敘述何者錯誤？
(A)一國利率上升使該國匯率上升
(B)一國貨幣供給增加使該國匯率上升
(C)一國貨幣供給減少使該國匯率下降
(D)一國國民所得減少使該國匯率上升。

( )　150. 關於移動平均法（Moving Average），下列敘述何者有誤？　(A)移動平均是將過去某一段時間的匯率相加求取平均數，將每日的平均數連結得出　(B)分析長期趨勢採用移動平均法（Moving Averages）時，移動平均的期數越多則趨勢線的平滑程度越不平緩　(C)當短天期移動平均線向上穿越長天期移動平均線時，應買進
(D)當短天期移動平均線向下穿越長天期移動平均線時，應賣出。

( )　151. 關於相對強弱指標（RSI），下列敘述何者錯誤？
(A)相對強弱指標假設收盤匯率是買賣雙方力量強弱的表現
(B)相對強弱指標可研判市場是否處於超買狀態
(C)當RSI在50左右代表市場買賣力量接近
(D)當RSI向上穿越70為買進訊號。

( )　152. 一般而言，當RSI大於多少時為超買訊號？　(A)30　(B)60　(C)20
(D)80。

( )　153. 竭盡缺口（Exhaust on Gap）通常出現在一波行情（無論上漲或下跌）的：　(A)發動階段　(B)中間位置　(C)尾聲　(D)盤整階段。

( )　154. 使用平均絕對誤差、標準差來判斷匯率預測表現，關於這兩種方法的敘述下列何者錯誤？
(A)平均絕對誤差越小代表預測表現越好
(B)標準差越小代表預測表現越好
(C)平均絕對誤差越小代表預測表現越差
(D)此兩種方法沒有絕對的優劣。

( )｜155. 下表是小明對於過去10天美元兌換新臺幣的匯率所做的預測：

天數	1	2	3	4	5	6	7	8	9	10
實際匯率	32.4	33.2	31.5	32.2	32.6	33.1	33.2	32.8	31.5	31.8
預測匯率	32.5	31.8	31.2	31.9	32.7	33.2	33.4	33.1	33.2	32.8

請問平均絕對誤差為多少？　(A)0.52　(B)0.53　(C)0.54　(D)0.55。

( )｜156. 下表是小明對於過去10天美元兌換新臺幣的匯率所做的預測：

天數	1	2	3	4	5	6	7	8	9	10
實際匯率	32.4	33.2	31.5	32.2	32.6	33.1	33.2	32.8	31.5	31.8
預測匯率	32.5	31.8	31.2	31.9	32.7	33.2	33.4	33.1	33.2	32.8

請問標準差為多少？　(A)0.61　(B)0.55　(C)0.54　(D)0.57。

解答與解析

1. **B** 直接匯率係以外國貨幣作基準，來表示的匯率。例如美元兌新臺幣的匯率為1比32，即1美元（基準貨幣）可以兌換32元新臺幣。當匯率上升時，表示美元可兌換的新臺幣變多，代表美元升值，新臺幣貶值。

2. **C** 若本國貨幣相對外國貨幣貶值，則進口要付的新臺幣變多，對進口不利，則本國的進口量將會下降。

3. **A** 提高進口關稅，將使進口減少，在其他情況不變下，外匯需求減少，匯率將會下降，本國貨幣升值。

4. **D** (A)會造成出口減少，進口增加；(B)會造成進口增加；(C)會造成資本外流，匯率也會有貶值的壓力，這三者都會進而使匯率上升（本國貨幣貶值）；只有(D)才會使出口增加，進而使匯率下降（升值）。

5. **A** 當一國的利率水平高於其他國家時，本國貨幣會升值，外國貨幣會貶值。

6. **A** 外國物價水準不變，而本國物價水準上漲時，其商品成本加大，出口商品以外幣表示的價格必然上漲，引起出口減少，造成本國貨幣貶值，外國貨幣升值。

7. **A** 匯率的升貶幅度 $= \dfrac{E_0 - E_1}{E_1} = \dfrac{20-25}{25} = \dfrac{5}{25} = 20\%$

8. **B** 國際收支長期順差，累積大量外匯存底，本國貨幣匯率上升，外國貨幣匯率下降。

9. **A** 本國支付匯率上升時，表示同樣的商品，付給外國廠商的錢變少了，有利出口，不利進口。

10. **B** 一般而言，國際間資金的移動，會從利率低的國家流向利率高的國家。

11. **A** 本國支付匯率上升時，代表新臺幣貶值，表示同樣的商品，付給外國廠商的錢變少了，有利出口，不利進口。

12. **B** 當一國的利率水平高於其他國家時，本國貨幣匯率的上升，外國貨幣匯率下降，故利率較高導致外匯流入，將導致新臺幣升值。

13. **B** 貨幣對外價值貶值，以支付匯率表示係指匯率上升。

14. **B** 匯率的升值幅度 ＝（40－25）/25＝60%

15. **B** 如果臺灣人民對國家信心動搖、心生恐慌，於是紛紛將存款兌換成美元匯往國外帳戶，則臺幣相對於美元會貶值。

16. **B** 國內物價上漲，如不降低本國貨物的對外價值，則會造成本國貨幣貶值，表示同樣的商品，付給外國廠商的錢變多了，不利出口，有利進口。

17. **B** 臺幣升值，匯率下降。
    (A)外匯需求大於供給，匯率上升。(B)外匯供給上升，匯率下降。
    (C)(D)外匯需求上升，匯率上升。

18. **B** 臺幣升值，匯率下降。
    (A)(C)外匯需求上升，匯率上升。(B)外匯供給上升，匯率下降。(D)外匯供給下降，匯率上升。

19. **C** 來臺外國觀光客增加，表示資本流入，外匯供給增加，則臺幣升值，美元貶值。

20. **B** 美元需求增加，美元升值，臺幣貶值。賣出股票，股市下跌。

21. **D** (A)若$E_2＝120$，表示美元升值，日圓貶值。(B)若$E_2＝110$，表示美元貶值，日圓升值。(C)美元需求增加，表示美元升值，不利於美國的出口。
    (D)美元供給增加，表示美元貶值，日圓升值。

22. **D** (D)英磅：歐元＝1：1.15，變動為1：1.20，表示英磅升值，歐元貶值。

23. **C** 相對於美元為升值的有日圓、歐元。相對於美元為貶值的有英鎊、澳幣。

24. **A** 擴張性貨幣政策會使利率下降，導致本國貨幣貶值，使得本國淨出口增加。

25. **A** 在其他條件不變的情況下，若外國的利率上升，則本國將發生資本流出，本國貨幣貶值。

26. **D** 澳幣對美元匯率自0.9050至0.8850，代表美元升值，故澳幣轉美元價格變便宜。

27. **A** 例如臺幣對美元由30升值為28，則本來臺幣600元的商品值美金20元，升值後值美金21元，所以當美元貶值時，以美元計價的價格上升。

28. **C** 美國非農就業指標為全球最重要經濟指標之一，通常於星期五公布。

29. **C** 美國消費者對臺灣電子商品的需求增加，則出口會增加，進而美元外匯供給也會增加。

30. **A** 在國際收支帳中，觀光旅遊支出科目為經常帳。

31. **C** 在國際收支帳中，專利權、商譽等無形資產之買賣科目為資本帳。

32. **B** 政府實施提高進口關稅政策會使進口減少，進而造成外匯需求減少。

33. **C** 當貿易對手國的所得增加，會帶動本國出口上升，則本國外匯供給量增加。

34. **A** 發生出超時，該國的貨幣會升值。

35. **A** 新臺幣相對日圓貶值→新臺幣貶值、日圓升值→（日圓/新臺幣）下降，（新臺幣/美元）下降，（日圓/美元）下降。

36. **B** 新臺幣貶值，出口以美元計價，出口商拿到價款後，換成新臺幣利潤會增加。

37. **C** 兩國之間通貨交換的比率，稱為「匯率」。

38. **B** 英鎊合理的匯率應為25.68 NT/US$（$\frac{2.5}{3}=0.833$），可是我們實際上必須用0.9元英鎊的才可以買到1美元，這顯示英鎊被低估了。英鎊幣值被低估的比率可以用公式求算：

$$(\frac{1}{0.9}-\frac{1}{0.833})/\frac{1}{0.9}=\frac{0.8333-0.9}{0.9}=-7.41\%$$

即英鎊的價值被低估了7.41%。

39. **B** 遠期匯率與即期匯率的差額，稱「換匯匯率」。

40. **A** 利率相對高的國家（臺灣），會誘使資金流入，進而使臺幣相對於美元升值。

41. **D** 自1970年代布列頓森林會議崩潰，國際間的匯率與利率的巨幅波動，促使外匯期貨契約的誕生，自此金融期貨發展迅速，至今已成為期貨交易最大的契約。第一個正式出現在交易所交易的金融期貨為外匯期貨。

42. **C** 經濟基本面是指某一個國家（或某一個經濟體，例如香港）的整體經濟基本概況，觀察指標包括經濟成長率、進出口成長率、通貨膨脹率、失業率，甚至像美國的消費者信心指數、政府預算盈餘等這些重要的統計數字。

43. **B** 政治風險發生在已開發中國家或開發中國家都有可能。選項(B)有誤。

44. **D** 在固定匯率制度下，如果國外資金大量流入臺灣投資房地產，則臺灣的物價水準會上升，新臺幣會貶值，臺灣外匯市場的成交金額會增加，臺灣的貨幣供給會增加。

45. **C** 在浮動匯率制度下，國外資金流入臺灣投資股票會使新臺幣升值。

46. **D** 浮動匯率制度下，資金可以自由移動。

47. **D** 一個國家將本國貨幣與某一外國貨幣或是一籃子外國貨幣的匯率釘住在上限與下限差距大於2%的範圍內的匯率制度稱為「匯率目標區」。

48. **B** 如果預期臺幣升值，在資金可以自由移動下，國際資金會匯入臺灣。

49. **C** 當我國因產業外移至中國大陸，導致鉅額貿易順差，若我國採浮動匯率，則匯率會下降，出口減少，進口增加。

50. **A** 若本國貨幣有升值壓力時，外匯市場有超額供給且央行可在外匯市場買匯以穩定匯率。

51. **B** 外資大量湧入臺灣股市投資會促使臺幣升值。

52. **C** 一國應付匯率上升，有利出口，不利進口。

53. **C** K線分析法表示單位時間段內價格變化情況的技術分析。所謂K線圖，就是將各種股票每日、每周、每月的開盤價、收盤價、最高價、最低價等漲跌變化狀況，用圖形的方式表現出來。K線是股民分析股價的重要參考。K線分析法屬於技術分析模式的範疇之一。

54. **A** 隨機指標KD值市場常使用的一套技術分析工具，其適用範圍以中短期投資的技術分析為最佳。隨機指標的理論認為當股市處於牛市時，收盤價往往接近當日最高價；反之在熊市時，收盤價比較接近當日最低價，該指數的目的即在反映出近期收盤價在該段日子中價格區間的相對位置。隨機指標（KD值）在20以下，且K值大於D值時，代表買進訊號。

55. **B** 頭肩型的形成屬於反轉的型態之一。

56. **A** 移動平均線天期愈長愈平滑。

57. **C** 耗竭缺口常為趨勢即將結束之訊號。

58. **C** RSI是指相對強弱指標。

59. **D** K線為十字線代表開盤價等於收盤價，故本題選(D)。

60. **B** 當我國外匯市場上出現「臺幣升值」時，進口外國商品將變得較便宜，我國進口商的成本將會降低，但不利出口。

61. **D** 相對強弱指數（RSI），是藉比較價格升降運動以表達價格強度的技術分析工具。相對強弱指標（RSI）之買進時機為低於20。

62. **D** 移動平均線（MA）係指將匯率一段固定期數（如每20日）的收盤價加以計算簡單算術平均數，然後將隨時間經過所形成的點圖連接而成稱之。

63. **D** 波浪理論基本理論中，不論趨勢大小，股價有「五波上升、三波下降」的規律。艾略特認為第五波通常其波幅寬度不如第三波，故本題選(D)。

64. **C** K線圖（Rosokuashi Chart）又稱為「陰陽線」或者是「蠟燭線」，選項(C)有誤。

65. **A** 乖離率又稱為y值，是反映股價在波動過程中與移動平均線偏離程度的技術指標。它的理論基礎是不論股價在移動平均線之上或之下，只要偏離距離過遠，就會向移動平均線趨近，據此計算股價偏離移動平均線百分比的大小來判斷買賣時機。計算公式如下：
乖離率＝（當日即期匯率－N日內移動平均價）/N日內移動平均價×100%
-3.04%＝（0.2715－0.2800）/0.2800×100%

66. **C** 波浪理論基本理論，是不論趨勢大小，股價有「五波上升、三波下降」的規律。

67. **A** 乖離率又稱為y值，是反映股價在波動過程中與移動平均線偏離程度的技術指標。它的理論基礎是不論股價在移動平均線之上或之下，只要偏離距

離過遠，就會向移動平均線趨近，據此計算股價偏離移動平均線百分比的大小來判斷買賣時機。計算公式如下：

乖離率＝（當日即期匯率－N日內移動平均價）/N日內移動平均價×100%

$1.15\% = (35.05 - 34.65) / 34.65 \times 100\%$

68. **C** 威廉指標一般以20及80分別代表買超及賣超的界線，當R高於80，表示處於超賣狀態，行情即將見底，可考慮買進；當R低於20，表示處於超買狀態，為賣出時機。

69. **B** 依移動平均線（Moving Average）理論，於短期移動平均線由下方往上突破長期移動平均線時，在技術分析上，意指黃金交叉，為買進訊號。

70. **C** 技術分析所依賴的方法為歷史交易資料。

71. **D** K線為十字線代表開盤價等於收盤價，故本題選(D)。

72. **B** 威廉指標一般以20及80分別代表買超及賣超的界線，當R高於80，表示處於超賣狀態，行情即將見底，可考慮買進；當R低於20，表示處於超買狀態，為賣出時機。

73. **D** 由下往上（Bottom-Up Approach）的投資分析標準程序，係依一定判斷指標，比較所有股票的業績及其市價，不須針對資本市場去分析。

74. **D** 波浪理論的推動浪，浪數為5（1、2、3、4、5），調整浪的浪數為3（A\B\C），合起來為8浪。艾略特波浪理論中，下跌最重要的賣出時機通常出現在第B波。

75. **C** 當長、短期平均線（MA）在低檔向上走揚，且短期平均線由下往上穿越長期平均線，稱為「黃金交叉」，此時表示將有一段漲勢發生；相反的，若短期平均線由上往下穿越長期平均線，稱為「死亡交叉」，表示將有一段跌勢，故本題選(C)。

76. **B** 由下往上分析法屬基本分析模式。

77. **C** K線分析法中，當開盤價＝收盤價時，會形成十字線。

78. **A** 葛蘭碧八大法則的運作，是利用價格與其移動平均線（MA）的關係作為買進與賣出訊號的依據。其認為價格的波動具有某種規律，但移動平均則代表著趨勢的方向，是判斷交易訊號的重要指標。

79. **A** (1)浮動匯率是指由外匯市場或自由市場需求與供給來決定升貶的匯率制度。一般而言，政府不加干涉，才能使市場機能充分發揮，因此若是外匯市場越發達且金融組織愈健全的國家，對於外匯市場的干預也就越少。

(2)若本國為小國且資本可完全移動，在浮動匯率制度下，增加貨幣供給，會使所得增加，本國貨幣貶值。

80. **B**　當大家預期美元報酬率相對於新臺幣比較高的時候，對美元存款的需求會增加，對於新臺幣存款的需求會減少，造成新臺幣相對貶值。

81. **C**　自1986年起，英國經濟學人雜誌以麥當勞（McDonald）在各國販售的麥香堡（Big Mac）價格編製麥香堡指數（Big Mac Index）。麥香堡指數是用以比較各國的匯率變數。

82. **D**　購買力平價認為一國貨幣的對外價值，是決定於兩國通貨的相對購買力，而不是貨幣的含金量。匯率是依照本國貨幣在本國市場的購買力和外國貨幣在外國市場的購買力兩者比較而決定。外國物價水準不變，而本國物價水準大幅上漲時，本國貨幣的購買力會下降，造成本國貨幣貶值。

83. **B**　若新臺幣兌美元的匯率從29變為32，表示新臺幣對美元為貶值。

84. **D**　在外匯市場上新臺幣對美元有升值壓力，但中央銀行希望臺幣不要升值，而干預外匯市場下，會採擴張性貨幣政策，釋出貨幣，故臺幣供給額會增加。

85. **B**　國內經濟好轉→外匯需求增加→外人投資增加→外匯供給增加。

86. **C**　(1)購買力平價於1916年由加塞爾（Gustov Cassell）所提出，認為一國貨幣的對外價值，是決定於兩國通貨的相對購買力，而不是貨幣的含金量。匯率是依照本國貨幣在本國市場的購買力和外國貨幣在外國市場的購買力兩者比較而決定。
　　(2)根據相對購買力平價説（comparative purchasing power parity），當本國物價上漲6%，外國物價上漲2%，本國對外國貨幣貶值4%。

87. **A**　浮動匯率制度下的自動調整機制，是假設其他情況不變下，當一國實施浮動匯率制度且國內信用大幅擴張時，會發生順差→該國貨幣升值。

88. **D**　(1)臺幣兌美元的價值由20到25（直接報價），代表美元升值，新臺幣貶值。
　　(2)貶值百分比 $= \dfrac{25-20}{25} = 20\%$

89. **D**　(1)購買力平價認為一國貨幣的對外價值，是決定於兩國通貨的相對購買力，而不是貨幣的含金量。匯率是依照本國貨幣在本國市場的購買力和外國貨幣在外國市場的購買力兩者比較而決定。
　　(2)根據購買力平價説，當本國一般物價水準上漲10%、外國一般物價水準上漲15%時，匯率下降5%。

90. **B** 近年來本國學生至外國留學的人數減少，會使國人對換匯的需求減少，使得外匯市場上的外匯需求減少。

91. **B** (1)當美元對新臺幣的匯率由29到31.5，代表美元升值，新臺幣貶值。

(2)升值百分比 $=\dfrac{31.5-29}{29}=8.62\%$

92. **A** (1)購買力平價理論係指在真實匯率不變下，兩國匯率可依據兩國物價水準之變動調整之。如臺灣的物價水準相對於外國物價水準上升，則新臺幣兌外國貨幣會有貶值的傾向；反之，臺灣的物價水準相對於外國物價水準下降，則新臺幣兌外國貨幣會有升值的傾向。購買力平價說認為兩國間之匯率會調整以反映兩國相對物價水準之變動。

(2)故當日本的物價上漲率為-1%，臺灣的物價上漲率為3%，則日圓升值4%。

93. **B** 在貿易收支平衡下，課徵進口關稅與出口補貼將會形成本國貨幣升值；本國降低進口關稅，將會形成本國貨幣貶值。

94. **D** 直接報價法係以一單位外幣折合多少美元的報價方法。在我國1美元折合新臺幣約30元，此報價法在我國即屬於直接報價法。

95. **B** 新臺幣合理的匯率應為25.68 NT/U\$（$\dfrac{80}{2.9}=27.59$），可是我們實際上必須用31元新臺幣的才可以買到1美元，這顯示新臺幣幣值被低估了。新臺幣幣值被低估的比率可以用下式求算：

$(\dfrac{1}{31}-\dfrac{1}{27.59})/\dfrac{1}{31}=\dfrac{27.59-31}{31}=-11\%$
即新臺幣的價值被低估了11%。

96. **B** 如美國就業市場持續強勁且國際原油庫存持續減少，在其他條件不變下，這些訊息將立即造成美元的升值，以及對美國資產需求增加。

97. **D** (1)購買力平價認為一國貨幣的對外價值，是決定於兩國通貨的相對購買力。其中相對購買力平價理論係指在真實匯率不變下，兩國匯率可依據兩國物價水準之變動調整之。

(2)故依據購買力平價理論（Theory of Purchasing Power Parity），假若本國物價水準上漲5%，同時外國的物價水準上漲5%，則本國貨幣與外國貨幣的匯率不變。

98. **C** (1)固定匯率制度（Fixed Exchange Rate System）是貨幣當局把本國國幣
兌換其他貨幣的匯率加以固定，並把兩國貨幣比價的波動幅度控制在
一定的範圍之內。
(2)在固定匯率制度下，若外匯供給大於需求，為維持固定的匯率，中央
銀行必須買入外匯，使得外匯供給等於需求。

99. **C** 購買力平價認為一國貨幣的對外價值，是決定於兩國通貨的相對購買力，
而不是貨幣的含金量。匯率是依照本國貨幣在本國市場的購買力和外國貨
幣在外國市場的購買力兩者比較而決定。
(A)各國貨幣購買力的比較即可決定其均衡匯率。
(B)貨幣購買力較高的國家，其匯價應升值。
(C)任何兩國均衡匯率的決定，取決於這兩國貨幣購買力的比較。
(D)當本國物價上漲，本國貨幣的購買力下跌，則本國貨幣應貶值。

100. **C** 浮動匯率制度下的自動調整機制：
當一國貨幣供給減少→該國貨幣升值→出口減少、進口增加→國際收支趨
於均衡
當一國貨幣供給增加→該國貨幣貶值→出口增加、進口減少→國際收支趨
於均衡

101. **C** (1)固定匯率制度：中央銀行如果是透過外匯市場干預而不是外匯管制，使
匯率維持不變，這時候，只有外匯存底的調整，沒有外匯價格的調整。
(2)在固定匯率制度下，若外匯供給大於外匯需求，會造成本國貨幣供給
增加。

102. **C** (1)購買力平價認為一國貨幣的對外價值，是決定於兩國通貨的相對購買
力。其中相對購買力平價理論係指在真實匯率不變下，兩國匯率可依
據兩國物價水準之變動調整之。
(2)許多國家在過去經歷過相當高的通貨膨脹率，而這些國家的貨幣也因
此經歷過大幅貶值。此現象即是與購買力平價條件的概念有關。

103. **B** 在固定匯率制度之下，若英鎊過度升值，則美國央行應該賣英鎊買美元，
而英格蘭銀行應該賣英鎊買美元，以減少對英鎊的需求。

104. **D** 其他情況不變，本國貨幣貶值會造成國內通貨膨脹率上升，相反的，國內
通貨膨脹率上升造成本國貨幣貶值，而本國貨幣貶值會造成國內失業率
下降。

105. **C** 增加發行國內通貨準備，融通銀行資金需求，會造成貨幣貶值，為較無法有效釘住美元之匯率政策。

106. **A** J曲線效果，是指一國貨幣貶值後，貿易餘額的變化會呈現先減後增。

107. **A** 外幣的買賣匯差（bid-ask spread）會隨著該貨幣的交易量增加而降低。

108. **A** 國內利率上升，會使本國貨幣升值；反之會使本國貨幣貶值。本題選項(A)正確。

109. **D** 如果上市公司於大陸投資所得匯回的金額夠大，將造成新臺幣增加，進而使新臺幣升值。

110. **B** 在浮動匯率體制下，若其他因素不變，則當國內信用擴張時，本國貨幣必須貶值方能回復國際收支的平衡。

111. **A** 當一國出超嚴重時，為鼓勵進口，減少出口，可將本國貨幣對他國貨幣升值，因為本國貨幣對他國貨幣升值後，出口商品變貴了，進口商品變便宜了。

112. **C** 當一國出超嚴重（貿易順差）時，為鼓勵進口，減少出口，可將本國貨幣對他國貨幣升值，因為本國貨幣對他國貨幣升值後，出口商品變貴了，進口商品變便宜了，貿易順差會減少。故本題選(C)。

113. **D** 一國匯價升值，在短期內貿易順差不但未見縮小，反呈擴大，一段時間後才逐漸縮小的過程，稱為「倒轉的J曲線效果」。

114. **C** 外匯存底的增加會導致該國貨幣面臨升值。故本題選(C)。

115. **D** (A)某一國的外匯存底持續大幅增加，將使該國國內貨幣供給額大幅增加，選項(A)有誤。
　　(B)某一國的外匯存底集中以一個特定外國貨幣持有，會大幅增加匯兌損失的風險，選項(B)有誤。
　　(C)某一國的外匯存底持續大幅增加，則該國貨幣面臨升值風險也將持續增加，選項(C)有誤。

116. **C** 出口廠商若遇升值，欲收到等同新臺幣收入，以外幣報價將提高，將不利出口。

117. **C** 外資看好臺灣股市，持續匯入鉅額資金，有利於新臺幣升值。

118. **C** 當美國退休基金大量投資亞洲股票，可能會造成亞洲貨幣升值。故本題選(C)。

119. **C** 北韓宣布試射彈道飛彈，目標彈著區在東京灣外海，可能造成日圓會大跌。

120. **A** $\dfrac{33-31}{33}＝6.06\%$（貶值）

121. **A** 長期間影響匯率的因素中，若臺灣勞工的生產力增加，會使新臺幣相對於外國貨幣升值。

122. **A** 新臺幣實質有效匯率指數，係指在過去一貿易收支平衡的時點後所開始的比較基期中，選擇與我國貿易關係較為密切的國家貨幣組成一個貨幣籃，經過加權計算之後，先得知名目有效匯率指數（Nominal Effective Exchange Rate Index），將名目有效匯率指數除以購買力平價指數，即是新臺幣實質有效匯率指數。故選項(A)有誤。

123. **C** 調高重貼現率，會使貨幣供給減少，進而導致本國貨幣升值。

124. **C** (1) 貨幣升值從經濟學或貨幣學角度來看，代表購買力評價升高，簡單來說，就是持有人的錢相對變大了，購買他國貨幣或貨物也跟著變多，因此，當貨幣升值，就有利於該國民眾出國消費。
　　　(2) 綜上，長期而言，一國出口的增加會使該國貨幣升值。

125. **A** (1) 實質有效匯率指數就是將有效匯率指數平減物價指數，可顯示本國貨幣對外國貨幣的平均真正價值，由絕對數值的變動，表示本國貨幣在一段期間內的升貶走勢。若實質有效匯率指數上升，表示本國貨幣相對於外幣是升值；反之，則表示本國貨幣趨於貶值。另外，當實質有效匯率指數大於100時，表示當期本國貨幣較基期升值；反之，則表示當期本國貨幣較基期貶值。
　　　(2) 故新臺幣兌美元匯率上升，REER下跌。

126. **D** 社會大眾預期本國貨幣將會貶值，則代表本國貨和外幣比起來，變得更不值錢，所以人們會把資金從本國轉移到其他國家的貨幣，那麼每單位外幣就可以換到更多的本國幣，本國幣對外國幣匯率水準提高。

127. **D** 在其他條件不變下，當本國貨幣對外國貨幣貶值時，會使本國出口至外國的物品價格變得更便宜，而外國進口至本國的物品價格變得更貴。

128. **C** 一個國家的中央銀行增加貨幣供給，會造成外幣存款的預期報酬上升，本國貨幣的預期報酬率下降，通常會使得這國家的貨幣貶值。但在短期貶值的比長期多。

129. **D** (1) 匯率貶值，會使出口增加、進口減少，總合需求就會受到刺激。
　　　 (2) 匯率貶值，隨時間經過，傳遞機能會促使總合需求、產出與就業率都
　　　　　 會增加。

130. **C** 對於長期間影響匯率的因素，當本國物價水準上漲時，則代表本國貨幣可
　　　　 購買的東西變少，則本國貨幣的匯率會貶值。

131. **D** 本國貨幣貶值後，最初發生的情況往往正好相反，經常項目收支狀況反而
　　　　 會比原先惡化，進口增加而出口減少，經一段時間後，貿易收支才會獲得
　　　　 改善。這一變化被稱為「J曲線效果」。

132. **C** 以1美元兌換英鎊的匯率為縱軸，美元數量為橫軸。當英國居民對美國商
　　　　 品的偏好上升時，英國居民對美元需求增加，需求線向右移動。

133. **C** 當一國的外匯存底持續增加時，將使新臺幣面臨升值壓力，導致匯率波動。

134. **A** 假設其他情況不變下，當本國利率高於外國利率的差距擴大時，代表錢存
　　　　 在本國賺的利息比錢存在外國賺到利息多，此時，本國貨幣會升值。

135. **C** (1) 當物價水準愈高（或愈低）時，表示貨幣的價值低（或高），故人們
　　　　　　 需要持有愈多（或愈少）的貨幣才能完成交易，因此對貨幣的需求量
　　　　　　 多（或少），貨幣的價值與物價水準之間呈反向關係。
　　　　 (2) 故當物價翻倍，意謂貨幣價值砍半。

136. **A** (1) 當緊縮貨幣時，不僅利率上升，亦產生對物價下跌的預期，因而會導
　　　　　　 致一國的貨幣的升值。貨幣升值後，該國產品的競爭力下降，導致出
　　　　　　 口減少，進口增加。
　　　　 (2) 當寬鬆貨幣時，不僅利率下降，亦產生對物價上漲的預期，因而會導
　　　　　　 致一國的貨幣的貶值。貨幣貶值後，該國產品的競爭力上升，導致出
　　　　　　 口增加，進口減少。

137. **B** 若中央銀行不樂於看到本國幣的升值，它會採取擴張性政策以降低國內的
　　　　 利率，因而使本國幣疲軟。

138. **C** 其他條件不變，當預期未來本國幣會貶值，則本國金融資產的需求會減
　　　　 少，而本國金融資產的需求會減少，會使本國幣會貶值。

139. **C** 如果該國中央銀行干預外匯市場而買進本國幣，會使本國貨幣基數減少，
　　　　 賣出外匯，會使本國利率上升。

140. **B** 當一國出現通貨膨脹時，其商品成本加大，出口商品以外幣表示的價格必然上漲，引起出口減少，因而本國貨幣匯率貶值，外國貨幣匯率下降；反之，相對通貨膨脹率較低的國家，其貨幣匯率則會趨於升值。故本題選(B)。

141. **A** 當一國的利率水平高於其他國家時，本國貨幣匯率上升，外國貨幣匯率下降；反之，當一國利率水平低於其他國家時，本國貨幣匯率下降，外國貨幣匯率上升。

142. **A** (1)進口減少，匯率下降，臺幣升值。
　　 (2)外國提高進口關稅，進口減少，匯率上升，外國幣貶值，臺幣升值。
　　 (3)國外資金流入，匯率下降，臺幣升值。
　　 (4)外國貨幣供給增加，匯率下降，臺幣升值。

143. **C** (1)美國調高利率，匯率下跌，外國幣升值，臺幣貶值。
　　 (2)臺灣物價下跌，匯率下降，臺幣升值。
　　 (3)臺灣的房地產價格看跌，國外資金流出，匯率上升，臺幣貶值。

144. **B** (1)本國物價上升，匯率上升，臺幣貶值。
　　 (2)外國生產力下降，匯率上升，外國幣貶值，臺幣升值。
　　 (3)本國人對外國商品的偏好增加，進口增加，外匯需求增加，匯率上升，臺幣貶值。
　　 (4)本國利率下跌，匯率下跌，臺幣貶值。

145. **A** (1)美國調高利率，匯率下跌，外國幣升值，臺幣貶值。
　　 (2)外國通貨膨脹情況嚴重，外國幣貶值，臺幣升值。
　　 (3)本國政府調升利率，匯率上升，臺幣升值。
　　 (4)大眾預期未來本國匯率將會下降，匯率上升，臺幣升值。

146. **B** 本國採取寬鬆貨幣政策，貨幣供給增加，量化寬鬆貨幣政策還會導致本國貨幣大幅貶值。

147. **C** 當美國的房地產看漲時，對美元的需求會增加，需求線向右移動。

148. **A** 當美國對臺灣商品的需求增加時，美國新臺幣的需求增加，對美元的需求減少，美國消費者必須以美元兌換新臺幣，以作為進行交易的貨幣。因此，在臺灣的外匯市場上，美元供給量會增加（供給線向右移動）。

149. **C** 一國貨幣供給減少，則貨幣供給線左移，該國匯率上升。

150. **B** 移動平均法是將過去某一段時間的匯率相加求取平均數，將每日的平均數連結得出，長期趨勢採用移動平均法時，移動平均的期數越多則趨勢線的平滑程度越平緩，當短天期移動平均線向上穿越長天期移動平均線時，應買進。當短天期移動平均線向下穿越長天期移動平均線時，應賣出。

151. **D** RSI（相對強弱指標）假設收盤匯率是買賣雙方力量強弱的表現，當RSI在50左右代表市場買賣力量接近，當RSI低於20為超賣訊號，RSI大於80時為超買訊號。

152. **D** 一般而言，當RSI大於80時，為超買訊號。

153. **C** 竭盡缺口（Exhaust on Gap）通常出現在一波行情（無論上漲或下跌）的尾聲。

154. **C** (1) 平均絕對誤差是所有單個觀測值與算術平均值的偏差的絕對值的平均。與平均誤差相比，平均絕對誤差由於離差被絕對值化，不會出現正負相抵消的情況，因而，平均絕對誤差能更好地反映預測值誤差的實際情況。

　　 (2) 標準差（Standard Deviation），也稱均方差（Mean square error），是一種表示分散程度的統計觀念。

　　 (3) 平均絕對誤差越小代表預測表現越好。

155. **D**

天數	1	2	3	4	5	6	7	8	9	10
E^e-E	0.1	-1.4	-0.3	-0.3	0.1	0.1	0.2	0.3	1.7	1

平均絕對誤差：$\dfrac{1}{10}(0.1+1.4+0.3+0.3+0.1+0.1+0.2+0.3+1.7+1)=0.55$

156. **A**

天數	1	2	3	4	5	6	7	8	9	10
$[E^e$-E$]^2$	0.01	1.96	0.09	0.09	0.01	0.01	0.04	0.09	2.89	1

標準差：$\dfrac{1}{10}(0.01+1.96+0.09+0.09+0.01+0.01+0.04+0.09+2.89+1)=0.61$

第三章　國內外匯交易相關法令

依據出題頻率區分，屬：**A** 頻率高

焦點速成

一、指定銀行

所稱指定銀行，係指**經中央銀行（以下簡稱本行）許可辦理外匯業務**，並發給**指定證書**之銀行或農業金庫。

二、外匯

所稱外匯，指外國貨幣、票據及有價證券。前項外國有價證券之種類，由掌理外匯業務機關核定之。

三、外匯業務

所稱外匯業務，包括下列各款：

(一) 出口外匯業務。

(二) 進口外匯業務。

(三) 一般匯出及匯入匯款業務（含買賣外幣現鈔及旅行支票業務）。

(四) 外匯存款業務。

(五) 外幣貸款業務。

(六) 外幣保證業務。

(七) 外匯衍生性商品業務。

(八) 其他外匯業務。

四、外匯業務之經辦及覆核人員資格

指定銀行辦理上述(一)至(六)各項外匯業務之經辦及覆核人員，應有外匯業務執照或具備下列資格：

(一) **經辦人員**須有**三個月**以上相關外匯業務經歷。

(二) **覆核人員**須有**六個月**以上相關外匯業務經歷。

五、指定銀行得不經申請逕行辦理之外匯業務

(一) 遠期外匯交易（不含無本金交割新臺幣遠期外匯交易）。

(二) 換匯交易。

(三) 業經本行許可或函報本行備查未涉及新臺幣匯率之外匯衍生性商品，連結同一風險標的，透過相同交易契約之再行組合，但不含對專業機構投資人及高淨值投資法人以外之客戶辦理之複雜性高風險外匯衍生性商品。

(四) 國內指定銀行間及其與國外銀行間辦理未涉及新臺幣匯率之外匯衍生性商品。

(五) 以期貨交易人身分辦理未涉及新臺幣匯率之國內外期貨交易契約。

六、外幣提款機之規範

(一) 指定銀行設置自動化服務設備受理顧客辦理外匯業務，應符合金管會所定有關自動化服務設備得提供之服務項目，以及相關作業安全控管規範，並於**設置後一週內**檢附作業說明及敘明自動化服務設備所隸屬之單位名稱及設置地點，函報本行備查。

(二) 嗣後作業說明若有涉及服務項目、匯率適用原則及揭露方式、外匯申報方式之變動者，應於**變動後一週內函報本行備查**。

(三) 指定銀行經本行為第一項備查後，若擬增設或裁撤自動化服務設備，僅須備文敘明自動化服務設備所隸屬之單位名稱及設置或裁撤地點，於**設置或裁撤後一週內函知本行**。

七、銀行業辦理外匯業務應先確認身分

銀行業辦理各項外匯業務，應先確認顧客身分或基本登記資料及憑辦文件符合規定後，方得受理。

銀行業辦理外匯業務涉及之確認顧客身分、紀錄保存、一定金額以上通貨交易申報及疑似洗錢或資恐交易申報，應依洗錢防制法及相關規定辦理；對經資恐防制法指定對象之財物或財產上利益及其所在地之通報，應依資恐防制法及相關規定辦理。

八、銀行業辦理新臺幣與外幣間遠期外匯業務（DF）之規範

(一) 以有實際外匯收支需要者為限，同筆外匯收支需要不得重複簽約。

(二) 與顧客訂約及交割時，均應查核其相關實際外匯收支需要之交易文件，或主管機關核准文件。

(三) 期限：依實際外匯收支需要訂定。

(四) 展期時應依當時市場匯率重訂價格，不得依原價格展期。

九、銀行業辦理新臺幣與外幣間換匯交易業務（FX SWAP）之規範

(一) 換匯交易係指辦理即期外匯或遠期外匯之同時，應即承作相等金額、不同方向及不同到期日之遠期外匯。

(二) 承作對象及文件：國內法人無須檢附文件；對國外法人及自然人應查驗主管機關核准文件。

(三) 換匯交易結匯時，應查驗顧客是否依申報辦法填報申報書，其「外匯收支或交易性質」是否依照實際匯款性質填寫及註明「換匯交易」，並於外匯水單上註明本行外匯局訂定之「匯款分類及編號」，連同申報書填報「交易日報」。

(四) 本項交易得不計入申報辦法第四條第一項第三款所訂之當年累積結匯金額。

(五) 展期時應依當時市場匯率重訂價格，不得依原價格展期。

十、銀行業辦理無本金交割新臺幣遠期外匯業務（NDF）之規範

(一) 承作對象以國內指定銀行及指定銀行本身之海外分行、總（母）行及其分行為限。

(二) 契約形式、內容及帳務處理應與遠期外匯業務（DF）有所區隔。

(三) 承作本項交易不得展期、不得提前解約。

(四) 到期結清時，**一律採現金差價交割**。

(五) **不得**以保證金交易（Margin Trading）槓桿方式為之。

(六) 非經本行許可，不得與其他衍生性商品、新臺幣或外幣本金或其他業務、產品組合。

(七) **無本金交割**新臺幣遠期外匯交易，每筆金額**達五百萬美元以上**者，應立即電告本行外匯局。

十一、銀行業辦理新臺幣匯率選擇權業務之規範

(一) 承作對象以國內外法人為限。

(二) 到期履約時得以差額或總額交割，且應於契約中訂明。

(三) 權利金及履約交割之幣別，得以所承作交易之外幣或新臺幣為之，且應於契約中訂明。

(四) 僅得辦理陽春型（Plain Vanilla）選擇權。且非經本行許可，不得就本項業務自行組合或與其他衍生性商品、新臺幣或外幣本金或其他業務、產品組合。

十二、銀行業辦理新臺幣與外幣間換匯換利交易業務（CCS）之規範

(一) 承作對象以<u>國內外法人</u>為限。

(二) 辦理期初及期末皆交換本金之新臺幣與外幣間換匯換利交易，國內法人無須檢附交易文件，其本金及利息於交割時得不計入申報辦法第四條第一項第三款所訂之當年累積結匯金額。

(三) 其他類型之新臺幣與外幣間換匯換利交易，承作時須要求顧客檢附實需證明文件，且交割金額應計入申報辦法第四條第一項第三款所訂之當年累積結匯金額，但其外匯收支或交易性質為出、進口貨款、提供服務或經有關主管機關核准者，得不計入上述當年累積結匯金額。

(四) 辦理本款業務，於顧客結匯時應查驗是否依申報辦法填報申報書，其「外匯收支或交易性質」是否依照實際匯款性質填寫，及註明「換匯換利交易」。並於外匯水單上註明本行外匯局訂定之「匯款分類及編號」，連同申報書填報「交易日報」。

(五) 未來各期所交換之本金或利息視為遠期外匯，訂約時應填報遠期外匯日報表。

十三、銀行業辦理外幣保證金交易業務之規範

(一) 不得以外幣貸款為之。

(二) 非經本行許可不得代客操作或以「聯名帳戶」方式辦理本款業務。相關代客操作管理規範由本行另訂之。

(三) 不得收受以非本人所有之定存或其他擔保品設定質權作為外幣保證金。

十四、銀行業辦理外幣間遠期外匯及換匯交易業務之規範

(一) 辦理外幣間遠期外匯及換匯交易業務,展期時應依當時市場匯率重訂展期價格,不得依原價格展期。

(二) 辦理外幣間換匯交易及換匯換利交易業務,交割時應於其他交易憑證上**註明適當之「匯款分類及編號」填報「交易日報」**。

十五、銀行業辦理外匯信用違約交換及外匯信用違約選擇權業務之規範

(一) 承作對象**限於屬法人之專業客戶**。

(二) 對象如為國內顧客者,除其主管機關規定得承作信用衍生性商品且為信用風險承擔者外,僅得承作顧客為信用風險買方之外匯信用衍生性商品。

(三) 國內顧客如為信用風險承擔者,合約信用實體應符合其主管機關所訂規範,且不得為大陸地區之政府、公司及其直接或間接持有股權達**百分之三十以上**之公司。

(四) 指定銀行本身如為信用風險承擔者,且合約信用實體為利害關係人,其交易條件不得優於其他同類對象,並應依相關銀行法令規定辦理。

(五) 本款業務組合為結構型商品辦理者,承作對象僅限於屬專業機構投資人及國外法人之專業客戶。

十六、利率及匯率揭示

(一) 指定銀行辦理外匯存款業務,應參照國際慣例自行訂定並公告最低存款利率。未公告存款天期之利率,指定銀行得參酌相近天期之公告利率與顧客議定。採議定利率者應於公告中告知。

(二) 前項公告應於營業廳揭示,並於公開之網站或其他足使公眾知悉之方式揭露。

(三) 銀行業與顧客之外匯交易買賣匯率,由各銀行業自行訂定。

(四) 每筆交易金額在一萬美元以下涉及新臺幣之匯率,應於每**營業日上午九時三十分以前**,在營業場所揭示。

十七、非共同營業時間辦理外匯業務之規範

(一) 指定銀行於非共同營業時間辦理外匯業務，應依下列規定辦理：

　　1.每筆結匯金額以**未達新臺幣五十萬元**或**等值外幣者**為限。

　　2.非共同營業時間辦理之外匯交易，應依其檢送之作業說明或本行之規定，列報於**營業當日或次營業日**之「交易日報」及「外匯部位日報表」。

(二) 前項第一款規定，於非指定銀行之銀行業在非共同營業時間辦理買賣外幣現鈔及旅行支票業務，及中華郵政公司在非共同營業時間辦理一般匯出及匯入匯款業務時，準用之。

(三) 非指定銀行之銀行業於非共同營業時間辦理前項業務所為之交易，應列報於**營業當日或次營業日之「交易日報」**。

十八、外匯交易限額之規範

(一) 指定銀行應自行訂定新臺幣與外幣間交易總部位限額，並檢附**董事會同意**文件（外國銀行則為總行或區域總部核定之相關文件），報本行外匯局同意備查後實施。

(二) 前項總部位限額中，無本金交割新臺幣遠期外匯及新臺幣匯率選擇權二者合計之部位限額，**不得逾總部位限額五分之一**。

十九、臨櫃受理大額結匯交易資料傳送

指定銀行於臨櫃受理顧客新臺幣與外幣間即期、遠期或換匯換利大額結匯交易、中華郵政公司於臨櫃受理顧客新臺幣與外幣間即期大額結匯交易，及本國指定銀行就其海外分行經主管機關核准辦理顧客無本金交割新臺幣遠期外匯大額交易，應依下列規定，將相關資料傳送至本行外匯資料處理系統：

(一) 指定銀行及中華郵政公司受理公司、有限合夥、行號等值**一百萬美元以上（不含跟單方式進、出口貨品結匯）或個人、團體等值五十萬美元以上之結購、結售外匯**，應於確認交易相關證明文件無誤後，於訂約日立即傳送。

(二) 指定銀行受理顧客等值**一百萬美元以上之新臺幣與外幣間遠期外匯交易、換匯換利交易（CCS）**，應於確認交易相關證明文件無誤後，於**訂約日之次營業日中午十二時前傳送**。

(三) 本國指定銀行就其海外分行受理境內外法人、境外金融機構及本國指定
銀行海外分行**等值一百萬美元以上**之無本金交割新臺幣遠期外匯交易
（NDF），應於**訂約日之次營業日中午十二時前傳送**。

二十、網路受理大額結匯交易資料傳送

指定銀行於網際網路受理顧客新臺幣與外幣間即期或遠期大額結匯交易，及
中華郵政公司於網際網路受理顧客新臺幣與外幣間即期大額結匯交易，應先
透過與本行外匯資料處理系統連結測試；並依下列規定，將相關資料傳送至
本行外匯資料處理系統：

(一) 指定銀行及中華郵政公司受理公司、有限合夥、行號**等值一百萬美元以上**
（不含跟單方式進、出口貨品結匯），或個人、團體等值五十萬美元以上之
結購、結售外匯，應於確認交易相關證明文件無誤後，於**訂約日立即傳送**。
(二) 指定銀行受理顧客**等值一百萬美元以上之新臺幣與外幣間遠期外匯交易**，
應於確認交易相關證明文件無誤後，於**訂約日立即傳送**。

二一、可受理辦理外匯或人民幣業務之銀行

國內、外金融機構，均得與人民幣清算行簽署人民幣清算協議；其屬國內金
融機構者，應以經本行許可得辦理外匯或人民幣業務之銀行業為限。

二二、辦理人民幣業務之規範

銀行業辦理人民幣業務之管理，除應遵循下列規定外，準用本辦法及其他有
關外匯業務之規定：

(一) 除本行另有規定外，應於人民幣清算行開立人民幣清算帳戶，始得辦理人
民幣業務；於大陸地區代理銀行（以下簡稱代理行）開立人民幣同業往來
帳戶，並將其簽訂之清算協議報本行同意備查者，亦同。
(二) 承作與跨境貿易相關之人民幣業務，涉及資金進出大陸地區者，應透過人
民幣清算行或代理行進行結算及清算。
(三) 業經本行許可得辦理人民幣現鈔買賣業務者，得逕依本辦法規定辦理人民
幣現鈔買賣業務。
(四) 承作自然人買賣人民幣業務，每人每次買賣現鈔及每日透過帳戶買賣之金
額，均**不得逾人民幣二萬元**。

(五) 承作於外幣提款機提領人民幣現鈔業務，每人每次提領之金額，**不得逾人民幣二萬元**。

(六) 承作自然人匯款人民幣至大陸地區業務，其對象應以領有中華民國國民身分證之個人為限，並應透過人民幣清算行或代理行為之；匯款性質應屬經常項目，且每人每日匯款之金額，**不得逾人民幣八萬元**。

(七) 其他本行為妥善管理人民幣業務所為之規定。

(八) 大陸地區人民（非我國國民配偶）依法繼承臺灣地區人民遺產，**每人結匯最高金額為新臺幣二百萬元**。

(九) **結售未超過十萬美元，結購未超過十萬美元**時，銀行業逕行辦理大陸地區人民新臺幣結匯。

精選試題

( )　1. 依據央行「管理外匯條例」第二條之規定，下列何者非屬此條例所稱之外匯？　(A)外國貨幣　(B)外國票據　(C)外國有價證券　(D)黃金。

( )　2. 依據「銀行業辦理外匯業務作業規範」之規定，未經央行許可辦理外匯業務之銀行、信用合作社、農（漁）會信用部辦理買賣外幣現鈔及旅行支票業務時，其外匯賣超部位限額為何？
(A)以央行核給之額度為限　　　　(B)五百萬美元
(C)五千萬美元　　　　　　　　　(D)賣超部位限額為零。

( )　3. 有關指定銀行辦理新臺幣與外幣間換匯交易業務（FX SWAP），依據央行「銀行業辦理外匯業務管理辦法」之規定，下列何者不得申請辦理？　(A)國外法人　(B)國外自然人　(C)國內法人　(D)國內自然人。

( )　4. 依據央行「銀行業辦理外匯業務管理辦法」之規定，下列有關無本金交割新臺幣遠期外匯業務（NDF）之敘述，何者錯誤？　(A)到期結清時，一律採現金差額交易　(B)本項交易時不得展期、不得提前解約　(C)不得以保證金交易槓桿方式處理　(D)限公司行號始得辦理。

( )　5. 依據央行「銀行業辦理外匯業務管理辦法」之規定，下列有關指定銀行辦理新臺幣與外幣間遠期外匯業務（DF）之敘述，何者正確？ (A)限進出口業者始能申請辦理　(B)與顧客訂約及交割時，均應查核其相關實際外匯收支需要之交易文件，或主管機關核准文件 (C)期限為180天，限展期一次　(D)展期時得依原契約價格展期。

( )　6. 下列何者非屬經許可辦理新臺幣特定金錢信託投資外幣有價證券業務之指定銀行辦理信託資金之委託人？　(A)領有臺灣地區相關居留證之外國自然人　(B)領有臺灣地區相關居留證大陸地區人民 (C)經我國政府認許之外國法人　(D)持護照之外國自然人。

( )　7. 依據「銀行業辦理外匯業務管理辦法」之規定，銀行業與顧客之外匯交易買賣匯率，每筆交易金額在幾萬美元以下之匯率，應於每營業日上午九時三十分以前，在營業場所揭示？　(A)一萬美元 (B)二萬美元　(C)三萬美元　(D)五萬美元。

( )　8. 下列項目哪些為指定銀行辦理外匯業務必須遵循的法令與行政命令？ A.銀行法　B.信用狀統一慣例　C.管理外匯條例　D.銀行業辦理外匯業務作業規範　(A)僅BCD　(B)ABCD　(C)僅AC　(D)僅ACD。

( )　9. 關於指定銀行辦理外匯業務，下列敘述何者錯誤？　(A)指定銀行辦理外幣擔保付款之保證業務之對象以國內客戶為限　(B)客戶以外幣存入外匯存款時，銀行應掣發其他交易憑證　(C)出口外匯業務均應憑國外客戶提供之交易單據辦理，進口外匯業務均應憑國內客戶提供之交易單據辦理　(D)匯出匯款以新臺幣結購者應掣發賣匯水單。

( )　10. 指定銀行辦理匯出匯款業務，發送匯款電文時，下列敘述何者錯誤？　(A)電文應包含匯款人之全名　(B)電文應包含匯款人之地址，但匯款銀行可以視實際情況以其護照號碼代替之　(C)電文應包含匯款人之地址，但匯款銀行可以視實際情況以其身分證號碼代替之　(D)電文應包含匯款人帳號，因此若匯款人未在匯款行設有帳戶者，指定銀行不得受理其辦理匯出匯款業務。

( )　11. 依據央行「銀行業辦理外匯業務作業規範」之規定，指定銀行辦理外幣貸款業務，應憑顧客提供下列何種文件辦理？　(A)顧客與國外交易之文件　(B)顧客與國內外交易之文件　(C)顧客與國內交易之文件　(D)不須任何憑辦文件。

( )　12. 依據央行「銀行業辦理外匯業務作業規範」之規定，指定銀行辦理
出口信用狀通知及保兌業務時，應憑下列何種文件辦理？
(A)出口商提供之國／內外交易單據
(B)出口商提供其與國外交易之單據
(C)應憑國外同業委託之文件辦理
(D)輸出許可證。

( )　13. 有關外匯存款，下列敘述何者錯誤？　(A)外匯定期存款期間可以為
1個星期　(B)外匯指定銀行可以受理客戶以其持有之外匯存款定期
存單質押承作新臺幣授信　(C)外匯存款定期存單不能質借新臺幣，
質借之幣別限存單之幣別　(D)外匯存款可以辦理轉讓。

( )　14. 指定銀行於網際網路受理顧客等值一百萬美元以上之新臺幣與外幣
間遠期外匯交易，應於確認交易相關證明文件無誤後，於何時將相
關資料傳送央行外匯局？
(A)於訂約日立即傳送　　(B)訂約日之次營業日中午十二時前傳送
(C)於交割日傳送　　　　(D)不須傳送。

( )　15. 指定銀行辦理遠期外匯買賣（DF）之相關作業，下列敘述何者正
確？　(A)交割日僅限固定交割日　(B)屆期交割時如適逢國內、外
（即交易雙方所在之國家及交易幣別之國家）假日，須順延至次一
營業日，惟倘順延之交易日跨越當月月份時，則提前至前一營業日
(C)保證金依據央行規定須以現金收取3%　(D)契約期限依據央行規
定最長不得逾180天。

( )　16. 關於新臺幣與外幣間換匯換利交易（CCS），下列敘述何者錯誤？
(A)辦理期初及期末皆交換本金之新臺幣與外幣間換匯換利交易，
國內法人無須檢附交易文件　(B)辦理非「期初及期末皆交換本金」
型之新臺幣與外幣間換匯換利交易，承作時須要求顧客檢附實需證
明文件　(C)新臺幣與外幣間換匯換利交易，承作對象限為國內法人
(D)本項交易未來各期所交換之本金或利息視為遠期外匯，應於訂
約時填報遠期外匯日報表。

( )　17. 所謂「外匯指定銀行」是指經下列何者指定辦理外匯業務之銀行？
(A)中央銀行　(B)財政部　(C)金管會　(D)國貿局。

(　)　18. 目前中央銀行規定，國人結匯外幣達多少金額以上須依規定申報？
(A)等值新臺幣50萬元　(B)等值新臺幣20萬元　(C)等值新臺幣100
萬元　(D)等值新臺幣200萬元。

(　)　19. 現行臺灣自然人自由結匯額度每年為多少？　(A)100萬美元
(B)200萬美元　(C)300萬美元　(D)500萬美元。

(　)　20. 透過本國貨幣與外幣兌換之外匯業務中，下列何者屬於銀行賣匯業
務？　(A)匯出匯款　(B)出口押匯　(C)以外匯存款結售存入臺幣支
票存款　(D)匯入匯款。

(　)　21. 依銀行法之規定，商業銀行得經營之業務項目中，下列何者須經中
央銀行之許可始可辦理？　(A)投資有價證券　(B)外匯業務　(C)辦
理保證業務　(D)收受定期存款。

(　)　22. 依管理外匯條例之規定，掌理外匯之業務機關為下列何者？　(A)財
政部　(B)經濟部　(C)中央銀行　(D)臺灣銀行。

(　)　23. 依據「外匯收支或交易申報辦法」規定，公司、行號每年累積結購
或結售之自由結匯金額為等_____值元，團體、個人每年累積結
購或結售之自由結匯金額為等_____值元。
(A)NT$3000萬元、NT$300萬元　(B)US$100萬元、US$10萬元
(C)US$5000萬元、US$500萬元　(D)NT$5000萬元、NT$500萬元。

(　)　24. 有關境外外國金融機構辦理匯入款結售為新臺幣時，下列何者正
確？　(A)不管金額大小均不得辦理　(B)每筆等值NT$50萬以下
逕行辦理　(C)每筆等值USD10萬以下逕行辦理　(D)每年享有
USD500萬之自由結額度。

(　)　25. 向國內外匯指定銀行辦理外幣應收帳款承購業務之承作方應為下列
何者？　(A)國內廠商出口業務　(B)國內廠商進口業務　(C)國外廠
商出口業務　(D)國外廠商進口業務。

(　)　26. 依據「管理外匯條例」第二條之規定，外匯不包括下列何項？
(A)交易性黃金　　　　　　　　(B)外國貨幣
(C)外幣票據　　　　　　　　　(D)外幣有價證券。

( ) 27. 指定銀行臨櫃受理顧客辦理新臺幣與外幣間匯率之大額業務，下列敘述何者錯誤？ (A)指定銀行受理公司、行號等值一百萬美元以上結購、結售外匯，應於確認交易相關證明文件無誤後，於訂約日立即傳送 (B)指定銀行受理公司、行號等值一百萬美元以上之新臺幣與外幣間遠期外匯交易、換匯換利交易（CCS），應於確認交易相關證明文件無誤後，於訂約日之次營業日中午十二時前傳送 (C)本國指定銀行就其海外分行受理境內外法人、境外金融機構及本國指定銀行海外分行等值一千萬美元以上之無本金交割新臺幣遠期外匯交易（NDF），應於訂約日立即傳送 (D)指定銀行受理個人、團體等值五十萬美元以上結購、結售外匯，應於確認交易相關證明文件無誤後，於訂約日立即傳送。

( ) 28. 依「銀行辦理衍生性金融商品自律規範」規定，有關銀行對屬自然人之一般客戶提供單項衍生性金融商品如涉及大陸地區，其得交易服務之項目，下列何者非屬之？ (A)外匯保證金交易（但不得涉及新臺幣匯率） (B)陽春型遠期外匯 (C)買入陽春型匯率選擇權 (D)買入轉換公司債資產交換選擇權。

( ) 29. 下列何者為外匯業務之行政主管機關？ (A)金融監督管理委員會 (B)中央銀行 (C)財政部 (D)經濟部。

( ) 30. 銀行業申請辦理外匯業務，經發給指定證書或許可函後多久內仍未開辦，中央銀行得按情節輕重，命其於一定期間內停辦、廢止或撤銷許可內容之一部或全部？ (A)二個月 (B)三個月 (C)六個月 (D)一年。

( ) 31. 指定銀行於非共同營業時間辦理外匯業務，每筆結匯金額以多少為限？ (A)未達新臺幣十萬元或等值外幣 (B)未達新臺幣三十萬元或等值外幣 (C)未達新臺幣五十萬元或等值外幣 (D)未達新臺幣一百萬元或等值外幣。

( ) 32. 銀行業辦理外匯業務管理辦法所稱之外匯指定銀行，下列何者不得申辦？ (A)農漁會、信合社 (B)本國銀行 (C)農業金庫 (D)外國銀行在台分行。

（　） 33. 有關指定銀行辦理新臺幣與外幣間換匯交易業務（FX SWAP）應遵循事項，下列敘述何者錯誤？　(A)國內法人無須檢附文件　(B)國外法人及自然人應查驗主管機關核准文件　(C)須計入外匯收支或交易申報辦法所訂之當年累積結匯金額　(D)換匯交易結匯時，應查驗顧客是否依申報辦法填報申報書，其「外匯收支或交易性質」是否依照實際匯款性質填寫及註明「換匯交易」。

（　） 34. 指定銀行針對自然人辦理人民幣兌換者，應符合自然人每人每日透過帳戶買賣之金額為何？　(A)不得逾人民幣二萬元規定　(B)不得逾人民幣三萬元規定　(C)不得逾人民幣四萬元規定　(D)不得逾人民幣八萬元規定。

（　） 35. 銀行辦理無本金交割新臺幣遠期外匯業務（NDF）之承作對象以下列何者為限？　(A)限國內指定銀行間　(B)限本國銀行（指定銀行）與其海外分行　(C)限外國銀行在臺分行與該行總行及其分行　(D)國內指定銀行間、本國銀行（指定銀行）與其海外分行間、外國銀行在臺分行與該行總行及其分行皆可。

（　） 36. 指定銀行於臨櫃受理顧客新臺幣與外幣間即期、遠期或換匯換利大額結匯交易，應將相關資料傳送給：　(A)金管會銀行局　(B)法務部調查局　(C)中央銀行外匯局　(D)財政部關務署。

（　） 37. 關於涉及新臺幣匯率外匯交易規定之敘述，下列何者錯誤？　(A)新臺幣與外幣間遠期外匯業務（DF），以有實際外匯收支需要者為限，同筆外匯收支需要不得重複簽約　(B)新臺幣與外幣間換匯交易業務（FX SWAP），係指辦理即期外匯或遠期外匯之同時，應即承作相等金額、不同方向及不同到期日之遠期外匯　(C)無本金交割新臺幣遠期外匯業務（NDF）承作對象以國內外法人為限　(D)新臺幣匯率選擇權業務承作對象以國內外法人為限。

（　） 38. 依銀行業辦理外匯業務管理辦法，銀行應遵行之外匯風險管理措施，下列何者錯誤？　(A)應自行訂定「各幣別交易部位」　(B)應自行訂定「交易員隔夜部位」　(C)無本金交割新臺幣遠期外匯及新臺幣匯率選擇權二者合計之部位限額，不得逾新臺幣與外幣間交易總部位限額三分之一　(D)自行訂定新臺幣與外幣間交易總部位限額（以美元表示），並檢附董事會同意（外國銀行則為總行核定之相關文件），報中央銀行外匯局同意核備後實施。

( ) 39. 下列何種外匯衍生性商品,指定銀行非經申請許可不得逕行辦理? (A)新臺幣與美元間遠期外匯交易 (B)換匯交易 (C)以期貨交易人身分辦理未涉及新臺幣匯率之國內外期貨交易契約 (D)無本金交割新臺幣遠期外匯交易。

( ) 40. 指定銀行辦理未涉及新臺幣匯率之外匯衍生性商品業務,下列敘述何者錯誤? (A)外幣保證金交易業務不得以外幣貸款為之 (B)非經中央銀行許可不得代客操作或以「聯名帳戶」方式辦理外幣保證金交易業務 (C)不得收受以非本人所有之定存或其他擔保品設定質權作為外幣保證金 (D)辦理外幣間遠期外匯及換匯交易業務,展期時應依原價格展期。

( ) 41. 銀行擬辦理「外幣保證金代客操作業務」,向中央銀行申辦之程序為何? (A)得不經申請逕行辦理 (B)開辦前申請許可 (C)開辦前函報備查 (D)開辦後函報備查。

( ) 42. 無本金交割新臺幣遠期外匯業務(NDF)應遵循事項,下列何者錯誤? (A)契約形式、內容及帳務處理應與遠期外匯業務(DF)有所區隔 (B)承作本項交易得展期、得提前解約 (C)到期結清時,一律採現金差價交割 (D)不得以保證金交易(Margin Trading)槓桿方式為之。

( ) 43. 依我國期貨交易法有關期貨契約定義之敘述,下列何者正確? (A)當事人約定於未來特定期間依特定價格及數量等交易條件買賣約定標的物,或於到期前或到期時結算差價之契約 (B)當事人約定選擇權買方支付權利金,取得購入或售出之權利,得於特定期間內,依特定價格及數量等交易條件買賣約定標的物;選擇權賣方於買方要求履約時,有依約履行義務 (C)當事人約定選擇權買方支付權利金,取得購入或售出之權利,得於特定期間內,依特定價格數量等交易條件買賣期貨契約 (D)當事人約定一方支付一定成數之款項,雙方於未來特定期間內,依約定方式結算差價。

( ) 44. 由買方支付權利金後,取得買入或售出的權利,得在未來特定時間內依約定條件買賣約定標的物,或結算差價的契約種類係指下列何者? (A)選擇權契約 (B)期貨選擇權契約 (C)期貨契約 (D)槓桿保證金契約。

( )　45. 依我國期貨交易法，槓桿保證金契約買方取得權利的方式，下列何者正確？　1.支付價金的一定成數；2.雙方達成約定即可；3.取得他方授與之一定信用額度；4.向期貨商辦理登記。　(A)34　(B)13　(C)24　(D)14。

( )　46. 依我國期貨交易法之規定，有關不適用期貨交易法之期貨交易之敘述，下列何者錯誤？　(A)金管會所公告指定辦理外匯業務之銀行所經營外幣期貨交易包括期貨契約或期貨選擇權契約，全部不適用期貨交易法　(B)中央銀行所指定辦理外匯業務之外匯經紀商，經核准在其營業處所經營之外幣與新臺幣間之各種期貨交易　(C)金管會核准之金融機構在其營業處所經營之期貨交易　(D)中央銀行所指定辦理外匯業務之銀行，經核准在該行營業處所經營之外幣間之各種期貨交易。

( )　47. 依我國期貨交易法令之規定，下列何者如其在集中市場交易應受期貨交易法的規範？　(1)美元對新臺幣匯率期貨選擇權契約；(2)外幣選擇權契約。　(A)僅(1)　(B)僅(2)　(C)僅(1)(2)　(D)以上皆非。

( )　48. 依我國期貨交易法之規定，下列何種交易不適用期貨交易法？　A.匯經紀商經核准在其營業處所經營之換匯交易　B.金融機構經核准在營業處所經營之換匯換利交易　C.金融機構經核准在營業處所經營之貨幣選擇權　D.金融機構經核准在營業處所經營之利率選擇權　(A)僅AC　(B)僅AB　(C)僅ABC　(D)ABCD。

( )　49. 外匯期貨契約類似銀行之遠期外匯市場交易，請問下列敘述何者錯誤？　(A)外匯期貨有標準的契約數量，遠匯市場則無　(B)外匯期貨市場流動性較高，遠匯市場流動性較低　(C)外匯期貨保證金收取交易金額7%，遠匯市場則為5%保證金　(D)外匯期貨以集中市場交易，遠匯市場則在各銀行間交易。

( )　50. 受理電匯後，因故遭國外匯款退回時，何時可將款項退回申請人？　(A)可逕予退回　(B)待申請人自行來申請退匯　(C)待受款人通知不接受匯款　(D)確認匯款退回存匯行或存匯行未扣帳，再通知申請人辦理。

(　)　51. 下列何種匯出匯款之結匯方式，銀行應掣發賣匯水單？　(A)提領外匯存款支付　(B)以新臺幣結購　(C)以外幣現鈔或旅行支票支付　(D)以出口押匯或匯入匯款轉匯。

(　)　52. 定居或暫住大陸地區之存款戶，要求指定銀行憑其授權書及蓋妥之申報書承作匯出匯款，指定銀行應如何辦理？　(A)不得受理　(B)逕行辦理　(C)須經央行核准後辦理　(D)須經陸委會核准後辦理。

(　)　53. 指定銀行對持有外國護照之自然人，依「外匯收支或交易申報辦法」規定，得逕行辦理結匯之金額為何？　(A)每筆不得超過新臺幣50萬元　(B)每筆不得超過10萬美元　(C)每筆不得超過50萬美元　(D)每年不得超過500萬美元。

(　)　54. 依「外匯收支或交易申報辦法」規定，申報義務人委託他人辦理新臺幣結匯申報時，應由何人就申報事項負其責任？　(A)委託人　(B)受託人　(C)委託人與受託人連帶　(D)指定銀行。

(　)　55. 依「外匯收支或交易申報辦法」規定，指定銀行於受理公司、行號辦理結匯時，應先確認申報書記載事項與證明文件相符之額度為何？　(A)等值新臺幣五十萬元以上　(B)十萬美元以上　(C)五十萬美元以上　(D)一百萬美元以上。

(　)　56. 依「銀行業辦理外匯業務管理辦法」規定，銀行業辦理一般匯出及匯入匯款（含買賣外幣現鈔及旅行支票業務）之經辦人員，應有外匯業務執照或須有多久以上之相關外匯業務經歷？　(A)一週　(B)一個月　(C)三個月　(D)六個月。

(　)　57. 下列何種受款人之匯入匯款，不得結售為新臺幣？　(A)大陸來臺人士　(B)外籍工作人員　(C)境外外國金融機構　(D)在台之外國公司。

(　)　58. 依「銀行業辦理外匯業務管理辦法」規定，銀行承作自然人匯款人民幣至大陸地區業務，其對象限制為何？　(A)大陸地區人民　(B)港澳居民　(C)領有中華民國國民身分證之個人　(D)大陸地區人民或港澳居民。

( )　59. 依「銀行業辦理外匯業務管理辦法」規定，指定銀行於受理個人、團體多少金額以上之結匯申報案件時，應立即將填妥之「大額結匯款資料表」電傳中央銀行外匯局？　(A)新臺幣五十萬元以上或等值外幣　(B)十萬美元以上或等值外幣　(C)五十萬美元以上或等值外幣　(D)一百萬美元以上或等值外幣。

( )　60. 依管理外匯條例第18條規定，中央銀行應將外匯之買賣、結存、結欠及對外保證責任額，按期彙報：　(A)財政部　(B)總統府　(C)行政院　(D)金管會。

( )　61. 依中央銀行規定，委託人交付新臺幣資金以特定金錢信託方式投資國外有價證券時，下列何者非屬委託人得辦理之新臺幣與外幣間避險交易？　(A)遠期外匯交易　(B)換匯交易　(C)換匯換利交易　(D)選擇權交易。

( )　62. 依「銀行辦理衍生性金融商品業務內部作業制度及程序管理辦法」規定，銀行向專業機構投資人及高淨值投資法人以外客戶提供屬匯率類之複雜性高風險商品交易，其契約期限不得超過多久？　(A)三個月　(B)六個月　(C)一年　(D)二年。

( )　63. 指定銀行辦理無本金交割新臺幣遠期外匯交易，每筆金額達多少金額以上者，應立即電告中央銀行外匯局？　(A)一百萬美元　(B)三百萬美元　(C)五百萬美元　(D)一千萬美元。

( )　64. 有關新臺幣與外幣之遠期外匯交易，下列敘述何者錯誤？　(A)訂約時銀行應審核交易文件　(B)以有實際外匯收支需要者為限　(C)銀行依規定辦理展期時，得依原價格展期　(D)同筆外匯收支交易需要不得重複簽約。

( )　65. 當預期本國貨幣將貶值時，進口商可採何種避險措施？　(A)與出口商商議延後付款　(B)與出口商商議酌予調高售價　(C)預購遠期外匯　(D)預售遠期外匯。

( )　66. 有關遠期外匯之敘述，下列何者錯誤？　(A)履約保證金由承作銀行與顧客議定　(B)同筆外匯收支需要不得重複簽約　(C)遠期外匯交易履約方式應以實際交割為主　(D)遠期外匯交易，其訂約期限以六個月為限。

( )　67. 有關指定銀行經向中央銀行申請許可，於非共同營業時間辦理外匯業務，下列敘述何者正確？　(A)得受理顧客之各項外匯交易，無金額限制　(B)僅得受理顧客未達新臺幣50萬元之外匯交易　(C)僅可受理公司之各種外匯交易，而個人不可受理　(D)僅可受理個人之各種外匯交易，而公司不可受理。

( )　68. 受理來臺大陸地區人民對大陸地區以外之第三地區匯款，每筆結購未逾多少金額，銀行得逕自辦理？　(A)十萬美元　(B)五十萬美元　(C)一百萬美元　(D)五百萬美元。

( )　69. 大陸地區人民（非我國國民配偶）依法繼承臺灣地區人民遺產，每人結匯最高金額為何？　(A)二百萬美元　(B)五百萬美元　(C)新臺幣二百萬元　(D)新臺幣五百萬元。

( )　70. 依銀行業辦理外匯業務管理辦法規定，辦理第四條第一項第一款至第六款（含匯出／入匯款、外匯存款等）之覆核人員，須有多久以上相關外匯業務經歷？　(A)五個營業日　(B)一個月　(C)三個月　(D)六個月。

( )　71. 持外僑居留證證載有效期限一年以上之自然人申辦國外匯出匯款結購USD25,000時，下列何者正確？　(A)非本國人，不得受理　(B)依「外匯收支或交易申報辦法」受理之　(C)免辦理當年累積結匯金額查詢　(D)匯出金額不受限制。

( )　72. 非指定銀行、信用合作社、農（漁）會信用部辦理買賣外幣現鈔及旅行支票業務，下列敘述何者錯誤？　(A)得於指定銀行開設外匯存款戶　(B)得與國外銀行等金融機構建立通匯往來　(C)外匯賣超限額部位為零　(D)所需外匯資金，得依申報辦法逕向外匯指定銀行結購或結售，全年累積金額不受限制。

( )　73. 依銀行業辦理外匯業務管理辦法規定，指定銀行臨櫃受理顧客等值一百萬美元以上之新臺幣與外幣間換匯換利交易（CCS），其資料應於何時以電腦連線將資料傳送中央銀行？　(A)應於訂約當日　(B)訂約日之次營業日中午十二時前　(C)交割前二營業日　(D)交割當日。

( )　74.「臺灣地區與大陸地區金融業務往來及投資許可管理辦法」所稱之主管機關為下列何者？　(A)財政部　(B)中央銀行　(C)經濟部　(D)金管會。

( )　75.指定銀行受理匯入匯款解付時，結售金額達新臺幣五十萬元以上者，「外匯收支或交易申報書」上之申報義務人應為下列何者？　(A)匯款人　(B)受款人　(C)解款行　(D)匯款行。

( )　76.有關客戶欲在DBU申請開立美元支票存款業務，下列敘述何者正確？　(A)限臺灣銀行始得辦理　(B)須經中央銀行核准後辦理　(C)外匯指定銀行皆可辦理　(D)一律不得辦理該項業務。

( )　77.遠期外匯訂約時，指定銀行得否要求申請人提供保證金？　(A)一律不得要求　(B)預購得但預售不得　(C)預售得但預購不得　(D)得由承作銀行與顧客議定。

( )　78.有關無本金交割新臺幣遠期外匯業務（NDF），下列敘述何者錯誤？　(A)每筆金額在一百萬美元以上之大額交易，應立即電話告知中央銀行外匯局　(B)承作對象以國內指定銀行及指定銀行本身之海外分行、總（母）行及其分行為限　(C)不得以保證金交易（Margin Trading）槓桿方式處理　(D)到期結清時，一律採現金差價交割。

( )　79.指定銀行辦理新臺幣與外幣間遠期外匯業務（DF）展期時，應如何訂定展期價格？　(A)依原價格　(B)依當時市場匯率　(C)視原價格與當時市場匯率孰高　(D)視原價格與當時市場匯率孰低。

( )　80.銀行業逕行辦理大陸地區人民新臺幣結匯時，每筆結購、結售之金額為何？　(A)結售未超過20萬美元，結購未超過10萬美元　(B)結售未超過10萬美元，結購未超過20萬美元　(C)結售未超過10萬美元，結購未超過10萬美元　(D)結售未超過20萬美元，結購未超過20萬美元。

( )　81.依主管機關規定，軍政機關申請結購進口外匯或匯出匯款案件時，在多少金額以下，指定銀行得逕憑軍政機關填妥之「外匯收支或交易申報書」辦理？　(A)未達新臺幣五十萬元或等值外幣　(B)未逾十萬美元或等值外幣　(C)未逾五十萬美元或等值外幣　(D)一百萬美元以下或等值外幣。

( ) 82. 指定銀行辦理新臺幣與外幣間遠期外匯業務，應否查核實際外匯收支需要之交易文件？
(A)訂約時需要，交割時不需要　　(B)訂約時不需要，但交割時需要
(C)訂約與交割時均需要　　　　　(D)訂約與交割時均不需要。

( ) 83. 指定銀行辦理新臺幣與外幣間遠期外匯業務，承作項目有何限制？
(A)凡有進出口需求者均得辦理，其餘不可　　(B)凡有勞務性收付者均得辦理，其餘不可　　(C)凡有實際外匯收支需要者，均得辦理
(D)僅限進出口與勞務性交易，其餘不可。

( ) 84. 辦理公司遠期外匯訂約金額達下列何者，應依「銀行業辦理外匯業務管理辦法」大額交易資料通報，將相關資料傳送中央銀行外匯局？　(A)十萬美元以上或等值外幣者　(B)五十萬美元以上或等值外幣者　(C)一百萬美元以上或等值外幣者　(D)九十萬美元以上或等值外幣者。

( ) 85. 依「銀行業辦理外匯業務管理辦法」規定，指定銀行辦理出口外匯業務、進口外匯業務等各項外匯業務之覆核人員，其資格條件為何？　(A)曾任經辦人員三個月以上　(B)限具有外匯業務執照
(C)應有外匯業務執照或三個月以上相關外匯業務經歷　(D)應有外匯業務執照或六個月以上相關外匯業務經歷。

( ) 86. 指定銀行設置自動化服務設備，應限制每帳戶每日提領外幣現鈔之上限為何？　(A)等值五百美元　(B)等值五千美元　(C)等值一萬美元　(D)等值新臺幣五十萬元。

( ) 87. 依「銀行業辦理外匯業務作業規範」，未經中央銀行許可辦理買賣外幣現鈔及旅行支票之農漁會信用部，其外匯賣超部位為何？
(A)外匯賣超部位為100萬美元　(B)外匯賣超部位為10萬美元
(C)外匯賣超部位為0　(D)外匯賣超部位無限制。

( ) 88. 依「外匯收支或交易申報辦法」規定，申報義務人應對銀行業掣發之其他交易憑證內容予以核對，如發現有與事實不符之情事時，應自銀行業掣發之日起多久期限內，檢附相關證明文件經由銀行業向中央銀行申請更正？　(A)七個營業日　(B)七日　(C)五個營業日　(D)五日。

( )　89. 個人、團體50萬美元（含）以上之結購、結售外匯案件，應於何時利用「新臺幣與外幣間大額結匯款資料電腦連線作業系統」辦理電腦連線傳送予中央銀行外匯局？
(A)訂約日　　　　　　　　(B)訂約日（含）二日內
(C)交割日　　　　　　　　(D)交割日（含）二日內。

( )　90. 目前中央銀行所謂的「簡易外匯」係指下列哪種交易？　(A)僅限於買賣外幣現鈔　(B)買賣外幣現鈔、旅行支票　(C)買賣外幣現鈔、旅行支票及外幣存款　(D)買賣外幣現鈔、旅行支票、外幣存款及簡易型匯入匯款。

( )　91. 有關外匯指定銀行受理新臺幣與外幣間遠期預購／預售業務，下列敘述何者正確？
(A)客戶為規避匯率風險或套利均可承作
(B)同筆交易得與其他銀行重複簽約
(C)預購案件展延交割期限時，得以客戶所填切結書作為延遲付款交易證明文件
(D)對徵取現金以外之其他擔保品作為保證金者，須於契約書上註記擔保品種類及金額，並經營業單位主管核章。

( )　92. 非外匯指定銀行接受客戶以外匯定存單為擔保品辦理新臺幣授信，若屆期未獲清償需處分擔保品時，其相關結匯額度之計算，應依何種規定辦理？
(A)應依「外匯收支或交易申報辦法」辦理
(B)應依「管理外匯條例」辦理
(C)應依「銀行法」辦理
(D)應依「洗錢防制法」辦理。

( )　93. 「管理外匯條例」第5條規定，調節外匯供需，以維持有秩序之外匯市場，由何者辦理？
(A)管理外匯之行政主管機關　　(B)財政部
(C)掌理外匯業務機關　　　　　(D)金管會。

( ) | 94. 依現行法令規定，有關指定銀行辦理外匯存款，下列之敘述何者是正確的？
(A)得憑國內存戶以其持有他人之外匯定期存單受理質借外幣
(B)如申請人為團體時，只須憑負責人親持身分證及印鑑辦理
(C)外匯存款之結購及結售限制均須受匯出、入匯款結匯之相關規定辦理
(D)定期存款中途解約未存滿一個月者應遵循財政部所頒「定存中途解約及逾期處理辦法」之規定辦理。

( ) | 95. 依現行法令規定，關於指定銀行辦理外匯存款業務時，下列敘述何者正確？
(A)得憑國內存戶以其持有他人之外匯定期存單辦理質借外幣
(B)如開戶申請人為團體時，只須憑負責人親持身分證及印鑑辦理
(C)辦理未滿一個月期之外匯定期存款時，其幣別及每筆最低金額由銀行自酌
(D)外匯定期存款中途解約未存滿一個月者，應遵循「定期存款中途解約及逾期處理辦法」之規定辦理。

解答與解析

1. **D** 管理外匯條例第2條規定：「本條例所稱外匯，指外國貨幣、票據及有價證券。前項外國有價證券之種類，由掌理外匯業務機關核定之。」

2. **D** 銀行業辦理外匯業務作業規範第13點規定，未經央行許可辦理外匯業務之銀行、信用合作社、農（漁）會信用部辦理買賣外幣現鈔及旅行支票業務時，其外匯賣超部位限額為零。

3. **D** 銀行業辦理外匯業務管理辦法第31條規定，新臺幣與外幣間換匯換利交易業務，承作對象以國內外法人及國外自然人為限。

4. **D** 銀行業辦理外匯業務管理辦法第31條規定：「……三、無本金交割新臺幣遠期外匯業務（NDF）：(一)承作對象以國內指定銀行及指定銀行本身之海外分行、總（母）行及其分行為限。(二)契約形式、內容及帳務處理應與遠期外匯業務（DF）有所區隔。(三)承作本項交易不得展期、不得提前解約。(四)到期結清時，一律採現金差價交割。(五)不得以保證金交易

（Margin Trading）槓桿方式為之。(六)非經本行許可，不得與其他衍生性商品、新臺幣或外幣本金或其他業務、產品組合。(七)無本金交割新臺幣遠期外匯交易，每筆金額達五百萬美元以上者，應立即電告本行外匯局。……」

5. **B** 銀行業辦理外匯業務管理辦法第31條規定：「……一、新臺幣與外幣間遠期外匯業務（DF）：(一)以有實際外匯收支需要者為限，同筆外匯收支需要不得重複簽約。(二)與顧客訂約及交割時，均應查核其相關實際外匯收支需要之交易文件，或主管機關核准文件。(三)期限：依實際外匯收支需要訂定。(四)展期時應依當時市場匯率重訂價格，不得依原價格展期。……」

6. **D** 經許可辦理新臺幣特定金錢信託投資外幣有價證券業務之指定銀行辦理信託資金之委託人有：領有臺灣地區相關居留證之外國自然人、領有臺灣地區相關居留證大陸地區人民、經我國政府認許之外國法人。

7. **A** 銀行業辦理外匯業務管理辦法第37條規定：「銀行業與顧客之外匯交易買賣匯率，由各銀行業自行訂定。每筆交易金額在一萬美元以下涉及新臺幣之匯率，應於每營業日上午九時三十分以前，在營業場所揭示。」

8. **D** 指定銀行辦理外匯業務必須遵循的法令與行政命令：銀行法、管理外匯條例、銀行業辦理外匯業務作業規範。

9. **C** 出口信用狀通知及保兌業務：應憑國外同業委託之文件辦理。

10. **D** 匯款人未於匯款行開立帳戶者，匯款行得以可查證該項匯款之獨立序號代替之。

11. **A** 依據央行「銀行業辦理外匯業務作業規範」之規定，指定銀行辦理外幣貸款業務，應憑顧客提供顧客與國外交易之文件辦理。

12. **C** 依據央行「銀行業辦理外匯業務作業規範」之規定，指定銀行辦理出口信用狀通知及保兌業務時，應憑應憑國外同業委託之文件辦理。

13. **C** 外匯存款定期存單可以質借新臺幣。

14. **A** 銀行業辦理外匯業務管理辦法第47條：「指定銀行於網際網路受理顧客等值一百萬美元以上之新臺幣與外幣間遠期外匯交易，應於確認交易相關證明文件無誤後，於訂約日立即傳送央行外匯局。」

15. **B** 指定銀行辦理遠期外匯買賣（DF）之相關作業，屆期交割時如適逢國內、外（即交易雙方所在之國家及交易幣別之國家）假日，須順延至次一營業日，惟倘順延之交易日跨越當月月份時，則提前至前一營業日。

16. **C** 銀行業辦理外匯業務管理辦法第31條規定：「……五、『新臺幣與外幣間』換匯換利交易業務（CCS）：(一)承作對象以國內外法人為限。……」選項(C)有誤。

17. **A** 所謂「外匯指定銀行」是指經中央銀行指定辦理外匯業務之銀行。

18. **A** 目前中央銀行規定，國人結匯外幣達等值新臺幣50萬元以上須依規定申報。

19. **D** 現行臺灣自然人自由結匯額度每年為500萬美元。

20. **A** 透過本國貨幣與外幣兌換之外匯業務中，匯出匯款屬於銀行賣匯業務。

21. **B** 商業銀行得經營之業務項目中，外匯業務須經中央銀行之許可始可辦理。

22. **C** 管理外匯之行政主管機關為財政部，掌理外匯業務機關為中央銀行。

23. **C** 依據「外匯收支或交易申報辦法」第4條規定，公司、行號每年累積結購或結售金額未超過五千萬美元之匯款；團體、個人每年累積結購或結售金額未超過五百萬美元之匯款，申報義務人得於填妥申報書後，逕行辦理新臺幣結匯。

24. **D** 有關境外外國金融機構辦理匯入款結售為新臺幣，每年享有USD500萬之自由結額度。

25. **A** 向國內外匯指定銀行辦理外幣應收帳款承購業務之承作方為國內廠商出口業務。

26. **A** 依據「管理外匯條例」第2條之規定，所稱外匯，指外國貨幣、票據及有價證券。

27. **C** 銀行業辦理外匯業務管理辦法第47條規定：「指定銀行於臨櫃受理顧客新臺幣與外幣間即期、遠期或換匯換利大額結匯交易、中華郵政公司於臨櫃受理顧客新臺幣與外幣間即期大額結匯交易，及本國指定銀行就其海外分行經主管機關核准辦理顧客無本金交割新臺幣遠期外匯大額交易，應依下列規定，將相關資料傳送至本行外匯資料處理系統：一、指定銀行及中華郵政公司受理公司、有限合夥、行號等值一百萬美元以上（不含跟單方式進、出口貨品結匯），或個人、團體等值五十萬美元以上之結購、結售外匯，應於確認交易相關證明文件無誤後，於訂約日立即傳送。二、指定銀

行受理顧客等值一百萬美元以上之新臺幣與外幣間遠期外匯交易、換匯換利交易（CCS），應於確認交易相關證明文件無誤後，於訂約日之次營業日中午十二時前傳送。三、本國指定銀行就其海外分行受理境內外法人、境外金融機構及本國指定銀行海外分行等值一百萬美元以上之無本金交割新臺幣遠期外匯交易（NDF），應於訂約日之次營業日中午十二時前傳送。……」選項(C)有誤。

28. **D** 依「銀行辦理衍生性金融商品自律規範」規定，有關銀行對屬自然人之一般客戶提供單項衍生性金融商品如涉及大陸地區，如涉及大陸地區商品或契約，以外匯保證金交易（但不得涉及新臺幣匯率）、陽春型遠期外匯及買入陽春型匯率選擇權為限。

29. **A** 外匯業務之行政主管機關為金融監督管理委員會。

30. **C** 銀行業辦理外匯業務管理辦法第28條規定：「銀行業辦理外匯業務，有下列情事之一者，本行得按情節輕重，命其於一定期間內停辦、廢止或撤銷許可內容之一部或全部，或停止其於一定期間內申請新種外匯業務或新增分支機構辦理外匯業務：一、發給指定證書或許可函後六個月內未開辦。但有正當理由申請延期，經本行同意，得延長三個月，並以一次為限。二、違反本辦法規定且情節重大；或經本行限期改正，屆期仍未改正。三、經本行許可辦理各項外匯業務後，經發覺原申請書件內容有虛偽不實情事，且情節重大。四、有停業、解散或破產情事。五、其他事實足認有礙業務健全經營或未能符合金融政策要求之虞。……」

31. **C** 銀行業辦理外匯業務管理辦法第42條規定：「指定銀行於非共同營業時間辦理外匯業務，應依下列規定辦理：一、每筆結匯金額以未達新臺幣五十萬元或等值外幣者為限。二、非共同營業時間辦理之外匯交易，應依其檢送之作業說明或本行之規定，列報於營業當日或次營業日之『交易日報』及『外匯部位日報表』……。」

32. **A** 銀行業辦理外匯業務管理辦法第3條規定，所稱銀行業，係指中華民國境內之銀行、全國農業金庫股份有限公司（以下簡稱農業金庫）、信用合作社、農（漁）會信用部及中華郵政股份有限公司（以下簡稱中華郵政公司）。本辦法所稱指定銀行，係指經中央銀行（以下簡稱本行）許可辦理外匯業務，並發給指定證書之銀行或農業金庫。

33. **C** 銀行業辦理外匯業務管理辦法第31條規定：「……(三)換匯交易結匯時，應查驗顧客是否依申報辦法填報申報書，其「外匯收支或交易性質」是否依照實際匯款性質填寫及註明「換匯交易」，並於外匯水單上註明本行外匯局訂

定之「匯款分類及編號」，連同申報書填報「交易日報」。(四)本項交易得不計入申報辦法第四條第一項第三款所訂之當年累積結匯金額。……」

34. **A** 銀行業辦理外匯業務管理辦法第51條規定，指定銀行承作自然人買賣人民幣業務，每人每次買賣現鈔及每日透過帳戶買賣之金額，均不得逾人民幣二萬元。

35. **D** 銀行業辦理外匯業務管理辦法第31條規定，無本金交割新臺幣遠期外匯業務（NDF）：承作對象以國內指定銀行及指定銀行本身之海外分行、總（母）行及其分行為限。

36. **C** 指定銀行於臨櫃受理顧客新臺幣與外幣間即期、遠期或換匯換利大額結匯交易，應將相關資料傳送給中央銀行外匯局。

37. **C** 無本金交割之遠期外匯合約（NDF）因為不用備有本金的收付，只要就到期日的市場匯率價格與合約議定價格的差價進行交割清算，因此投機風險偏高，更容易造成即期匯率市場之波動。為維持匯率市場之穩定性，避免投機客破壞市場機能，中央銀行外匯局規定指定銀行辦理（NDF）新臺幣與外幣間無本金交割遠期外匯業務交易之承作對象限制如下：
(1) 國內法人－除指定銀行間交易外，禁止辦理其他國內法人及自然人NDF交易。
(2) 國外法人－承作對象限「在台外商銀行之國外聯行」及「本國銀行之海外分行或子行」。

38. **C** 依銀行業辦理外匯業務管理辦法第42條規定：「……無本金交割新臺幣遠期外匯及新臺幣匯率選擇權二者合計之部位限額，不得逾總部位限額五分之一。」

39. **D** 銀行業辦理外匯業務管理辦法第12條規定：「……指定銀行辦理前項以外之外匯衍生性商品業務，應依下列類別，向本行申請許可或函報備查：一、開辦前申請許可類：(一)首次申請辦理外匯衍生性商品業務。(二)尚未開放或開放未滿半年及與其連結之外匯衍生性商品業務。(三)無本金交割新臺幣遠期外匯交易業務。(四)涉及新臺幣匯率之外匯衍生性商品，及其自行組合、與其他衍生性商品、新臺幣或外幣本金或其他業務、產品之再行組合業務。(五)外幣保證金代客操作業務。……」

40. **D** 銀行業辦理外匯業務管理辦法第31條規定：「指指定銀行辦理涉及新臺幣匯率之外匯衍生性商品業務，應依下列規定辦理：一、新臺幣與外幣間遠期外匯業務（DF）：(一)以有實際外匯收支需要者為限，同筆外匯收支需

要不得重複簽約。(二)與顧客訂約及交割時，均應查核其相關實際外匯收支需要之交易文件，或主管機關核准文件。(三)期限：依實際外匯收支需要訂定。(四)展期時應依當時市場匯率重訂價格，不得依原價格展期。……」

41. **B** 銀行業辦理外匯業務管理辦法第12條規定：「……指定銀行辦理前項以外之外匯衍生性商品業務，應依下列類別，向本行申請許可或函報備查：一、開辦前申請許可類：(一)首次申請辦理外匯衍生性商品業務。(二)尚未開放或開放未滿半年及與其連結之外匯衍生性商品業務。(三)無本金交割新臺幣遠期外匯交易業務。(四)涉及新臺幣匯率之外匯衍生性商品，及其自行組合、與其他衍生性商品、新臺幣或外幣本金或其他業務、產品之再行組合業務。(五)外幣保證金代客操作業務。……」

42. **B** 銀行業辦理外匯業務管理辦法第31條規定：「……三、無本金交割新臺幣遠期外匯業務（NDF）：(一)承作對象以國內指定銀行及指定銀行本身之海外分行、總（母）行及其分行為限。(二)契約形式、內容及帳務處理應與遠期外匯業務（DF）有所區隔。(三)承作本項交易不得展期、不得提前解約。(四)到期結清時，一律採現金差價交割。(五)不得以保證金交易（Margin Trading）槓桿方式為之。(六)非經本行許可，不得與其他衍生性商品、新臺幣或外幣本金或其他業務、產品組合。(七)無本金交割新臺幣遠期外匯交易，每筆金額達五百萬美元以上者，應立即電告本行外匯局。……」

43. **A** 期貨交易法第3條規定：「……一、期貨契約：指當事人約定，於未來特定期間，依特定價格及數量等交易條件買賣約定標的物，或於到期前或到期時結算差價之契約。……」

44. **A** 期貨交易法第3條規定：「……二、選擇權契約：指當事人約定，選擇權買方支付權利金，取得購入或售出之權利，得於特定期間內，依特定價格及數量等交易條件買賣約定標的物；選擇權賣方於買方要求履約時，有依約履行義務；或雙方同意於到期前或到期時結算差價之契約。……」

45. **B** 期貨交易法第3條規定：「……四、槓桿保證金契約：指當事人約定，一方支付價金一定成數之款項或取得他方授與之一定信用額度，雙方於未來特定期間內，依約定方式結算差價或交付約定物之契約。……」

46. **A** 依我國期貨交易法之規定，金管會所公告指定辦理外匯業務之銀行所經營外幣期貨交易包括期貨契約或期貨選擇權契約，全部適用期貨交易法。

47. **C** 我國期貨交易法第3條之規定，美元對新臺幣匯率期貨選擇權契約及外幣選擇權契約，如其在集中市場交易皆應受期貨交易法的規範。

48. **D** 依我國期貨交易法之規定：(1)外匯經紀商經核准在其營業處所經營之換匯交易；(2)金融機構經核准在營業處所經營之換匯換利交易；(3)金融機構經核准在營業處所經營之貨幣選擇權；(4)金融機構經核准在營業處所經營之利率選擇權皆不適用期貨交易法。

49. **C** 外匯期貨保證金通常為合約金額2%～3%。

50. **D** 受理電匯後，因故遭國外匯款退回時，確認匯款退回存匯行或存匯行未扣帳，再通知申請人辦理將款項退回申請人。

51. **B** 以新臺幣結購匯出匯款之結匯，銀行應掣發賣匯水單。

52. **A** 定居或暫住大陸地區之存款戶，要求指定銀行憑其授權書及蓋妥之申報書承作匯出匯款，指定銀行不得受理。

53. **B** 外匯收支或交易申報辦法第4條規定，非居住民每筆結購或結售金額未超過十萬美元之匯款，申報義務人得於填妥申報書後，逕行辦理結匯。

54. **A** 依「外匯收支或交易申報辦法」第8條規定，申報義務人委託他人辦理新臺幣結匯申報時，應由委託人就申報事項負其責任。

55. **D** 外匯收支或交易申報辦法第5條規定，公司、行號每筆結匯金額達一百萬美元以上之匯款，申報義務人應檢附與該筆外匯收支或交易有關合約、核准函等證明文件，經銀行業確認與申報書記載事項相符後，始得辦理新臺幣結匯。

56. **C** 銀行業辦理外匯業務管理辦法第11條規定，銀行業辦理一般匯出及匯入匯款（含買賣外幣現鈔及旅行支票業務）之經辦人員，應有外匯業務執照或須有三個月以上之相關外匯業務經歷。

57. **C** 受款人為境外外國金融機構之匯入匯款，不得結售為新臺幣。

58. **C** 銀行業辦理外匯業務管理辦法第52條規定：「……六、承作自然人匯款人民幣至大陸地區業務，其對象應以領有中華民國國民身分證之個人為限，並應透過人民幣清算行或代理行為之……」

59. **C** 銀行業辦理外匯業務管理辦法第47條規定，指定銀行於受理個人、團體五十萬美元以上或等值外幣之結匯申報案件時，應立即將填妥之「大額結匯款資料表」電傳中央銀行外匯局。

60. **A** 依管理外匯條例第18條規定：「中央銀行應將外匯之買賣、結存、結欠及對外保證責任額，按期彙報財政部。」

61. **D** 委託人交付新臺幣資金以特定金錢信託方式投資國外有價證券時，委託人得辦理之新臺幣與外幣間避險交易如下：
(1) 遠期外匯交易。　(2) 換匯交易。　(3) 換匯換利交易。

62. **C** 銀行辦理衍生性金融商品業務內部作業制度及程序管理辦法第25-1條規定：「……銀行向專業機構投資人及高淨值投資法人以外客戶提供複雜性高風險商品交易，應遵循下列事項：一、屬匯率類之複雜性高風險商品：(一)契約期限不得超過一年。(二)契約比價或結算期數不得超過十二期。(三)非避險目的之交易之個別交易損失上限，不得超過平均單期名目本金之三點六倍。……」

63. **C** 銀行業辦理外匯業務管理辦法第31條規定：「……三、無本金交割新臺幣遠期外匯業務（NDF）：(一)承作對象以國內指定銀行及指定銀行本身之海外分行、總（母）行及其分行為限。(二)契約形式、內容及帳務處理應與遠期外匯業務（DF）有所區隔。(三)承作本項交易不得展期、不得提前解約。(四)到期結清時，一律採現金差價交割。(五)不得以保證金交易（Margin Trading）槓桿方式為之。(六)非經本行許可，不得與其他衍生性商品、新臺幣或外幣本金或其他業務、產品組合。(七)無本金交割新臺幣遠期外匯交易，每筆金額達五百萬美元以上者，應立即電告本行外匯局。……」

64. **C** 銀行業辦理外匯業務管理辦法第31條規定：「……一、新臺幣與外幣間遠期外匯業務（DF）：(一)以有實際外匯收支需要者為限，同筆外匯收支需要不得重複簽約。(二)與顧客訂約及交割時，均應查核其相關實際外匯收支需要之交易文件，或主管機關核准文件。(三)期限：依實際外匯收支需要訂定。(四)展期時應依當時市場匯率重訂價格，不得依原價格展期。……」

65. **C** 當預期本國貨幣將貶值時，進口商可採預購遠期外匯以避險。

66. **D** 遠期外匯交易，其訂約期限依實際外匯收支需要訂定。

67. **B** 指定銀行經向中央銀行申請許可，於非共同營業時間辦理外匯業務，僅得受理顧客未達新臺幣50萬元之外匯交易。

68. **A** 受理來臺大陸地區人民對大陸地區以外之第三地區匯款，每筆結購未逾十萬美元，銀行得逕自辦理。

69. **C** 大陸地區人民（非我國國民配偶）依法繼承臺灣地區人民遺產，每人結匯最高金額為新臺幣二百萬元。

70. **D** 依銀行業辦理外匯業務管理辦法第11條規定，指定銀行辦理第四條第一項第一款至第六款（含匯出／入匯款、外匯存款等）之覆核人員，須有六個月以上相關外匯業務經歷。

71. **B** 持外僑居留證證載有效期限一年以上之自然人申辦國外匯出匯款結購USD25,000時，應依「外匯收支或交易申報辦法」受理之。

72. **B** 非指定銀行、信用合作社、農（漁）會信用部辦理買賣外幣現鈔及旅行支票業務，不得與國外銀行等金融機構建立通匯往來。

73. **B** 依銀行業辦理外匯業務管理辦法第47條規定，指定銀行臨櫃受理顧客等值一百萬美元以上之新臺幣與外幣間換匯換利交易（CCS），其資料應於訂約日之次營業日中午十二時前以電腦連線將資料傳送中央銀行。

74. **D** 臺灣地區與大陸地區金融業務往來及投資許可管理辦法第2條規定，所稱之主管機關為金管會。

75. **B** 指定銀行受理匯入匯款解付時，結售金額達新臺幣五十萬元以上者，「外匯收支或交易申報書」上之申報義務人應為受款人。

76. **D** DBU不得接受客戶申請開立美元支票存款業務。

77. **D** 遠期外匯訂約時，指定銀行得與申請人議定保證金數額。

78. **A** 銀行業辦理外匯業務管理辦法第31條規定：「……(七)無本金交割新臺幣遠期外匯交易（NDF），每筆金額在五百萬美元以上之大額交易，應立即電話告知本行外匯局。……」

79. **B** 銀行業辦理外匯業務管理辦法第31條規定：「……一、新臺幣與外幣間遠期外匯業務（DF）：
    (一)以有實際外匯收支需要者為限，同筆外匯收支需要不得重複簽約。
    (二)與顧客訂約及交割時，均應查核其相關實際外匯收支需要之交易文件，或主管機關核准文件。
    (三)期限：依實際外匯收支需要訂定。
    (四)展期應依當時市場匯率重訂價格，不得依原價格展期。……」

80. **C** 結售未超過10萬美元，結購未超過10萬美元時，銀行業逕行辦理大陸地區人民新臺幣結匯。

81. **D** 依主管機關規定，軍政機關申請結購進口外匯或匯出匯款案件時，在一百萬美元以下或等值外幣，指定銀行得逕憑軍政機關填妥之「外匯收支或交易申報書」辦理。

82. **C** 指定銀行辦理新臺幣與外幣間遠期外匯業務，訂約時與交割時均應查核實際外匯收支需要之交易文件。

83. **C** 凡有實際外匯收支需要者，均可洽指定銀行辦理新臺幣與外幣間遠期外匯業務。

84. **C** 辦理公司遠期外匯訂約金額達一百萬美元以上或等值外幣者，應依「銀行業辦理外匯業務管理辦法」大額交易資料通報，將相關資料傳送中央銀行外匯局。

85. **D** 銀行業辦理外匯業務管理辦法第11條規定，指定銀行辦理出口外匯業務、進口外匯業務時，其經辦人員及覆核人員，應有外匯業務執照或具備下列資格：
一、經辦人員須有三個月以上相關外匯業務經歷。
二、覆核人員須有六個月以上相關外匯業務經歷。

86. **C** 銀行業辦理外匯業務管理辦法第35條規定：「指定銀行設置外幣提款機，應限制每帳戶每日提領外幣現鈔之上限為等值一萬美元。」

87. **C** 依「銀行業辦理外匯業務作業規範」，未經中央銀行許可辦理買賣外幣現鈔及旅行支票之農漁會信用部，不得有外匯賣超部位。

88. **A** 銀行業輔導客戶申報外匯收支或交易應注意事項規定：「申報義務人應對銀行業掣發之其他交易憑證內容予以核對，如發現有與事實不符之情事時，應自銀行業掣發之日起七個營業日內，檢附相關證明文件經由銀行業向中央銀行申請更正。」

89. **A** 個人、團體50萬美元（含）以上之結購、結售外匯案件，應於訂約日，利用「新臺幣與外幣間大額結匯款資料電腦連線作業系統」辦理電腦連線傳送予中央銀行外匯局。

90. **D** 目前中央銀行所謂的「簡易外匯」係指買賣外幣現鈔、旅行支票、外幣存款及簡易型匯入匯款交易。

91. **D**　(A)僅有有規避匯率風險需求的客戶始可承作。
　　　(B)同筆交易不得與其他銀行重複簽約。
　　　(C)預購案件展延得暫存外匯存款，但不得以客戶所填切結書作為延遲付款交易證明文件。
　　　(D)外匯指定銀行受理新臺幣與外幣間遠期預購／預售業務，對徵取現金以外之其他擔保品作為保證金者，須於契約書上註記擔保品種類及金額，並經營業單位主管核章。

92. **A**　非外匯指定銀行接受客戶以外匯定存單為擔保品辦理新臺幣授信，若屆期未獲清償需處分擔保品時，其相關結匯額度之計算，應依「外匯收支或交易申報辦法」辦理。

93. **C**　管理外匯條例第5條規定，掌理外匯業務機關（即中央銀行）辦理下列事項：
　　　一、外匯調度及收支計畫之擬訂。
　　　二、指定銀行辦理外匯業務，並督導之。
　　　三、調節外匯供需，以維持有秩序之外匯市場。
　　　四、民間對外匯出、匯入款項之審核。
　　　五、民營事業國外借款經指定銀行之保證、管理及清償稽、催之監督。
　　　六、外國貨幣、票據及有價證券之買賣。
　　　七、外匯收支之核算、統計、分析及報告。
　　　八、其他有關外匯業務事項。

94. **C**　銀行業辦理外匯業務作業規範規定，外匯存款之結購及結售限制均須受匯出、入匯款結匯之相關規定辦理。

95. **C**　指定銀行辦理外匯存款業務時，辦理未滿一個月期之外匯定期存款時，其幣別及每筆最低金額由銀行自酌。

本章依據出題頻率區分，屬：**A** 頻率高

焦點速成

一、國際主要貨幣之特性

(一) **專業投資級貨幣**：專業投資級貨幣具有交易成本低、流動性佳等特性，以美元、歐元、英鎊、日圓為代表。

(二) **新興市場貨幣**：新興市場貨幣具有經濟發展潛力、外匯存底高等升值想像空間，但交易成本高、國家風險亦高，以人民幣、韓圜、新臺幣、印度盧比為代表。

(三) **高風險貨幣**：高風險貨幣具有利率極高、匯率起伏大等特性，以南非幣為代表。

二、「即期外匯交易」

是指在成交後兩個營業日內進行交割的外匯交易，成交的匯率稱為「即期匯率」。

三、匯率的報價方式

(一) **即期匯率**：指一國貨幣目前能立即換得另一國貨幣的相對比率。

(二) **遠期匯率**：指一國貨幣在未來某一時點換得另一國貨幣的相對比率。

(三) **直接報價法或直接匯率法**：指以一單位外國貨幣可以折算為多少本國貨幣的匯率報價法。

(四) **間接報價法或間接匯率法**：指以一單位本國貨幣可以折算為多少外國貨幣的匯率報價法。

(五) **雙向報價法**：銀行間進行外匯報價時，同時報出買價和賣價兩種匯率，稱之為「雙向報價法」。

(六) **完全報價法**：與即期匯率報價方式相同。

(七) **點數報價法**：所報出的遠期匯率比即期匯率高或低多少點，此點數即為遠
期匯率與即期匯率的差額，其中每一點為0.01%。

四、以即期交易避險

交易人可以利用即期外匯交易搭配借貸交易，將未來的外匯收支的本國貨幣
價值固定，如此便可以規避匯率變動的風險。主要是因為即期外匯買賣不但
可以滿足買方臨時性的付款需要，也可以幫助買賣雙方調整外匯頭寸的貨幣
比例，以避免外匯匯率風險。

五、兩點套利（two-point arbitrage）

兩點套利（two-point arbitrage）是兩個貨幣之間的兌換率在這兩個國家的外
匯市場上的報價應該一致，但實際報價卻不一致，致產生無風險套利。做法
是同一時間，同步在兩外匯市場上買及賣外幣。

範例▶▶▶

若台北外匯市場上的即期美元匯率的報價為USD／TWD＝28.00，
則紐約外匯市場上的即期新臺幣匯率報價理論上應為TWD／USD＝
0.0357（1÷28=0.0357）
但若此時紐約市場上的報價為TWD／USD＝0.0357，則套利機會出現。
套利方式為：在台北買進美元，同時在紐約賣出美元
→在台北買進1美元的成本是28.00新臺幣，
在紐約賣出1美元可以得到28.57新臺幣，
套利利潤為28.57－28.00＝0.57（新臺幣）。

六、三角套利（triangular arbitrage）

三角套利（triangular arbitrage）是當交叉匯率不等於市場匯率時，同時在
三個市場上買賣三種貨幣使之相等。（交叉匯率：三個以上的貨幣，其中任
何兩個貨幣的兌換匯率可用兩者與第三貨幣的匯率計算，此匯率稱為「交叉
匯」率。）

範例▶▶▶

假設市場匯率如下：

USD／JPY=118

GBP／JPY=204

Yens 204／pound

則交易者的空間套利方式，做法為：

1. 觀察GBP／JPY實際交叉匯率：204。
2. 計算GBP／JPY合成交叉匯率：213.58。
3. 實際交叉匯率不等於合成交叉匯率，有套利機會存在。
4. 假設我們有204日圓，我們做以下三步驟交易：
   (1) 將204日圓轉化成1英鎊。
   (2) 將1英鎊轉化成1.81美元。
   (3) 將1.81美元轉化成213.38日圓。
5. 我們獲得了213.38－204＝9.38日圓的無風險收益。

七、匯率買賣價差

(一) 買匯（Bid）及賣匯（Offer）的差額，簡稱「價差」。

(二) 價差愈大，對報價者愈有利，反之，則對詢價者愈有利。

八、利率平價理論

(一) **無拋補利率平價**：無拋補利率平價認為資本在具有充分國際流動性的條件下，投資者的套利行為使得國際金融市場上以不同貨幣計價的相似資產的收益率趨於一致。利率的變化取決於無風險條件下投資者的投機決策，即：

1. 在年終若持有單位本幣的存款與收益額大於持有外幣存款與收益額按預期匯率折算成的本幣款，即$(1+r)>(1+r^*)\frac{S^e}{S}$，則在本國存款。

2. 在年終若持有單位本幣的存款與收益額小於持有外幣存款與收益額按預期匯率折算成的本幣款，即$(1+r)<(1+r^*)\frac{S^e}{S}$，則在外國存款。

3. 在年終若持有單位本幣的存款與收益額等於持有外幣存款與收益額按預期匯率折算成的本幣款，即 $(1+r)=(1+r^*)\dfrac{S^e}{S}$ ，則在任何一國存款均可。

r表示以本幣計價的資產收益率（年率），r*表示外幣計價的相似資產的平均收益率，S表示即期匯率（直接標價），S^{e}表示預期將來某個時點（比如年末）的預期匯率。

(二) **已拋補利率平價：**

1. **拋補的利率平價：** 拋補的利率平價並未對投資者的風險偏好做出假定，即套利者在套利的時候，可以在期匯市場上簽訂與套利方向相反的遠期外匯，確定在到期日交割時所使用的匯率水平。

2. 透過簽訂遠期外匯合約，按照預先規定的遠期匯率進行交易，以達到套期保值的目的。由於套利者利用遠期外匯市場固定了未來交易時的匯率，避免了匯率風險的影響，整個套利過程可以順利實現。套利者如果在即期達成一筆一年期外匯交易，用數學表達是：

$$(1+r)=(1+r^*)\frac{F}{S}$$

其中，F（Forward rate）表示遠期匯率。

　　　　r表示以本幣計價的資產收益率（年率）。

　　　　r*表示外幣計價的相似資產的平均收益率。

　　　　S表示即期匯率（直接標價）。

精選試題

( )　1. 在不考慮加幣的情況下，外匯市場即期報價通常係交易日後幾個營業日內交割？　(A)一個營業日　(B)二個營業日　(C)三個營業日 (D)四個營業日。

( )　2. 銀行業與顧客之外匯交易買賣匯率，每筆交易金額在一萬美元以下涉及新臺幣之匯率，應於每營業日上午幾時以前，在營業場所揭示？　(A)8時30分　(B)9時　(C)9時30分　(D)10時。

（　）　3. 根據國際外匯市場慣例，在週休二日的國家，星期四成交的外匯交易，在何時交割？　(A)星期五　(B)星期六　(C)下星期一　(D)下星期二。

（　）　4. 下列何者之幣別代號與國家或地區是正確的配對？　(A)CNH：加拿大　(B)CNY：中國　(C)GBP：希臘　(D)CAD：紐西蘭。

（　）　5. 1美元＝33.60／33.65新臺幣，1澳幣＝0.70／0.7010美元，客戶欲將澳幣存款結售為新臺幣，在不賺取匯差的情況下，銀行報價應為多少？（四捨五入至小數第四位）　(A)23.5200　(B)23.5887　(C)47.9315　(D)48.0714。

（　）　6. 市場匯率1美元＝33.502／33.512新臺幣，1美元＝118.00／118.10日圓，客戶欲以新臺幣換購日幣一百萬存入外幣存款，銀行對客戶報價為一日圓＝0.2900新臺幣，銀行此筆交易的獲利為多少？　(A)日幣6,000元　(B)日幣6,325元　(C)新臺幣6,000元　(D)新臺幣6,325元。

（　）　7. 交易員於市場報價1歐元＝1.085／1.0860美元時，買入歐元1百萬對美元，隨即於市場報價1歐元＝1.0940／1.0950美元時，賣出歐元1百萬買回美元，此交易員的獲利／損失為多少？　(A)獲利美元8,000　(B)獲利歐元8,000　(C)損失美元10,000　(D)損失歐元10,000。

（　）　8. 下列何者不是換匯交易方式？　(A)即期對遠期　(B)明日對次日　(C)遠期對遠期　(D)即期對即期。

（　）　9. 一台筆記型電腦在臺灣要賣30,000元新臺幣，在美國要賣1,000美元，則新臺幣與美元匯率為何？　(A)1美元＝30元新臺幣　(B)1美元＝15元新臺幣　(C)1美元＝0.33元新臺幣　(D)1美元＝20元新臺幣。

（　）　10. 日本外匯交易市場中，日元對美元的交易匯率為：1美元＝100日元；在紐約外匯交易市場中，日元對美元的交易匯率為：1美元＝100.5日元；如果採取套利，請問100萬美元可以獲利多少日元？　(A)50,000日元　(B)500,000日元　(C)5,000,000日元　(D)100,000日元。

（　）　11. X2年12月，1美元兌換30元新臺幣，到了X3年1月，1美元兌換32元新臺幣，表示：　(A)新臺幣升值，升值6.67%　(B)美元升值，升值6.67%　(C)美元貶值，貶值0.1%　(D)新臺幣升值，升值0.1%。

( )　12. 若應付匯率是0.4，則應收匯率應為：　(A)0.4　(B)4　(C)2.5
　　　　(D)1。

( )　13. 下列何者之外匯交易市場之交易量最大？　(A)台北市　(B)倫敦
　　　　(C)巴黎　(D)首爾。

( )　14. 若新臺幣／美元的匯率為1美元兌換30元新臺幣，請問美國蘋果電
　　　　腦公司生產價格1,200美元的Mac Book筆記型電腦要花費多少新臺
　　　　幣？　(A)3,600元　(B)36,000元　(C)40,000元　(D)400元。

( )　15. 有關換匯（Foreign Exchange Swaps），下列敘述何者錯誤？
　　　　(A)換匯點數的高低是連動的　(B)市場慣例通常以中價作為換匯時
　　　　的即期匯率　(C)遠期匯率取決於即期匯率與換匯點數　(D)換匯點
　　　　數與即期匯率無關。

( )　16. 客戶有USD200,000，想要購買ZAR，銀行即期牌告匯率USD／ZAR：
　　　　10.0050／10.0100則客戶可以拿到多少的ZAR？　(A)2,000,000
　　　　(B)2,001,500　(C)2,002,000　(D)2,001,000。

( )　17. 客戶有USD200,000，想要購買AUD，銀行即期牌告匯率AUD／USD：
　　　　0.9200／0.9240，則客戶可以拿到多少AUD？　(A)217,391　(B)216,919
　　　　(C)200,000　(D)216,450。

( )　18. 假設A公司向國外B公司訂購機器，價值為USD10,000,000，A公司必
　　　　須馬上支出B公司1%的手續費。銀行即期牌告匯率：29.5／30.0，則
　　　　A公司需支付給銀行多少新臺幣以購買等值的美金足以支付1%的手
　　　　續費？　(A)3,000,000　(B)2,950,000　(C)300,000　(D)295,000。

( )　19. 已知即期匯率為：USD／NTD＝32、GBP／USD＝1.35，請以NTD
　　　　掛出GBP的匯率？　(A)GBP／NTD＝43.8　(B)NTD／GBP＝
　　　　0.02283　(C)GBP／NTD＝43.2　(D)NTD／GBP＝0.02314。

( )　20. 即期外匯報價如下：USD／NTD＝32／32.1，USD／JPY＝108／108.5，
　　　　若客戶辦理匯出JPY，則外匯銀行的成本為何？　(A)0.2963
　　　　(B)0.2959　(C)0.2972　(D)0.2949。

( )　21. 即期匯率通常是指一種貨幣與另一種貨幣於交易月後幾個營業日交
　　　　換之比率？　(A)一個　(B)二個　(C)三個　(D)十個。

( ) 22. 若美元兌新臺幣的匯率為33（NTD／USD），美元兌日圓的匯率為120（JPY／USD）；請問新臺幣兌日圓的匯率為何？　(A)3.6364（JPY／NTD）　(B)0.275（JPY／NTD）　(C)2.7966（JPY／NTD）　(D)以上皆非。

( ) 23. 下列何項因素將會造成本國貨幣即期匯率的升值？　(A)國際收支出現逆差　(B)相對於外國，國內利率下跌　(C)相對於國外，國內物價上漲幅度較低　(D)經濟狀況較他國差。

( ) 24. 若實質有效匯率指數高於100，代表：　(A)有利本國的出口競爭力　(B)目前的出口競爭力低於基期　(C)本國貨幣高估　(D)本國貨幣低估。

( ) 25. 假設美元對新臺幣的即期匯率為32.500，1個月期新臺幣利率為1.25%，1個月期美元利率為2.95%，則1個月期的美元對新臺幣遠期匯率為何？　(A)32.454　(B)32.413　(C)32.386　(D)32.347。

( ) 26. 一罐汽水在美國要賣0.75美元，在墨西哥要賣12披索。如果購買力平價說成立，披索與美元間的匯率為何？　(A)1美元＝16披索　(B)1美元＝12披索　(C)1美元＝0.75披索　(D)1美元＝24披索。

( ) 27. 國際即期外匯報價USD／JPY為115.00／115.10、EUR／USD為1.1988／1.2000、USD／CHF為1.2990／1.3000、USD／CAD為1.1650／1.1660；國內即期外匯報價USD／TWD為33.200／33.300，下列哪一個交叉匯率報價錯誤？　(A)CAD／TWD28.50／28.56　(B)CHF／TWD25.54／25.64　(C)EUR／TWD39.80／39.96　(D)JPY／TWD0.2884／0.2896。

( ) 28. 外匯交易雙方在一特定時點簽訂契約，決定匯率，並於交易後第二個營業日完成契約金額的交割，稱為下列何者？　(A)即期交易　(B)遠期交易　(C)期貨交易　(D)選擇權交易。

( ) 29. 當任何兩種通貨無直接兌換比率，必須透過第三種通貨間接計算而得的兌換率，稱為下列何者？　(A)名目匯率　(B)交叉匯率　(C)均衡匯率　(D)實質匯率。

( )　30. 外匯市場上，報價銀行EUR／USD之報價為1.1713／17，表示詢價者買入一歐元之價格為何？　(A)1.1713美元　(B)1.1717美元　(C)1.1700美元　(D)0.8534美元。

( )　31. 已知華南銀行的美元兌新臺幣匯率報價掛牌為35.05／15，請問此報價為：　(A)直接報價　(B)間接報價　(C)雙向報價法　(D)完全報價法。

( )　32. 已知華南銀行的美元兌新臺幣匯率報價掛牌為35.05／15，韋小寶要買一萬美元匯出，銀行給韋小寶的成交匯率應為：　(A)35.05　(B)35.15　(C)35.10　(D)以上皆非。

( )　33. 外匯市場中即期匯率US$：CHF匯率＝0.9822／0.9940，而US$：NT$＝32.3850／32.4850，請透過交叉匯率（cross rate）計算，CHF：NT$最接近下列何者？　(A)32.9719／32.6811　(B)32.5805／33.0737　(C)31.8085／32.2901　(D)31.9068／32.1907。

( )　34. 如果某銀行的報價為：AUD／USD：0.8130－0.8140，如果想買美元，則美元兌澳幣的匯率最接近下列何者？　(A)0.8130　(B)0.8140　(C)1.2285　(D)1.2300。

( )　35. 若某銀行上星期的美元牌告匯率是$29.5，本星期的美元牌告匯率是$29.2，則新臺幣與美元之匯率變化為何？　(A)新臺幣升值，美元升值　(B)新臺幣貶值，美元貶值　(C)新臺幣貶值，美元升值　(D)新臺幣升值，美元貶值。

( )　36. 下列何種出口外匯業務可以提供賣方資金融通、承擔倒帳風險、帳款管理與催收等服務功能？　(A)Forward Contract　(B)Letter of Credit　(C)Futures Contract　(D)Factoring。

( )　37. 外匯市場上，報價銀行EUR／USD之報價為1.1813／15，表示詢價者買入一歐元之價格為何？　(A)1.1813美元　(B)1.1815美元　(C)1.1800美元　(D)0.8534美元。

( )　38. 假設目前波蘭貨幣（the zloty, zl）兌換美元的即期匯率為US$0.18／zl，日圓（¥）兌換美元的即期匯率為US$0.0082／¥。請問目前每單位zloty可兌換多少¥？　(A)¥21.95／zl　(B)zl21.95／¥　(C)¥0.0456／zl　(D)zl1＝¥0.0456。

( ) 39. 目前各大銀行對匯率的報價包括下列三者：US\$1＝S\$1.52，US\$1＝NT\$21.93，US\$1＝NT\$31.66。若市場投資人想透過三角套利來獲利，則下列何者是正確的操作路徑？ (A)US\$→S\$→NT\$→US\$ (B)S\$→US\$→NT\$→S\$ (C)NT\$→S\$→US\$→NT\$ (D)US\$→NT\$→S\$→US\$。

( ) 40. 目前各大銀行對匯率的報價包括下列三者：US\$1＝S\$1.52，S\$1＝NT\$21.93，US\$1＝NT\$31.66。當市場投資人進行三角套利來尋求獲利時，新加坡幣（S\$）對美元會_____，而新臺幣（NT\$）對美元會_____。
(A)貶值；貶值   (B)升值；貶值
(C)升值；升值   (D)貶值；升值。

( ) 41. 目前市場報出如下的匯率：

	買價（Bid）	賣價（Ask）
US\$／£	2.01	2.02
US\$／NZ\$	0.45	0.46
NZ\$／£	3.95	3.96

假設有US\$10,000可進行三角套利，獲利將會是多少？ (A)US\$1,000 (B)US\$1,034 (C)US\$1,500 (D)US\$2,022。

( ) 42. 目前英鎊（£）美式報價的買價（Bid Price）及賣價（Ask Price）分別為1.97及2.00，因此英鎊（£）歐式報價的賣價為： (A)0.5076 (B)0.500 (C)0.5514 (D)0.4875。

( ) 43. 目前英鎊（£）美式報價的買價（Bid Price）及賣價（Ask Price）分別為1.97及2.00，因此英鎊（£）歐式報價的買價為： (A)0.5076 (B)0.5000 (C)0.5514 (D)0.4875。

( ) 44. 目前美元一年期利率為1.75%，紐西蘭一年期利率為5.1%，而紐幣（NZ\$）兌美元的即期匯率為US\$0.68／NZ\$。預測一年期的（US\$／NZ\$）遠期利率為何？ (A)0.6583 (B)0.65 (C)0.73 (D)0.71。

( ) 45. 假設一年期利率在美國是2%，在歐元區是4%；目前歐元兌美元即期匯率為US\$1.2／€，請問根據國際費雪效應條件所預測之一年後即期匯率為何？ (A)1.1769 (B)1.2 (C)1.224 (D)1.248。

(　)　46. 以臺灣為例，新臺幣並非國際貨幣，目前外匯市場的報價只有美元
兌臺幣的匯率，若我們想知道日圓兌臺幣的匯率以及歐元兌臺幣的
匯率，則可以透過美元做中介，以交叉匯率的方式計算出來。
目前　USD／TWD　　　USD／JPY　　　EUR／USD
　　　32.340－355　　　91.70－72　　　1.4260－62
求買JPY／TWD匯率？　(A)0.3528　(B)0.3628　(C)0.3533　(D)0.3535。

(　)　47. 以臺灣為例，新臺幣並非國際貨幣，目前外匯市場的報價只有美元
兌臺幣的匯率，若我們想知道日圓兌臺幣的匯率以及歐元兌臺幣的
匯率，則可以透過美元做中介，以交叉匯率的方式計算出來。
目前　USD／TWD　　　USD／JPY　　　EUR／USD
　　　32.340－355　　　91.70－72　　　1.4260－62
求買EUR／TWD匯率？　(A)46.1447　(B)46.12　(C)0.3533　(D)0.3535。

(　)　48. 客戶欲將一萬美元之國外匯入匯款結售為新臺幣，其金額為多少？
（不考慮銀行手續費，當日美金牌告－即期買入匯率34.7，即期賣
出匯率34.8，現鈔買入匯率34.5，現鈔賣出匯率35）　(A)345,000
(B)347,000　(C)348,000　(D)350,000。

(　)　49. 客戶欲將一萬歐元之國外匯入匯款結售為新臺幣，其金額為多少？
（不考慮銀行手續費，當日歐元牌告－即期買入匯率36.5，即期賣
出匯率36.7，現鈔買入匯率36.3，現鈔賣出匯率36.4）　(A)347,000
(B)365,000　(C)348,000　(D)350,000。

(　)　50. 在東京外匯市場上，美元的報價為$1＝¥106.5，在紐約外匯市場上
則為$1＝¥106，為了得到套匯的利益，則需：
(A)在東京買日圓、在紐約賣美元
(B)在東京賣美元、在紐約買美元
(C)在東京賣日圓、在紐約買美元
(D)在東京買美元、在紐約賣美元。

(　)　51. 假設將原先依匯率115.50，以2,000,000美元所買入之231,000,000日
圓，全數依目前匯率117.50賣出，則其匯兌損益為何？
(A)獲利4,000,000日圓　　　　　　(B)獲利34,632美元
(C)損失34,632美元　　　　　　　(D)損失34,042.55美元。

( )　52. 當客戶要向銀行購買外匯時稱為銀行之賣匯，下列情況何者非銀行
　　　　之賣匯？　(A)進口結匯　(B)匯出匯款　(C)結購旅行支票　(D)外
　　　　匯活（定）期存款提領。

( )　53. 當一美元兌換日圓的匯率由85元上升至105元，則日圓：
　　　　(A)貶值19.05%　　　　　　　　(B)貶值23.53%
　　　　(C)升值19.05%　　　　　　　　(D)升值23.53%。

( )　54. 107年12月，一美元兌換89.6日幣，到了108年1月，因日本政治與經
　　　　濟變動，所以形成一美元兌換90.5日幣，表示：
　　　　(A)臺幣升值　　　　　　　　　(B)日幣升值
　　　　(C)美元升值　　　　　　　　　(D)美元貶值。

( )　55. 根據單一價格法則（Law of One Price），1公噸的鋼在德國值300歐
　　　　元，在美國賣400美元，在中國賣2,000元人民幣，在臺灣賣10,000
　　　　元新臺幣。則：
　　　　(A)人民幣1元兌0.2元美元　　　(B)新臺幣1元兌5元人民幣
　　　　(C)美元1元兌40元新臺幣　　　(D)歐元1元兌0.75元美元。

( )　56. 某英國公司有日圓計價的應收帳款，若該公司想要利用貨幣市場工
　　　　具避險，則應在目前的貨幣市場：
　　　　(A)借日圓，存英鎊　　　　　　(B)借英鎊，存日圓
　　　　(C)借日圓，存日圓　　　　　　(D)借英鎊，存英鎊。

( )　57. 若A公司為了外幣計價的＿＿＿＿而避險，則應建立＿＿＿＿合約的
　　　　＿＿＿＿部位。　(A)應付帳款；期貨；買進　(B)應收帳款；期貨；
　　　　買進　(C)應付帳款；期貨；賣出　(D)應收帳款；遠期；買進。

( )　58. 美國公司向日本企業購買一批零件，貨款為¥100,000,000，一年後
　　　　付清款項。目前即期匯率為¥110／US$，一年期的遠期匯率為¥115
　　　　／US$，而一年期利率在日本是1%，在美國是2%。試計算美國公
　　　　司以外匯遠期合約避險之美元成本為何？
　　　　(A)US$918,092　　　　　　　　(B)US$909,091
　　　　(C)US$969,565　　　　　　　　(D)US$1,090,909。

( )　59. 某美商有一筆歐元應付帳款在半年後到期,目前正在考慮建立歐元
買權部位或不避險。請問下列敘述何者正確?　(A)若應付帳款到
期時歐元大幅升值而使即期匯率遠超過買權的履約價格,則選擇權
避險比未避險導致較多的實付美元成本　(B)若應付帳款到期時歐元
大幅貶值而使即期匯率遠低於買權的履約價格,則未避險比選擇權
避險導致較少的實付美元成本　(C)若應付帳款到期時即期匯率等於
買權的履約價格,則未避險比選擇權避險導致較多的實付美元成本
(D)以上皆正確。

( )　60. 下列敘述何者正確?　(A)風險淨額法是為了儘量達到自然避險的狀
態　(B)編制交易曝險程度表的頻率愈高愈好　(C)交易風險與換算
風險合稱經濟風險　(D)以上有誤。

( )　61. 超人公司預期一年之後須付出5,000,000英鎊,因擔心英鎊升值,故決
定在目前即作好避險措施。該公司取得市場匯率及利率的資料如下:

	買價	賣價
即期匯率	£1＝$1.90	£1＝$1.95
一年期遠期匯率	£1＝$1.86	£1＝$1.92

	一年到期利率	
	存款利率	借款利率
U.S.	4%	5%
U.K.	6%	7%

假設超人公司目前並沒有閒置資金,請問該公司應採貨幣市場避險
成本是多少?
(A)US$9,600,000　　　　　　　　(B)US$9,658,018
(C)US$9,500,000　　　　　　　　(D)US$9,768,018。

( )　62. 年底美商跨國公司若美元變強,則美商公司當年度會有_____;
反之,若美元變弱,則美商公司當年度會有_____。
(A)換算利得;換算利得　　　　(B)換算利得;換算損失
(C)換算損失;換算損失　　　　(D)換算損失;換算利得。

( )　63. 有一家德國啤酒公司完全用美國當地原料生產啤酒,而所生產的啤
酒僅供內銷用;歐元的升貶會讓該啤酒公司面對哪一種匯率風險?
(A)交易風險　(B)換算風險　(C)營運風險　(D)以上皆是。

( )　64. 換算若依「現行匯率法」，下列項目何者不以「現行匯率法」換算？
　　　　(A)金融性資產　　　　　　(B)固定資產
　　　　(C)長期負債　　　　　　　(D)銷貨成本。

( )　65. 某美國公司有瑞郎計價的應付帳款，因為擔心未來瑞郎相對於美元大幅升值；請問下列何者避險方式最為適合？　(A)買進瑞郎賣權 (B)買進美元期貨合約　(C)賣出瑞郎遠期契約　(D)借美元，轉換成瑞郎，存瑞郎。

( )　66. 若臺灣銀行報價US$：NT$＝30.1350（買）－30.2350（賣），花旗銀行報價US$：NT$＝30.0550－30.1550，請問透過兩家銀行的報價，US$1的套利空間應為多少NT$？
　　　　(A)0　　　　　　　　　　 (B)0.0200
　　　　(C)0.0800　　　　　　　　(D)0.1800。

( )　67. 某美國廠商預計三個月後，將支付一筆€500,000元，為免三個月後US$貶值使兌換支出成本增加，擬利用外匯避險操作方式固定匯率，目前市場報價如下：

外匯市場	€:US$	即期匯率	1.2055 - 1.2155
貨幣市場	€	年利率	0.40%存 - 1.60%貸
	US$	年利率	1.20%存 - 2.00%貸

　　　　若該美國進口廠商如果採用「即期避險」方式，實際獲得的€:US$的有效匯率最為接近下列何項？
　　　　(A)1.2191　　　　　　　　(B)1.2143
　　　　(C)1.2179　　　　　　　　(D)1.2079。

( )　68. 中央銀行一方面在外匯市場買進美元，另一方面同時對商業銀行出售中央銀行定期存單，此稱為：
　　　　(A)動態性市場操作（Dynamic Operation）
　　　　(B)換匯交易（Swap）
　　　　(C)附買回協定（Repurchase Agreement）
　　　　(D)沖銷政策（Sterilization）。

( )　69. 新臺幣和美元的1年期存款利率分別為10%及5%，即期匯率為1美元
　　　＝31.5新臺幣。假定各國政府對存款利息課徵10%的稅，則現在的
　　　美元兌新臺幣即期匯率會如何變化？
　　　(A)匯率上升　　　　　　　　　　(B)匯率下降
　　　(C)不影響　　　　　　　　　　　(D)以上皆非。

( )　70. 如果遠期美元兌換日圓的匯率大於已拋補的利率平價條件所求得的
　　　匯率，則：　(A)即期美元的需求將會增加　(B)即期美元的供給將
　　　會增加　(C)即期美元的供給與需求不變　(D)以上皆非。

( )　71. 如果遠期美元兌換日圓的匯率大於已拋補的利率平價條件所求得的
　　　匯率，則：
　　　(A)遠期美元的需求將會增加　　　(B)遠期美元的供給將會增加
　　　(C)遠期美元的供給與需求不變　　(D)以上皆非。

( )　72. 如果遠期美元兌換英鎊的匯率大於已拋補的利率平價條件所求得的
　　　匯率，則：　(A)美元存款將會增加　(B)美元借款將會增加　(C)美
　　　元存款與借款將不變　(D)以上皆非。

( )　73. 如果遠期美元的匯率大於已拋補的利率平價條件所求得的美元兌英
　　　鎊匯率，則：
　　　(A)英鎊將會減少　　　　　　　　(B)英鎊將會增加
　　　(C)英鎊與借款將不變　　　　　　(D)以上皆非。

( )　74. 如果遠期美元兌換英鎊的匯率大於已拋補的利率平價條件所求得的
　　　匯率，則：　(A)即期美元匯率將會上升　(B)即期美元匯率將會下
　　　跌　(C)即期美元匯率不變　(D)以上皆非。

( )　75. 外匯市場即期報價（Spot Value），除加幣外，通常係交易日後幾個
　　　營業日內交割？
　　　(A)隔日　　　　　　　　　　　　(B)二個營業日
　　　(C)三個營業日　　　　　　　　　(D)四個營業日。

( )　76. 有關「外匯市場交易工具」之敘述，下列何者錯誤？
　　　　(A)即期外匯交易應於成交次日辦理交割
　　　　(B)外匯保證金交易通常以美元為基礎貨幣作結算
　　　　(C)遠期外匯交易的期限通常是以月計算
　　　　(D)外匯旅行支票之買賣屬於外匯現鈔交易。

( )　77. 投標廠商標價幣別為外幣者，應以決標前一辦公日臺灣銀行外匯交
　　　　易之：　(A)現鈔賣出匯率　(B)現鈔買入匯率　(C)即期賣出匯率
　　　　(D)即期買入匯率　折算總價。

( )　78. 如果1美元可以兌換120日圓，1歐元可以兌換2美元，則歐元與日圓
　　　　之匯率為：
　　　　(A)1歐元＝250日圓　　　　　(B)1歐元＝240日圓
　　　　(C)1歐元＝60日圓　　　　　(D)1歐元＝120日圓。

解答與解析

1. **B** 外匯市場即期報價（Spot Value），除加幣外，通常係交易日後2個營業日
　　內交割。

2. **C** 根據銀行業辦理外匯業務管理辦法第33條第2項，每筆交易（非現鈔）金
　　額在一萬美元以下之匯率，應於每營業日上午九時三十分以前，在營業場
　　所揭示。

3. **C** 根據國際外匯市場慣例，通常係交易日後2個營業日內交割，在週休二日
　　的國家，星期四成交的外匯交易，在下星期一交割。

4. **B** (A)CNH：離岸人民幣。(B)CNY：中國。(C)GBP：英鎊。(D)CAD：加拿大。

5. **A** $33.60 \times 0.70 = 23.5200$

6. **C** $1,000,000 \times 0.2900 - 1,000,000 \div 118 \times 33.512 = 6,000$元（新臺幣）

7. **A** $1,000,000 \times 1.0940 - 1,000,000 \times 1.0860 = 8,000$元（獲利美元）

8. **D** 貨幣換匯交易就是以甲貨幣交換乙貨幣，並於未來某一特定時日，再以乙
　　貨幣換回甲貨幣。交易類型：即期對遠期、遠期對遠期、即期交割日以前
　　之換匯交易（即明日對次日）。

9. **A** 一台筆記型電腦在臺灣要賣30,000元新臺幣，在美國要賣1,000美元，則新
　　臺幣與美元匯率為1美元＝30元新臺幣。

10. **B**　$1,000,000 \times 100.5 - 1,000,000 \times 100 = 500,000$元（獲利日元）

11. **B**　X2年12月，1美元兌換30元新臺幣，到了X3年1月，1美元兌換32元新臺幣，表示要付出更多的錢才能換得1美元，美元升值，新臺幣貶值，美元升值＝（$32 - 30$）$/30 = 6.67\%$。

12. **C**　若應付匯率是0.4，則應收匯率＝$1/0.4 = 2.5$

13. **B**　倫敦之外匯交易市場之交易量最大。

14. **B**　$1,200 \times 30 = 36,000$元

15. **D**　換匯點數係遠期外匯價格與即期外匯價格的差距（換匯點數＝遠期匯率－即期匯率），換匯點數與即期匯率有關。

16. **D**　客戶賣USD，買ZAR→銀行買USD，賣ZAR
適用匯率為10.0050
USD$200,000 \times 10.0050 =$ ZAR$2,001,000$

17. **D**　客戶想要買AUD→銀行賣AUD給客戶→適用匯率為0.9240
USD$200,000 \div 0.9240 =$ AUD$216,450$

18. **A**　手續費：USD$10,000,000 \times 1\% = 100,000$
A公司買美金適用之匯率：30
$100,000 \times 30 = 3,000,000$

19. **C**　即期匯率為：USD/NTD＝32、GBP/USD＝1.35，NTD掛出GBP的匯率＝$32 \times 1.35 = 43.2$

20. **C**　外匯銀行的成本＝$32.1/108 = 0.2972$

21. **B**　即期匯率通常是指一種貨幣與另一種貨幣於交易月後二個營業日交換之比率。

22. **A**　若美元兌新臺幣的匯率為33（NTD/USD），美元兌日圓的匯率為120（JPY/USD）；新臺幣兌日圓的匯率＝$120/33 = 3.6364$

23. **C**　相對於國外，國內物價上漲幅度較低，會造成本國貨幣即期匯率的升值。

24. **B**　相對於基期的實質有效匯率指數值100，若指數＜100，表示本國對外價格競爭力上升，原因包括本國貨幣對外價值下跌及本國物價相對下跌；指數＞100，表示本國對外價格競爭力下跌，原因包括本國貨幣對外價值上升及本國物價相對上升。

25. **A** $32.5+〔32.5×（1.25\%-2.95\%）/12〕=32.454$

26. **A** $12/0.75=16$披索

27. **A** 外匯交叉報價是一個匯率涉及兩種非美元貨幣間的兌換率方法。交叉匯率報價的計算係採交叉相除的方式，故CAD/TWD28.48/28.58。

28. **A** 外匯交易雙方在一特定時點簽訂契約，決定匯率，並於交易後第二個營業日完成契約金額的交割，稱為「即期交易」。

29. **B** 當任何兩種通貨無直接兌換比率，必須透過第三種通貨間接計算而得的兌換率，稱為「交叉匯率」。

30. **B** 外匯市場上，報價銀行EUR/USD之報價為1.1713/17，表示詢價者買入一歐元之價格為1.1717美元。

31. **C** 銀行間進行外匯報價時，同時報出買價和賣價兩種匯率，稱之為「雙向報價法」，本題即屬之。

32. **B** 美元兌新臺幣匯率報價掛牌為35.05/15，則銀行向交易者買入價為35.05，賣出價為35.15，銀行給韋小寶的成交匯率應為35.15。

33. **B** 兩種貨幣均為直接（間接）報價法，可以使用匯率交叉相除的方式進行計算。
BID：$32.3850/0.9940=32.5805$
ASK：$32.4850/0.9822=33.0737$
外匯市場中即期匯率US$：CHF匯率$=0.9822/0.9940$，而US$：NT$$=$32.3850/32.4850，透過交叉匯率（cross rate）計算，CHF：NT$最接近32.5805/33.0737。

34. **D** $1/0.8130=1.2300$

35. **D** 1美元牌告匯率由29.5變為29.2，代表原先用29.5的新臺幣才能換到1元的美元，現在只要用29.2的新臺幣就能換到1元的美元，則新臺幣升值，美元貶值。

36. **D** 應收帳款承購（Factoring）係銷售商（Seller）將其因銷貨、提供勞務等而取得的應收帳款（Account Receivables）債權，全部轉讓予應收帳款管理商（Factor）（即銀行），可以提供賣方資金融通、承擔倒帳風險、帳款管理與催收等服務功能。

37. **B** 銀行願意用1.1813美元向詢價者買入一歐元，詢價者可用這個價格賣出一歐元給報價銀行，而報價銀行願意用1.1815美元賣出一歐元給詢價者，也就是詢價者需用1.1815美元向報價銀行買入一歐元。

38. **A** $0.18/0.0082 = ¥21.95/zl$

39. **A** (1) 觀察US\$1＝NT實際交叉匯率：31.66
    (2) 計算US\$1＝NT合成交叉匯率＝$1.52 × 21.93 = 33.3336$
    (3) 實際交叉匯率不等於合成交叉匯率，有套利機會存在。
    (4) 假設我們有1美元，我們做以下三步驟交易：
    　　A.將1美元轉化成1.52\$
    　　B.將1.52\$轉化成33.3336NT
    　　C.將33.3336NT轉化成美元

40. **B** 本題當市場投資人進行三角套利來尋求獲利時，新加坡幣（S\$）對美元會升值，而新臺幣（NT\$）對美元會貶值，最後實際交叉匯率趨近於合成交叉匯率。

41. **B** (1) 觀察US\$/£實際交叉匯率：2.02
    (2) 計算US\$/£合成交叉匯率＝$0.46 × 3.96 = 1.8216$
    (3) 實際交叉匯率不等於合成交叉匯率，有套利機會存在。
    (4) 假設我們有US\$10,000，我們做以下三步驟交易：
    　　A.將US\$10,000轉化成22,222NZ\$
    　　B.將22,222NZ\$轉化成5,625.8£
    　　C.將5,625.8£轉化成11,304美元
    (5) 本題獲利＝$11,304 - 10,000 = 1,304$（US\$）

42. **A** 英鎊（£）歐式報價的賣價＝$1/1.97 = 0.5076$

43. **B** 英鎊（£）歐式報價的買價＝$1/2 = 0.5000$

44. **A** $\dfrac{f_0^{1-year}}{0.68} = \dfrac{(1+1.75\%)}{(1+5.1\%)}$

　　$f_0^{1-year} = US\$0.6583/NZ\$$

45. **A** $\dfrac{E(e_1)}{1.2} = \dfrac{(1+2\%)}{(1+4\%)}$　　$E(e_1) = US\$1.1769/€$

46. **A** $32.355/91.70 = 0.3528$

47. **A** $1.4262 \times 32.355 = 46.1447$

48. **B** $10,000 \times 34.7 = 347,000$

49. **B** $10,000 \times 36.5 = 365,000$

50. **B** 本題在紐約外匯市場買美元，在東京外匯市場賣美元，則1美元可套匯利益¥0.5。

51. **D** 可換得美元＝$231,000,000 \div 117.50 = 1,965,957.45$
    匯兌損失＝$2,000,000 - 1,965,957.45 = 34,042.55$（美元）

52. **D** 外匯活（定）期存款提領為買匯。

53. **A** (1) 貶值是指某一特定貨幣價值下降，此價值一般會以兌換為其他貨幣單位後的金額為準，意指價格下降或是價值減少。當一美元兌換日圓的匯率由85元上升至105元，代表日圓購買力下降，則日圓貶值19.05%。
    (2) 當一美元兌換日圓的匯率由85元上升至105元，則日圓貶值19.05%。

54. **C** 一美元兌換日幣由89.6變為90.5，代表日幣貶值，美元升值。

55. **A** (1) 單一價格法，是指在統一的商品市場上，一種商品只能有一種價格。假設：兩地之間的貨物透過套利行為（arbitrage）可以使兩地之間貨物的價格趨向一致。兩地貨物價格不一，而商人「平買貴賣」的傾向會令他們在較便宜的地方購買而在價格較昂貴的地方售賣而獲利；根據供求定律，價格便宜的貨物會因需求增加而價格上升，價格昂貴的貨物會因需求下降而價格下降，漸漸就會趨向單一價格。
    (2) 綜上，根據單一價格法則，1公噸的鋼在德國值300歐元，在美國賣400美元，在中國賣2,000元人民幣，在臺灣賣10,000元新臺幣。則人民幣1元兌0.2元美元。新臺幣1元兌0.2元人民幣。美元1元兌25元新臺幣。歐元1元兌4/3元美元。

56. **B** 英國公司有日圓計價的應收帳款，若該公司想要利用貨幣市場工具避險，則應在目前的貨幣市場應借英鎊，存日圓，以規避日圓匯率貶值的風險。

57. **A** 若A公司為了外幣計價的應付帳款而避險，則應建立期貨合約的買進部位。

58. **A** 採貨幣市場避險之美元成本：
    因係日圓應付帳款，故先在貨幣市場借美元，並根據即期匯率轉換為日圓；將日圓存入銀行，待應付帳款到期時，就可用銀行帳戶的日圓餘額結清應付帳款，而美元借款在此時應償還的餘額，本質上即等於日圓應付帳款的美元成本。計算步驟如下：

(1) 算出在貨幣市場借美元的金額：

〔¥100,000,000/（1＋1%）〕÷（¥110/US$）＝US$900,090

(2) 將US$900,090依即期匯率轉換為日圓的金額

US$900,090×¥110/US$＝¥99,009,900

將此筆日圓存入銀行，一年後之餘額為¥100,000,000，即可用來償還應付帳款。

(3) 一年後應償還的美元金額：

US$$900,090×（1＋2%）＝US$918,092

59. **B** 若應付帳款到期時歐元大幅貶值而使即期匯率遠低於買權的履約價格，則未避險比選擇權避險導致較少的實付美元成本。

60. **A** (1) 風險淨額法是為了儘量達到自然避險的狀態。

(2) 編制交易曝險程度表的頻率愈低愈好。

(3) 經濟風險除了交易風險與換算風險外，還有政治風險等。

61. **B** 採貨幣市場避險的美元成本：

(1) 計算目前英鎊的存入金額：£5,000,000/（1＋6%）＝£4,716,981

(2) 計算需借多少美元才能換得£4,716,981：

£4,716,981×US$1.95/£＝US$9,198,113

(3) 計算所借美元在一年後的償還金額：

US$9,198,113×（1＋5%）＝US$9,658,018

62. **D** 年底美商跨國公司若美元變強，則美商公司當年度會有換算損失；反之，若美元變弱，則美商公司當年度會有換算利得。

63. **C** 有一家德國啤酒公司完全用美國當地原料生產啤酒，而所生產的啤酒僅供內銷用；歐元的升貶會讓該啤酒公司面對營運風險（主要指企業外部情況的變化或不確定性，所引發威脅穩定經營之危險因子。例如訂單的中斷、市場需求的變化、原料的難以取得、不良債權的增加、匯率的變動、股東代表訴訟等。）

64. **D** (A)金融性資產：現行匯率。　(B)固定資產：現行匯率。
(C)長期負債：現行匯率。　(D)銷貨成本：會計期間的平均匯率。

65. **D** 公司有瑞郎計價的應付帳款，因為擔心未來瑞郎相對於美元大幅升值，可採借美元，轉換成瑞郎，存瑞郎以規避瑞郎相對於美元大幅升值的風險。

66. **A** 本題所稱花旗銀行賣價較低，故若想套利，應在花旗買進US\$，而買價則是臺灣銀行較高，應賣給臺灣銀行，然本件透過在花旗銀行買進美元，在臺灣銀行賣出美元，本題仍是虧損，並無套利空間，為0。

67. **B** 廠商預計三個月後，將支付一筆€500,000元，為免三個月後US\$貶值使兌換支出成本增加，擬利用外匯避險操作方式固定匯率，若該美國進口廠商如果採用「即期避險」方式，則該廠商會借歐元，存美元，實際獲得的€:US\$的有效匯率＝1.2155×(1+1.20%×3/12)/(1+1.60%×3/12)＝1.2143。

68. **D** 中央銀行一方面在外匯市場買進美元，另一方面同時對商業銀行出售中央銀行定期存單，此稱為「沖銷政策（Sterilization）」。

69. **A** 稅後新臺幣利率高出的幅度減少為4.5%，新臺幣變得比較沒有吸引力，新臺幣將貶值（匯率上升）。

70. **A** (1)拋補的利率平價：拋補的利率平價並未對投資者的風險偏好做出假定，即套利者在套利的時候，可以在期匯市場上簽訂與套利方向相反的遠期外匯，確定在到期日交割時所使用的匯率水平。

   (2)透過簽訂遠期外匯合約，按照預先規定的遠期匯率進行交易，以達到套期保值的目的。由於套利者利用遠期外匯市場固定了未來交易時的匯率，避免了匯率風險的影響，整個套利過程可以順利實現。套利者如果在即期達成一筆一年期外匯交易，用數學表達是：

   $$(1+r)=(1+r^*)\frac{F}{S}$$

   其中，F（Forward rate）表示即期遠期匯率。r表示以本幣計價的資產收益率（年率）。r*表示外幣計價的相似資產的平均收益率。S表示即期匯率（直接標價）。

   (3)如果遠期美元兌換日圓的匯率大於已拋補的利率平價條件所求得的匯率，則即期美元的需求將會增加。

71. **B** (1)拋補的利率平價：拋補的利率平價並未對投資者的風險偏好做出假定，即套利者在套利的時候，可以在期匯市場上簽訂與套利方向相反的遠期外匯，確定在到期日交割時所使用的匯率水平。

   (2)透過簽訂遠期外匯合約，按照預先規定的遠期匯率進行交易，以達到套期保值的目的。由於套利者利用遠期外匯市場固定了未來交易時的匯率，避免了匯率風險的影響，整個套利過程可以順利實現。套利者如果在即期達成一筆一年期外匯交易，用數學表達是：

   $$(1+r)=(1+r^*)\frac{F}{S}$$

其中，F（Forward rate）表示即期遠期匯率。r表示以本幣計價的資產收益率（年率）。r*表示外幣計價的相似資產的平均收益率。S表示即期匯率（直接標價）。

(3) 如果遠期美元兌換日圓的匯率大於已拋補的利率平價條件所求得的匯率，則遠期美元的供給將會增加。

72. **A** (1) 拋補的利率平價：拋補的利率平價並未對投資者的風險偏好做出假定，即套利者在套利的時候，可以在期匯市場上簽訂與套利方向相反的遠期外匯，確定在到期日交割時所使用的匯率水平。

(2) 透過簽訂遠期外匯合約，按照預先規定的遠期匯率進行交易，以達到套期保值的目的。由於套利者利用遠期外匯市場固定了未來交易時的匯率，避免了匯率風險的影響，整個套利過程可以順利實現。套利者如果在即期達成一筆一年期外匯交易，用數學表達是：

$$(1+r) = (1+r*)\frac{F}{S}$$

其中，F（Forward rate）表示即期遠期匯率。r表示以本幣計價的資產收益率（年率）。r*表示外幣計價的相似資產的平均收益率。S表示即期匯率（直接標價）。

(3) 如果遠期美元兌換英鎊的匯率大於已拋補的利率平價條件所求得的匯率，則美元存款將會增加。

73. **B** (1) 拋補的利率平價：拋補的利率平價並未對投資者的風險偏好做出假定，即套利者在套利的時候，可以在期匯市場上簽訂與套利方向相反的遠期外匯，確定在到期日交割時所使用的匯率水平。

(2) 透過簽訂遠期外匯合約，按照預先規定的遠期匯率進行交易，以達到套期保值的目的。由於套利者利用遠期外匯市場固定了未來交易時的匯率，避免了匯率風險的影響，整個套利過程可以順利實現。套利者如果在即期達成一筆一年期外匯交易，用數學表達是：

$$(1+r) = (1+r*)\frac{F}{S}$$

其中，F（Forward rate）表示即期遠期匯率。r表示以本幣計價的資產收益率（年率）。r*表示外幣計價的相似資產的平均收益率。S表示即期匯率（直接標價）。

(3) 如果遠期美元的匯率大於已拋補的利率平價條件所求得的美元兌英鎊匯率，則英鎊將會增加（借英鎊，買美元）。

74. **A** (1) 拋補的利率平價：拋補的利率平價並未對投資者的風險偏好做出假定，即套利者在套利的時候，可以在期匯市場上簽訂與套利方向相反的遠期外匯，確定在到期日交割時所使用的匯率水平。

(2) 透過簽訂遠期外匯合約，按照預先規定的遠期匯率進行交易，以達到套期保值的目的。由於套利者利用遠期外匯市場固定了未來交易時的匯率，避免了匯率風險的影響，整個套利過程可以順利實現。套利者如果在即期達成一筆一年期外匯交易，用數學表達是：

$$(1+r)=(1+r^*)\frac{F}{S}$$

其中，F（Forward rate）表示即期遠期匯率。r表示以本幣計價的資產收益率（年率）。r*表示外幣計價的相似資產的平均收益率。S表示即期匯率（直接標價）。

(3) 如果遠期美元兌換英鎊的匯率大於已拋補的利率平價條件所求得的匯率，即期美元匯率將會上升。

75. **A** 加幣（Canadian Dollar）為隔日交割。

76. **A** 外匯市場即期報價（Spot Value），除加幣外，通常係交易日後2個營業日內交割。

77. **C** 投標廠商標價幣別為外幣者，應以決標前一辦公日臺灣銀行外匯交易之即期賣出匯率折算總價。

78. **B** $120 \times 2 = 240$（日圓）

第二章　遠期外匯交易

依據出題頻率區分，屬：**A** 頻率高

焦點速成

一、遠期外匯交易

「遠期外匯交易」是指買賣雙方約定在將來某一天，以約定匯率進行某一金額的外匯交割，訂約時，雙方並無資金收付。約定的匯率稱為「遠期匯率」。廣泛被進出口商、投資人及借款人所使用，為規避匯率的風險或鎖住利潤及成本。

以遠期交易避險：遠期外匯交易基本上可分為預購（Buy Forward）及預售（Sell Forward）之遠期外匯或固定日交割及期間內交割之遠期外匯。

基本運用預期貨幣升值，可預購遠期外匯（Buy Forward），鎖定未來該負債貨幣之匯差成本。預期貨幣貶值，可預售遠期外匯（Sell Forward），鎖定未來該資產貨幣之匯差收益。

二、有本金及無交割的遠期外匯契約（NDF）

無本金交割遠期外匯（Non-Deliverable Forward；NDF）類似遠期外匯（DF），與遠期外匯最大的差異就是合約到期時無須交割本金，僅就議定匯率與結算匯率做差額交割，結算匯率為到期日前兩個營業日早上11點的台北外匯經紀商之新臺幣定盤匯率（Fixing Rate），與期初議定之遠期匯率做比較，收付美金。無本金交割遠期外匯除了交割方式與遠期外匯不同外，承作NDF時，不須提供實質商業交易所產生之發票、信用狀貨物訂單等交易憑證。

三、升水與貼水

如果一種外幣的遠期匯率比即期匯率高，則遠期外幣相對於即期外幣有升水，反之，如果一種外幣的遠期匯率比即期匯率低，則遠期外幣相對於即期外幣有貼水。

四、長部位

銀行將「銀行間外匯市場」的匯率減碼與加碼做為與顧客買賣外匯的買價與賣價。買超部位，又稱為「長部位」，是指銀行買進的外匯金額大於賣出金額，其相差的淨額。一般銀行如果有外匯「長部位」，「銀行間外匯市場」的匯率將傾向下跌。

五、遠期外匯法令規定

(一) **銀行辦理業務管理辦法中明確規定**：新臺幣與外幣之間遠期外匯，以有實際外匯收支需要為限。

(二) **必須先申請衍生性商品交易額度（分為預購與預售）。**

六、遠期合約價格決定因素

(一) **即期匯率**：換匯點數係遠期外匯價格與即期外匯價格的差距（換匯點數＝遠期匯率－即期匯率）。

換匯點數	匯率
換匯點數＞0	遠期匯率＞即期匯率
換匯點數＜0	遠期匯率＜即期匯率
換匯點數＝0	遠期匯率＝即期匯率

遠匯點數取決於兩貨幣間的利率差，而非對於未來匯率預期。

(二) **兩種貨幣的利率水準。**

(三) **期間。**

七、換匯點

遠期匯率與即期匯率之差異常以換匯匯率或換匯點數（Swap Point）來表示，在效率市場下：

換匯點＝持有成本＝利差

＝即期匯率×[（1＋新臺幣利率）／（1＋美元利率）－1]……（一年期）

＝即期匯率×[（1＋新臺幣利率×天期／365）／（1＋美元利率×天期／360）－1]

　　……其他天期

實際的換匯點數則由銀行參考上述公式，依下列因素自行訂定：

(一)即期匯率價格。

(二)買入與賣出貨幣間之利率差。

(三)期間之長短。

範例▶▶▶

柏維公司出貨USD200,000，預計3個月（90天）後收到貨款。

目前USD／TWD即期匯率為29.5。

6個月臺幣定存利率為3%，6個月美金定存利率為2%，求遠期匯率？

答

USD200,000×（1+2%×90÷360）＝USD201,000

USD200,000×29.5×（1+3%×90÷360）＝TWD5,944,250

USD201,000×F＝TWD5,944,250

F＝29.57＝即期匯率+換匯點數＝29.5＋0.07

八、如何利用遠期外匯交易避險

(一) 進口商於買賣契約成立後，直到支付買賣價金常隔一段時間，若此期間外匯匯率上升（新臺幣貶值），將使進口成本增加。為規避匯率上升的風險，進口商可於進口契約成立時，預買遠期外匯，鎖定進口成本，則即使屆時匯率真的上升，進口商仍照約定之遠期匯率結匯，將不會有匯兌損失。

(二) 出口商於買賣契約成立後，直到收取買賣價金常隔一段時間，若此期間外匯匯率下跌（新臺幣升值，美元貶值），將使可收取價金減少。為規避匯率下跌的風險，出口商可於出口契約成立時，預賣遠期外匯，鎖定外匯，則即使屆時匯率真的下跌，出口商仍照約定之遠期匯率結匯，將不會有匯兌損失。

九、利率平價理論

利率平價理論認為兩個國家利率的差額相等於遠期兌換率及現貨兌換率之間的差額。利率平價理論主張均衡匯率是透過國際拋補套利所引起的外匯交易形成的。在兩國利率存在差異的情況下，資金將從低利率國流向高利率國以謀取利潤。公式如下：

$$F_\$^{NT} = S_\$^{NT} \times \frac{\left(1 + i^{NT} \times \dfrac{\text{天數}}{360}\right)}{\left(1 + i^\$ \times \dfrac{\text{天數}}{360}\right)}$$

F是遠期匯率，S為即期匯率，i^{NT}、$i^\$$分別代表臺幣利率及美金利率，天數是現在與到期日的日數（每月30日）。

十、外匯掉期

外匯掉期被認為是兩筆按時間區分、互為抵銷的貨幣交易的組合，其每日成交額為外匯市場上最大的一部分。在近期交割日（近期日期）僅僅以一種貨幣交換另一種貨幣，然後在隨後的交割日（遠期日期）反向交易，這樣即執行完一次外匯掉期交易。大部分外匯掉期必須要進行現貨交易來作為近期交易－短期外匯掉期。遠期交易經常是在一周內進行。

十一、購買力平價（Purchasing Power Parity, PPP）學說

購買力平價學說又稱為「一價定律」（Law of One Price）。以薯條為例，薯條在A國賣10元一包，如果A國2元可以換B國1元，那麼一包薯條在B國應該是賣5元。簡單而言，購買力平價學說是指貨幣透過匯率在兩地之間兌換後，仍然能夠購買相同的貨品（薯條）（購買力不變）。購買力平價學說要在長期之下，才可以成立。之前提及了套利的行為，把兩地貨品的差價拉至零，因此，需要所有因素都是可變的情況之下，如套利行為需要的時間、物品的供應等等，購買力平價學說才可以成立。

用數式表示，購買力平價學說是：

$$P = SP^*$$

P：本地價格（或物價水平）；P*：外地價格（或物價水平）；S：匯率

購買力平價學說可用作計算匯率，如果將購買力平價學說的數式略作排列，可以得出：$S = \dfrac{P}{P^*}$。

十二、國際費雪效應

國際費雪效應（international fisher effect）所表達的是兩國貨幣的匯率與兩國資本市場利率之間的關係。它認為即期匯率的變動幅度與兩國利率之差相等，但方向相反。用公式表達則是：

$$(S_2 - S_1) / S_1 = id - if$$

其中，S_1是當前即期匯率，S_2是一定時間結束後的即期匯率，id是國內資本市場利率，if為國外利率。

精選試題

( )　1. 有關遠期匯率與即期匯率的敘述，下列敘述何者錯誤？
　　(A)遠期匯率與即期匯率的差額稱為「換匯匯率」（swap rate）
　　(B)遠期匯率與即期匯率的差額稱為「換匯點」（swap point）
　　(C)當換匯匯率為正值（＞0）時，表示遠期外匯是「升水」（premiun）
　　(D)當換匯點為負值（＜0）時，表示遠期外匯是「升水」（premiun）。

( )　2. 為了規避會計風險而簽訂遠期合約，會導致公司的交易風險受曝程度如何變化？　(A)增加　(B)減少　(C)先增後減　(D)不受影響。

( )　3. 臺灣外匯市場成交量最大的為何種交易？
　　(A)遠期外匯交易　　　　　　　(B)換匯交易
　　(C)外匯選擇權交易　　　　　　(D)即期外匯交易。

( )　4. 有關換匯點數與匯率的關係，下列敘述何者正確？　(A)換匯點數＞0，表示遠期匯率＞即期匯率　(B)換匯點數＞0，表示遠期匯率＜即期匯率　(C)換匯點數＝0，表示遠期匯率＜即期匯率　(D)換匯點數＝0，表示遠期匯率＞即期匯率。

( )　5. 當美元利率高於新臺幣利率時，表示美元對新臺幣遠期匯率會隨時間增加而如何變化？
　　(A)遞增　　　　　　　　　　　(B)遞減
　　(C)先遞增再遞減　　　　　　　(D)先遞減再遞增。

( ) 6. 計算遠期匯率時，假設變動貨幣的利率低於固定貨幣的利率，則下列敘述何者正確？ (A)遠匯點數從即期匯率中加回，可以計算遠期匯率 (B)固定貨幣為升水交易 (C)變動貨幣為貼水交易 (D)遠匯點數從即期匯率中扣除，可以計算遠期匯率。

( ) 7. 利用無本金交割遠期外匯（NDF）對弱勢貨幣進行避險時（如買美元賣新臺幣），當到期定價匯率高於原遠期匯率時，NDF的買方收到賣方支付的現金差額為何？
(A)（定價匯率－遠期匯率）×成交金額
(B)（遠期匯率－定價匯率）×成交金額／遠期匯率
(C)（定價匯率－遠期匯率）×成交金額／遠期匯率
(D)（定價匯率－遠期匯率）×成交金額／定價匯率。

( ) 8. 無本金交割遠期外匯與一般遠期外匯之主要差異為何？ (A)本金交換，實質交割 (B)不交換本金及差額 (C)不交換本金，差額交割 (D)兩者都是離岸金融衍生性商品。

( ) 9. 客戶與銀行簽訂90天期之預購遠期美元外匯契約，簽訂時之即期匯率為31.73／83，90天期遠期匯率為31.65／75，則90天到期時交割所適用之匯率為何？
(A)31.75   (B)31.65
(C)31.83   (D)31.73。

( ) 10. 若預售遠期外匯契約到期交割日為2016年9月10日（星期六），原非上班日，但因人事行政局公告當天正常上班，請問客戶最遲應於何時辦理交割？
(A)2016年9月9日（星期五）   (B)2016年9月10日（星期六）
(C)2016年9月11日（星期日）   (D)2016年9月12日（星期一）。

( ) 11. 出口商訂立預售遠期外匯契約時，下列敘述何者錯誤？
(A)銀行可要求客戶於相關文件上註明未於他行重複簽訂之字樣
(B)同筆交易不得在他行重複簽訂
(C)契約金額得大於出口商所提示相關交易文件之金額
(D)契約期限依實際外匯收支需要訂定之。

( )　12. 關於外匯市場中遠期避險和即期避險，下列敘述何者錯誤？

(A)即期避險須備足本金

(B)遠期避險須繳交保證金

(C)即期避險所面臨的價格波動風險較小

(D)遠期避險必須備足本金才可操作。

( )　13. 銀行間報價歐元：美元即期匯率1.1240－60，兩個月遠期匯率
0.0015－0.0022，若以直接匯率報價法，兩個月遠期匯率應為：

(A)1.1255－1.1282　　　　　(B)1.1225－1.1238

(C)1.1255－1.1275　　　　　(D)1.1262－1.1288。

( )　14. 倘即期USD／JPY報價114.63／68，一個月期換匯點報價44／42，客
戶欲購買一個月期USD／JPY遠期匯率，其匯價為何？　(A)114.06
(B)114.16　(C)114.26　(D)114.36。

( )　15. 假設目前美元兌新臺幣的即期匯率為33.4756（NTD／USD），1個
月期遠期外匯的換匯點為－300，1個月期的新臺幣利率為2%，請
問1個月期的美元利率約為？

(A)3.0754%　　　　　(B)2.0754%

(C)1.0756%　　　　　(D)以上皆是。

( )　16. 交易雙方在某特定時點決定匯率，並同意在未來某一時日交割的外
匯交易市場，稱為下列何者？　(A)即期外匯市場　(B)遠期外匯市
場　(C)外匯期貨市場　(D)國際資本市場。

( )　17. 若歐元90天期的遠期匯率為€1＝$1.55，而目前的即期匯率為€1＝
$1.50，則歐元90天期的遠期_____為_____。

(A)溢酬；3.2%　　　　　(B)貼水；3.2%

(C)溢酬；3.3%　　　　　(D)貼水；3.3%。

( )　18. 假設臺灣未來一年的預期通貨膨脹率是5%，美國未來一年的預期通
貨膨脹率是4%；根據購買力平價（PPP）條件可知：　(A)臺灣的
幣值（US$／NT$）應會上升2%　(B)美元的幣值（US$／NT$）應
會上升2%　(C)臺灣的幣值（US$／NT$）應會下降2%　(D)美元的
幣值（US$／NT$）應會下降2%。

( )　19. 有關遠期外匯之交割，下列敘述何者錯誤？　(A)遠期外匯選定期間交割者，申請人須於允許之交割期間內一次全額交割　(B)遠期外匯交割日期原則上應確定為銀行營業日　(C)遠期外匯如逾期未交割，銀行得沒收其保證金　(D)遠期外匯契約已履行交割義務者，保證金差額應退還申請人。

( )　20. 若US$：CHF即期匯率為0.9822／0.9940，三個月的換匯點為110／150，請問三個月的US$：CHF遠期匯率最接近下列何者？
(A)0.9932／1.0050　　　　　　　(B)0.9712／0.9790
(C)0.9972／1.0090　　　　　　　(D)0.9932／1.0090。

( )　21. 在即期匯率為34.5000（NTD／USD）的情況下，若欲與銀行承作Sell and Buy的換匯交易，在銀行報價為下表之情形下，遠期匯率為何？

換匯點	
S/B	B/S
－237	－62

(A)34.4763　(B)34.4938　(C)34.5237　(D)34.5062。

( )　22. 假設某銀行　GBP:USD　　即期匯率　　1.4827-1.4886
　　　　　　　　GBP　　　　利率　　　2.25%　p.a
　　　　　　　　USD　　　　利率　　　3.25%　p.a
依據利率平價理論，該銀行均衡狀態的一個月GBP：USD的賣價最接近下列何者？　(A)1.4815　(B)1.4839　(C)1.4874　(D)1.4898。

( )　23. 假設目前臺幣兌人民幣的匯率為NT$／CNY$＝5，中國目前的利率為4%，臺灣的利率為1.5%。根據利率平價說（interest－rate－parity theory），可預期未來匯率會變為多少？
(A)4.5　　　　　　　　　　　　(B)4.875
(C)5.125　　　　　　　　　　　(D)5.25。

( )　24. 下列何者非屬管制性外幣，無需藉由無本金交割遠匯來避險？
(A)ZAR　(B)KRW　(C)CNY　(D)INR。

( )　25. 出口商預期六個月後有美元貨款收入，為規避未來美元貶值的風
　　　險，故承作賣出六個月期的遠期美元。請問承作該交易係反應衍生
　　　性商品的何項功能？
　　　(A)風險管理的功能　　　　　　(B)投機交易上的優勢
　　　(C)價格發現的功能　　　　　　(D)促進市場效率及完整性的功能。
　　　(第8期結構型商品銷售人員)

( )　26. 臺灣的某家進口廠商預期在3個月後須支付一筆EUD100,000的歐
　　　元，在無做任何避險交易下，廠商所擔心的是屆時新臺幣將會作何
　　　變化？　(A)升值　(B)貶值　(C)升值或貶值都沒關係　(D)升值或
　　　貶值都擔心。

( )　27. 下列有關遠期外匯交易之報價方式的敘述，何者正確？
　　　(A)銀行同業間和外匯指定銀行對一般出口廠商之報價方式皆以換
　　　　 匯率（swap rate）為基礎
　　　(B)銀行同業間和外匯指定銀行對一般出口廠商之報價皆採直接遠匯
　　　　 價格（forward outright rate）方式
　　　(C)銀行同業間之報價方式以換匯率為基礎，而外匯指定銀行對一般
　　　　 出口廠商則採直接遠匯價格方式
　　　(D)銀行同業間之報價方式以直接遠匯價格為基礎，而外匯指定銀
　　　　 行對一般出口廠商則採換匯率方式。

( )　28. 遠期交割之交易係指交割日晚於下列何者之交易？　(A)交易日
　　　(B)生效日　(C)到期日　(D)即期交割日。

( )　29. 指定銀行自行訂定新臺幣與外幣間交易總部位限額中，無本金交割新
　　　臺幣遠期外匯及新臺幣匯率選擇權二者合計之部位限額，不得逾總部
　　　位限額：　(A)二分之一　(B)三分之一　(C)四分之一　(D)五分之一。

( )　30. 下列何者非遠期利率協定的主要特性？　(A)改善資產負債表膨脹現
　　　象　(B)降低交割風險　(C)表外交易　(D)本金需作實體交割。

( )　31. 銀行與客戶承作1筆1年期2倍槓桿，每期不計槓桿名目本金為500
　　　千美元，比價12次之USD／CNH TRF交易，其個別交易損失上
　　　限為：　(A)1,800千美元　(B)3,000千美元　(C)3,600千美元
　　　(D)6,000千美元。

( )　32. A公司以7.0%的價格買入100萬美元的3×9遠期利率協定，三個月後，LIBOR美元的利率上升為8.0%，請問A公司可向對手收取（或支付）的金額最接近下列何者？
(A)收取$4,835　　　　　　　　(B)收取$5,000
(C)支付$4,835　　　　　　　　(D)支付$5,000。

( )　33. 下列的哪一項因素，是遠期合約相對於期貨合約而言的缺點？
(A)遠期合約的流動性比較高　(B)交易時，不清楚交易對手的身分
(C)若市場行情變動，遠期合約的交易人必須補繳保證金　(D)在到期日前，遠期合約的交易人可能面臨交易對手的信用風險。

( )　34. 下列何者尚不得承作無本金交割新臺幣遠期外匯業務？　(A)國內銀行間　(B)外商銀行在台分行對其國外聯行　(C)本國銀行對其海外分行　(D)本國銀行對國內法人。

( )　35. 有關遠期外匯保證金之收取，下列敘述何者正確？　(A)保證金之繳納限以現金為之　(B)保證金之繳納得以授信額度或其他可靠之擔保品為之　(C)客戶於遠期外匯契約到期全部履約者，保證金應計息退還　(D)訂約保證金一定要收取，對往來特優之客戶亦不得免收。

( )　36. 有關遠匯之敘述，下列何者錯誤？　(A)遠匯是以即期匯價為基礎，再依據換匯點調整後為銀行掛牌價　(B)遠匯的價格會隨著即期匯率與換匯點的變化而改變　(C)遠匯屆交割時如適逢月底末日且為例假日，均得提前或順延　(D)遠匯買賣依交割幣別不同，可區分為新臺幣與外幣間及外幣與外幣間之遠匯。

( )　37. 當銀行與客戶進行即期外匯交易之同時，另訂一筆方向相反且金額相同之遠期交易合約，稱之為下列何者？　(A)遠期外匯交易　(B)幣別轉換交易　(C)換匯交易　(D)無本金交割遠期外匯交易。

( )　38. 有關新臺幣與外幣之遠期外匯交易，下列敘述何者錯誤？　(A)訂約時銀行應審核交易文件　(B)以有實際外匯收支需要者為限　(C)銀行依規定辦理展期時，得依原價格展期　(D)同筆外匯收支交易需要不得重複簽約。

( )　39. 進出口商與銀行訂定合約預購或預售外匯是為了規避何種風險？
　　　(A)匯率風險　(B)作業風險　(C)運輸風險　(D)信用風險。

( )　40. 經營外匯相關業務者，為處理國際間收付與國際清算之需要，進行不同貨幣間的相互交換之市場，稱為下列何者？　(A)貨幣市場（Money Market）　(B)資本市場（Capital Market）　(C)外匯市場（Foreign Exchange Market）　(D)權益市場（Equity Market）。

( )　41. 未來欲買外匯，使用遠期契約避險之缺點為：　(A)遠期市場之交易成本高　(B)遠期匯率高於即期匯率　(C)在避險的期間該貨幣可能貶值　(D)在避險的期間該貨幣可能升值。

( )　42. 外資匯入美元，投資臺灣股市，唯恐將來匯出時新臺幣貶值，可如何規避匯率風險？　(A)買無本金交割遠期美元（NDF）　(B)買入即期美元　(C)買入美元賣權　(D)賣出美元買權。

( )　43. 若其他條件不變，當美元利率高於新臺幣利率時，美元兌新臺幣之遠期匯率其交割期間愈長，匯率會成下列何種狀況？　(A)遞增　(B)遞減　(C)不變　(D)不一定。

( )　44. 若12月時之英鎊即期匯率為1.5800，美金和英鎊之三個月即期利率分別為4%及8.5%，六個月期即期利率分別為4.5%及8.5%，則合理之三個月期貨價格應為：　(A)1.5164　(B)1.5248　(C)1.5484　(D)1.5642。

( )　45. 下列衍生性金融避險工具中，最早被應用為避險工具者為何？　(A)遠期契約　(B)期貨契約　(C)交換契約　(D)選擇權契約。

( )　46. 有關金融期貨與遠期契約之差異，下列敘述何者錯誤？　(A)信用風險：前者由清算所負擔，後者由買賣雙方負擔　(B)交割方式：前者為到期前反向平倉，後者為到期時實質交割　(C)交易地點：前者為交易所，後者為店頭市場　(D)價格形成：前者為議價，後者為競價。

( )　47. 在衍生性商品的避險應用中，以何者的歷史最為久遠？　(A)遠期契約　(B)期貨契約　(C)交換契約　(D)選擇權契約。

( )　48. 交易標的為利率之遠期契約（Forward Contract）係指下列何項衍生性金融商品？　(A)利率交換　(B)遠期外匯　(C)利率選擇權　(D)遠期利率協定。

( )　49. 有關遠期合約的敘述，下列何者為非？　(A)沒有交易所　(B)合約由買賣雙方訂定　(C)有一定的交割日期　(D)議價。

( )　50. 根據下列的報價對應表：

C$/US$	即期匯率	30天期遠期	90天期遠期	180天期遠期
完全報價	0.9871～82	0.9803～51	0.9774～825	0.9741～801
點數報價	71～82	?	?	?

請問30天期的遠期匯率點數報價（Points Quote）是多少？
(A)13～51　(B)51～97　(C)68～31　(D)74～25。

( )　51. 根據下列的報價對應表：

C$/US$	即期匯率	30天期遠期	90天期遠期	180天期遠期
完全報價	0.9871～82	0.9803～51	0.9774～825	0.9741～801
點數報價	71～82	?	?	?

請問180天期的遠期匯率點數報價（Points Quote）是多少？
(A)51～97　(B)68～31　(C)130～81　(D)741～801。

( )　52. 根據下列的報價（US$／€）：

到期期限	買價（Bid）	賣價（Ask）
即期	1.1234	1.1239
1-month forward	1.1230	1.1238
3-month forward	1.1221	1.1232
6-month forward	1.1211	1.1225

請問1-month forward買賣價差是多少？　(A)0.045%　(B)0.071%　(C)0.098%　(D)0.125%。

( )　53. 根據下列的匯率報價（US$／SFr）：

Spot	0.7132～40
60-day forward	21～19

60天期之遠期匯率的買價及賣價（完全報價）分別為：
(A)0.7111～0.7153　(B)0.7153～0.7159
(C)0.7111～0.7121　(D)0.7121～0.7159。

( )　54. 楊堅企業是一家位於美國的公司，目前剛從智利進口原料一批，所登錄應付帳款金額為1億披索（Chilean peso, Ch$），將於三個月後到期。為恐披索升值導致應付帳款的美元成本增加，楊堅企業立即與當地銀行簽了一只NDF合約，鎖定之遠期匯率與簽約當時的即期匯率相同，為US$0.0025／Ch$，交割日為三個月後。倘若三個月後，即期匯率的落點為US$0.002／Ch$，則：　(A)楊堅企業應付給銀行US$50,000　(B)銀行應付給楊堅企業US$50,000　(C)楊堅企業應付給銀行Ch$5,000,000　(D)銀行應付給楊堅企業Ch$5,000,000。

( )　55. 根據下列的資訊：

	買價	賣價
即期匯率（¥／US$）	115.80	115.90
	存款利率	放款利率
6個月到期的年化美元利率	4.52%	6.18%
6個月到期的年化日圓利率	1.10%	2.55%

請問6個月期的遠期賣價（6-month forward ask）是：　(A)114.76 (B)115.27　(C)116.53　(D)117.27。

( )　56. 據下列的資訊：

	買價	賣價
即期匯率（¥／US$）	115.80	115.90
	存款利率	放款利率
6個月到期的年化美元利率	4.52%	6.18%
6個月到期的年化日圓利率	1.10%	2.55%

請問6個月期的遠期買價（6-month forward bid）是：　(A)114.76 (B)112.86　(C)116.53　(D)117.27。

( )　57. 假設目前美元一年期定存利率是2.1%，日圓一年期定存利率是0.2%，即期匯率是US$1＝¥200。根據利率平價條件，可算出一年期遠期匯率（¥／US$）為：　(A)194.32　(B)196.28　(C)198.30　(D)200.02。

( )　58. 根據下列的市場訊息：

即期匯率：A$1＝US$0.926

3個月期美元（年化）利率：2.4%

3個月期加幣（年化）利率：5.7%

請問3個月期遠期匯率（US$／A$）是多少？

(A)0.8971　(B)0.9185　(C)0.9558　(D)0.9336。

( )　59. 目前市場報出之英鎊即期匯率與6個月到期之遠期匯率分別為US$1.8218
／£及US$1.8120／£（此處不考慮買賣價差）。根據你對匯率的長期
追蹤，你認為英鎊在6個月後的市場即期匯率將等於US$1.84／£。
若你有£1,000,000可供操作，若你的預期是正確的，則獲利為何？

(A)US$28,000　　　　　　　　(B)US$16,000

(C)US$18,200　　　　　　　　(D)US$18,000。

( )　60. 某外資在臺灣股市投資了一百萬美元等值的股票，投資期間為三個
月；因擔心新臺幣在三個月後貶值，因此與某銀行簽訂了一只NDF
合約，名目本金金額為US$1,000,000，鎖定之遠期匯率與簽約當時
的即期匯率相同，為NT$32.0／US$。倘若三個月後，新臺幣果真
貶值而即期匯率的落點為NT$33／US$，則：　(A)銀行應付給外資
US$31,250　(B)外資應付給銀行NT$100,000　(C)銀行應付給外資
US$30,303.03　(D)外資應付給銀行NT$1,000,000。

( )　61. 假設日圓兌美元的目前即期匯率是¥1＝US$0.008；在目前時點，預
期美國未來一年的通貨膨脹率為4%，日本未來一年的通貨膨脹率為
2%。根據相對式購買力平價條件，一年之後，一單位日圓應值多少
美元？　(A)0.0081　(B)0.0082　(C)0.0084　(D)0.0085。

( )　62. 根據下列的市場訊息：

即期匯率：£1＝US$1.80

一年期遠期匯率：£1＝US$1.88

一年期美元定存利率：3%

一年期英鎊定存利率：5%

目前你有US$120,000閒錢可以投資，打算定存一年，請問一年後你
的存款餘額最佳的狀況是多少？

(A)US$118,120　(B)US$123,600　(C)US$131,600　(D)US$142,000。

( )　63. 假設目前美元一年期定存利率是2%，歐元一年期定存利率是3%，即期匯率是€1＝US$1.5。根據利率平價（IRP）條件，可算出一年期遠期匯率（US$／€）為：　(A)1.49　(B)1.45　(C)1.34　(D)1.35。

( )　64. 假設新臺幣3個月期存款利率為1%，美元3個月期存款利率為0.2%，即期匯率為33，則新臺幣遠期匯率是：　(A)升水　(B)貼水　(C)不一定　(D)以上皆非。

( )　65. 新臺幣三個月期利率為0.42%，美元三個月期利率為0.62%，美元兌新臺幣即期匯率為33.60，三個月期遠期匯率為多少？（四捨五入至小數第四位）　(A)33.533　(B)33.600　(C)33.617　(D)33.635。

( )　66. 關於目標可贖回遠期契約（Target Redemption Forward；TRF）之敘述，下列何者錯誤？　(A)屬於衍生性金融商品的一種　(B)交易方式為由銀行與客戶對「未來匯率走勢」進行押注　(C)TRF必須等到合約到期才能結束　(D)交易門檻多在100萬美元。

( )　67. MM集團一向以賒銷（Credit Sales）方式賣精密儀器給法國的Tom公司，通常約定交貨後三個月內付款。目前剛完成一台儀器的交貨，售價為€10,000,000。MM集團正在考慮是否採用外匯遠期合約來避險；此時市場對於3個月到期的遠期匯率的報價為US$1.15／€。MM的匯率顧問預測3個月後市場的即期匯率應是落在US$1.10／€的水準。請問採用外匯遠期合約避險的預期獲利或損失為何？(A)US$500,000　(B)US$400,000　(C)US$110,000　(D)US$150,000。

( )　68. 美國iphone公司向日本東芝企業購買一批零件，貨款為¥600,000,000，一年後付清款項。目前即期匯率為¥110／US$，一年期的遠期匯率為¥115／US$，而一年期利率在日本是1%，在美國是2%。試計算iphone公司以外匯遠期合約避險之美元成本為何？　(A)US$5,217,391　(B)US$6,217,391　(C)US$5,454,545　(D)US$5,508,551。

( )　69. 美國iphone公司向日本東芝企業購買一批零件，貨款為¥600,000,000，一年後付清款項。目前即期匯率為¥110／US$，一年期的遠期匯率為¥115／US$，而一年期利率在日本是1%，在美國是2%。試計算採貨幣市場避險之美元成本為何？　(A)US$5,508,551　(B)US$6,217,391　(C)US$5,454,545　(D)US$5,217,391。

（　）70. 美國花旗企業向一家著名的瑞士錶公司購買一批名錶，共計US$20,000,000；瑞士錶公司將於3個月後收到此筆美元款項。由於美元近期似乎趨於弱勢，因此瑞士錶公司決定要針對此筆應收帳款進行避險。目前即期匯率為US$0.80／SF，3個月期遠期匯率為US$0.81／SF，而3個月期美元（年化）利率為1.35%，3個月期瑞士法郎（年化）利率為0.05%。瑞士錶公司以遠期合約避險，請問到期可收到多少瑞士法郎？　(A)SF$24,691,358　(B)SF$24,919,023　(C)SF$24,915,909　(D)SF$25,915,909。

（　）71. 美國花旗企業向一家著名的瑞士錶公司購買一批名錶，共計US$20,000,000；瑞士錶公司將於3個月後收到此筆美元款項。由於美元近期似乎趨於弱勢，因此瑞士錶公司決定要針對此筆應收帳款進行避險。目前即期匯率為US$0.80／SF，3個月期遠期匯率為US$0.81／SF，而3個月期美元（年化）利率為1.35%，3個月期瑞士法郎（年化）利率為0.05%。瑞士錶公司以貨幣市場避險，請問到期可收到多少瑞士法郎？　(A)SF$24,691,358　(B)SF$24,919,023　(C)SF$24,915,909　(D)SF$25,915,909。

（　）72. 某台商有一筆美元應付帳款（US$1,000,000）在三個月後到期，目前沒有多餘的現金但想用貨幣市場工具避險。目前即期匯率是US$1＝NT$30.5，三個月到期的遠期匯率是US$1＝NT$30，三個月到期的美元（年化）利率是2%，三個月到期的新臺幣（年化）利率是1.75%。運用貨幣市場避險導致該筆應付帳款的新臺幣成本是：　(A)NT$30,481,037　(B)NT$30,348,259　(C)NT$30,500,000　(D)NT$30,000,000。

（　）73. 某台商有一筆美元應付帳款（US$1,000,000）在三個月後到期，目前沒有多餘的現金但想用貨幣市場工具避險。目前即期匯率是US$1＝NT$30.5，三個月到期的遠期匯率是US$1＝NT$30，三個月到期的美元（年化）利率是2%，三個月到期的新臺幣（年化）利率是1.75%。若台商決定用遠期合約避險，則該筆應付帳款的新臺幣成本是：　(A)NT$30,481,032　(B)NT$30,348,259　(C)NT$30,500,000　(D)NT$30,000,000。

( )　74. 假設目前美國一年期利率為5%，墨西哥一年期利率為11%，披索的即期匯率為US$0.12／Mex$，一年期遠期匯率為US$0.12／Mex$。根據利率平價條件（IRP），套利行為會讓下列敘述何者正確？(A)披索的即期匯率上升，一年期遠期匯率下降　(B)披索的即期匯率上升，一年期遠期匯率上升　(C)披索的即期匯率下降，一年期遠期匯率下降　(D)披索的即期匯率下降，一年期遠期匯率上升。

( )　75. 根據下列的市場訊息：

即期匯率：£1＝US$1.99

一年期遠期匯率：£1＝US$2.02

一年期美元定存利率：5%

一年期英鎊定存利率：6.5%

目前你有US$100,000閒錢可以投資，打算定存一年，請問一年後你的存款餘額最佳的狀況是多少？

(A)US$105,000　　　　　　　(B)US$108,106

(C)US$106,500　　　　　　　(D)US$108,120。

( )　76. 根據下列的市場訊息：

即期匯率：£1＝US$1.99

一年期遠期匯率：£1＝US$2.02

一年期美元定存利率：5%

一年期英鎊定存利率：6.5%

請問讓利率平價（IRP）條件成立的一年期遠期匯率是多少？

(A)1.9620　　　　　　　　　(B)1.9803

(C)1.9924　　　　　　　　　(D)2.0211。

( )　77. 根據國際費雪效應（IFE）條件，若目前加幣的名目利率遠高於其他國家的名目利率，代表加拿大的通貨膨脹率遠_____於其他國家的通貨膨脹率，而加幣應會_____。

(A)高；升值　　　　　　　　(B)低；升值

(C)高；貶值　　　　　　　　(D)低；貶值。

( ) 78. 烏干達在過去經歷過相當高的通貨膨脹率,而烏干達的貨幣也都因此而經歷過大幅貶值。此現象是與下列何者的概念有關?
(A)一般化費雪效應(GFE)條件　　(B)國際費雪效應(IFE)條件
(C)購買力平價(PPP)條件　　　　(D)利率平價(IRP)條件。

( ) 79. 針對購買力平價(PPP)條件所作的實證研究傾向於: 　(A)支持PPP在長期成立　(B)支持PPP在短期成立　(C)支持PPP在長期和短期都成立　(D)支持PPP在長期或短期都不成立。

( ) 80. 假設在完美的市場前提下,未拋補利率平價(uncovered interest rate parity)成立,投資人投資相同風險的國外資產和國內資產,何者投資報酬率較高?
(A)投資國外資產報酬率較高
(B)投資國內資產報酬率較高
(C)投資國內或國外資產報酬率相同
(D)投資國內或國外資產報酬率無法比較。

( ) 81. 在未拋補利率平價(uncovered interest rate parity)成立的情況下,若: 　(A)國內利率水準大於國外利率水準,則預期本國貨幣將貶值　(B)國內利率水準小於國外利率水準,則預期本國貨幣將貶值　(C)國內利率水準等於國外利率水準,則預期本國貨幣將貶值　(D)國內利率水準等於國外利率水準,則預期本國貨幣將升值。

( ) 82. 報紙上常看到的大麥克指數,是經濟學人雜誌根據下列何種理論發展出衡量兩種貨幣在匯率理論上是否合理的指標之一?
(A)利率平價理論　　　　　　　　(B)購買力平價理論
(C)匯率平價理論　　　　　　　　(D)賣權－買權平價理論。

( ) 83. 下列何種因素可決定利率平價理論(interest rate parity theory)遠期匯率的定價? 　(A)兩國的失業率不同　(B)兩國的通貨膨脹率不同　(C)兩國的利率不同　(D)兩國的匯率不同。

( ) 84. 一國匯率貶值後,短期內貿易收支逆差未見改善反呈惡化的現象稱為下列何者? 　(A)價格效果(price effect)　(B)J曲線效果(J curve effect)　(C)傳染效果(contagion effect)　(D)所得效果(income effect)。

( )　85. 當一進口商有外幣的應付帳款時，下列何種避險策略最適合？
(A)賣外幣遠期契約（forward）　　(B)買外幣遠期契約（forward）
(C)賣外幣買權（call option）　　(D)買外幣賣權（put option）。

( )　86. 若以1970年為基期，1992年我國消費者物價指數為150，而我國各個
主要貿易對手國的加權平均消費者物價指數為180，以購買力平價
理論的觀點而言，我國的幣值應：
(A)升值　　　　　　　　　(B)貶值
(C)不變　　　　　　　　　(D)先升值後貶值。

( )　87. 基於購買力平價理論（purchasing power parity theory, PPP），英國
經濟學人雜誌（The Economist）在1986年起，提出哪一種指數來比
較各國貨幣的匯率是否被高估或低估？
(A)麥當勞大麥克指數（Big Mac Index）
(B)肯德基炸雞指數（Fry Chicken Index）
(C)珍珠奶茶指數（Pearl Milk Tea Index）
(D)必勝客披薩指數（Pizza Index）。

( )　88. 如果在一定期間內，臺灣的物價上漲10%，美國的物價上漲5%，則
依據購買力平價理論（purchasing power parity theory, PPP），新臺
幣兌換美元的匯率會如何變動？
(A)新臺幣貶值，美元貶值　　(B)新臺幣升值，美元升值
(C)新臺幣貶值，美元升值　　(D)新臺幣升值，美元貶值。

( )　89. 購買力平價說（Purchasing Power Parity）認為兩國間之匯率之調
整，是反應：　(A)兩國相對物價水準之變動　(B)兩國貿易平衡之
變動　(C)兩國經常帳之變動　(D)兩國財政政策之變動。

( )　90. 依據購買力平價理論（Purchasing Power Parity Theory, PPP），下列
敘述何者正確？
(A)貨幣購買力較高的國家，其貨幣應升值
(B)貨幣購買力較高的國家，其貨幣應貶值
(C)若本國物價上漲，不論外國物價是否上漲，本國貨幣一定會升值
(D)若本國物價上漲率小於外國物價上漲率，則本國貨幣應貶值。

( )   91. 下列何者會使本國貨幣相對於外幣貶值？　(A)當外幣存款實質利率相對於本國貨幣存款實質利率上升時　(B)預期外國的通貨膨脹相對於本國的通貨膨脹上升時　(C)本國的生產力相對於外國的生產力上升時　(D)本國的出口增加。

( )   92. 依據購買力平價理論（Purchasing Power Parity Theory），下列敘述何者正確？　(A)臺灣的物價水準相對於外國物價水準上升，則新臺幣兌外國貨幣會有升值的傾向　(B)臺灣的物價水準相對於外國物價水準上升，則新臺幣兌外國貨幣會有貶值的傾向　(C)購買力平價理論對於短期間的匯率變動有很強的解釋能力　(D)購買力平價理論是指匯率會反映兩國間的利率變動而有所調整。

( )   93. 有關相對購買力平價（relative purchasing power parity）的敘述，下列何者正確？　(A)兩國的物價水準經匯率換算後會相等　(B)兩國的匯率變動率會等於通貨膨脹率之差　(C)通貨膨脹率低的國家其貨幣會貶值　(D)利率高的國家其貨幣會升值。

( )   94. 假設美元對新臺幣的即期匯率為29，新臺幣存款利2%，美元存款利率4%，投資6個月，在無拋補利率平價下，預期6個月後的匯率為何？　(A)28.18　(B)28.72　(C)29.35　(D)29.90。

( )   95. 當臺灣的消費者物價指數上升3%，美國的消費者物價指數上升5%，則美元對新臺幣會產生何種變動？　(A)升值2%　(B)升值3%　(C)貶值2%　(D)貶值5%。

( )   96. 根據利率平價理論（interest rate parity），如果本國利率相對外國利率上升，則本國貨幣：　(A)長期會升值　(B)長期會貶值　(C)短期會升值　(D)短期會貶值。

( )   97. 在一定期間內，我國物價指數若從100上升為110，則：　(A)本國貨幣購買力在該期間將下降10%　(B)假設同樣期間內，我國主要貿易對手國的物價不變，則依據購買力平價說，我國貨幣在該期間應該會升值　(C)假設同樣期間內，我國主要貿易對手國的物價不變，則依據購買力平價說，我國有效匯率指數在該期間應該會下降　(D)本國貨幣購買力在該期間將上升10%。

( )　98. 依據利率平價條件（interest parity condition），若本國一年期利率
是15%，外國一年期利率是10%，則下列敘述何者正確？
(A)市場預期一年後本國貨幣將貶值5%
(B)市場預期一年後本國貨幣將升值5%
(C)市場預期一年後本國貨幣將貶值10%
(D)市場預期一年後本國貨幣將升值15%。

( )　99. 美國的通貨膨脹率為8%，臺灣為3%，又（臺幣／美元）的實質匯
率下降2%。那麼，（臺幣／美元）的名目匯率如何變動？　(A)上
升9%　(B)上升3%　(C)下降7%　(D)下降3%。

( )　100. 依據相對購買力平價理論（comparative purchasing power parity
theory），假設基期時美元兌新臺幣匯率為30，1年後若臺灣物價上
漲3%，美國物價上漲5%，則1年以後美元兌新臺幣匯率應為多少？
(A)美元應貶值至1美元兌29.4元新臺幣
(B)美元應貶值至1美元兌29.1元新臺幣
(C)美元應升值至1美元兌30.6元新臺幣
(D)美元應升值至1美元兌30.9元新臺幣。

( )　101. 其他條件不變的情況下，當一國的貨幣升值，下列敘述何者正確？
(A)本國貨物在國外市場的價格將變得更貴，同時外國貨物在本國
市場的價格將變得更貴　(B)本國貨物在國外市場的價格將變得更便
宜，同時外國貨物在本國市場的價格將變得更貴　(C)本國貨物在國
外市場的價格將變得更便宜，同時外國貨物在本國市場的價格將變
得更便宜　(D)本國貨物在國外市場的價格將變得更貴，同時外國
貨物在本國市場的價格將變得更便宜。

( )　102. 假設美國的通貨膨脹率為2%，日本為1%，臺灣則為4%，又（臺幣
／美元）的實質匯率上升1%，而（臺幣／日幣）的實質匯率下降
5%。則根據購買力平價說（Purchasing-Power-Parity），下列臺幣
相對於美元及日幣的名目匯率變動率之敘述，何者正確？
(A)（臺幣／美元）名目匯率上升3%
(B)（臺幣／美元）名目匯率下降3%
(C)（臺幣／日幣）名目匯率上升2%
(D)（臺幣／日幣）名目匯率下降3%。

( )　103. 利率平價理論指的是何種因素決定遠期匯率的定價？
　　　　　(A)兩國的失業率不同　　　　　　(B)兩國的通貨膨脹率不同
　　　　　(C)兩國的利率不同　　　　　　　(D)兩國的匯率不同。

( )　104. 購買力平價說（Purchasing power parity）是用物價水準以解釋下列何
　　　　　者之現象？　(A)國民所得成長率　(B)利率　(C)匯率　(D)失業率。

( )　105. 當本國貨幣對另一外國貨幣升值時，如果本國與外國的國內物價水
　　　　　準都不變，則本國貨物在外國的價格將變得_____，同時外國貨
　　　　　物在本國的價格將變得_____。請在空格內填入適當的答案。
　　　　　(A)更貴，更便宜　　　　　　　　(B)更便宜，更貴
　　　　　(C)更貴，更貴　　　　　　　　　(D)更便宜，更便宜。

( )　106. 假設人民幣與美元匯率之決定合乎購買力平價說（purchasing power
　　　　　parity theory）之推論，如果某年中國的通貨膨脹率為3%、美國的
　　　　　通貨膨脹率為4%，則依據購買力平價說之推測，有關該年人民幣與
　　　　　美元匯率變動之敘述，下列何者正確？
　　　　　(A)人民幣升值1%　　　　　　　　(B)人民幣貶值7%
　　　　　(C)人民幣升值3%　　　　　　　　(D)人民幣貶值4%。

( )　107. 由購買力平價理論推導，如果某一國家相對其他國家的物價上升，則
　　　　　該國貨幣的幣值會：　(A)不變　(B)升值　(C)貶值　(D)以上皆非。

( )　108. CME之歐洲美元期貨目前價格為96.38，若三個月以90天計，一年以
　　　　　360天計，則該期貨價格所隱含之三個月期遠期利率為：
　　　　　(A)3.62%　　　　　　　　　　　　(B)3.65%
　　　　　(C)7.51%　　　　　　　　　　　　(D)14.48%。

( )　109. 所謂的不偏遠期匯率指的是：
　　　　　(A)目前一年期遠期匯率等於一年後的即期匯率
　　　　　(B)目前一年期遠期匯率等於一年後即期匯率的數學期望值
　　　　　(C)目前一年期遠期匯率與一年後即期匯率的相減為零
　　　　　(D)目前一年期的遠期匯率等於一年期的遠期利率。

( )　110. 根據下列的市場訊息：

即期匯率：NZ$1＝US$0.750

90天期美元（年化）利率：2.4%

90天期紐元（年化）利率：4.8%

請問90天期遠期匯率（US$／NZ$）是多少？

(A)0.7456　(B)0.7201　(C)0.7198　(D)0.7236。

( )　111. 根據下列的市場訊息：

即期匯率：NZ$1＝US$0.750

90天期美元（年化）利率：2.4%

90天期紐元（年化）利率：4.8%

紐元兌美元（US$／NZ$）的90天期遠期＿＿＿＿＿＿等於＿＿＿＿＿＿＿。

(A)溢酬；0.59%　　　　　　　　(B)溢酬；0.48%

(C)貼水；0.59%　　　　　　　　(D)貼水；0.48%。

( )　112. 下列何者代表不偏遠期匯率條件？

(A) $\dfrac{E(e_1) - e_0}{e_0} = \dfrac{f_0 - e_0}{e_0}$　　　　(B) $E(e_1) - e_0 = f_0 - e_0$

(C) $E(e_1) = f_0$　　　　　　　　(D)以上皆是。

( )　113. 小雅有一筆US$1,000,000的存款，每半年付息一次。利息的計算公式為6-month LIBOR＋50 bps，因此小雅的利息金額為每6個月調整一次。目前是1月10日，市場上的6-month LIBOR＝3%；因此小雅在7月10日應收的利息將是多少？　(A)US$30,000　(B)US$105,000 (C)US$17,500　(D)US$52,500。

( )　114. 大喇叭公司一向以賒銷方式賣儀器給法國的MM公司，通常約定交貨後三個月內付款。目前剛完成一台儀器的交貨，售價為€10,000,000。大喇叭公司正在考慮是否採用外匯遠期合約來避險；此時市場對於3個月到期的遠期匯率的報價為US$1.25／€。大喇叭公司的匯率顧問預測3個月後市場的即期匯率應是落在US$1.20／€的水準。請問採用外匯遠期合約避險的預期獲利或損失為何？（獲利或損失是與未避險的情況比較）　(A)獲利US$500,000 (B)損失US$500,000　(C)獲利US$100,000　(D)損失US$100,000。

( )　115. 美國公司向日本企業購買一批零件，貨款為¥100,000,000，一年後
　　　 付清款項。目前即期匯率為¥110／US$，一年期的遠期匯率為¥115
　　　 ／US$，而一年期利率在日本是1%，在美國是2%。試計算美國公
　　　 司以外匯遠期合約避險之美元成本為何？
　　　 (A)US$869,565　　　　　　　　(B)US$909,091
　　　 (C)US$969,565　　　　　　　　(D)US$1,090,909。

( )　116. 遠期合約避險和貨幣市場避險在下列何種情況下會產生相同的避險
　　　 結果？　(A)利率平價條件成立　(B)購買力平價條件成立　(C)國際
　　　 費雪效應條件成立　(D)一般化費雪效應條件成立。

( )　117. 超人公司預期一年之後須付出5,000,000英鎊，因擔心英鎊升值，故決
　　　 定在目前即作好避險措施。該公司取得市場匯率及利率的資料如下：

	買價	賣價
即期匯率	£1＝$1.90	£1＝$1.95
一年期遠期匯率	£1＝$1.86	£1＝$1.92

	一年到期利率	
	存款利率	借款利率
U.S.	4%	5%
U.K.	6%	7%

　　　 假設超人公司目前並沒有閒置資金，請問該公司應採遠期合約避險成
　　　 本是多少？
　　　 (A)US$9,600,000　　　　　　　(B)US$9,750,000
　　　 (C)US$9,500,000　　　　　　　(D)US$9,300,000。

( )　118. 澳洲和美國的兩年期利率分別為4%和5%，澳幣和美元的現貨匯率
　　　 是每澳幣兌0.98美元，請問兩年後的遠期利率為何？　(A)0.9998美
　　　 元　(B)0.9898美元　(C)0.9699美元　(D)0.9799美元。

( )　119. 若目前臺幣兌美元的即期匯率報價為30，臺幣三個月定存利率為
　　　 2%，美元三個月定存利率為5%，則三個月後到期的臺幣期貨合理
　　　 報價為何？　(A)33.582　(B)32.58　(C)32.5　(D)33.3。

( )　120. 下列何者屬於外匯期貨的交易策略？　(A)外匯期貨避險策略
　　　 (B)外匯期貨價差策略　(C)外匯期貨投機策略　(D)以上皆是。

( ) 121. 根據國際費雪效應，臺灣的名目利率為5%、美國的名目利率為8%，則： (A)預期未來一年美國的通貨膨脹率將與臺灣相等 (B)預期未來一年美國的通貨膨脹率將高於臺灣 (C)預期未來一年美國的通貨膨脹率將低於臺灣 (D)以上皆非。

( ) 122. 根據國際費雪效應，一國名目利率上升可能是因為？ (A)該國的預期通貨膨脹率上升 (B)該國金融實質資產實質報酬率上升 (C)投資人對該國貨幣的需求將增加 (D)以上皆是。

( ) 123. 假設本國名目利率為5%，外國利率為名目3%，外國通貨膨脹率為0.5%，若國際費雪效應成立，則本國實質利率為多少？ (A)4.5% (B)5.5% (C)1.5% (D)2.5%。

( ) 124. 假設臺幣1年期利率為5%，美元1年期利率為2%，即期匯率為30NT／$，若1個月遠期美元匯率為31NT／$，交易成本為零，則1個月後美元兌換新臺幣的匯率為多少？ (A)30.00NT／$ (B)30.09NT／$ (C)31.00NT／$ (D)31.03NT／$。

( ) 125. 假設臺幣1年期利率為5%，美元1年期利率為2%，即期匯率為30NT／$，若1年期遠期美元匯率為31NT／$，交易成本為零，則根據利率平價理論，1個月後美元兌換新臺幣的匯率為多少？ (A)30.07NT／$ (B)31.09NT／$ (C)30.20NT／$ (D)31.23NT／$。

( ) 126. 假設基期時我國及英國的物價指數均為100，GBP：NTD＝1：38.26，兩年之後若我國物價指數為103，英國物價指數為105，根據相對購買力平價學說，在兩年後GBP：NTD的匯率最接近下列何項？ (A)36.87 (B)37.53 (C)39.00 (D)39.70。

( ) 127. 根據利率平價理論，請問一年期的US$：CHF遠期匯率最接近下列何項？

假設外匯市場	US$:CHF	即期匯率	0.9400－0.9500
貨幣市場	CHF	年利率	0.60%
	US$	年利率	1.20%

(A)0.9344－0.9444   (B)0.9456－0.9557
(C)0.9344－0.9557   (D)0.9444－0.9456。

( ) 128. 某美國廠商預計三個月後，將支付一筆€500,000元，為免三個月後 US\$貶值使兌換支出成本增加，擬利用外匯避險操作方式固定匯 率，目前市場報價如下：

外匯市場	€:US\$	即期匯率	1.2055－1.2155
		3M匯率	1.2150－1.2250
貨幣市場	€	年利率	0.40%存－1.60%貸
	US\$		1.20%存－2.00%貸

問該廠商如果採用「遠期避險」方式，實際獲得的€：US\$的有效匯率 最接近下列何項？ (A)1.2150 (B)1.2204 (C)1.2206 (D)1.2250。

( ) 129. 若即期市場1美元報價£.55，英國的年化預期通膨率是4%，美國預 期通膨率是3%。假設相對購買力是存在的，預期兩年後的美元匯率 會是下列何者？ (A)£53.91 (B)£54.45 (C)£55.55 (D)£56.07。

( ) 130. 假設臺幣1年利率為5%，美元1年期利率為2%，即期匯率為36NT／\$，若1年期遠期美元匯率為38NT／\$，交易成本為零，則使利率平價理論 成立之理論匯率為多少？
(A)36.01NT／\$　　　　　　(B)36.02NT／\$
(C)37.03NT／\$　　　　　　(D)37.06NT／\$。

( ) 131. 假設臺幣1年利率為5%，美元1年期利率為2%，即期匯率為36NT／\$，若1年期遠期美元匯率為38NT／\$，交易成本為零，則使根據利率平價理 論計算套利利得為多少？
(A)2NT　　　　　　　　　　(B)1.94NT
(C)1.5NT　　　　　　　　　(D)0.94NT。

( ) 132. 如果遠期美元的匯率大於已拋補的利率平價條件所求得的匯率，則 新臺幣的走勢為何？ (A)新臺幣利率將會上升 (B)新臺幣利率將 會下跌 (C)新臺幣利率不變 (D)以上皆有誤。

( ) 133. 假設一年前1英鎊＝4美元，過去一年美國物價上漲50%，而英國 物價維持不變，則根據購買力平價理論，英鎊對美元匯率應調整 為何？ (A)1英鎊＝1美元 (B)1英鎊＝3美元 (C)1英鎊＝4美元 (D)1英鎊＝6美元。

( )　134. 假設臺幣1年期利率為5%，美元1年期利率為2%，即期匯率為30NT／$，
　　　　若1年期遠期美元匯率為31NT／$，交易成本為零，則根據隨機漫步模
　　　　型，1個月後美元兌換新臺幣的匯率為多少？
　　　　(A)30.00NT／$　　　　　　　　(B)30.09NT／$
　　　　(C)31.00NT／$　　　　　　　　(D)31.03NT／$。

( )　135. 假設臺幣1年期利率為5%，美元1年期利率為2%，即期匯率為31NT／$，
　　　　1年期遠期匯率為32NT／$，交易成本為零，若遠期匯率為未來即期
　　　　匯率的不偏估計式，則1個月期的遠期美元為多少？　(A)31.00NT／$
　　　　(B)31.08NT／$　(C)32.00NT／$　(D)32.03NT／$。

( )　136. 購買力平價理論為何無法解釋匯率的短期變動的原因？
　　　　(A)運輸成本與貿易障礙
　　　　(B)各國民眾消費型態不同，而商品市場也非完全競爭市場
　　　　(C)非貿易財的存在
　　　　(D)以上皆是。

( )　137. 如果遠期歐元兌換新臺幣的匯率大於已拋補的利率平價條件所求
　　　　得的匯率，則下列敘述何者正確？　(A)遠期歐元匯率將會上升
　　　　(B)遠期歐元匯率將會下跌　(C)遠期歐元匯率不變　(D)以上皆非。

( )　138. 目前美元匯率為1U$＝30NT，6個月期新臺幣利率為6%、美元利率為
　　　　4%。一臺灣多國籍企業出口香蕉到美國，報價100萬美元，6個月後
　　　　收款，如果該公司改以新臺幣報價，應報多少新臺幣才合理？
　　　　(A)3,000萬NT　　　　　　　　　(B)3,029.412萬NT
　　　　(C)3,180萬NT　　　　　　　　　(D)3,120萬NT。

( )　139. 根據「購買力平價條件」，如果過去一年臺灣的物價上漲15%、美
　　　　國的物價上漲10%，則過去一年美元兌新臺幣匯率會如何變動？
　　　　(A)升值　(B)貶值　(C)不影響　(D)以上皆非。

( )　140. 客戶與銀行簽訂30天期預售美元遠期外匯契約，當日銀行掛牌即期
　　　　買匯價為34.728，賣匯價為34.828，30天期遠匯買匯價為34.702，
　　　　若訂約當日議訂之匯率為34.705，則將來交割時，適用之匯率為
　　　　何？　(A)34.702　(B)34.705　(C)34.728　(D)34.828。

（　）141. 有關遠期外匯之敘述，下列何者錯誤？
(A)遠期外匯交易幣別、數量、交割日均不限定，由買賣雙方議定
(B)遠期外匯交易主要參與者為企業及避險者
(C)遠期外匯交易履約方式應以實際交割為主
(D)遠期外匯交易，其訂約期限以六個月為限。

（　）142. 假設美元對新臺幣的即期匯率為32.500，1個月期新臺幣利率為
1.25%，1個月期美元利率為2.95%，則1個月期的美元對新臺幣遠期
匯率為何？　(A)32.454　(B)32.413　(C)32.386　(D)32.347。

（　）143. 一罐汽水在美國要賣0.75美元，在墨西哥要賣12披索。如果購買力
平價說成立，披索與美元間的匯率為何？
(A)1美元＝16披索　　　　　　(B)1美元＝12披索
(C)1美元＝0.75披索　　　　　(D)1美元＝24披索。

（　）144. 若A公司想規避外匯風險，可從事下列哪些交易？　(A)遠期外匯交
換　(B)外匯期貨　(C)外匯選擇權交易　(D)以上皆是。

（　）145. A公司將於3個月後收到1萬美元的現金，因擔心美元貶值而與銀行
簽訂3個月期的NDF，約定遠期匯率為33.5（NTD／USD），3個月
後即期匯率為33（NTD／USD），下列敘述何者正確？
(A)A公司支付1萬美元，向銀行換得335,000元新臺幣
(B)銀行必需支付5,000元新臺幣給A公司
(C)A公司必需支付5,000元新臺幣給銀行
(D)A公司將支付1萬美元，向銀行換得330,000元新臺幣。

（　）146. 根據拋補的利率平價說，當本國的利率高於日本的利率，則日元之
遠期匯率呈現：　(A)升水　(B)貼水　(C)平價　(D)不一定　。

（　）147. 若目前日本的利率為1%，臺灣為4%，新臺幣與日幣的匯率為¥4／
NT$1，根據利率平價說（interest-rate parity theory），預測一年後
新臺幣與日幣的匯率會變為多少？
(A)4.03　　　　　　　　　　　(B)4.12
(C)3.88　　　　　　　　　　　(D)3.97。

( )｜148. 根據拋補的利率平價說，當本國的利率大於美國的利率，則美元的
　　　　遠期匯率會呈現：　(A)升水　(B)貼水　(C)平價　(D)不一定。

( )｜149. 根據拋補的利率平價說，當本國的利率小於日本的利率，則日元之
　　　　遠期匯率呈現：　(A)升水　(B)貼水　(C)平價　(D)不一定。

( )｜150. 假定外匯市場是效率市場，新臺幣存款年利率10%，日圓存款年利
　　　　率2%，現在新臺幣兌日圓匯率¥1＝NT0.26。根據利率平價條件，
　　　　下列何者錯誤？
　　　　(A)新臺幣與日圓存款預期報酬率皆相等
　　　　(B)預期6個月後即期匯率為¥1＝NT0.2808
　　　　(C)現在180天期遠期匯率為¥1＝NT0.27046
　　　　(D)6個月後即期匯率必等於現在180天期遠期匯率。

解答與解析

1. **D** 當換匯點為負值（＜0）時，表示遠期外匯是「貼水」。

2. **A** 為了規避會計風險而簽訂遠期合約，會導致公司的交易風險受曝程度增加。

3. **A** 臺灣外匯市場成交量最大的為遠期外匯交易。

4. **A** 換匯點數係遠期外匯價格與即期外匯價格的差距（換匯點＝遠期匯率－即期匯率），換匯點數＞0，表示遠期匯率＞即期匯率。

5. **B** 當美元利率高於新臺幣利率時，表示美元對新臺幣遠期匯率會隨時間增加（交割期間愈長），「遠期匯率」愈低（時間愈長，匯率愈低），以防止套利空間產生。

6. **D** 變動貨幣的利率低於固定貨幣的利率，則遠匯點數從即期匯率中扣除，可以計算遠期匯率。

7. **C** 利用無本金交割遠期外匯（NDF）對弱勢貨幣進行避險時（如買美元賣新臺幣），當到期定價匯率高於原遠期匯率時，NDF的買方收到賣方支付的現金差額為（定價匯率–遠期匯率）×成交金額／遠期匯率。

8. **C** 無本金交割遠期外匯（NDF，Non-Delivery Forward），屬於遠期外匯商品，具有避險功能，當合約到期時，交易雙方不需交割本金，只做差額交割；一般遠期外匯則要交割本金。無本金交割遠期外匯與一般遠期外匯之主要差異為無本金交割遠期外匯採不交換本金，差額交割。

9. **A** 簽訂時之即期匯率為31.73/83，90天期遠期匯率為31.65/75，則90天到期時交割所適用之匯率為90天期遠期賣出匯率31.75。

10. **B** 原星期六到期交割日之遠期外匯應於下星期一交割，但該星期六為正常上班日，故應於到期交割日2016年9月10日（星期六）交割。

11. **C** 出口商訂立預售遠期外匯契約時，契約金額不得大於出口商所提示相關交易文件之金額。

12. **D** 遠期避險不須備足本金即可操作。

13. **A** 銀行間報價歐元：美元即期匯率1.1240－60，兩個月遠期匯率0.0015－0.0022，若以直接匯率報價法，兩個月遠期匯率應為1.1255－1.1282。

14. **C** 114.68－0.42＝114.26

15. **A** 換匯點＝持有成本＝利差
＝即期匯率×[（1＋新臺幣利率×天期/365）/（1＋美元利率×天期/360）－1]
＝33.4756×[（1＋2%×1/12）/（1＋美元利率×1/12）－1]＝300
美元利率＝3.0754%

16. **B** 交易雙方在某特定時點決定匯率，並同意在未來某一時日交割的外匯交易市場，稱為遠期外匯市場。

17. **A** 遠期匯率為€1＝$1.55>目前的即期匯率為€1＝$1.50→溢酬
溢酬＝（1.55－1.50）/1.55＝3.2%

18. **A** (1)購買力平價學說又稱為一價定律（Law of One Price）。以薯條為例，薯條在A國賣10元一包，如果A國2元可以換B國1元，那麼一包薯條在B國應該是賣5元。簡單而言，PPP是指貨幣透過匯率在兩地之間兌換後，仍然能夠購買相同的貨品（薯條）（購買力不變）。
(2)假設臺灣未來一年的預期通貨膨脹率是5%，美國未來一年的預期通貨膨脹率是4%；根據購買力平價（PPP）條件可知臺灣的幣值（US$/NT$）應會上升2%。

19. **A** 遠期外匯選定期間交割者，僅就遠期匯率與到期時的即期匯率間的差額，進行交割。

20. **D** 0.9822＋0.011＝0.9832
0.9940＋0.015＝1.009
US$：CHF遠期匯率最接近0.9932/1.0090

21. **B**　遠期匯率＝34.5000－0.0062＝34.4938

22. **D**　利率平價理論（Interest Rate Parity Theory）認為兩個國家利率的差額相
等於遠期兌換率及現貨兌換率之間的差額。

$$F_\$^{NT} = S_\$^{NT} \times \frac{(1+i^{NT} \times \dfrac{\text{天數}}{360})}{(1+i^\$ \times \dfrac{\text{天數}}{360})}$$

F是遠期匯率，S為即期匯率，i^{NT}、$i^\$$分別代表臺幣利率及美金利率，「天
數」是現在與到期日的日數（每月30日）。
本題一個月遠期外匯價格F＝1.4886×〔（1＋3.25%×（30/360）/（1＋
2.25%×30/360）〕＝1.4898

23. **B**　(1)利率平價理論（Interest Rate Parity Theory）認為兩個國家利率的差額
相等於遠期兌換率及現貨兌換率之間的差額。
　　　　　遠期匯率是如何自動調整的，公式如下：

$$F = S \times \frac{(1+i^{NT} \times \dfrac{\text{天數}}{360})}{(1+i^\$ \times \dfrac{\text{天數}}{360})}。$$

(2)預期未來匯率＝5×（1＋1.5%）/（1＋4%）＝4.875

24. **A**　對進口外匯的管制通常表現為進口商只有得到管匯當局的批准，才能在指
定銀行購買一定數量的外匯。ZAR（南非幣）非屬管制性外幣，無需藉由
無本金交割遠匯來避險。

25. **A**　出口商預期六個月後有美元貨款收入，為規避未來美元貶值的風險，故承
作賣出六個月期的遠期美元，該交易係為避險，故承作該交易係反應衍生
性商品的「風險管理的功能」。

26. **B**　臺灣的某家進口廠商預期在3個月後須支付一筆EUD100,000的歐元，在無
做任何避險交易下，廠商所擔心的是屆時新臺幣貶值，因為新臺幣貶值代
表須用更多的新臺幣才能換到EUD100,000的歐元。

27. **C**　銀行之間的匯率報價是以「貨幣A/貨幣B＝？」表示，斜線前的貨幣為基
準貨幣，斜線後的貨幣為標價貨幣。是銀行同業間之報價方式以換匯率為
基礎，而外匯指定銀行對一般出口廠商則採直接遠匯價格方式。

28. **D** 遠期交割之交易係指交割日晚於即期交割日之交易。

29. **D** 指定銀行自行訂定新臺幣與外幣間交易總部位限額中，無本金交割新臺幣遠期外匯及新臺幣匯率選擇權二者合計之部位限額，不得逾總部位限額五分之一。

30. **D** 遠期利率協定係指買賣雙方約定一適用於未來開始的一段期間內之固定利率與名目本金的契約，透過此契約，買方可鎖定未來的借款利率，但是買賣雙方並不交換名目本金，僅針對利息差額做結算。遠期利率契約是管理利率風險的有效工具之一，功能是買方可用以規避利率上漲的風險，而賣方可免於利率下跌的風險；此外，對未來有預期的投資者而言，買方可享受利率上漲的利潤，賣方可享受利率下跌的好處。

31. **A** (1) 限制匯率類複雜性高風險商品之契約期限不得超過1年，比價或結算期數不得超過12期；匯率類複雜性高風險商品非避險交易之個別交易損失上限為平均單期名目本金3.6倍。
    (2) 本題個別交易損失上限＝500×3.6＝1,800（千美元）

32. **A** (1) 遠期利率協定的訂約雙方約定一適用於未來期日起息，借或貸一定期間、一定金額資金的利率，惟到時不交付本金，僅相互交割「約定利率」與「實際市場利率」間的差點所計得「補償差價」的契約。
    (2) 補償差價為USD 1,000,000×（8.0%－7.0%）×90/365＝2,466USD
    A公司可向對手收取2,466÷（1＋8%×3/12）÷1/2＝USD 4,835

33. **D** 遠期合約相對於期貨合約而言的缺點為在到期日前，遠期合約的交易人可能面臨交易對手的信用風險。

34. **D** 無本金交割新臺幣遠期外匯業務（NDF）承作對象以國內指定銀行及指定銀行本身之海外分行、總（母）行及其分行為限。本國銀行對國內法人不得承作無本金交割新臺幣遠期外匯業務。

35. **B** (A)遠期外匯保證金之收取，保證金之繳納得以授信額度或其他可靠之擔保品為之，不限現金。(C)客戶於遠期外匯契約到期全部履約者，保證金不計息退還。(D)訂約保證金不一定要收取，對往來特優之客戶亦得免收。

36. **C** 遠匯屆交割時如適逢月底末日且為例假日，只能順延。

37. **C** 當銀行與客戶進行即期外匯交易之同時，另訂一筆方向相反且金額相同之遠期交易合約，稱之為換匯交易。

38. **C** 新臺幣與外幣之遠期外匯交易，銀行依規定辦理展期時，應依當時市場匯率重訂展期價格，不得依原價格展期。

39. **A** 進出口商與銀行訂定合約預購或預售外匯是為了規避匯率風險。

40. **C** 經營外匯相關業務者，為處理國際間收付與國際清算之需要，進行不同貨幣間的相互交換之市場，稱為外匯市場（Foreign Exchange Market）。

41. **C** 未來欲買外匯，使用遠期契約避險之缺點為在避險的期間該貨幣可能貶值。

42. **A** 外資匯入美元，投資臺灣股市，唯恐將來匯出時新臺幣貶值，可透過買無本金交割遠期美元（NDF）來規避匯率風險。

43. **B** 若其他條件不變，當美元利率高於新臺幣利率時，美元兌新臺幣之遠期匯率其交割期間愈長，匯率會遞減。

44. **D** $1.5800 \times 〔（1+4\% \times 3/12）/（1+8.5\% \times 3/12）〕＝1.5642$

45. **A** 衍生性金融避險工具中，最早被應用為避險工具者為「遠期契約」。

46. **D** 遠期契約：由買賣雙方自行議價。期貨契約：在交易場內公開競價。

47. **A** 遠期契約是一種最古老之財金契約，大概已有一百多年的歷史。

48. **D** 交易標的為利率之遠期契約是遠期利率協定。

49. **C** 遠期合約並沒有一定的交割日期。

50. **C** 30天期的遠期匯率點數報價$＝71-3/82-51＝68/31$

51. **C** 180天期的遠期匯率點數報價$＝171-41/82-1＝130/81$

52. **B** $（1.1238-1.1230）/1.1230＝0.071\%$

53. **C** 60天期之遠期匯率的買價及賣價（完全報價）
$＝（0.7132-0.0021）/（0.7140-0.0019）＝0.7111/0.7121$

54. **A** 楊堅企業鎖定的匯率是US\$0.0025/Ch\$，然三個月後即期匯率的落點僅為US\$0.002/Ch\$，故楊堅企業應就US0.0025/Ch\$與US\$0.002/Ch\$的差額結算付款給銀行，楊堅企業應付給銀行$＝100,000,000 \times（0.0025-0.002）＝50,000$（US）

55. **A** $115.90-115.90 \times（4.52\%-2.55\%）\times 6/12＝114.76$

56. **B** $115.8-115.8 \times（6.18\%-1.10\%）\times 6/12＝112.86$

57. **B** $200 \times 〔（1+0.2\%）/（1+2.1\%）〕＝196.28$

58. **B**　$0.926 \times \left[\left(1+2.4\% \times 3/12 \right) / \left(1+5.7\% \times 3/12 \right) \right] = 0.9185$

59. **A**　買進6個月到期的英鎊遠期合約，將匯率鎖在US\$1.8120/£的水準；在6個月後將英鎊以在市場即期匯率（US\$1.84/£）賣出，每單位英鎊賺取US\$0.028。

　　　　獲利為：US\$0.028×£1,000,000＝US\$28,000。

60. **C**　$1,000,000 - 1,000,000 \div 33 \times 32 = 30,303.03$

61. **B**　$\dfrac{E(e_1)}{0.008} = \dfrac{(1+4\%)}{(1+2\%)} \Rightarrow E(e_1) = 0.0082$

62. **C**　$\dfrac{120,000}{1.80} \times (1+5\%) \times 1.88 = 131,600$

63. **A**　$\dfrac{1}{1.5} = \dfrac{(1\ 2\%)}{(1\ 3\%)} \Rightarrow f = 1.49$

64. **A**　$\dfrac{E(e_1)}{33} = \dfrac{(1+1\%)}{(1+0.2\%)} \Rightarrow E(e_1) = 33.26$

　　　　可知遠期匯率比即期匯率高，表示遠期外幣相對於即期外幣有溢價或升水。

65. **A**　$\dfrac{E(e_1)}{33.6} = \dfrac{(1+0.42\%)}{(1+0.62\%)} \Rightarrow E(e_1) = 33.5332141 \fallingdotseq 33.533$

66. **C**　目標可贖回遠期契約（Target Redemption Forward；TRF）是一種衍生性金融商品，中央銀行將其分類為選擇權類的商品。交易方式為由銀行與客戶對「未來匯率走勢」進行押注。不必等到合約到期始能結束。

67. **A**　（US\$1.15/€ – US\$1.10/€）×€10,000,000＝US\$500,000

68. **A**　以外匯遠期合約避險之美元成本：

　　　　¥600,000,000÷¥115/US\$＝US\$5,217,391

69. **A**　(1)算出在貨幣市場借美元的金額

　　　　　〔¥600,000,000/（1＋1%）〕÷（¥110/US\$）＝US\$5,400,540

　　　　(2)將US\$5,400,540依即期匯率轉換為日圓的金額

　　　　　US\$5,400,540×¥110/US\$＝¥594,059,400

　　　　(3)將此筆日圓存入銀行，一年後之餘額為¥600,000,000，即可用來償還應付帳款。

　　　　一年後應償還的美元金額US\$5,400,540×（1＋2%）＝US\$5,508,551

70. **A**　US$20,000,000÷US$0.81/SF＝SF24,691,358

71. **B**　(1)美元借款金額＝$\dfrac{US\$20,000,000}{(1+1.35\%\times 3/12)}$＝US$19,932,727

　　　　(2)將所借美元在即期市場轉換瑞士法郎＝US$19,932,727÷US$0.80/SF

　　　　　＝SF$24,915,909

　　　　(3)將所換得瑞士法郎存入銀行3個月瑞士法郎存款餘額＝SF$24,915,909×

　　　　　（1＋0.05%×3/12）＝SF24,919,023

72. **A**　(1)美元借款金額＝$\dfrac{US\$1,000,000}{(1+2\%\times 3/12)}$＝US$995,025

　　　　(2)將所借美元在即期市場換得新臺幣＝US$995,025×30.5

　　　　　＝US $30,348,263

　　　　(3)將所換得歐元存入銀行3個月歐元存款餘額

　　　　　＝US$30,348,263×（1＋1.75%×3/12）＝NT$30,481,032

73. **D**　US$1,000,000×30＝NT$30,000,000

74. **A**　目前美國一年期利率為5%，墨西哥一年期利率為11%，而披索的即期匯率
　　　　等於一年期遠期匯率為US$0.12/Mex$。根據利率平價條件（IRP），套利
　　　　行為資金會往遠期匯率去移動，而根據利率平價條件（IRP），套利行為
　　　　會讓披索的即期匯率上升，一年期遠期匯率下降。

75. **B**　100,000×1.065÷1.99×2.02＝108,106

76. **A**　$\dfrac{f_0^{1-year}}{1.99}=\dfrac{(1+5\%)}{(1+6.5\%)}$

　　　　$f_0^{1-year}=1.9620$

77. **C**　(1)費雪效應是由著名的經濟學家歐文·費雪（Irving Fisher）第一個揭示了
　　　　通貨膨脹率預期與利率之間關係的發現，它指出當通貨膨脹率預期上
　　　　升時，利率也將上升。

　　　　(2)根據國際費雪效應（IFE）條件，若目前加幣的名目利率遠高於其他國
　　　　家的名目利率，代表加拿大的通貨膨脹率遠高於其他國家的通貨膨脹
　　　　率，而加幣應會貶值。

78. **C**　(1)購買力平價學說又稱為一價定律（Law of One Price）。以薯條為例。
　　　　薯條在A國賣10元一包，如果A國2元可以換B國1元，那麼一包薯條在

B國應該是賣5元。簡單而言，PPP是指貨幣透過匯率在兩地之間兌換後，仍然能夠購買相同的貨品（薯條）（購買力不變）。

(2) 烏干達在過去經歷過相當高的通貨膨脹率，而烏干達的貨幣也因此經歷過大幅貶值。此現象即與購買力平價（PPP）條件的概念有關。

79. **A** 購買力平價學說又稱為一價定律（Law of One Price）。以薯條為例。薯條在A國賣10元一包，如果A國2元可以換B國1元，那麼一包薯條在B國應該是賣5元。簡單而言，PPP是指貨幣透過匯率在兩地之間兌換後，仍然能夠購買相同的貨品（薯條）（購買力不變）。PPP要在長期之下，才可以成立。

80. **C** 未拋補利率平價說，就是當本國利率高於（低於）外國利率時，本國貨幣預期會貶值（升值），本國幣預期貶（升）值的幅度等於國內與國際利率水準之間的差異。是假設在完美的市場前提下，未拋補利率平價成立，投資人投資相同風險的國外資產和國內資產報酬率相同。

81. **A** 未拋補利率平價說，就是當本國利率高於（低於）外國利率時，本國貨幣預期會貶值（升值），本國幣預期貶（升）值的幅度等於國內與國際利率水準之間的差異。

82. **B** 一個測量購買力平價的簡單而幽默的例子就是大麥克指數。《經濟學人》雜誌將麥當勞的在各國的分店中賣的大麥克的價格進行了比較。如果一個大麥克在美國的價格是4美元，而在英國是3英鎊，那麼美元與英鎊的購買力平價匯率就是3英鎊＝4美元。假如在這個例子中美元和英鎊的匯率是1比1，那麼根據購買力平價理論，以後的真實匯率將會向購買力平價匯率靠攏。

83. **C** 利率平價理論認為兩個國家利率的差額相等於遠期兌換率及現貨兌換率之間的差額。

84. **B** 一國匯率貶值後，短期內貿易收支逆差未見改善反呈惡化的現象稱為J曲線效果。

85. **B** 當一進口商有外幣的應付帳款時，應同時買外幣遠期契約以避險。

86. **A** (1) 購買力平價學說又稱為一價定律（Law of One Price）。以薯條為例，薯條在A國賣10元一包，如果A國2元可以換B國1元，那麼一包薯條在B國應該是賣5元。簡單而言，PPP是指貨幣透過匯率在兩地之間兌換後，仍然能夠購買相同的貨品（薯條）（購買力不變）。

(2) 本題以1970年為基期，1992年我國消費者物價指數為150，而我國各個主要貿易對手國的加權平均消費者物價指數為180，依據購買力平價理論，臺灣相對美國購買力較高，故我國的幣值應升值。

87. **A** 大麥克指數是一個非正式的經濟指數，用以測量兩種貨幣的匯率理論上是否合理。這種測量方法假定購買力平價理論成立。購買力平價的大前提為兩種貨幣的匯率會自然調整至一水平，使一籃子貨物在該兩種貨幣的售價相同。在大麥克指數，該一「籃子」貨品就是一個在麥當勞連鎖快餐店裡售賣的大麥克漢堡包。選擇大麥克的原因是，大麥克在多個國家均有供應，而它在各地的製作規格相同，由當地麥當勞的經銷商負責為材料議價。這些因素使該指數能有意義地比較各國貨幣。兩國的大麥克的購買力平價匯率的計算法，是以一個國家的大麥克以當地貨幣的價格表示，除以另一個國家的大麥克以當地貨幣的價格表示。該商數用來跟實際的匯率比較；要是商數比匯率為低，就表示一國貨幣的匯價被低估了（根據購買力平價理論）；相反，要是商數比匯率為高，則一國貨幣的匯價被高估了。

88. **C** 購買力平價理論認為：一個平衡的匯率是使所比較的兩種通貨在各自國內購買力相等的匯率，偏離於使國內購買力相等的匯率是不可能長期存在的。故購買力平價理論係指在真實匯率不變下，兩國匯率可依據兩國物價水準之變動調整之。臺灣的物價上漲10%，美國的物價上漲5%，則依據購買力平價理論，臺灣相對美國購買力較低，故新臺幣貶值，美元升值。

89. **A** 購買力平價理論認為：一個平衡的匯率是使所比較的兩種通貨在各自國內購買力相等的匯率，偏離於使國內購買力相等的匯率是不可能長期存在的。如果一件貨物在美國所值的美元價格相當於法國所值的法郎價格的1/5，而匯率卻是1美元等於1法郎，那麼每個持法郎的人就會把法郎換成同數的美元，而能夠在美國購買5倍的貨物。但市場上對美元的需求會使匯率上漲，一直達到1美元等於5法郎為止，也就是達到它的貨幣購買力的比率與用各國貨幣所表示價格水平的比率相等為止。是購買力平價理論係指在真實匯率不變下，兩國匯率可依據兩國物價水準之變動調整之。

90. **A** 購買力平價理論：認為均衡匯率應由兩國貨幣購買力比較來決定，亦即由兩國同類物品所編組而成的物價水準或一般物價水準的相對比較來決定。當本國物價上揚時，本國貨幣的購買力下跌，因此本國貨幣應貶值。相反的，當本國物價下降時，本國貨幣的購買力上升，因此本國貨幣應升值。

91. **A**　本國利率與本國幣值呈正向變動。外國利率與本國幣值呈反向變動，故當外幣存款實質利率相對於本國貨幣存款實質利率上升時，會使本國貨幣相對於外幣貶值。

92. **B**　(1)購買力平價理論認為：一個平衡的匯率是使所比較的兩種通貨在各自國內購買力相等的匯率，偏離於使國內購買力相等的匯率是不可能長期存在的。如果一件貨物在美國所值的美元價格相當於法國所值的法郎價格的1/5，而匯率卻是1美元等於1法郎，那麼每個持法郎的人就會把法郎換成同數的美元，而能夠在美國購買5倍的貨物。但市場上對美元的需求會使匯率上漲，一直達到1美元等於5法郎為止，也就是達到它的貨幣購買力的比率與用各國貨幣所表示價格水平的比率相等為止。是購買力平價理論係指在真實匯率不變下，兩國匯率可依據兩國物價水準之變動調整之。

　　(2)臺灣的物價水準相對於外國物價水準上升，則新臺幣兌外國貨幣會有貶值的傾向；反之，臺灣的物價水準相對於外國物價水準下降，則新臺幣兌外國貨幣會有升值的傾向。

93. **B**　相對購買力平價：認為均衡匯率應該隨著兩國物價水準的變動率而調整，是兩國的匯率變動率會等於通貨膨脹率之差，也就是說，當本國物價上漲率超過外國物價上漲率時，均衡匯率會上升，表示本國的相對購買力會下降，亦即本國貨幣相對貶值；反之，若本國物價上漲率小於外國物價上漲率時，均衡匯率會下降，表示本國的相對購買力會上升，亦即本國貨幣相對升值。

94. **B**　若依照拋補利率平價理論進行計算，六個月的遠期匯率應為$29 \times (1 + 2\% \times 6/12) / (1 + 4\% \times 6/12) = 28.72$。

95. **A**　當臺灣的消費者物價指數相對於美國的消費者物價指數上升幅度小，表示美元對新臺幣貶值，本題貶值$5\% - 3\% = 2\%$。

96. **C**　購買力平價理論認為：一個平衡的匯率是使所比較的兩種通貨在各自國內購買力相等的匯率，偏離於使國內購買力相等的匯率是不可能長期存在的。如果一件貨物在美國所值的美元價格相當於法國所值的法郎價格的1/5，而匯率卻是1美元等於1法郎，那麼每個持法郎的人就會把法郎換成同數的美元，而能夠在美國購買5倍的貨物。但市場上對美元的需求會使匯率上漲，一直達到1美元等於5法郎為止，也就是達到它的貨幣購買力的比率與用各國貨幣所表示價格水平的比率相等為止。是購買力平價理論係指在真實匯率不變下，兩國匯率可依據兩國物價水準之變動調整之。故如果本國利率相對外國利率上升，則本國貨幣短期會升值。

97. **C** 購買力平價理論認為：一個平衡的匯率是使所比較的兩種通貨在各自國內購買力相等的匯率，偏離於使國內購買力相等的匯率是不可能長期存在的。如果一件貨物在美國所值的美元價格相當於法國所值的法郎價格的1/5，而匯率卻是1美元等於1法郎，那麼每個持法郎的人就會把法郎換成同數的美元，而能夠在美國購買5倍的貨物。但市場上對美元的需求會使匯率上漲，一直達到1美元等於5法郎為止，也就是達到它的貨幣購買力的比率與用各國貨幣所表示價格水平的比率相等為止。是購買力平價理論係指在真實匯率不變下，兩國匯率可依據兩國物價水準之變動調整之。在一定期間內，我國物價指數若從100上升為110，則在同樣期間內，我國主要貿易對手國的物價不變，則依據購買力平價說，我國有效匯率指數在該期間應該會下降。

98. **A** (1) 購買力平價理論認為：一個平衡的匯率是使所比較的兩種通貨在各自國內購買力相等的匯率，偏離於使國內購買力相等的匯率是不可能長期存在的。如果一件貨物在美國所值的美元價格相當於在法國所值的法郎價格的1/5，而匯率卻是1美元等於1法郎，那麼每個持法郎的人就會把法郎換成同數的美元，而能夠在美國購買5倍的貨物。但市場上對美元的需求會使匯率上漲，一直達到1美元 等於5法郎為止，也就是達到它的貨幣購買力的比率與用各國貨幣所表示價格水平的比率相等為止。是購買力平價理論係指在真實匯率不變下，兩國匯率可依據兩國物價水準之變動調整之。

　　(2) 綜上，依據利率平價條件（interest parity condition），若本國一年期利率是15%，外國一年期利率是10%，市場預期一年後本國貨幣將貶值5%。選項(A)正確。

99. **C** (1) 購買力平價理論認為：一個平衡的匯率是使所比較的兩種通貨在各自國內購買力相等的匯率，偏離於使國內購買力相等的匯率是不可能長期存在的。如果一件貨物在美國所值的美元價格相當於在法國所值的法郎價格的1/5，而匯率卻是1美元等於1法郎，那麼每個持法郎的人就會把法郎換成同數的美元，而能夠在美國購買5倍的貨物。但市場上對美元的需求會使匯率上漲，一直達到1美元等於5法郎為止，也就是達到它的貨幣購買力的比率與用各國貨幣所表示價格水平的比率相等為止。

　　(2) 購買力平價理論係指在真實匯率不變下，兩國匯率可依據兩國物價水準之變動調整之。是臺灣的物價水準相對於外國物價水準低，則新臺幣兌外國貨幣會有升值的傾向，（臺幣/美元）的名目匯率＝8%－3%＋2%＝7%（下降）。

100. **A** (1) 相對購買力平價認為，匯率應隨著兩國物價水準的變動而調整。相對購買力平價能夠用來計算一個貨幣是否實際升值或貶值，只有當該貨幣在基準期處在均衡水準時才能確定該貨幣在中止期是否低估。當本國的物價上漲率小於外國的物價上漲率時，均衡匯率應下跌，表示因本國貨幣的相對購買力上升，本國貨幣應升值。公式：匯率變動率＝本國物價上漲率－外國物價上漲率。
　　 (2) 本題匯率變動率＝3%－5%＝－2%
　　　 一年以後美元兌新臺幣匯率＝30－2%×30＝29.4

101. **D** (1) 升值（Appreciation）是指一國的幣值相對於另外一國幣值上漲的情形，也就是同樣一單位的該國貨幣能夠換到較多的外國通貨。
　　 (2) 綜上，其他條件不變的情況下，當一國的貨幣升值，代表本國貨物在國外市場的價格將變得更貴，同時外國貨物在本國市場的價格將變得更便宜。

102. **A** (1) 購買力平價理論認為：一個平衡的匯率是使所比較的兩種通貨在各自國內購買力相等的匯率，偏離於使國內購買力相等的匯率是不可能長期存在的。如果一件貨物在美國所值的美元價格相當於法國所值的法郎價格的1/5，而匯率卻是1美元等於1法郎，那麼每個持法郎的人就會把法郎換成同數的美元，而能夠在美國購買5倍的貨物。但市場上對美元的需求會使匯率上漲，一直達到1美元等於5法郎為止，也就是達到它的貨幣購買力的比率與用各國貨幣所表示價格水平的比率相等為止。是購買力平價理論係指在真實匯率不變下，兩國匯率可依據兩國物價水準之變動調整之。
　　 (2) 綜上，美國的通貨膨脹率為2%，日本為1%，臺灣則為4%，又（臺幣/美元）的實質匯率上升1%，而（臺幣/日幣）的實質匯率下降5%。則根據購買力平價說（臺幣/美元）名目匯率上升＝4%－1%＝3%。

103. **C** 利率平價說指匯率的差異即期匯率與遠期匯率的差異，應等於本國與外國利率的差距。拋補利率平價理論是認為利率的變化，一定會100%反映在匯率上。

104. **C** 購買力平價於1916年由加塞爾（Gustov Cassell）所提出，認為一國貨幣的對外價值，是決定於兩國通貨的相對購買力，而不是貨幣的含金量。匯率是依照本國貨幣在本國市場的購買力和外國貨幣在外國市場的購買力兩者比較而決定。

105. **A** (1) 購買力平價於1916年由加塞爾（Gustov Cassell）所提出，認為一國貨幣的對外價值，是決定於兩國通貨的相對購買力，而不是貨幣的含金量。匯率是依照本國貨幣在本國市場的購買力和外國貨幣在外國市場的購買力兩者比較而決定。

　　　　(2) 當本國貨幣對另一外國貨幣升值時，如果本國與外國的國內物價水準都不變，則本國貨物在外國的價格將變得更貴，同時外國貨物在本國的價格將變得更便宜。

106. **A** (1) 相對購買力平價：主要是依不同時期購買力的相對變化決定新均衡匯率，例如新臺幣對美元匯率為36比1，臺灣物價水準上漲24%，美國約上漲9%，則新臺幣和美元的新匯率應是41比1，這是兩國購買力相對變動的結果。是相對購買力平價理論係指在真實匯率不變下，兩國匯率可依據兩國物價水準之變動調整之。

　　　　(2) 如果某年中國的通貨膨脹率為3%、美國的通貨膨脹率為4%，則依據購買力平價說之推測，人民幣會升值1%。

107. **C** 購買力平價於1916年由加塞爾（Gustov Cassell）所提出，認為一國貨幣的對外價值，是決定於兩國通貨的相對購買力，而不是貨幣的含金量。如果某一國家相對其他國家的物價上升，則該國貨幣的幣值會貶值。

108. **A** 遠期利率＝$100 - 96.38 = 3.62$

109. **B** 所謂的不偏遠期匯率指的是目前一年期的遠期匯率等於一年後的即期匯率的數學期望值。

110. **A** $\dfrac{f_0}{0.750} = \dfrac{(1 + 2.4\% \times \dfrac{90}{360})}{(1 + 4.8\% \times \dfrac{90}{360})} \Rightarrow f_0 = 0.7456$

111. **C** $\dfrac{f_0 - e_0}{e_0} = \dfrac{2.4\% \times \dfrac{90}{360} - 4.8\% \times \dfrac{90}{360}}{(1 + 4.8\% \times \dfrac{90}{360})} \Rightarrow \dfrac{f_0 - e_0}{e_0} = -0.59\%$ ，（負數，為貼水）。

112. **D** 不偏遠期匯率條件：

$$\frac{E(e_1) - e_0}{e_0} = \frac{f_0 - e_0}{e_0}$$

$$E(e_1) - e_0 = f_0 - e_0$$

$$E(e_1) = f_0$$

113. **C**　$US\$1,000,000 \times (3\% + 0.5\%) \times \dfrac{6}{12} = US\$17,500$

114. **A**　採用外匯遠期合約避險的預期獲利為：
　　$(US\$1.25/\text{€} - US\$1.20/\text{€}) \times \text{€}10,000,000 = US\$500,000$

115. **A**　以外匯遠期合約避險之美元成本：
　　$¥100,000,000 \div ¥115/US\$ = US\$869,565$

116. **A**　(1)利率平價理論：如果資金可以自由流動，則國內利率與國外利率及匯
　　　　率之間將有一定的關係存在。
　　(2)遠期合約避險和貨幣市場避險在利率平價條件成立之情況下，會產生
　　　　相同的避險結果。

117. **A**　採遠期合約避險的美元成本：
　　$£5,000,000 \times US\$1.92/£ = US\$9,600,000$

118. **A**　$F_0 = S_0 e^{(r-rf)\,t} = 0.98 e^{(0.05-0.04) \times 2} = 0.9998$

119. **A**　$F = \dfrac{(1 + R_F \times T)}{S(1 + R_D \times T)} = \dfrac{1 + 5\% \times \dfrac{3}{12}}{30(1 + 2\% \times \dfrac{3}{12})} = 0.033582$

　　故臺幣期貨合理報價應為33.582。

120. **D**　外匯期貨的交易策略包括外匯期貨避險策略、外匯期貨價差策略、外匯期
　　貨投機策略與外匯期貨套利策略四種。

121. **B**　國際費雪效果主張各國間之實質利率皆相同，故兩國貨幣市場之名目利率
　　差等於兩國通貨膨脹率之差。是根據國際費雪效應，臺灣的名目利率為
　　5%、美國的名目利率為8%，則預期未來一年美國的通貨膨脹率將高於臺
　　灣，直到美國與臺灣的實質利率相同。

122. **A**　國際費雪效果主張各國間之實質利率皆相同，故兩國貨幣市場之名目利率
　　差等於兩國通貨膨脹率之差。是根據國際費雪效應，一國名目利率上升可
　　能是因為該國的預期通貨膨脹率上升。

123. **C**　本國實質利率＝5%－3%－0.5%＝1.5%

124. **C**　假設臺幣1年期利率為5%，美元1年期利率為2%，即期匯率為30NT/\$，若
　　1個月遠期美元匯率為31NT/\$，交易成本為零，則1個月後美元兌換新臺幣
　　的匯率即為1個月遠期美元匯率為31NT/\$。

125. **A** (1) 利率平價理論（Interest Rate Parity Theory）認為兩個國家利率的差額相等於遠期兌換率及現貨兌換率之間的差額。

$$F_{\$}^{NT} = S_{\$}^{NT} \times \frac{(1+i^{NT} \times \dfrac{天數}{360})}{(1+i^{\$} \times \dfrac{天數}{360})}$$

F是遠期匯率，S為即期匯率，i^{NT}、$i^{\$}$分別代表臺幣利率及美金利率，「天數」是現在與到期日的日數（每月30日）。

(2) 本題一個月遠期外匯價格F＝30×〔（1＋5%×（30/360）/（1＋2%×30/360）〕＝30.07

126. **B** 兩年後GBP：NTD的匯率＝38.26×103/105＝37.53

127. **A** (1) 利率平價理論（Interest Rate Parity Theory）認為兩個國家利率的差額相等於遠期兌換率及現貨兌換率之間的差額。

$$F_{\$}^{NT} = S_{\$}^{NT} \times \frac{(1+i^{NT} \times \dfrac{天數}{360})}{(1+i^{\$} \times \dfrac{天數}{360})}$$

F是遠期匯率，S為即期匯率，i^{NT}、$i^{\$}$分別代表臺幣利率及美金利率，「天數」是現在與到期日的日數（每月30日）。

(2) 本題一年期遠期外匯價格F＝0.9400×（1＋0.60%）/（1＋1.20%）＝0.9344～F＝0.9500×（1＋0.60%）/（1＋1.20%）＝0.9444

128. **D** 廠商預計三個月後，將支付一筆€ 500,000元，為免三個月後US$貶值使兌換支出成本增加，擬利用外匯避險操作方式固定匯率，如果完全避險，則實際獲得的€：US$的有效匯率最為接近三個月期的遠期外匯賣出匯率1.2250。

129. **D** (1) 相對購買力平價：認為均衡匯率應該隨著兩國物價水準的變動率而調整，是兩國的匯率變動率會等於通貨膨脹率之差，也就是說，當本國物價上漲率超過外國物價上漲率時，均衡匯率會上升，表示本國的相對購買力會下降，亦即本國貨幣相對貶值；反之若本國物價上漲率小於外國物價上漲率時，均衡匯率會下降，表示本國的相對購買力會上升，亦即本國貨幣相對升值。

(2) $\dfrac{E(e_3)}{55} = \dfrac{(1+4\%)^2}{(1+3\%)^2} \Rightarrow E(e_3) = 56.07$

130. **D**　理論匯率＝36×（1+5%）/（1+2%）＝37.06

131. **D**　套利利得＝38－37.06＝0.94NT

132. **A**　(1)利率平價理論（Interest Rate Parity Theory）認為兩個國家利率的差額相等於遠期兌換率及現貨兌換率之間的差額。

$$F_\$^{NT} = S_\$^{NT} \times \frac{(1+i^{NT}\times\frac{天數}{360})}{(1+i^\$\times\frac{天數}{360})}$$

F是遠期匯率，S為即期匯率，i^{NT}、$i^\$$分別代表臺幣利率及美金利率，「天數」是現在與到期日的日數（每月30日）。

(2)是若如果遠期美元的匯率大於已拋補的利率平價條件所求得的匯率，則新臺幣利率將會上升。

133. **D**　(1)相對購買力平價：認為均衡匯率應該隨著兩國物價水準的變動率而調整，是兩國的匯率變動率會等於通貨膨脹率之差，也就是説，當本國物價上漲率超過外國物價上漲率時，均衡匯率會上升，表示本國的相對購買力會下降，亦即本國貨幣相對貶值；反之若本國物價上漲率小於外國物價上漲率時，均衡匯率會下降，表示本國的相對購買力會上升，亦即本國貨幣相對升值。

(2)英鎊對美元匯率應調整＝4×（1+50%）＝6

134. **A**　(1)隨機漫步模型是金融學的一個假説，認為市場的價格會形成隨機漫步模式，因此它是無法被預測的。

(2)根據隨機漫步模型，1個月後美元兌換新臺幣的匯率並無法預測，目前即期匯率為30NT/$，若1年期遠期美元匯率為31NT/$，交易成本為零，是1個月後美元兌換新臺幣的匯率仍是即期匯率的可能性比較大。

135. **B**　31×（1+5%/12）/（1+2%/12）≈ 31.08

136. **D**　購買力平價理論無法解釋匯率的短期變動的原因有：

(1)貿易障礙：理論上假設無交易成本、租稅及風險等，也未考量貿易障礙。但現實常因這些因素，使得兩國之價差存在，PPP因而無法成立。

(2)成本、租稅等愈高，PPP偏離情況會愈大。

(3)非貿易財：本國非貿易財P上升，該國物價漲，該國貨幣應貶。但非貿易財不影響進出口貿易量，故匯率未改變。即P與E並未同比例變化，所以使PPP偏離。

(4) 不完全競爭：同一商品若兩國之市場為不完全競爭，若兩市場之彈性不同，在差別訂價下，彈性大者訂價高，彈性小者訂價低。所以兩國同商品之PPP會不成立。

(5) 消費型態不同：各國物價指數之組成商品與權重不同，所以即使同一商品上漲(%)相同，但物價水準的變動(%)也不會相同。短期物價有僵固性，調整需時間，故匯率改變時，物價即使配合而調整，其仍需要時間。所以短期下，PPP偏離嚴重。

137. **B** (1) 利率平價理論（Interest Rate Parity Theory）認為兩個國家利率的差額相等於遠期兌換率及現貨兌換率之間的差額。

$$F_\$^{NT} = S_\$^{NT} \times \frac{(1+i^{NT} \times \frac{\text{天數}}{360})}{(1+i^{\epsilon} \times \frac{\text{天數}}{360})}$$

F是遠期匯率，S為即期匯率，i^{NT}、i^{ϵ}分別代表臺幣利率及美金利率，「天數」是現在與到期日的日數（每月30日）。

(2) 如果遠期歐元兌換新臺幣的匯率大於已拋補的利率平價條件所求得的匯率，則遠期歐元匯率將會下跌。

138. **B** 6個月後收款，應以6個月期遠期美元匯率報價，F＝30×（1＋6%/2）/（1＋4%/2）＝30.29412，應報100萬×30.29412＝3,029.412萬NT。

139. **A** $\frac{\Delta E}{E} \cong \frac{\Delta P}{P} - \frac{\Delta P^*}{P^*} = 15\% - 10\% = 5\%$

如果過去一年內臺灣的物價上漲15%、美國的物價上漲10%，則過去一年內美元兌新臺幣匯率應該上升5%左右，即美元對新臺幣升值5%左右。

140. **B** 將來交割時，適用之議訂之匯率34.705。

141. **D** 遠期外匯交易幣別、數量、交割日均不限定，由買賣雙方議定，期限依實際外匯收支需要訂定。

142. **A** 32.5＋〔32.5×（1.25%－2.95%）/12〕＝32.454

143. **A** 12／0.75＝16披索

144. **D** 若A公司想規避外匯風險，可從事遠期外匯交換、外匯期貨、外匯選擇權交易等。

145. **C** A公司將於3個月後收到1萬美元的現金，因擔心美元貶值而與銀行簽訂3個月期的NDF，約定遠期匯率為33.5（NTD/USD），3個月後即期匯率為33（NTD/USD），在淨額交割下，A公司必需支付5,000元新臺幣給銀行。

146. **A** 拋補利率平價含義：
(1) 本國利率高於（低於）外國利率的差額等於本國貨幣的遠期貼水（升水）。
(2) 高利率國的貨幣在遠期外匯市場上必定貼水，低利率國的貨幣在該市場上必定升水。如果國內利率高於國際利率水平，資金將流入國內，以牟取利潤。

147. **C** F（遠期匯率）＝4（即期匯率）×〔(1+0.01)/(1+0.04)〕＝3.884615

148. **A** 升水指遠期匯率比即期匯率高，貼水則反之。
利息率較高的貨幣遠期匯率大多呈貼水，利息率較低的貨幣遠期匯率大多呈升水。

149. **B** 升水指遠期匯率比即期匯率高，貼水則反之。
利息率較高的貨幣遠期匯率大多呈貼水，利息率較低的貨幣遠期匯率大多呈升水。

150. **B** 利率平價說，指不論投資哪國貨幣都能得到相同報酬。
未拋補公式：r＝rf＋〔（預期e－e）/e〕
拋補公式：r＝rf＋〔（F－e）/e〕
其中，r表示本國利率；rf表示外國利率；F表示遠期利率；e表示匯率。
未拋補→10%＝2%＋〔（預期e－0.26）/0.26]，預期e＝0.2808。

第三章　換匯交易、換匯換利

依據出題頻率區分，屬：**A** 頻率高

焦點速成

一、換匯交易

換匯交易（foreign exchange swap，簡稱FX Swap），係指同時買進與賣出二筆不同交割日期，但金額相等的貨幣，以便利資金調度及（或）規避匯率風險。換匯交易是一種即期與遠期，或遠期與遠期同時進行、方向相反的外匯交易。

> **範例▶▶▶**
>
> 甲公司需要USD 5 MIO至海外作短期投資6個月，但不想直接在外匯市場買入USD後匯出，因若如此，6個月後甲公司又要擔心匯率波動。此時，換匯交易可以為甲公司解決此一惱人問題。甲公司可以承作換匯交易，即Buy/Sell 6 Month USD/TWD 5 MIO，而6個月換匯點數：－0.283，即期匯率：31.400。
>
> 遠期匯率（FORWARD）＝即期匯率（SPOT）＋換匯點數（SWAP POINTS）
> 31.117＝ 31.400 － 0.283。
>
> 此合約交易內容為A公司於訂約當時按即期價格（31.400）以TWD157,000,000買入USD5,000,000，同時承作1筆患會交易，於6個月後以匯率31.117（＝31.400－0.283）賣出USD 5,000,000，換回TWD155,585,000。

換匯交易類型有二：

(一) **即期對遠期的換匯交易**：買進即期／賣出遠期（buy and sell）的換匯交易，或賣出即期／買進遠期（sell and buy）的換匯交易。

(二) **遠期對遠期的換匯交易**：買進較近遠期／賣出較遠遠期（buy and sell）的換匯交易，以及賣出較近遠期／買進較遠遠期（sell and buy）的換匯交易。

二、換匯交易之內容

項目	內容
交易標的	某一外幣。
交易金額	交易雙方議定，與銀行交易通常有最低限額之規定。
交易期間	最長1年。
交易類型	1.即期對遠期的換匯交易。 2.遠期對遠期的換匯交易。
報價方式	採換匯點數報價，遠期匯率＝即期匯率＋換匯點數，例如：即期匯率32.500（新臺幣／美元），換匯點數為＋0.03，則遠期匯率為32.530（32.500＋0.03）。
交割日	較近交割日：距交易日較近的交割日。 較遠交割日：距交易日較遠的交割日。
交割方式	按約定匯率進行本金交割。

三、換匯利率

換匯交易的本質是「短期借貸」關係，借入外幣的成本相當於換匯匯率，即二個不同交割日匯率之差額，可用年率形式或換匯點數表示。

以年率表示的換匯匯率：

$$\frac{F-E}{E} \times \frac{360}{遠期天數}$$

F：遠期匯率　　E：即期匯率

四、換匯之功能

(一) 規避匯率風險。

(二) 靈活資金調度。

(三) 降低資金成本、減少支出或增加收益。

五、換利交易

換利交易，係指契約雙方約定於未來特定期間內，相互交換不同計息方式的現金流量。

換利交易可分為二大類型：
(一)「固定對浮動」的換利交易，此種交換又稱為「基本型利率交換」。
(二)「浮動對浮動」的換利交換。

範例▶▶▶

A公司之資金需求應大部分來自固定利率計息之借款；而B公司之資金需求應大部分來自浮動利率計息之借款。而若A、B公司各自向其銀行協調貸款之結果，其可獲得之貸款資金如下：

	固定利率	浮動利率
A公司	9%	LIBOR＋0.5%
B公司	8%	LIBOR＋1%

對A公司而言，借浮動利率是相對上較具「比較利益」的選擇；對B公司來說，借固定利率才較具「比較利益」。雙方交換約定，A公司願意支付固定利率8.5%給B公司，B公司願意支付浮動利率LIBOR＋0.75%給A公司。

A公司交換後利率：

（LIBOR＋0.5%）〔註：付給銀行〕＋8.5%〔註：付給B公司〕－（LIBOR＋0.75%）〔註：從B公司收取〕＝8.25%

B公司交換後利率：

（LIBOR＋0.75%）〔註：付給A公司〕＋8%〔註：付給銀行〕－8.5%〔註：從A公司收取〕＝LIBOR＋0.25%

透過利率交換後：

	利率交換前	利率交換後	獲利
A公司	9%	8.25%	0.75%
B公司	LIBOR＋1%	LIBOR＋0.25%	0.75%

六、換利交易的特性

(一) 通常不進行本金交換，契約本金只是計算利息的作用。

(二) 通常交易的一方支付固定利率計息，另一方支付浮動利率計息給對方。

(三) 每一利息支付日，支付浮動利率者必須支付的利息多寡，係根據「前一支付日」的參考利率計算。

(四) 實際上進行交換時，僅支付淨價款。

七、換利交易的風險

利率風險	係指當交換契約成立後，市場環境的突然改變導致利率變動，而使得交換部位產生風險，其又可稱為「價格風險」。
信用風險	利率交換之信用風險，主要指交易對手對於現在或未來之現金流量無法履行交割義務之風險，該項風險之大小除取決於契約損益金額的大小外，交易對手的履約能力也為影響該風險之重要因素，因此在承作交易前，應慎選利率交換交易商，以降低交易對手之信用風險。

八、換匯換利交易（CCS）

換匯換利交易（Cross Currency Swap，簡稱CCS）指雙方約定在期初交換兩種不同的貨幣，而在期中交換所得到貨幣之利息支付，到期末再換回兩種不同的貨幣。貨幣交換雙方的利息支付，有一方是浮動利率，另一方是固定利率；或者兩方都是浮動利率；亦或是兩方都是固定利率。其功能在於公司法人可經由不同幣別間的換匯換利交易，加強資產與負債的風險管理，交易的雙方可獲得對彼此較有利的資金取得條件，達到互惠互利的效果。

換匯換利交易，有下列三種類型：

(一) 固定對固定的換匯換利交易。

(二) 固定對浮動的換匯換利交易。

(三) 浮動對浮動的換匯換利交易。

九、換匯換利交易現金流量

(一) 交易開始時，交易雙方交換不同幣別的本金。

(二) 契約期間內，交易雙方交換本金計算的利息流量。

(三) 交易到期時，交易雙方換回原本金。

十、金融交換合約之特性

(一) **不同於遠期交易**：交換契約與遠期契約均屬於「遠期」性質的衍生性商品，但兩者間最大的不同是，遠期契約只在未來的某一特定時點進行交換。而交換契約則係在未來「多個時點」進行現金流量交換。

(二) **非零和遊戲**：交換可能是一種「雙贏遊戲」，有別於其他金融商品的「零和遊戲」。一般金融商品的交易，一方的獲利即另一方的損失，是一種「零和遊戲」；而交換交易則經常是對雙方均為有利，透過交換互蒙其利，故屬「非零和遊戲」。

(三) **交易具隱密性**：期貨與選擇權的交易大多在集中市場進行，交易資訊都是公開的；而交換交易大多在店頭市場進行，通常交易資訊是不公開的，僅有交易當事人知道交易內容。換言之，交換交易的隱密性較高。

(四) **客製化的非標準契約**：許多交換契約都是交易商為客戶量身訂做「非標準化」契約，此與期貨和選擇權集中市場的「標準化契約」不同。

(五) **較鬆散的規範**：集中市場的期貨與選擇權交易受到政府嚴格的管理，而交換交易則甚少受到政府的規範。

(六) **契約期間較長**：一般期貨與選擇權的契約期間通常低於一年，頂多為一、二年，此類契約無法用來管理長期的金融風險；而交換契約的期間通常較長，適合用來管理長期的金融風險。

十一、外匯交換合約之功能

(一) **降低資金成本**：若交易雙方各自在本國都有良好的信用，可以借到比較低的利率資金，在透過貨幣交換，取得雙方所需要的貨幣資金並享有較低的外幣借款利率。

(二) **資金調度**：貨幣交換亦為投資人調度的一種工具。

(三) **提供避險管道**：可以藉由貨幣交換來規避付息及到期還本的匯率風險。

(四) **套利工具**：跨國投資機構接觸全球廣泛的資本市場，可利用貨幣交換在整合不佳的市場之間進行套利，以降低資金的融通成本，提升投資報酬。

(五) **融資決策與管理**：貨幣交換交易使借款人可以分別處理其資金融通決策與匯率及利率風險決策。因此，借款人可以在大規模而有效率的美元市場進行融資，再透過貨幣交換，轉換為所需要的貨幣。

精選試題

( )　1. 關於換匯換利（cross-currency swap）與外匯交換（foreign exchange swap, FX swap），下列敘述何者錯誤？　(A)換匯換利是指交易期間雙方相互支付「期初取得貨幣利息」，期末再依原期初互換之本金等額返還　(B)換匯換利交易，因為本金相同，所以進行差額交割　(C)外匯交換是在同一交易日簽訂一筆即期交易與另一筆買賣方向相反的遠期交易　(D)外匯交換交易，在存續期間內無利息的交換。

( )　2. 以同一貨幣，訂定於不同交割日，依約定兩匯率，作先買並後賣，或先賣並後買金額相同的另一貨幣，以達到此二貨幣於兩不同交割日間，互為轉換的交易。此種交易稱為：　(A)換匯交易　(B)利率交換　(C)貨幣選擇權　(D)期貨。

( )　3. 有關換匯換利交易之敘述，下列何者錯誤？　(A)在約定期間內交換本金　(B)在到期日以相同匯率換回本金　(C)在契約期間不收付利息　(D)換匯換利的信用風險較換利高。

( )　4. 關於外匯交換（foreign exchange swap, FX Swap）的敘述，下列何者錯誤？　(A)外匯交換會產生期間差部位　(B)外匯交換會產生外匯淨部位　(C)外匯交換有利率風險　(D)外匯交換是一種同時一賣一買或一買一賣的交易。

( )　5. 同時於即期、遠期，買進、賣出某一貨幣對另一貨幣，其交易得為即期與遠期之組合，或兩個遠期之組合，此種業務為下列何者？　(A)換匯交易（SWAP）　(B)換匯換利交易（CCS）　(C)外幣選擇權（FX Options）　(D)無本金交割遠期外匯業務（NDF）。

( )　6. 有關換匯（Foreign Exchange Swaps），下列敘述何者錯誤？　(A)換匯點數的高低是連動的　(B)市場慣例通常以中價作為換匯時的即期匯率　(C)遠期匯率取決於即期匯率與換匯點數　(D)換匯點數與即期匯率無關。

( )　7. 換匯換利契約（Cross Currency Swap）可視為一連串之何種契約的組合？　(A)遠期利率契約　(B)遠期外匯契約　(C)歐洲美元期貨契約　(D)以上皆非。

( )　8. 外匯交易中所謂有拋補的套利係指在進行套利的同時，透過下列何者部位，將手中握有的現貨外匯部位從事拋補套利活動，以規避匯率風險的交易方法？　(A)即期外匯交易　(B)遠期外匯交易的換匯交易　(C)即期對遠期的換匯交易　(D)遠期對遠期的外匯交易。

( )　9. 若US$：CHF即期匯率為0.9822／0.9940，三個月的換匯點為110／150，請問即期對三個月遠期的S／B swap契約匯率最接近下列何者？　(A)0.9822／0.9932　(B)0.9822／0.9972　(C)0.9940／1.0050　(D)0.9940／1.0090。

( )　10. 有關換匯交易（foreign exchange swap）之敘述，下列何者錯誤？　(A)不是一種買斷或賣斷的交易　(B)不會產生淨外匯部位　(C)不會面臨匯率風險　(D)換匯匯率受預期心理因素的影響很大。

( )　11. 倫敦與巴黎報價USD：C$的即期匯率如下表，請問若採地點套匯（space arbitrage）操作，獲利狀況最接近下列何者（不考慮交易手續費用或稅）？

倫敦	1.3346 – 1.3375
巴黎	1.3463 – 1.3476

(A)0.0117　(B)0.0101　(C)0.0088　(D)0.0130。

( )　12. 下列有關外匯利率交換（換匯換利或雙率交換）合約的敘述何者正確？　(A)合約買方是指浮動利率支付者　(B)一定包括期初的本金互換、期中的利息互換、期末的本金互換　(C)是陽春型外匯交換與陽春型利率交換的綜合體　(D)其他條件不變，合約價值（VCCS）會隨浮動利率指標水準的下降而增加。

( )　13. 關於新臺幣與外幣間換匯換利交易（CCS），下列敘述何者錯誤？　(A)辦理期初及期末皆交換本金之新臺幣與外幣間換匯換利交易，國內法人無須檢附交易文件　(B)辦理非「期初及期末皆交換本金」型之新臺幣與外幣間換匯換利交易，承作時須要求顧客檢附實需證明文件　(C)新臺幣與外幣間換匯換利交易，承作對象限為國內法人　(D)本項交易未來各期所交換之本金或利息視為遠期外匯，應於訂約時填報遠期外匯日報表。

( ) 14. 外匯指定銀行擬辦理換匯交易之申辦程序為何？ (A)開辦前申請許可 (B)開辦前函報備查 (C)開辦後函報備查 (D)得不經申請逕行辦理。

( ) 15. 貨幣相同，固定利率對浮動利率的交換稱為下列何者？ (A)基本換匯換利 (B)普通利率交換 (C)基差利率交換 (D)不需交換。

( ) 16. 「鎖住利差交換」（Spread-lock Swap）之「利差」意指下列何項？ (A)期間溢酬 (B)交換溢酬 (C)市場風險溢酬 (D)違約風險溢酬。

( ) 17. 交易雙方就持有的資產所產生的利率進行交換，係屬於何種交換？ (A)利率交換 (B)資產交換 (C)貨幣交換 (D)總報酬交換。

( ) 18. 有關外匯交換的運用目的，下列何者錯誤？ (A)以部位交易為目的 (B)以外匯匯率調控為目的 (C)以現金流量管理為目的 (D)可以套取無風險利潤。

( ) 19. 有關利差交易的敘述，下列何者錯誤？ (A)NOB spread為一種主要的利差交易合約 (B)TED spread為一種主要的利差交易合約 (C)利差交易為一買一賣的交易行為 (D)當預期利率可能全面上揚，應當執行利差交易。

( ) 20. 甲銀行報價USD：¥即期匯率120.38－120.58，兩個月換匯點45－35，若乙銀行願意承作35的換匯交易，請問其所代表匯率？ (A)甲S／B：120.58／120.23 (B)甲S／B：120.38／120.73 (C)甲B／S：120.38／120.03 (D)甲B／S：120.58／120.23。

( ) 21. 指定銀行辦理無本金交割新臺幣遠期外匯交易，每筆金額達多少金額以上者，應立即電告中央銀行外匯局？ (A)一百萬美元 (B)三百萬美元 (C)五百萬美元 (D)一千萬美元。

( ) 22. overnight swap之value date係指何者？ (A)「成交日後次一日」對「成交日後次二日」 (B)「成交日」對「成交日後次二日」 (C)「即期日」對「即期日後次一日」 (D)「成交日」對「成交日後次一日」。

（　）23. 其他條件不變，雙率交換合約的價值（VCCS）：　(A)會隨浮動利率指標水準的上升而增加，故賣方獲利　(B)會隨浮動利率指標水準的上升而增加，故買方獲利　(C)會隨浮動利率指標水準的下降而增加，故賣方獲利　(D)會隨浮動利率指標水準的下降而增加，故買方獲利。

（　）24. 青山公司欲提高其新臺幣收益，擬依換匯換利方式向A銀行換入美元，該銀行報價，3年期新臺幣／美元換匯換利為1.8%，當日美元LIBOR6個月期為4.05%，USD／TWD匯率為32，請問青山公司向A銀行換入美金10,000,000，3年後它可取回多少新臺幣本金？　(A)32,000,000（TWD）　(B)32,576,000（TWD）　(C)33,296,000（TWD）　(D)33,728,000（TWD）。

（　）25. 青山公司欲提高其新臺幣收益，擬依換匯換利方式向A銀行換入美元，該銀行報價，3年期新臺幣／美元換匯換利為1.8%，當日美元LIBOR6個月期為4.05%，USD／TWD匯率為32，請問青山公司向A銀行換入美金10,000,000，第一期交換利息時，青山公司應收金額（假設天數為180天）？（一年以360年計算）　(A)288,000（TWD）　(B)648,000（TWD）　(C)90,000（USD）　(D)202,500（USD）。

（　）26. 青山公司欲提高其新臺幣收益，擬依換匯換利方式向A銀行換入美元，該銀行報價，3年期新臺幣／美元換匯換利為1.8%，當日美元LIBOR6個月期為4.05%，USD／TWD匯率為32，請問青山公司向A銀行換入美金10,000,000，第一期交換利息時，青山公司應付金額（假設天數為180天）？（一年以360年計算）　(A)288,000（TWD）　(B)648,000（TWD）　(C)90,000（USD）　(D)202,500（USD）。

（　）27. X7年12月1日美元兌換新臺幣匯率1：33，且A公司為美國公司，B為臺灣公司。若A公司想到臺灣投資，需新臺幣資金，而B公司想進軍美國，需美元資金，所以雙方進行貨幣交換。即B公司以新臺幣3.3億交換A公司1,000萬美元，每年支付利息一次，美金利率固定3%，新臺幣利率固定5%，交換5年期，契約屆滿時，雙方相互換回原來金額之貨幣。X12年12月1日美元兌換新臺幣匯率下降為1：30，A公司本金損益為何？　(A)0.3億元（TWD）　(B)−0.3億元（TWD）　(C)0.7億元（TWD）　(D)−0.7億元（TWD）。

（　）28. 關於「遠期交換」（Forward Swaps）和「期貨選擇權」（Futures Options），下列敘述何者正確？
(A)遠期交換是一種「遠期契約」，而期貨選擇權是一種「選擇權」
(B)遠期交換是一種「交換」，而期貨選擇權是一種「選擇權」
(C)遠期交換是一種「遠期契約」，而期貨選擇權是一種「期貨」
(D)遠期交換是一種「交換」，而期貨選擇權是一種「期貨」。
（第1期衍生性金融商品銷售人員資格）

（　）29. 關於換匯換利與換匯的敘述，下列何者錯誤？　(A)換匯換利需定期收、付利息　(B)換匯在期中時不收、付利息，但到期時以匯率差額表達隱含的二貨幣之利差　(C)二者到期時皆以相同的匯率換回　(D)換匯交易多針對期間較短的貨幣交換需求而設計，而換匯換利則為較長期的債務進行交換，為資本市場之主要操作工具。

（　）30. 以同一貨幣訂定於不同交割日，依約定兩匯率，作先買並後賣或先賣並後買金額相同的另一貨幣，以達到此二貨幣於兩不同交割日間，互為轉換的交易稱為下列何者？　(A)換匯交易　(B)利率交換　(C)利率期貨　(D)遠期利率協定。

（　）31. 當銀行進入一利率交換契約時，若扮演支付固定利率，收取浮動利率之一方，會如同：　(A)增加固定利率負債與浮動利率資產　(B)減少固定利率負債，增加浮動利率資產　(C)增加固定利率負債，減少浮動利率資產　(D)減少固定利率負債與浮動利率資產。

（　）32. 下列敘述何者正確？　(A)外匯交換可以降低匯率風險　(B)利率交換可以降低融資成本　(C)外匯利率交換合約的價值會隨浮動利率指標水準的上升而增加　(D)以上皆正確。

（　）33. 下列哪一種投資人會因利率上升而有帳面虧損？　(A)利率交換合約的買方　(B)利率交換合約的賣方　(C)交換賣權（Put Swaption）的買方　(D)(B)及(C)。

（　）34. 下列敘述何者正確？　(A)「交換賣權」係指買方有權利在未來特定期限內買進一個付固定、收浮動的利率交換合約　(B)「交換買權」係指的買方有權利在未來特定期限內買進一個付固定、收浮動的利率交換合約　(C)「交換買權」的價格在利率下跌時會上漲　(D)「交換賣權」的價格在利率上漲時會下跌。

( )　35. 下列哪一種投資人會購買交換買權？　(A)預期利率下跌的投資人　(B)預期利率上揚的投資人　(C)已持有固定利率資產部位且預期利率下跌的投資人　(D)以上皆非。

( )　36. 下列哪一種投資人會想當交換賣權的買方？　(A)已持有固定利率資產部位且預期利率下跌的投資人　(B)預期利率上揚的投資人　(C)預期利率下跌的投資人　(D)已持有浮動利率資產部位且預期利率上升的投資人。

( )　37. 大企業喜歡的避險金融工具前三名依序為：　(A)OTC的選擇權合約、遠期合約、交換合約　(B)遠期合約、集中市場的選擇權合約、交換合約　(C)遠期合約、交換合約、OTC的選擇權合約　(D)遠期合約、OTC的選擇權合約、交換合約。

( )　38. 在付息之日，若利率交換合約（IRS）的浮動利率大於固定利率，則_____須將淨額付給_____。　(A)買方；賣方　(B)賣方；買方　(C)銀行；賣方　(D)銀行；買方。

( )　39. 英珞公司因有固定付息債務，故跟交換銀行簽訂一只利率交換合約而擔任交換合約的賣方，此代表該公司：　(A)想要規避匯率風險　(B)想要讓利息費用每年固定不變　(C)想要將固定利率負債義務轉成浮動利率負債義務　(D)預期未來利率將會走升。

( )　40. 下列敘述何者正確？　(A)大多數的交換合約交易對手彼此熟識　(B)陽春型利率交換的買方是指浮動利率收取者　(C)交易雙方透過利率交換所節省的融資成本都是一樣的　(D)歷史上第一個交換合約是利率交換，兩交易對手是美國IBM公司與世界銀行。

( )　41. 一公司在即期市場賣出美元、買入加幣；同時在遠期市場買入相同金額的美元、賣出對等的加幣，此種交易稱為下列何者？　(A)即期外匯交易　(B)遠期外匯交易　(C)換匯交易　(D)換利交易。

( )　42. 依「信託業營運範圍受益權轉讓限制風險揭露及行銷訂約管理辦法」規定，信託業運用信託財產涉及外匯之投資，為避險目的得從事之交易，不包括下列何者？　(A)新臺幣與外幣間換匯交易　(B)新臺幣與外幣間換匯換利交易　(C)新臺幣與外幣間利率期貨交易　(D)新臺幣與外幣間匯率選擇權交易。

( )　43. 辦理特定金錢信託投資國外有價證券之受託人，如欲規避新臺幣與外幣間匯率波動風險時，依規定可以運用之避險工具，下列何者錯誤？
　　　 (A)遠期外匯交易　　　　　　　(B)換匯交易
　　　 (C)換匯換利交易　　　　　　　(D)期貨交易。

( )　44. B公司與銀行承作三年期美元／新臺幣換匯換利（CROSS CURRENCY SWAP），金額新臺幣3億元，美元／新臺30.00，期初期末皆交換本金，B公司付臺幣固定利率1.50%，收美元三個月LIBOR＋0.50，第一期三個月LIBOR定價利率為1.15%，期初B公司應收取的金額為：
　　　 (A)TWD300,000,000　　　　　　(B)USD10,000,000
　　　 (C)USD41,250　　　　　　　　(D)TWD1,125,000。

( )　45. 下列有關換匯交易（FX SWAP）與換匯換利（CROSS CURRENCY SWAP）的敘述，何者正確？
　　　 (A)兩者期初期末皆需交換本金
　　　 (B)換匯交易為固定利率，換匯換利可為浮動利率或固定利率
　　　 (C)兩者的利息交換皆換算為同一貨幣清算
　　　 (D)換匯交易通常為中長期融資工具，換匯換利通常為短期融資工具。

( )　46. 承作收取固定利率、支付浮動利率之利率交換契約之後，其效果如同下列何項？　(A)將既有的固定利率資產轉為浮動利率　(B)將既有的固定利率負債轉為浮動利率　(C)將既有的浮動利率負債轉為固定利率　(D)將既有之資產與負債均轉為固定利率。

( )　47. 下列關於信用違約交換之敘述，何者正確？
　　　 (A)規避信用風險工具
　　　 (B)可分為實物交割與現金交割
　　　 (C)承受信用風險一方定期支付另一方費用，在違約事件發生時有權將已違約債權移轉給另一方
　　　 (D)以上皆正確。

( )　48. 田寮工業打算承作3年期「付浮動、收固定」之利率交換，假設兆豐銀行3年期利率交換報價為「2.10／2.40」，請問田寮工業可收取的固定利率為何？　(A)2.10%　(B)2.25%　(C)2.40%　(D)2.30%。

( )　49. 對於同時擁有利率敏感性資產與負債的銀行而言，該如何應用利率
　　　交換契約來達到存續期間一致的目的呢？　(A)支付固定利率、收
　　　取浮動利率將可增加資產的存續期間，同時降低負債的存續期間
　　　(B)若資產的存續期間較負債長，則可進行支付浮動利率、收取固定
　　　利率的利率交換　(C)若負債的存續期間較資產長，則可進行支付浮
　　　動利率、收取固定利率的利率交換　(D)支付浮動利率、收取固定
　　　利率將可縮短資產的存續期間。

( )　50. 結算前風險係屬於何種風險？　(A)市場風險　(B)信用風險　(C)流
　　　動性風險　(D)作業風險。

( )　51. 「交叉貨幣利率交換」（Cross-currency Interest Rate Swap）相較於
　　　「貨幣交換」（Cross Currency Swap）之主要差異為何？　(A)貨
　　　幣不同　(B)利率不同　(C)名目本金不同　(D)計息方式不同。

( )　52. 有關交換期貨（Swaps Futures）之敘述，何者錯誤？　(A)為交換契
　　　約　(B)為期貨契約　(C)標的物是利率交換契約　(D)避險功能幾乎
　　　與「遠期交換」相同。

( )　53. 受託機構或特殊目的公司為規避因利率變動而產生之利差風險，於
　　　募集發行受益證券或資產基礎證券時，一般皆會採取下列何項避險
　　　措施？　(A)貨幣交換契約　(B)利率交換契約　(C)外幣選擇權契約
　　　(D)預售遠期外匯。

( )　54. 在一個陽春型利率交換合約中，付固定利率的一方應該是認為利率
　　　未來應有何種變化才簽訂此合約？　(A)下降　(B)上升　(C)保持不
　　　變　(D)先下降後上升。

( )　55. 在即期匯率為34.5000（NTD／USD）的情況下，若欲與銀行承作Sell
　　　and Buy的換匯交易，在銀行報價為下表之情形下，遠期匯率為何？

換匯點	
S/B	B/S
−237	−62

　　　(A)34.4763　(B)34.4938　(C)34.5237　(D)34.5062。

解答與解析

1. **B** 換匯換利（Cross Currency Swap, CCS），為管理匯率與利率風險的金融工具，藉由雙方對於不同資金的需要，簽訂契約進行本金和利率的交換，有浮動利率交換固定利率、固定利率交換固定利率、浮動利率交換浮動利率等方式。選項(B)有誤。

2. **A** 以同一貨幣，訂定於不同交割日，依約定兩匯率，作先買並後賣，或先賣並後買金額相同的另一貨幣，以達到此二貨幣於兩不同交割日間，互為轉換的交易。此種交易稱為「換匯交易」。

3. **C** 換匯換利交易在契約期間有收付利息。

4. **B** 從事換匯交易不但可以平衡資金流量，而且也不影響外匯淨部位。

5. **A** 同時於即期、遠期，買進、賣出某一貨幣對另一貨幣，其交易得為即期與遠期之組合，或兩個遠期之組合，此種業務為換匯交易（SWAP）。

6. **D** 換匯點係遠期外匯價格與即期外匯價格的差距（換匯點＝遠期匯率－即期匯率），換匯點數與即期匯率有關。

7. **B** 換匯換利契約（Cross Currency Swap）可視為一連串之遠期外匯契約的組合。

8. **B** 遠期外匯交易的拋補的套利係指在進行套利的同時，透過遠期對遠期的外匯交易部位，將手中握有的現貨外匯部位從事拋補套利活動，以規避匯率風險的交易方法。

9. **C** 換匯交易（FX Swap）是一種即期與遠期，或遠期與遠期同時進行、方向相反的外匯交易。約定以同一貨幣（新臺幣或外幣）於不同之交割日，依約定之兩匯率，先買後賣（B/S），或先賣後買（S/B）金額相同之另一貨幣（新臺幣或外幣）。
0.9940
0.9940＋0.011＝1.0050
即期對三個月遠期的 S/B swap契約匯率最接近0.9940/1.0050。

10. **D** 換匯交易（FX Swap）是一種即期與遠期，或遠期與遠期同時進行、方向相反的外匯交易。換匯匯率受預期心理因素的影響很小。

11. **C** 地點套匯（space arbitrage）是指套匯者利用不同外匯市場之間的匯率差異，同時在不同的地點進行外匯買賣，以賺取匯率差額的一種套匯交易。直接套匯（direct arbitrage），又稱兩角套匯（two point arbitrage），是指利用同一時間兩個外匯市場的匯率差異進行賤買貴賣，以賺取匯率差額的外匯買賣活動，例如，在同一時間內，出現下列情況：

London　　　　£1＝US$1.4815／1.4825
NewYork　　　£1＝US$1.4845／1.4855

若某一套匯者在倫敦市場上以£1＝US$1.4825的價格賣出美元，買進英鎊，同時在紐約市場上以£1＝US$1.4845的價格買進美元，賣出英鎊，則每英鎊可獲得0.0020美元的套匯利潤。

本題獲利＝1.3463–1.3375＝0.0088。

12. **C** 以同一貨幣，訂定於不同交割日，依約定兩匯率，作先買並後賣，或先賣並後買金額相同的另一貨幣，以達到此二貨幣於兩不同交割日間，互為轉換的交易。此種交易稱為「換匯交易」。外匯利率交換（換匯換利或雙率交換）合約有固定利率，亦有變動利率屬於陽春型外匯交換與陽春型利率交換的綜合體。

13. **C** 銀行業辦理外匯業務管理辦法第31條規定：「…五、『新臺幣與外幣間』換匯換利交易業務（CSS）：(一)承作對象以國內外法人為限。…」選項(C)有誤。

14. **D** 銀行業辦理外匯業務管理辦法第12條規定：「指定銀行得不經申請逕行辦理下列外匯衍生性商品業務：一、遠期外匯交易（不含無本金交割新臺幣遠期外匯交易）。二、換匯交易。…」

15. **B** 貨幣相同，固定利率對浮動利率的交換稱「普通利率交換」。

16. **B** 「鎖住利差交換」（Spread-lock Swap）之「利差」意指交換溢酬。

17. **A** 交易雙方就持有的資產所產生的利率進行交換，係屬於利率交換。

18. **B** 外匯交換的運用目的：
(1) 以部位交易為目的。
(2) 以現金流量管理為目的。
(3) 可以套取無風險利潤。

19. **D** (A)NOB spread為一種主要的利差交易合約。
(B)TED spread為一種主要的利差交易合約。
(C)利差交易為一買一賣的交易行為。
(D)當預期利率可能全面下跌，應當執行利差交易。

20. **C** 換匯交易（FX Swap）是一種即期與遠期，或遠期與遠期同時進行、方向相反的外匯交易。甲銀行報價USD：¥即期匯率120.38－120.58，兩個月換匯點45－35，若乙銀行願意承作35的換匯交易，其所代表匯率為甲B/S：120.38/120.03。

21. **C** 銀行業辦理外匯業務管理辦法第31條規定：「……三、無本金交割新臺幣遠期外匯業務（NDF）：(一)承作對象以國內指定銀行及指定銀行本身之海外分行、總（母）行及其分行為限。(二)契約形式、內容及帳務處理應與遠期外匯業務（DF）有所區隔。(三)承作本項交易不得展期、不得提前解約。(四)到期結清時，一律採現金差價交割。(五)不得以保證金交易（Margin Trading）槓桿方式為之。(六)非經本行許可，不得與其他衍生性商品、新臺幣或外幣本金或其他業務、產品組合。(七)無本金交割新臺幣遠期外匯交易，每筆金額達五百萬美元以上者，應立即電告本行外匯局。……」

22. **D** overnight swap之value date係指「成交日」對「成交日後次一日」。

23. **B** 其他條件不變，雙率交換合約的價值（V_{CCS}）會隨浮動利率指標水準的上升而增加，故買方獲利。

24. **A** USD10,000,000×32＝TWD32,000,000

25. **A** 收固定利息：32,000,000×1.8%×180÷360＝TWD288,000

26. **D** 付浮動利息：10,000,000×4.05%×180÷360＝USD202,500

27. **A** 3.3億－3億＝0.3億元（TWD）

28. **A** 「遠期交換」（Forward Swaps）是約定合約持有人有權利與義務去執行一項交易，該交易是針對某特定證券或商品，而持有人必需在特定的時間以特定的價格去履行此合約。遠期交換是一種「遠期契約」，常見的遠期合約如遠期外匯、金屬、能源產品與利率商品。期貨選擇權是一種「選擇權」。

29. **C** 換匯換利（稱CCS）：客戶與銀行約定，於約定期間內，交換兩種不同幣別的本金及其衍生出來的利息，並在到期時再以相同匯率換回。換匯到期時則以不同的匯率換回。

30. **A** 以同一貨幣訂定於不同交割日，依約定兩匯率，作先買並後賣或先賣並後買金額相同的另一貨幣，以達到此二貨幣於兩不同交割日間，互為轉換的交易稱為換匯交易。

31. **A** 當銀行進入一利率交換契約時，若扮演支付固定利率，收取浮動利率之一方，會如同增加固定利率負債與浮動利率資產。

32. **D** (A)外匯交換可以降低匯率風險。
(B)利率交換可以降低融資成本。
(C)外匯利率交換合約的價值會隨浮動利率指標水準的上升而增加，故本題選(D)。

33. **D** (1)利率交換是指債信評等不同的籌資者，立約交換相同期限、相同金額債務之利息流量，以共同節省債息、降低融資總成本的規避利率風險行為。在利率交換契約中，是以不同的利率指標（浮動或固定利率）作為交換標的，利率交換合約的賣方會因利率上升而有帳面虧損。

　　(2)交換賣權（Put Swaption）的買方會因利率上升而有帳面虧損。

34. **B** (A)利率交換選擇權指以「利率交換（IRS）」為交易標的物之選擇權。當選擇權買方在支付權利金給賣方後，依約取得選擇權之權利，於未來某一到期日，當市場指標利率有利於選擇權之買方時，得向賣方提出執行「利率交換（IRS）」交易的權利。是「交換賣權」係指賣方有權利在未來特定期限內給付買方一個付固定、收浮動的利率交換合約。

　　(B)「交換買權」係指的買方有權利在未來特定期限內買進一個付固定、收浮動的利率交換合約。

　　(C)「交換買權」的價格在利率下跌時會下跌。

　　(D)「交換賣權」的價格在利率上漲時會上漲。

35. **B** 利率交換選擇權（Payer's Swaption）賦予選擇權的買方在未來一定期限內，執行「付固定利率、收浮動利率交換合約」的權利。是預期利率上揚的投資人會購買交換買權。

36. **C** 利率交換選擇權（Payer's Swaption）賦予選擇權的買方在未來一定期限內，執行「付固定利率、收浮動利率交換合約」的權利。是預期利率下跌的投資人會想當交換賣權的買方。

37. **C** 大企業喜歡的避險金融工具前三名依序為：遠期合約→交換合約→OTC的選擇權合約。

38. **B** 利率交換是指債信評等不同的籌資者，立約交換相同期限、相同金額債務之利息流量，以共同節省債息、降低融資總成本的規避利率風險行為。在利率交換契約中，是以不同的利率指標（浮動或固定利率）作為交換標的，在付息之日，若利率交換合約（IRS）的浮動利率大於固定利率，則賣方須將淨額付給買方。反之，若利率交換合約（IRS）的浮動利率小於固定利率，則買方須將淨額付給賣方。

39. **C** (1)利率交換是指債信評等不同的籌資者，立約交換相同期限、相同金額債務之利息流量，以共同節省債息、降低融資總成本的規避利率風險行為。在利率交換契約中，是以不同的利率指標（浮動或固定利率）作為交換標的。

(2) 英珞公司因當有固定付息債務，故跟交換銀行簽訂一只利率交換合約而擔任交換合約的賣方，此代表該公司想要將固定利率負債義務轉成浮動利率負債義務。

40. **B** 利率交換是指債信評等不同的籌資者，立約交換相同期限、相同金額債務之利息流量，以共同節省債息、降低融資總成本的規避利率風險行為。陽春型利率交換的買方是指浮動利率收取者。

41. **C** (1) 換匯交易（foreign exchange swap，FX Swap），係指同時買進與賣出二筆不同交割日期，但金額相等的貨幣，以便資金調度及（或）規避匯率風險。換匯交易是一種即期與遠期，或遠期與遠期同時進行、方向相反的外匯交易。
(2) 一公司在即期市場賣出美元、買入加幣；同時在遠期市場買入相同金額的美元、賣出對等的加幣，此種交易即為換匯交易。

42. **C** 「信託業營運範圍受益權轉讓限制風險揭露及行銷訂約管理辦法」第14條規定：「信託業運用信託財產於國外或涉及外匯之投資，為避險目的得依受託人名義以客戶身分與銀行從事下列交易：
一、新臺幣與外幣間匯率選擇權交易。
二、新臺幣與外幣間換匯交易。
三、新臺幣與外幣間換匯換利交易。……」

43. **D** 依「信託業營運範圍受益權轉讓限制風險揭露及行銷訂約管理辦法」第14條規定：「信託業運用信託財產於國外或涉及外匯之投資，為避險目的得依受託人名義以客戶身分與銀行從事下列交易：
一、新臺幣與外幣間匯率選擇權交易。
二、新臺幣與外幣間換匯交易。
三、新臺幣與外幣間換匯換利交易。……」

44. **A** (1) 換匯交易（foreign exchange swap，FX Swap），係指同時買進與賣出二筆不同交割日期，但金額相等的貨幣，以便資金調度及（或）規避匯率風險。換匯交易是一種即期與遠期，或遠期與遠期同時進行、方向相反的外匯交易。
(2) 是期初B公司應收取的金額為TWD300,000,000。

45. **B** (1) 換匯交易（foreign exchange swap），係指同時買進與賣出二筆不同交割日期，但金額相等的貨幣，以便資金調度及（或）規避匯率風險。換匯交易為固定利率。

(2) 換匯換利（Cross Currency Swap, CCS），為管理匯率與利率風險的金融工具，藉由雙方對於不同資金的需要，簽訂契約進行本金和利率的交換，有浮動利率交換固定利率、固定利率交換固定利率、浮動利率交換浮動利率等方式。

46. **C** 承作收取固定利率、支付浮動利率之利率交換契約之後，其效果如同將既有的浮動利率負債轉為固定利率。

47. **D** 信用違約交換係規避信用風險的工具，可分為實物交割與現金交割，承受信用風險一方定期支付另一方費用，在違約事件發生時有權將已違約債權移轉給另一方。

48. **A** 田寮工業打算承作3年期「付浮動、收固定」之利率交換，假設兆豐銀行3年期利率交換報價為「2.10/2.40」，田寮工業可收取的固定利率為2.10%。

49. **C** 對於同時擁有利率敏感性資產與負債的銀行而言，若負債的存續期間較資產長，則可進行支付浮動利率、收取固定利率的利率交換，來達到存續期間一致的目的。

50. **B** 信用風險又可分為結算前風險及結算風險。

51. **D** (1)「交叉貨幣利率交換」（Cross-currency Interest Rate Swap），是指交易雙方將兩種貨幣的資產或者債務按不同形式的利率進行交換。貨幣互換是指兩筆金額相同、期限相同、計算利率方法相同，但貨幣不同的債務資金之間的調換，同時也進行不同利息額的貨幣調換。
(2)「交叉貨幣利率交換」（Cross-currency Interest Rate Swap）相較於「貨幣交換」（Cross Currency Swap）之主要差異為計息方式不同。

52. **A** 交換期貨為期貨契約，不是交換契約。

53. **B** 受託機構或特殊目的公司為規避因利率變動而產生之利差風險，於募集發行受益證券或資產基礎證券時，一般皆會採取利率交換契約避險。

54. **B** 在一個陽春型利率交換合約中，付固定利率的一方應該是認為利率未來應該會有上升變化才簽訂此合約。

55. **C** (1)即期對遠期的換匯交易方式有買進即期/賣出遠期（buy and sell）的換匯交易，或賣出即期/買進遠期（sell and buy）的換匯交易。
(2)在即期匯率為34.5000（NTD/USD）的情況下，若欲與銀行承作Sell and Buy的換匯交易，遠期匯率＝34.5000＋0.0237＝34.5237。

第四章　外幣選擇權

焦點速成

一、選擇權

選擇權（options）是一種契約，其持有人有權利在未來一定期間內（或特定到期日），以約定價格向對方購買（或出售）一定數量的「標的資產」。

選擇權的構成要素：買方有權利依事先約定的價格在某一特定日期或特定期間買入或賣出一指定金額之貨幣；相對的，賣方則必須承擔一個在合約規定日期內，依約定價格，應買方的要求，賣出一特定金額之貨幣的義務。買方為獲得此權利，必須支付給賣方的金額稱為權利金，此即選擇權之價格。

買權	在約定期間內，執行購買特定數量標的物之權利。
賣權	在約定期間內，執行出售特定數量標的物之權利。
權利金	為買權或賣權的價格。買方在購買選擇權契約時，必須支付給賣方的成本。無論買方是否執行權利，賣方皆不退還權利金。
保證金	不同於期貨交易保證金制度，選擇權交易僅賣方須繳交保證金，而買方無須繳交保證金，僅須負擔權利金成本。

二、買權（Call）及賣權（Put）

即買入或賣出的權利，因此又分成買權（Call）以及賣權（Put），無論何種權利，權利的買方享有履約的權利，且買方亦可放棄行使此權利，而賣方只有接受買方要求之義務。

(一) 買方執行權利：
1. 買進買權，投資人於未來執行時，得以約定價格買入約定數量之貨幣。
2. 買進賣權，投資人於未來執行時，得依約定價格賣出約定數量之貨幣。

(二) 賣方履行義務：
1. 若買權（Call）之買方欲買入標的物時，則買權之賣方，必須履行「賣出」的義務。
2. 若賣權（Put）之買方欲賣出標的物時，則賣權之賣方，必須履行「買入」的義務。

三、影響選擇權價格的因素

標的物市價	就買權而言，標的物市價愈高（低），履約價值愈高（低），所以買權的價格也會愈高（低）；賣權的情況恰好與買權相反，標的物市價愈高（低），其履約價值愈低（高），所以賣權價格便愈低（高）。
履約價格	就買權而言，其履約價格愈高（低），履約價值愈低（高），所以買權的價格也會愈低（高）；賣權的情況恰好與買權相反，賣權的履約價格愈高（低），履約價值就愈高（低），所以賣權的價格也會愈高（低）。
標的物價格的波動性	標的物價格的波動性愈大，表示持有者有較大的獲利機會，故不論買權或賣權的價格均會愈高。
到期期間	到期期間愈長，執行權利而獲利的機會愈高，故不論買權或賣權，到期期間愈長，其價格愈高。
無風險利率	買權執行購買權利時須支出現金，當r上升時，此現金支出的折現值會下降，猶如購買成本的減少，這對買權持有者有利，故買權價格會上漲；賣權執行賣出權利時會有現金流入，當r上升時，此現金流入的折現值會下降，這對賣權持有者不利，故賣權價格會下跌。

四、外幣選擇權及其功能

外幣選擇權主要分為買權（Call）與賣權（Put），依據需求，客戶可與銀行約定買進或賣出外幣選擇權，選擇權的買方需支付權利金給賣方，以取得在未來特定期間或到期日時，有權利執行選擇權，賣方則有義務履約。功能有：

(一) 規避匯率風險。

(二) 投資於即期價格的波動，增加外匯收益。

(三) 租稅管理，調節損益。

(四) 交易策略多樣化，投資人可隨情境變化而靈活搭配運用。

五、選擇權的基本觀念

(一) **價外與價內**：選擇權在到期之前，其價值主要決定於交易標的之價格（以S表示之）與履約價格（以X表示之）的差異；由於履約價格固定不變，因此交易標的之價格走勢就格外重要。以買權而言，若S＞X，此選擇權稱之為價內買權（ITM Call）；若S＜X，則為價外買權（OTM Call）；而S＝X，則為價平買權（ATM Call）。賣權的情況則恰好相反；若S＜X時為價內賣權（ITM Put），若S＞X時稱為價外賣權（OTM Put），而S＝X則是價平賣權（ATM Put）。

(二) **選擇權的市場價格**：選擇權的市場價格是由兩部分組成；一部分為內含價值，另一部分則為時間價值，如下所示：

> ## 選擇權市價＝內含價值＋時間價值

內含價值為標的價格（S）與履約價格（X）的差異，而選擇權市價與內含價值的差異謂為時間價值。對於價外或價平選擇權而言，其內含價值皆被視為零，而選擇權的價格應是會大於零，因此價格所反映出來的全部都是時間價值。

六、外匯選擇權價格變化的敏感度分析

(一) Delta（δ）：是指選擇權市價（權利金）對即期匯率變化的敏感度。買權的Delta介於0與1之間（$0<\delta<1$），而賣權的Delta則介於0與-1之間（$-1<\delta<0$）。

(二) Theta（θ）：是指選擇權市價對到期期限的敏感度。選擇權愈接近到期日時，即到期期限愈來愈短之時，每失去一天，選擇權價值減少的幅度就愈大。

(三) Rho（ρ）：是指選擇權市價對美元利率的敏感度。當美元利率水準上升時，買權的價格也會上升。

(四) Phi（φ）：是指選擇權市價對外幣利率的敏感度。當外幣利率的水準上升時，買權的價格會下跌，因此Phi為負值，不過當外幣利率的水準愈高時，買權的價格對外幣利率的變動趨於不敏感，也就是Phi值會愈小。

(五) Vega（ν）：是指選擇權市價對即期匯率波動率的敏感度，也稱之為Kappa（K）。不論是買權或賣權，選擇權標的之波動性愈高，權利金就愈高。

七、外幣選擇權類型

(一) **簡單型選擇權**（Vanilla Options）：是市場上所廣泛使用的簡易遠匯避險工具，利用單純的Call或Put組合成投資或避險策略，以下為常見的Vanilla Options種類：

　1. Risk Reversal**規避風險**：又稱為「Costless Collar」，由買一個call、賣一個put或賣一個call、買一個put組合而成，權利金相較於單純歐式選擇權的call或put便宜，因為Risk Reversal賣出選擇權所獲得的權利金與買入選擇權所需支付的權利金相抵後，實際支出的成本非常低，有時甚至可做到一個「零成本」的避險策略。

　　(1) **賣出賣權（預期EUR將小漲）：**
　　　　有歐元需求者，當即期匯率為1.4300時，可Sell EUR put USD call期間1個月，指標匯率值K＝1.4150。

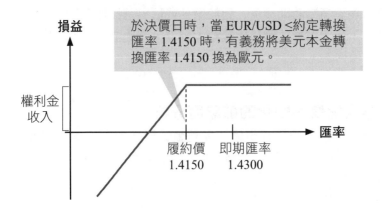

(2) **賣出買權（預期EUR將小跌）**：

有歐元資金者，當即期匯率為1.4300時，可Sell EUR call USD put
期間1個月，指標匯率值K＝1.4600。

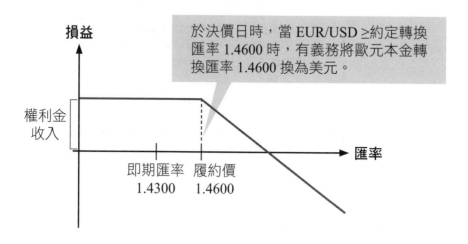

(3) **買入賣權（預期EUR將大跌）**：

有歐元資金者，當即期匯率為1.4300時，可Buy EUR put USD call
期間1個月，指標匯率值K＝1.4150。

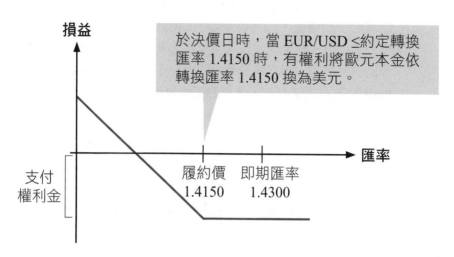

(4)**買入買權（預期EUR將大漲）：**

有歐元需求者，當即期匯率為1.4300時，可Buy EUR call USD put
期間1個月，指標匯率值K＝1.4600。

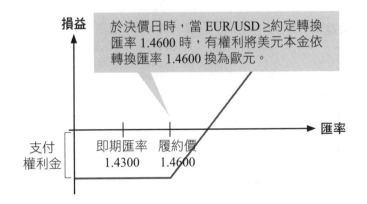

損益

於決價日時，當 EUR/USD ≧約定轉換
匯率 1.4600 時，有權利將美元本金依
轉換匯率 1.4600 換為歐元。

匯率

支付
權利金

即期匯率　履約價
1.4300　　1.4600

2. **垂直價差交易**（Vertical Spread）：是指買入一個選擇權的同時，賣出一
個相同型式的選擇權，兩者到期日相同，但履約價不同。依據對市場的預
期不同，垂直價差交易策略可分為多頭價差（Bullish Spreads）及空頭價
差（Bearish Spreads）。

(1)多頭價差是指預期未來某種幣別升值，於是買一個價內的Call和賣一
個價外的Call，或是買一個價外的Put和賣一個價內的Put。由買權組合
而成的多頭價差，因買的是價內的Call，所付出的權利金會高於賣出
價外的Call，產生的負現金流量即為可能的最大損失。由賣權組合而
成的多頭價差，因賣的是價內的Put，所得之權利金會高於買入價外的
Put所需支付之權利金，產生的正現金流量即為可能的最大收益。

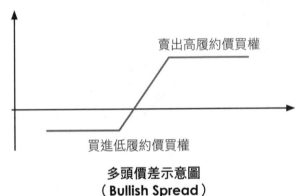

賣出高履約價買權

買進低履約價買權

多頭價差示意圖
（Bullish Spread）

(2)空頭價差是指預期未來某種幣別貶值，於是買一個價外的Call和賣一個價內的Call，或是買一個價內的Put和賣一個價外的Put。由買權組合而成的空頭價差，賣出價內的Call的權利金高於買入價外的Call權利金，產生的正現金流量即為可能的最大收益。反之，由賣權組合而成的空頭價差，產生的負現金流量則為可能的最大損失。

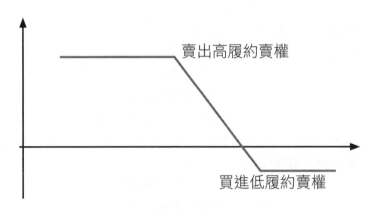

賣出高履約賣權

買進低履約賣權

空頭價差示意圖
（**Bearish Spread**）

(二) **新奇選擇權**（Exotic Option）：因應市場需求，選擇權日趨複雜多樣化，遂衍生出不同於簡單型選擇權的新奇選擇權，新奇選擇權常因避險成本低、操作策略更靈活，而廣為店頭市場使用，其主要有三個特性：

1. **定價的複雜性**：簡單型選擇權call或put定價容易，一般是採用標準化Black-Scholes定價模式或簡單的計算公式；新奇選擇權在訂價時則需考慮數種不同標的物的波動率、隱含價值和彼此間的相關係數，訂價上相對複雜，外商銀行通常會有定價模組或系統來計算。

2. **複雜的風險管理**：簡單型選擇權在部位風險控管上普遍使用的就是delta避險，然而新奇選擇權在部位避險上可能需要再用其他選擇權來進行避險，而且因為有多重標的物，所以在避險時需考慮不同標的物在不同價格時所暴露的風險及彼此之間的相關係數。當變數變動時，所有其他相關變數均須重新計算，避險部位幾乎隨時都在變動，又因為很多變數的波動很難由市場觀察。

3. **有限的市場**：交易員在交易簡單型選擇權時，很容易由市場取得價格對沖手中的部位，但是新奇選擇權是由不同選擇權組合而成，價格不透明，市場報價不確定性高，因為報價來自各家銀行的計算模組，當模組參數設定及波動率有差異，或是假設觀察因子不同，均可能影響選擇權價格，因此新奇選擇權的報價市場在交易實質面相對於簡單型選擇權較為有限。以下將就市場上最常使用的選擇權做介紹：

(1) **觸及生效選擇權**（Knock-In）

觸及生效選擇權簡單的說就是除了履約價外，另外多設了一個門檻價（barrier），在到期日前任何時候只要當選擇權觸及門檻價時，該選擇權才生效，生效後即轉變為簡單型選擇權，惟到期前，若始終未曾觸及門檻價，則該選擇權無效，意即不會被執行。這種選擇權的權利金因為加了一個門檻價的條件，所以會比簡單型選擇權來得便宜。

(2) **觸及無效選擇權**（Knock-Out）

觸及無效選擇權與觸及生效選擇權類似，不同之處在於當選擇權觸及門檻價時，選擇權即無效，同樣的權利金亦較簡單型選擇權便宜。

(3) **選擇權**（Knock-In Knock-Out, KIKO）

Knock-In Knock-Out選擇權可說是上述Knock-In和Knock-Out的合體，除了履約價外，多設了兩個門檻價，一個是Knock-In的barrier，另一個是Knock-Out的barrier，在到期日前若是該選擇權先觸及Knock-In的barrier，則該選擇權生效，但是之後又再觸及Knock-Out的barrier，則該選擇權又變成無效了。另一種情況，到期日前選擇權先觸及Knock-Out的barrier，則該選擇權失效，就不會再有Knock-In的機會。這種選擇權的權利金也較簡單型選擇權便宜。當Knock-In barrier的價格離即期匯率愈遠，權利金愈便宜，因為在到期日前選擇權生效的機率小。當Knock-Out barrier的價格離即期匯率愈近，權利金當然也相對便宜，因為在到期日前選擇權失效的機率高。

(4) **雙門檻選擇權**（Double Barriers Option）

觸及選擇權除了上述之種類外，還有Double Knock-In、Double Knock-Out，"Double"顧名思義就是一個選擇權有兩個門檻，到期日前只要觸及任一門檻，則該選擇權生效（無效）。

(5) **部分觸及選擇權**（Partial Knock-In）

部分觸及選擇權是指在選擇權有效期間內的「指定期間（sub-period）」觸及barrier時，選擇權即生效，過了「指定期間（sub-period）」即使仍在選擇權期間內觸及barrier，選擇權也不再有效。這種選擇權的barrier可以是價內也可以是價外，當barrier愈接近即期匯率和「指定期間」愈長時，權利金愈高，因為在到期前選擇權生效的機會愈大。

(6) **遠期觸及生效選擇權**（Forward Knock-In）

遠期觸及生效選擇權與觸及生效選擇權類似，差別在於遠期觸及生效選擇權開始在選擇權到期日內未來的某一時點，結束在選擇權到期日，"Barrier"則被定義為"Up & In"或"Down & In"，權利金會較一般的"barrier"選擇權便宜。

(7) **遠期觸及無效選擇權**（Forward Knock-Out）

遠期觸及無效選擇權類似觸及無效選擇權，惟開始日期在選擇權有效期間內未來的某一時點，結束在選擇權到期日，Barrier則被定義為"Up&Out"或"Down&Out"，權利金較標準型的歐式選擇權便宜，但是比一般的barrier 選擇權貴。

(8) **數位選擇權**（Digital Option）：又稱二分法選擇權（Binary Option），以投機目的為主，可以為歐式選擇權或美式選擇權。買賣雙方約好在選擇權有效期間內，設定一個barrier的匯價，如果在到期日或到期日前觸及（One Touch）或未觸及（No Touch）barrier價格，則買方可收到雙方約定好的一定金額（pay out amount）。

觸及 **One Touch**	買賣雙方約好在選擇權有效期間內，設定一個barrier的匯價，如果在到期日或到期日前觸及（One Touch）barrier價格，則買方可收到雙方約定好的一定金額（pay out amount）。所設的barrier 離即期匯率愈遠，選擇權愈便宜，波動率愈大，選擇權愈貴。
未觸及 **Yes No**	只要當即期匯率在選擇權到期日前先觸及"Yes"barrier，而不論之後匯價往那個方向移動，買方都可收到pay out金額，反之，若即期匯率在選擇權到期日前先觸及"No"barrier，或是沒有觸及"Yes"barrier，則買方無法獲得pay out金額。"Yes No"選擇權的價值取決於Yes barrier及No barrier匯價的設定與執行機率的高低，通常權利金會比One Touch要便宜。

精選試題

( ) 1. 有關外幣選擇權的商品特性，下列敘述何者錯誤？ (A)選擇權較其他衍生性商品複雜，但有利於商品設計人員依投資人的特殊偏好量身訂做投資商品 (B)相對其他商品如利率商品、信用衍生性商品，外幣選擇權市場流動性較低、價格透明度亦較低 (C)外幣組合式定存應可以與其他衍生性商品結合，如與期貨、利率等商品結合，但考量流動性以及投資人接受度，目前為止多與選擇權結合者居多 (D)早期選擇權評價難度極高，但現在在資訊普及的前提下，評價模型較為普及，價格透明度已較以前高。

( ) 2. 下列敘述何者錯誤？ (A)雙元組合的結算日需與外幣選擇權結算日一致 (B)一般而言，選擇權到期日前一個營業日為結算日 (C)結算匯率一旦決定，就可以確定存款人是否需把本金轉為連結貨幣 (D)投資人於結算日可確認是否有匯兌損失。

( ) 3. 有關交換選擇權（Swaptions）之敘述，下列何者錯誤？ (A)交換選擇權（Swaptions）標的物亦可為股權交換 (B)交換選擇權之賣出買權者於履約時，係「收取固定利息，支付浮動利息」 (C)交換選擇權之賣出賣權者於履約時，係「收取固定利息，支付浮動利息」 (D)交換選擇權之買入買權者於履約時，係「收取固定利息，支付浮動利息」。

( ) 4. 下列衍生性商品中，何者是同時在集中市場與店頭市場均可進行交易的「雙棲」衍生性商品？ (A)遠期契約 (B)期貨契約 (C)交換契約 (D)選擇權契約。

( ) 5. 選擇權之類型中，何者係指「買方有以特定價格賣出特定數量商品之權利，而賣方有應買的義務」？ (A)買權（Call Option） (B)賣權（Put Option） (C)交換選擇權（Swaption） (D)交換契約（Swap Contract）。

( ) 6. 有關選擇權的敘述，下列何者正確？ (A)買賣契約成立後，雙方的權利義務均等 (B)買進賣權之一方，負有應賣的義務 (C)賣出買權的一方，負有應賣的義務 (D)買進買權的一方，有賣出的權利。

( )　7. 交換期貨選擇權是一種以下列何者為標的物的選擇權？　(A)交換合約　(B)交換期貨　(C)選擇權　(D)現貨。

( )　8. 關於選擇權，下列敘述何者正確？　(A)價外選擇權含有時間價值及內含價值　(B)價外選擇權含有時間價值並無內含價值　(C)價內選擇權含有時間價值並無內含價值　(D)價內選擇權無時間價值亦無內含價值。（第2期衍生性金融商品銷售人員資格）

( )　9. 下列何者不是新奇選擇權的特性？　(A)無限市場　(B)定價的複雜性　(C)複雜的風險管理　(D)有限的市場。

( )　10. 堯堯公司在一個月後將會收到一百萬英鎊，為了規避匯率風險，下列何者是最適合的避險策略？　(A)買進英鎊買權　(B)賣出英鎊期貨合約　(C)賣出英鎊賣權　(D)簽訂遠期合約買進英鎊。

( )　11. 投資人若預期歐元在未來將會貶值而想從中獲利，最可能的操作方式是：　(A)買進歐元買權　(B)買進歐元期貨合約　(C)賣出歐元買權　(D)簽訂遠期合約買進歐元。

( )　12. 歐式選擇權是指：　(A)屬於價內狀態的選擇權　(B)屬於價外狀態的選擇權　(C)為到期日前皆可履約的選擇權　(D)為只有在到期日才能履約的選擇權。

( )　13. 外匯選擇權的價格對到期期限的敏感度，稱之為Theta（θ）。若θ＝－0.0341，代表每失去一天，選擇權價格會減少：　(A)0.000093　(B)0.03　(C)0.0341　(D)0.00279。

( )　14. 外匯選擇權的價格對美元利率的敏感度，稱之為Rho（ρ）。若美元利率上升1%，而ρ＝0.0901，此代表：　(A)買權的價格會減少$0.0901　(B)買權的價格會增加$0.000901　(C)賣權的價格會增加$0.0901　(D)賣權的價格會減少$0.000901。

( )　15. 外匯選擇權的價格對外幣利率的敏感度，稱之為Phi（φ）。若外幣利率上升1%，而φ＝－0.0890，此代表：　(A)賣權的價格會減少$0.0890　(B)買權的價格會增加$0.000890　(C)買權的價格會減少$0.000890　(D)賣權的價格會增加$0.0890。

( )　16. 某投資人買了一個英鎊買權，權利金和履約價格分別為$0.04／£及$1.95／£。假設市場即期匯率在到期日為$2.01／£，則投資人此時執行合約的單位淨獲利為：　(A)$0.01　(B)$0.02　(C)$0.03　(D)$0.04。

( )　17. 有關選擇權，下列何者是正確的描述？　(A)選擇權的買方有決定是否履約的權利　(B)選擇權的賣方有決定是否履約的權利　(C)選擇權的買方和賣方都有履約的義務　(D)選擇權的賣方應付給買方權利金。

( )　18. 南方公司在一個月後必須付出21,250,000日圓，為了規避匯率風險而決定在PSE市場買進日圓買權。若此時Delta＝0.85，一口權利金合約為6,250,000，則南方公司應買進幾口買權來達成Delta中立？　(A)兩口　(B)三口　(C)四口　(D)五口。

( )　19. 下列何者的時間價值（Time Value）最高？　(A)價內選擇權　(B)價平選擇權　(C)價外選擇權　(D)價差選擇權。

( )　20. 假設賣權－買權－遠期平價條件不成立，亦即 $P+\dfrac{f_0}{e^{r^*T}}<C+\dfrac{E}{e^{rT}}$，則為套利而進行的交易行為會使賣權價格_____，遠期匯率_____及買權價格_____，最後使賣權－買權－遠期平價條件恢復成立。　(A)上漲；上升；下跌　(B)下跌；上升；上漲　(C)上漲；下降；下跌　(D)下跌；下降；上漲。

( )　21. 下列何者非屬買入外幣選擇權（FX Options）之功能？　(A)規避匯率風險　(B)權利金收入　(C)投資於即期價格的波動，增加外匯收益　(D)交易策略多樣化，投資人可隨情境變化而靈活搭配運用。

( )　22. 外幣選擇權交易，下列何者僅能於到期執行，資金在交割日交付？　(A)歐式選擇權　(B)美式選擇權　(C)亞式選擇權　(D)全球選擇權。

( )　23. 三個月期買美元賣日圓選擇權（USD CALL／JPY PUT）履約價格為119.00，三個月期美元對日圓遠匯為117.45，此選擇權的內含價值為多少？　(A)－1.55美元對日圓　(B)0　(C)1.55美元對日圓　(D)美元182.05。

( )　24. 有關外幣選擇權的敘述，下列敘述何者正確？　(A)外幣選擇權的權利金可表示為內含價值與時間價值之差　(B)外幣選擇權的權利金可表示為內含價值與時間價值之和　(C)外幣選擇權的權利金可表示為內含價值與時間價值之積　(D)外幣選擇權的權利金可表示為內含價值與時間價值之比值。

( )　25. 若出售一買入外幣選擇權，面額為10,000USD，當選擇權價格對標的價格的敏感度為0.2時，則在即期市場進行的避險策略何？　(A)買進2,000USD　(B)賣出2,000USD　(C)買進12,000USD　(D)賣出12,000USD。

( )　26. 有關外幣選擇權的敏感度，下列敘述何者正確？　(A)選擇權價格對標的物價格的敏感度稱為Alpha風險　(B)選擇權價格對標的物價格的敏感度稱為Gamma風險　(C)選擇權價格對到期時間的敏感度稱為Delta風險　(D)選擇權價格對到期時間的敏感度稱為Theta風險。

( )　27. 外幣選擇權中，美元對瑞士法郎選擇權的權利金報價方式通常為何？　(A)選擇權美元的絕對金額　(B)選擇權美元金額的百分比　(C)每1美元的歐元點數　(D)每1日圓的美元絕對金額。

( )　28. 有關匯率選擇權及遠期外匯的性質，下列敘述何者錯誤？　(A)買入匯率選擇權須支付一筆權利金　(B)訂定遠期外匯契約不需要支付權利金　(C)匯率走勢看錯時，通常買入選擇權比遠期外匯有利　(D)選擇權的權利金不會因為即期匯率的變動而變動。

( )　29. 選擇權買賣的標的資產若是交換契約，稱為：　(A)執行價格　(B)買入選擇權　(C)賣出選擇權　(D)交換選擇權。

( )　30. 在Black－Schole選擇權評價模式裡，下列哪一因素不會影響外匯選擇權的價格？　(A)本國無風險利率　(B)匯率波動度　(C)匯率成長率　(D)即期匯率價格。

( )　31. 其他條件不變下，下列那一種選擇權之時間價值遞減得最快速？　(A)價外選擇權　(B)價平選擇權　(C)價內選擇權　(D)每一種選擇權皆一樣。

( )　32. 下列何種情況下，歐式買權的Delta最大？　(A)深價內　(B)價平　(C)深價外　(D)均一樣。

( )　33. 下列何種情況下，歐式賣權的Delta最大？　(A)深價內　(B)價平　(C)深價外　(D)均一樣。

( )　34. 某銀行在一天內承作了三筆美金選擇權，分別是買進Delta為0.38之買權，金額40萬美元，賣出Delta為0.45之賣權，金額50萬美元，賣出Delta為0.29之買權，金額為30萬美元，為使Delta風險為零，該銀行應在即期外匯市場：　(A)賣出29萬元美金　(B)賣出16萬元美金　(C)賣出1.4萬元美金　(D)賣出46.4萬元美金。

( )　35. Vega代表：　(A)每單位股價變動，導致選擇權價值變動幅度　(B)每單位股價變動，導致Delta變動幅度　(C)每單位股價報酬率的波動度變動，導致選擇權價值變動　(D)每單位無風險利率變動，導致選擇權價值變動。

( )　36. Gamma代表：　(A)每單位股價變動，導致選擇權價值變動幅度　(B)每單位股價變動，導致Delta變動幅度　(C)每單位股價報酬率的波動度變動，導致選擇權價值變動　(D)每單位無風險利率變動，導致選擇權價值變動。

( )　37. 在進行「外匯選擇權（currency option）」之交易時，當投資人預期某一貨幣將走強，則他可以到市場上：　(A)買進該貨幣的「買進選擇權」　(B)買進該貨幣的「賣出選擇權」　(C)進行內線交易（Insider Trading）　(D)以上皆非。

( )　38. 在進行「外匯選擇權（currency option）」之交易時，當投資人預期某一貨幣將走弱，則他可以到市場上：　(A)買進該貨幣的「買進選擇權」　(B)買進該貨幣的「賣出選擇權」　(C)進行內線交易（Insider Trading）　(D)以上皆非。

( )　39. 下列何種情境的外匯選擇權契約之權利金最高？　(A)in the money　(B) out of the money　(C)at the money　(D)on the money。

( )　40. 以買權而言，標的物市價為50元，履約價格為45元，則單位內含價值是多少？　(A)50　(B)5　(C)45　(D)15。

( )　41. 標的物市價為50元，履約價格為45元，此買權的權利金為10元，則該買權的單位時間價值是多少？　(A)50　(B)5　(C)45　(D)10。

( )　42. 以賣權而言，標的物市價為50元，履約價格為52元，則此賣權的單位內含價值是多少？　(A)50　(B)5　(C)2　(D)10。

( )　43. 以賣出買權為例，設單位權利金為5元，履約價格為50元，試問此賣出買權者可能的單位最大收益是多少？　(A)50　(B)5　(C)60　(D)10。

( )　44. 擁有履行或不履行購買遠期外匯合約選擇權的外匯業務稱為什麼？　(A)外匯交換　(B)外匯貨幣　(C)外匯期權　(D)外匯合約。

( )　45. 當投資者擁有外匯長部位時，可利用下列哪一種外匯選擇權交易方式增加其外匯收益？　(A)買入買權　(B)賣出賣權　(C)買入賣權　(D)賣出買權。

( )　46. 有關外幣買權與賣權，下列敘述何者錯誤？　(A)就外幣買權之買方（持有人）而言，擁有權利沒有義務　(B)就外幣買權之買方（持有人）而言，最大損失是權利金　(C)就外幣買權之賣方而言，只有義務沒有權利　(D)就外幣買權之買方（持有人）而言，最大收入為權利金。

( )　47. 某日（1／5／2016），US$：¥即期匯率120.00，CME交易所當日June／16的¥選擇權契約報價：
Call　　　0.0083（履約價格）　　　0.000150（權利金）
Put　　　0.0083（履約價格）　　　0.000150（權利金）
某投資人持有一筆日圓100,000,000存款，存款利率0.5%，由於預期未來US$對¥可能升值幅度不大，擬利用選擇權操作，增加帳面¥的收益率，請問應如何操作？　(A)買進¥Call　(B)賣出¥Call　(C)買進¥Put　(D)賣出¥Put。

( )　48. 選擇權的「動態避險」，主要是根據哪一個參數調整標的資產部位？　(A)Delta　(B)Vgea　(C)Theta　(D)Gamma。

( )　49. 無風險利率增加，則買權價值：　(A)增加　(B)降低　(C)不變　(D)無法判斷。

( )　50. 買權價格超越下列何者，則投資人確定有套利的機會？　(A)無風險利率　(B)履約價　(C)標的資產價　(D)標的資產波動度。

( )　51. 某出口商預計未來6月份將有一筆出口收入EUR6,250,000，為免屆時因EUR大幅貶值，造成出口收入的減少，擬藉由外匯選擇權交易避險。目前選擇權市場有六月份到期的EUR call options及put options契約。請問出口商可使用何種選擇權基本交易策略規避匯率風險？　(A)買進EUR call　(B)賣出EUR call　(C)買進EUR put (D)賣出EUR put。

( )　52. 某美國進口商預計二個月後（12／15）將有一筆£6,250,000的支出，為避免屆時£對US$升值造成支出增加，擬從事外匯即期交易（12／15操作）、遠期外匯、外匯期貨或外匯選擇權等其中之一項的交易，就進口廠商而言，請問何種交易價格最為合宜？假設外匯市場報價資訊如下：

12/15	£		即期匯率	1.515-1.535
今天(10/15)	2M	£遠期契約		1.510-1.530
今天(10/15)	12月	£期貨		1.520
今天(10/15)	12月	£選擇權	履約價格（美分）	權利金（美分）
		call	1.51	0.0071
		put	1.53	0.0056

(A)外匯即期交易　　　　　　　(B)外匯遠期交易
(C)外匯期貨交易　　　　　　　(D)外匯選擇權交易。

( )　53. 選擇權之類型中，何者係指「買方有以特定價格買進特定數量商品之權利，而賣方有應賣的義務」？　(A)買權（Call Option）(B)賣權（Put Option）　(C)交換選擇權（Swaption）　(D)交換契約（Swap Contract）。

( )　54. 有關觸及失效選擇權的投資概念，下列何者錯誤？　(A)上漲失效買權投資時機為投資人認為標的資產價格將上漲，但不會超過上限價格　(B)下跌失效買權投資時機為投資人認為標的資產價格將上漲，且就算下跌也不會低於下限價格　(C)下跌失效賣權的最大風險為下限價格與履約價格的差距　(D)上限價格對上漲失效賣權而言，是種懲罰機制，當投資人看錯方向且偏離太遠時，將強制提前出局。

( )　55. 選擇權之類型中，下列何者係指「買方有以特定價格賣出特定數量商品之權利，而賣方有應買的義務」？　(A)買權（Call Option）　(B)賣權（Put Option）　(C)交換選擇權（Swaption）　(D)交換契約（Swap Contract）。

( )　56. 距到期期間變動所引發選擇權價值變動的風險是指：
(A)θ（Theta）風險　　　　　(B)δ（Delta）風險
(C)γ（Gamma）風險　　　　(D)ρ（Rho）風險。

( )　57. 下列何者不屬於選擇權風險的衡量方法？　(A)Delta法　(B)敏感度分析法　(C)共變異數法　(D)模擬法。

( )　58. 若某一個選擇權的Delta值為－0.5，所代表的涵義為何？　(A)當標的上漲1元，該選擇權gamma值約略上漲0.5　(B)當標的上漲1元，該選擇權gamma值約略下跌0.5　(C)當標的上漲1元，該選擇權約略下跌0.5元　(D)當標的上漲1元，該選擇權約略上漲0.5元。

( )　59. 持有標的資產（即期為多頭部位），並同時買入該標的資產的賣權，此交易策略稱為下列何者？　(A)保護性賣權（protective put）策略　(B)掩護性賣權（covered put）策略　(C)反向保護性賣權策略　(D)多頭價差策略。

( )　60. 關於選擇權，下列敘述何者正確？　(A)價外選擇權含有時間價值及內含價值　(B)價外選擇權含有時間價值並無內含價值　(C)價內選擇權含有時間價值並無內含價值　(D)價內選擇權無時間價值亦無內含價值。

( )　61. δ（Delta）變動所引發選擇權價值變動的風險，係指下列何者？
(A)θ（Theta）風險　　　　　(B)δ（Delta）風險
(C)γ（Gamma）風險　　　　(D)ρ（Rho）風險。

( )　62. 選擇權的Theta越高，則存續期間對於選擇權價格的影響？　(A)越高　(B)越低　(C)不變　(D)無法確定。

( )　63. 有關選擇權的敘述，下列何者錯誤？　(A)美式選擇權指的是買方可以在到期日前的任一時點要求行使權利　(B)歐式選擇權指的是買方必須在到期日當天要求行使權利　(C)亞洲式選擇權是一種美式選擇權的形式　(D)亞洲式選擇權，買方可以「平均即期價格」做為與履約價格比較後決定是否履行權利的基準。

( )　64. 下列何種市場行情的變動會使投資人產生或有損失？　(A)賣出買權，現貨價格下跌　(B)賣出賣權，現貨價格下跌　(C)買入買權，現貨價格上升　(D)賣出賣權，波動率下降。

( )　65. 利用選擇權形成賣出勒式策略（Strangle），則哪一種避險參數會比單一選擇權部位高？　(A)Delta　(B)Rho　(C)Theta　(D)Gamma。

( )　66. 對一個達到Delta中立的選擇權組合而言，下列哪兩種避險參數會彼此牽制？　(A)Gamma、Theta　(B)Gamma、Vega　(C)Rho、Theta　(D)Rho、Vega。

( )　67. 衡量選擇權價格對標的資產波動率變動的敏感程度之敏感度分析指標為何？　(A)Delta　(B)Vega　(C)Theta　(D)Omega。

( )　68. 對外匯賣權而言，如果外匯匯率高於履約匯率，此一選擇權稱為：(A)價內選擇權　(B)價外選擇權　(C)折價選擇權　(D)溢價選擇權。

( )　69. 對於選擇權交易者而言，隨著到期日越接近，下列何種狀態之風險越大？　(A)價內　(B)價平　(C)價外　(D)深價內。

( )　70. 下列何種參數增大，則買權與賣權的價值皆會增加？　(A)利率(B)標的物波動度　(C)標的物價　(D)履約價。

( )　71. 下列哪個交易策略的組合等同於賣出一張期貨契約？
(A)同時買進一個買權、賣出一個賣權，且到期期限與履約價相同
(B)同時賣出一個買權、買進一個賣權，且到期期限與履約價相同
(C)同時賣出一個買權、賣出一個賣權，且到期期限與履約價相同
(D)同時買進一個買權、買進一個賣權，且到期期限與履約價相同。

( )　72. A公司預期美元將會有大幅度波動，因此同時買進各20張3個月到期的買權及賣權，美元選擇權的交易單位為10,000U$、履約價格都為34.0000NT／U$、買權權利金為1.0000NT／U$、賣權權利金為1.2000NT／U$。請問到期時，若即期匯率為30.0000NT／U$，A公司損益為何：　(A)－440,000　(B)－360,000　(C)440,000(D)360,000。

(　)　73. 美式選擇權買方的執行日期為下列何者？　(A)在到期或到期日前皆可執行　(B)只可在到期日執行　(C)只可在交割日執行　(D)只可在到期日以後執行。

(　)　74. 下列何者之交易行為，符合「買方在支付權利金之後便對賣方擁有以特定價格買進（或賣出）特定數量商品的權利，而賣方於收取權利金後須負應賣（或應買）的義務」之描述？　(A)遠期契約（Forward Contracts）　(B)期貨契約（Futures Contracts）　(C)交換契約（Swap Contracts）　(D)選擇權（Option Contracts）。

(　)　75. 下列市場行情的變動，何者使投資人產生或損失？　(A)賣出買權，現貨價格下跌　(B)賣出賣權，現貨價格下跌　(C)買入買權，現貨價格上升　(D)賣出賣權，波動率下降。

(　)　76. 下列何項變數的變化不會使買權的價值隨之增加？　(A)到期時間縮短　(B)無風險利率上升　(C)標的物價格波動性升高　(D)標的物價格升高。

(　)　77. 外匯賣權的內在價值等於：　(A)即期匯率減去執行價格　(B)即期匯率減去執行價格　(C)執行價格　(D)即期匯率。

(　)　78. 若選擇權的內在價值不小於零，則它可能是：　(A)價外買權　(B)價平賣權　(C)價內買權　(D)(B)、(C)。

(　)　79. 期貨選擇權買方交付賣方的金額，稱為：　(A)權利金（Premium）　(B)履約價格（Strike Price）　(C)內含價值（Intrinsic Value）　(D)時間價值（Time Value）。

(　)　80. 放空選擇權的風險是：　(A)權利金損失　(B)因履行義務而被指派部位　(C)行情由價外轉入價內　(D)以上皆是。

(　)　81. 其他條件不變，若外幣幣值的波動性變大，則以該外幣為標的之買權（Call Option）的價格就會_____，而以該外幣為標的之賣權（Put Option）的價格就會_____。　(A)上升；下跌　(B)上升；上升　(C)下跌；上升　(D)下跌；下跌。

（　）　82. 下列何者的時間價值（Time Value）最高？　(A)價內選擇權　(B)價
平選擇權　(C)價外選擇權　(D)價差選擇權。

（　）　83. 南方公司在一個月後將會收到十萬加幣，為了規避匯率風險而
在PSE市場買了兩口9月份到期的加幣賣權，權利金和履約價格
分別為$0.03／C\$及$0.96／C\$。若一個月後的市場即期匯率是
$1.01／C\$，而該加幣賣權的權利金為$0.06／C\$，則南方公司針
對十萬加幣的美元淨收入最高可達：　(A)$95,000　(B)$98,000
(C)$101,000　(D)$104,000。

（　）　84. 美國iphone公司向日本東芝企業購買一批零件，貨款為¥600,000,000，
一年後付清款項。目前即期匯率為¥110／US\$，一年期的遠期匯率
為¥115／US\$，而一年期利率在日本是1%，在美國是2%。試計算
美國iphone公司考慮用選擇權合約避險，所選定之一年到期美式買
權的履約價格為US$0.0083／¥，權利金為US$0.00012／¥。假設遠
期匯率為未來即期匯率的最佳估計值，請問以此買權避險之美元成
本為何？　(A)US$5,508,551　(B)US$5,052,000　(C)US$5,454,545
(D)US$5,217,391。

（　）　85. 某美商公司有瑞郎計價的應收帳款；下列何者是目前可採用的避險
方式：　(A)買進瑞郎賣權　(B)賣出瑞郎期貨合約　(C)借美元，轉
換成瑞郎，存瑞郎　(D)(A)與(B)。

（　）　86. 某美商有一筆英鎊應收帳款在三個月後到期，目前正在考慮買進英
鎊賣權與賣出英鎊遠期合約兩種避險方式；所選定之賣權履約價格
與遠期匯率相同。請問下列敘述何者不正確？　(A)若應收帳款到
期時英鎊大幅升值而使即期匯率遠超過賣權的履約價格，則選擇權
避險比遠期合約避險導致較多的實收美元金額　(B)若應收帳款到期
時英鎊大幅貶值而使即期匯率遠低過賣權的履約價格，則遠期合約
避險比選擇權避險導致較多的實收美元金額　(C)若應收帳款到期時
即期匯率等於賣權的履約價格，則選擇權避險比遠期合約避險導致
較多的實收美元金額　(D)以上皆不正確。

( )　87. 某美商有一筆英鎊應收帳款在三個月後到期，目前正在考慮建立英鎊賣權部位或不避險。請問下列敘述何者正確？　(A)若應收帳款到期時英鎊大幅升值而使即期匯率遠超過賣權的履約價格，則選擇權避險比未避險導致較多的實收美元金額　(B)若應收帳款到期時英鎊大幅貶值而使即期匯率遠低過賣權的履約價格，則未避險比選擇權避險導致較多的實收美元金額　(C)若應收帳款到期時即期匯率等於賣權的履約價格，則未避險比選擇權避險導致較多的實收美元金額　(D)以上皆正確。

( )　88. 其他條件不變時，下列何種狀況下，買權的時間價值會消失最快？
(A)價外　(B)價內　(C)價平　(D)不一定。

( )　89. 若標的物價格突然跳空大幅上漲，即使Delta Neutral（賣出Call Option，同時買入適量的標的物），亦可能產生損失，稱為：
(A)Vega風險　(B)Rho風險　(C)Theta風險　(D)Gamma風險。

( )　90. 有關影響選擇權買權價格上升情況，下列敘述何者錯誤？　(A)當標的商品價格上升　(B)當履約價格上升　(C)當至到期剩餘時間增加
(D)當無風險利率上升。

( )　91. 有關選擇權之敘述，下列何者正確？　(A)為具有非線性報酬率投資標的　(B)選擇權買方需繳交保證金　(C)選擇權賣方擁有履約權利，但沒有義務　(D)履約價格不影響選擇權價格定價。

( )　92. 下列何者會使選擇權的買權價值增加？　(A)標的物現值越低
(B)到期期限越短　(C)標的物價格波動率越大　(D)履約價格越高。

( )　93. 下列何種選擇權策略在標的物價格下跌幅度很大時，也能夠獲利？
(A)買進混合價差策略　(B)買進蝶狀價差策略　(C)放空跨式部位
(D)買進水平價差策略。

( )　94. 賣出選擇權買權（Write Call Options），乃：　(A)看多後市　(B)看空後市　(C)多空不足　(D)以上皆非。

( )　95. 同時賣出相同標的物與到期日期的買權與賣權，但買權的履約價格較賣權為高（放空混合價差策略）時，在何種情況下較可能產生獲利？　(A)標的物價格波動不大時　(B)標的物價格大漲　(C)標的物價格大跌　(D)以上皆非。

( )　96. 多頭垂直價差策略適用於預期標的物： 　(A)價格將大漲 　(B)會漲但漲幅不大 　(C)價格將大跌 　(D)會跌但跌幅不大時。

( )　97. 下列何者屬掩護性買權策略（Covered Call）？ 　(A)買入期貨及期貨買權 　(B)賣出期貨及期貨買權 　(C)買入期貨及賣出期貨買權 (D)賣出期貨及買入期貨買權。

( )　98. 買進混合價差策略要產生獲利時，其標的物價格波動的幅度必須： (A)很小 　(B)大於採取買進跨式部位時的幅度 　(C)小於採取買進跨式部位時的幅度 　(D)等於採取買進跨式部位時的幅度。

( )　99. 美國公司向日本企業購買一批零件，貨款為¥100,000,000，一年後付清款項。目前即期匯率為¥110／US$，一年期的遠期匯率為¥115／US$，而一年期利率在日本是1%，在美國是2%。試計算美國公司考慮用選擇權合約避險，所選定之一年到期美式買權的履約價格為US$0.0083／¥，權利金為US$0.00012／¥。假設遠期匯率為未來即期匯率的最佳估計值，請問以此買權避險之美元成本為何？ 　(A)US$918,092 　(B)US$909,091 　(C)US$842,000 (D)US$830,000。

( )　100. 針對「或有曝險」（Contingent Exposure），下列何者是理想的避險工具？ 　(A)遠期合約 　(B)期貨合約 　(C)選擇權合約 　(D)交換合約。

( )　101. _____是由交易雙方共同來承擔較大幅度匯率變動的風險。 (A)風險移嫁法 　(B)風險分攤法 　(C)風險淨額法 　(D)提前或延後收付法。

( )　102. 如果買方有權利而非義務，即使不履行也不會產生所謂的違約風險，此為： 　(A)遠期契約 　(B)期貨 　(C)選擇權 　(D)交換。

( )　103. 下列何者無需繳交保證金？ 　(A)遠期契約 　(B)期貨 　(C)選擇權的賣方 　(D)選擇權的買方。

( )　104. 下列何者買方沒有義務履行合約？ 　(A)遠期契約 　(B)期貨 　(C)選擇權的買方 　(D)交換。

( ) 105. 其他條件不考慮，利率上揚，則期貨賣權價格應： (A)越高 (B)越低 (C)無關 (D)不一定。

( ) 106. 某投資人買了一個英鎊買權，權利金和履約價格分別為$0.04／£及 $1.95／£。假設市場即期匯率在到期日為$2.05／£，則投資人此時執 行合約的單位淨獲利為： (A)$0.04 (B)$0.05 (C)$0.06 (D)$0.1。

( ) 107. 丫神預測到日圓將會貶值，而市場現行即期匯率（Current Exchange Rate）為¥110／US$。丫神決定賣出一口現貨選擇權來尋求獲利， 而下列是將於3個月後到期的PSE日圓（¥）選擇權相關資訊：

選擇權（Option）	履約價格（Strike）	選擇權市價（Premium）
買權（Call）	US$0.0086/¥	US$0.00005/¥
賣權（Put）	US$0.0086/¥	US$0.00049/¥

請問丫神的損益兩平即期匯率是多少？ (A)$0.00812 (B)$0.0086 (C)$0.00811 (D)$0.00909。

( ) 108. 丫神預測到日圓將會貶值，而市場現行即期匯率（Current Exchange Rate）為¥110／US$。丫神決定賣出一口現貨選擇權來尋求獲利， 而下列是將於3個月後到期的PSE日圓（¥）選擇權相關資訊：

選擇權（Option）	履約價格（Strike）	選擇權市價（Premium）
買權（Call）	US$0.0086/¥	US$0.00005/¥
賣權（Put）	US$0.0086/¥	US$0.00049/¥

假設在3個月後選擇權到期之時，現行即期匯率為¥130／US$，請 問丫神的投機操作會使其淨獲利多少？ (A)$2,670 (B)$2,675 (C)$2,611 (D)$2,673。

( ) 109. 阿庇正在考慮購買一口3個月後到期的瑞士法郎買權合約，所考慮 合約之履約價格為US$0.66／CHF，權利金為US$0.0126／CHF， 而目前的即期匯率為US$0.65／CHF。阿庇相信瑞士法郎在未來3個 月期間將有機會升值到US$0.71／CHF。假如瑞士法郎果然升值至 US$0.71／CHF，請問阿庇的淨獲利為何？
(A)$2,338 (B)$2,350
(C)$2,211 (D)$2,250。

( ) 110. 下列何者常被稱作避險比率（Hedge Ratio）？ (A)Theta（θ） (B)Delta（δ） (C)Vega（ν） (D)Phi（φ）。

( ) 111. 下列敘述何者正確？
(A)即期匯率上升不會影響外匯賣權的履約機會
(B)匯率波動性上升會使外匯賣權的權利金上升
(C)當市場參與者增加，外匯賣權的權利金將上升
(D)當市場參與者減少，外匯賣權的權利金將上升。

( ) 112. 下列敘述何者正確？ (A)契約存續期間越長，外匯賣權的權利金越高 (B)契約存續期間越長，外匯賣權的權利金越低 (C)當市場參與者增加，外匯賣權的權利金將上升 (D)當市場參與者減少，外匯賣權的權利金將上升。

( ) 113. 下列何者會使以新臺幣計價的美元買權之權利金上升？
(A)預期新臺幣將對美元貶值　　(B)預期新臺幣將對美元升值
(C)新臺幣利率下跌　　　　　　(D)美元利率上升。

( ) 114. 下列何者會使以新臺幣計價的美元賣權之權利金上升？ (A)預期新臺幣將對美元貶值 (B)新臺幣利率下跌 (C)美元利率下跌 (D)匯率波動程度降低。

( ) 115. 花草公司賣出30張3個月後到期的美元賣權，美元賣權的契約大小為10,000U$、履約價格為35.0000NT／1U$、權利金為1.0000NT／U$。賣權到期時，即期匯率S大於35.0000NT／1U$，花草公司的損益為何？ (A)300,000NT (B)340,000NT (C)350,000NT (D)360,000NT。

( ) 116. 延禧公司賣出10張3個月後到期的美元賣權，美元賣權的契約大小為10,000U$、履約價格為33.0000NT／1U$、權利金為1.0000NT／U$。賣權到期時，延禧公司的損益為何？ (A)100,000NT (B)330,000NT (C)320,000NT (D)340,000NT。

( ) 117. 一百萬美元之美元賣權，執行價格為31NT／U$，權利金為5萬元新臺幣，則使賣權買方損益兩平的匯率為： (A)31NT／U$ (B)31.5NT／U$ (C)30.5NT／U$ (D)30.95NT／U$。

( )　118. 十萬美元之美元買權，執行價格為32NT／U$，權利金為5萬元新臺幣，則使買權買方損益兩平的匯率為：　(A)32NT／U$　(B)32.5NT／U$　(C)31.5NT／U$　(D)以上皆非。

( )　119. 若交易人同時買進一張半年到期的英鎊買權以及賣出一張半年到期的英鎊賣權，該買權及賣權的交易單位為10,000£、履約價格為1.8500U$／£、買權權利金0.0320U$／£、賣權權利金0.0250，則該交易人損益兩平點為：　(A)1.8500U$／£　(B)1.8570U$／£　(C)1.8800U$／£　(D)1.8250U$／£。

( )　120. 下列敘述何者錯誤？　(A)即期匯率上升會使外匯賣權的履約機會下跌　(B)即期匯率下跌會使外匯買權的履約機會下跌　(C)即期匯率上升不會影響外匯賣權的履約機會　(D)匯率波動性上升會使外匯買權的履約機會上升。

( )　121. 下列何者不會使外匯買權的權利金上升？　(A)距離到期日愈長　(B)履約價格愈低　(C)匯率波動性愈小　(D)美元年化無風險利率上升。

( )　122. 如果預期外匯價格下跌，則下列何者可以使交易人獲利？　(A)買進買權　(B)買進賣權　(C)賣出買權　(D)(B)、(C)皆可。

( )　123. 有權利在未來某一期間內或特定日期，依約定匯率交割一標準化數量外匯的金融契約為：　(A)外匯選擇權　(B)即期外匯　(C)遠期外匯　(D)外匯期貨。

( )　124. 其他條件不變下，若日圓相對於其他貨幣匯率的波動性變大，則以日圓為標的之買權（Call Option）的價格就會_____，而以日圓為標的之賣權（Put Option）的價格就會_____。　(A)下跌；下跌　(B)上升；下跌　(C)下跌；上升　(D)上升；上升。

( )　125. 某投資人買了一個英鎊賣權，權利金和履約價格分別為$0.04／£及$1.40／£。假設市場即期匯率在到期日為$1.35／£，則投資人此時執行合約的單位淨獲利可能為：　(A)$0.00（不會獲利）　(B)$0.01　(C)$0.02　(D)$0.09。

( )　126. 提出交割意願通知是何者的權利？　(A)多頭部位　(B)空頭部位　(C)均可　(D)交易所。

( )　127. 某期貨交易人買進一個以期貨為標的之買權（call），當買權執行時，此人將獲得何種結果？　(A)多頭期貨契約　(B)空頭期貨契約　(C)取得該數量之現貨　(D)依當時之價差取得或支付現金。

( )　128. 下列衍生性商品中，何者為外幣投資組合式商品最常搭配的衍生性商品？　(A)期貨　(B)利率交換（Interest Rate Swap）　(C)換匯換利（Cross Currency Swap）　(D)選擇權。

( )　129. 期貨賣權（Put）的履約價格越高，其他條件不變，賣權的價格應該：　(A)越高　(B)越低　(C)不一定　(D)不受影響。

( )　130. 價外（Out-of-the-Money）期貨賣權（Put）越深價外，其時間價值（Time Value）：　(A)上升　(B)下降　(C)不一定　(D)不受影響。

( )　131. 關於歐元期貨買權，以下何者正確？　(A)價內買權價值小於價外買權價值　(B)價內買權內含價值小於價外買權內含價值　(C)價內買權內含價值大於價外買權內含價值　(D)價內買權時間價值小於價外買權內含價值。

( )　132. 價內（In-of-the-Money）期貨買權（Call）越深價內，其時間價值（Time Value）：　(A)上升　(B)下降　(C)不一定　(D)不受影響。

( )　133. 關於期貨賣權何者正確？　(A)時間價值＝權利金＋內含價值　(B)時間價值＝權利金－內含價值　(C)時間價值＝內含價值　(D)時間價值＝保證金。

( )　134. 賣權持有者擁有「可以賣出」的權利，稱為：　(A)賣出選擇權　(B)權利金　(C)執行價格　(D)買入選擇權。

解答與解析

1. **B**　相對其他商品如利率商品、信用衍生性商品，外幣選擇權市場流動性較高。

2. **B**　選擇權到期日＝結算日、內含價值及時間價值（time value）、最後結算價
選擇權是一種衍生性商品，交易所會事先公告其各契約的到期日，到了到期日之後此契約消失，也就是在選擇權結算日後視此履約價是否有履約的價值、可轉換成實體商品或現金差價結算；此為必然之規則，無所謂轉倉不出。所謂的轉倉，就是交易二次：平倉後再重新建立新倉。

3. **B** 以利率交換（Interest Rate Swaps；IRS）契約為標的資產的選擇權（Swaptios，亦或稱為換利選擇權；Swap Options或Option on Interest Swaps）。選擇權的買方在期初支付權利金予賣方後,有權利在到期日（或於到期日前之任一時點／特定時點）將「履約交換利率」（Strike swap rate，即約定利率交換之固定利率）與「市場交換利率」（Market swap rate）比較，選擇直接以約定之市場交換利率及約定履約交換利率間進行差額交割或依約定之履約交換利率履約承作利率交換交易。選交換選擇權之賣出賣權者於履約時，係「收取固定利息，支付浮動利息」。

4. **D** 遠期契約及交換契約只在店頭市場交易，期貨契約只在集中市場交易，選擇權兩種市場皆可。

5. **B** (A)買權，係指買方有權於到期時依契約所定之規格、數量及價格向賣方「買進」標的物。
　　(B)賣權，係指買方有權於到期時依契約所定之規格、數量及價格將標的物「賣給」賣方。
　　(D)交換契約：在所設定的條件下，交換兩種不同的標的物，其目的大都是為規避風險。

6. **C** (A)選擇權買賣雙方均不相等。
　　(B)買進賣權之一方，負有權利而非義務。
　　(D)買進買權之一方，有買入之權利。

7. **B** 交換期貨選擇權在性質上屬於選擇權契約之一種，其契約之標的為「交換期貨」。

8. **B** 價外選擇權：表示此履約價的價格全部屬於時間價值，而並沒有任何內含價值。只有價內選擇權才有履約的價值。

9. **A** 新奇選擇權常因避險成本低、操作策略更靈活，而廣為店頭市場使用，其主要有三個特性：(1)定價的複雜性、(2)複雜的風險管理、(3)有限的市場。

10. **B** 堯堯公司在一個月後將會收到一百萬英鎊，意味著堯堯公司將會持有一百萬英鎊，為了規避匯率風險，堯堯公司可先於市場賣出英鎊期貨合約，以抵銷這一百萬元英鎊可能面臨的匯率風險。

11. **C** 投資人若預期歐元在未來將會貶值而想從中獲利，意味著投資人認為未來的歐元將比現在的歐元便宜，那投資人可能的操作方式就是先賣出歐元買權，於到期日前用更便宜的歐元回補，進行交易。

12. **D** 歐式選擇權，是指只可以在到期日執行的選擇權。選擇權的買方必須以到期日當天為履約日。

13. **A** 選擇權價格會減少＝0.0341/365＝0.000093

14. **B** Rho（ρ）是指選擇權市價對美元利率的敏感度。當美元利率水準上升時，買權的價格也會上升。本題若美元利率上升1%，而ρ＝0.0901，此代表買權的價格會增加＝0.0901/100＝0.000901

15. **C** Phi（φ）是指選擇權市價對外幣利率的敏感度。當外幣利率的水準上升時，買權的價格會下跌。本題若外幣利率上升1%，而φ＝－0.0890，此代表買權的價格會減少＝0.0890/100＝0.000890。

16. **B** 投資人此時執行合約的單位淨獲利＝2.01－（0.04＋1.95）＝\$0.02/£

17. **A** 選擇權市場上由買賣雙方決定的是權利金，並非標的資產之交割價格。選擇權買方擁有權利，可選擇是否履約；選擇權的賣方則負有履約的義務。

18. **C** Delta（δ）是指選擇權市價（權利金）對即期匯率變化的敏感度。
南方公司應買進幾口＝21,250,000/（0.85×6,250,000）＝4（口）。

19. **B** 選擇權市價＝內含價值＋時間價值
選擇權市價與內含價值的差異謂為時間價值。對價平選擇權而言，交易標的之價格與履約價格剛好相等，其內含價值為零，其時間價值最高。

20. **A** 假設賣權－買權－遠期平價條件不成立，則為套利而進行的交易行為會使賣權價格上漲，遠期匯率上升及買權價格下跌，最後使賣權－買權－遠期平價條件恢復成立。

21. **B** 外幣選擇權功能有：
(1) 規避匯率風險。
(2) 投資於即期價格的波動，增加外匯收益。
(3) 租稅管理，調節損益。
(4) 交易策略多樣化，投資人可隨情境變化而靈活搭配運用。

22. **A** 歐式選擇權只可以在到期日執行的選擇權。選擇權的買方必須以到期日當天為履約日。歐式選擇權無提前被履約之風險，所以權利金較低。

23. **B** 選擇權市價＝內含價值＋時間價值
119.00＝內含價值＋119.00
內含價值＝0

24. **B** 外幣選擇權的權利金為內含價值與時間價值之和。

25. **A** 本題已先出賣外幣選擇權,為避險,應在即期市場進行相反的交易,即買入USD,金額為10,000×0.2＝2,000(USD)。

26. **D** Greek:衡量選擇權價值對於相關市場參數變化的敏感度。
    Delta:標的證券價格變動所引起選擇權價格變動程度的線性估計(選擇權價格對標的證券價格的一階微分)。
    P:選擇權價格,Ps:標的證券價格。
    Gamma:標的證券價格變動所引起選擇權價格變動率的變動程度(選擇權價格對標的證券價格的二階微分),用以捕捉選擇權價格對標的證券價格的二階非線性風險。
    Vega:選擇權價格對標的證券價格波動度(volatility)變動的敏感度。
    Rho:選擇權價格對無風險利率r變動的敏感度。
    Theta:選擇權價格對選擇權剩餘到期期間T變動的敏感度。

27. **B** 外幣選擇權中,美元對瑞士法郎選擇權的權利金報價方式通常為選擇權美元金額的百分比。

28. **D** 選擇權的權利金會因為即期匯率的變動而變動。Delta(δ)是指選擇權市價(權利金)對即期匯率變化的敏感度。

29. **D** 選擇權買賣的標的資產若是交換契約,稱為交換選擇權。

30. **C** B-S模式之分析
    $C＝S×N(d_1)－K×e^{-rt}×N(d_2)$
    其中,C:目前買權價格
    　　　S:目前標的物股價
    　　　K:買權之執行價格
    　　　r:無風險利率(年利率)
    　　　t:選擇權距到期之時間(年)
    　　　N(‧):標準常態分配的累積機率密度函數,括弧內代入d_1、d_2皆適用。
    　　　$N(d_1)$:隨機變數小於d_1的累積機率總和
    　　　$N(d_2)$:隨機變數小於d_2的累積機率總和

31. **B** 其他條件不變下,價平選擇權之時間價值遞減得最快速。

32. **A** 在深價內的情況下,歐式買權的Delta最大。

33. **C** 在深價外的情況下,歐式賣權的Delta最大。

34. **A** $40 \times 0.38 + 50 \times 0.45 - 0.29 \times 30 - X = 0$
   $X =$ 賣出29萬元美金

35. **C** Vega代表每單位股價報酬率的波動度變動，導致選擇權價值變動。

36. **B** Gamma代表每單位股價變動，導致Delta變動幅度。

37. **A** 在進行「外匯選擇權（currency option）」之交易時，當投資人預期某一
   貨幣將走強，則他可以到市場上買進該貨幣的「買進選擇權」。

38. **B** 在進行「外匯選擇權（currency option）」之交易時，當投資人預期某一
   貨幣將走弱，則他可以到市場上買進該貨幣的「賣出選擇權」。

39. **A** 價內（In the Money）：買權的履約價格低於標的物的現價；賣權的履約
   價格高於標的物的現價。in the money的外匯選擇權契約之權利金最高。

40. **B** 此買權內含價值＝50元－45元＝5元。

41. **B** 時間價值＝權利金－內含價值＝10元－5元＝5元。

42. **C** 此賣權內含價值＝52元－50元＝2元。

43. **B** 賣出買權者可能的單位最大獲利為權利金5元。

44. **C** 擁有履行或不履行購買遠期外匯合約選擇權的外匯業務稱外匯期權，又叫
   「貨幣期權或外幣期權（屬於金融衍生品）」。指買方在支付了期權費
   後，即獲得在合約有效期內或到期時以約定的匯率購買或出售一定數額某
   種外匯資產的權利。它主要以美元、歐元、日元、英鎊、瑞士法郎、加拿
   大幣及澳大利亞元等為基礎資產。

45. **D** 當投資者擁有外匯長部位時，可利用賣出買權之外匯選擇權交易方式增加
   其外匯收益。

46. **D** 就外幣買權之賣方而言，最大收入為權利金。

47. **B** 投資人已持有一筆日圓100,000,000存款，存款利率0.5%，由於預期未來
   US$對¥可能升值幅度不大，則可透過賣出¥ Call以增加帳面¥的收益率。

48. **A** Delta（δ）：是指選擇權市價（權利金）對即期匯率變化的敏感度。選擇
   權的「動態避險」，主要是根據Delta分數調整標的資產部位。

49. **A** 無風險利率越高，買方未來支付的履約價格現值將越低→買權價值上升。

50. **C** 買權是賦予買權的買方有權利向賣方依照事先約定的履約價格，買進標的
   資產的權利。換言之，買權的履約價格相當於買權買方向賣方買進標的資

產之成本。所以在其他條件不變下，若目前標的資產價格越高，由於買權買方所付出的買進成本（＝履約價格）固定，將使得買權買方獲利越高，導致買權價格會隨著標的資產價格增加而遞增。當買權價格超越標的資產價，因買權內涵價值＝市價－履約價，則投資人確定有套利的機會，投資人可賣掉買權，去現貨市場直接購買標的物，這樣更便宜。

51. **C** 該出口商未來將持有歐元6,250,000，為免屆時因EUR大幅貶值，造成出口收入的減少，可先於選擇權市場買進EUR put，以鎖住匯率。

52. **D** 本題美國進口商預計二個月後（12/15）將有一筆£6,250,000的支出，為避免屆時£對US$升值造成支出增加，但外匯即期交易、外匯遠期交易、外匯期貨交易的匯率差不多，對該進口商而言，直接做外匯選擇權交易（買put）的成本最小，交易價格最為合宜。

53. **A** 買權（Call Option）是指該權利的買方有權在約定期間內，以履約價格買入約定標的物，但無義務一定要執行該項權利；而買權的賣方則有義務在買方選擇執行買入權利時，依約履行賣出標的物。

54. **C** 界限選擇權可分成觸及生效選擇權及觸及失效選擇權，以上限選擇權為例，當標的物價格上漲超過設定之上限時，則該選擇權將失效，投資人僅可獲得固定之報酬率，此選擇權比較便宜，可提高參與率。故界限選擇權在約定期間內，標的資產價格觸及預設的界限價格，則選擇權可能立刻生效或失效，存續效力受標的資產臨界價格影響。

55. **B** 選擇權的「賣權（put option）」的定義為，買方有以特定價格賣出特定數量商品之權利，而賣方有應買的義務，持有（買進）賣權的人是對標的物看跌。下跌失效賣權的最大風險為下限價格與履約價格的差距。

56. **A** 已過的時間（passage of time）對選擇權價值的影響稱為Theta（θ），而距到期期間變動所引發選擇權價值變動的風險即是指θ（Theta）風險。

57. **C** 一般衡量市場風險的因素有：敏感度、波動度、風險值，選擇權風險的衡量方法Delta法、敏感度分析法、模擬法。共變異數法不屬於選擇權風險的衡量方法。

58. **C** Delta值（δ），又稱「對沖值」：是衡量標的資產價格變動時，期權價格的變化幅度。用公式表示：Delta＝期權價格變化/期貨價格變化。若選擇權Delta值為0.5，代表標的股價變動1元，選擇權會上漲0.5元；若某一個選擇權的Delta值為－0.5，代表標的股價變動1元，選擇權會下跌0.5元。

59. **A** 保護性賣權策略（買入股票＋買入賣權）（Protective Put）：指投資組合中包含了股票與賣權，亦即先買入股票，再買入賣權來保護資產下跌。

60. **B** 價外選擇權：表示此履約價的價格全部屬於時間價值，而並沒有任何內含價值。只有價內選擇權才有履約的價值。

61. **C** δ（Delta）變動所引發選擇權價值變動的風險，係指γ（Gamma）風險。

62. **A** Theta是用來測量時間變化對期權理論價值的影響。表示時間每經過一天，期權價值會損失多少。選擇權的Theta越高，則存續期間對於選擇權價格的影響越高。

63. **C** 亞洲式選擇權（Asian Option）屬新奇選擇權的一種，不同於美式選擇權，新奇選擇權通常係金融機構為個別客戶量身訂作之特殊選擇權工具組合，其契約條件遠較傳統選擇權商品複雜。亞洲選擇權常見於外匯及利率商品市場，其損益決定於該契約存續期間內，標的資產之平均價格。

64. **B** (1)買進買權（Long Call）：買入買權者通常是對市場未來趨勢看漲而希望能在未來以低於市價的價格（即選擇權履約價）買入標的物。買權的內含價值計算公式為：標的物市價－（選擇權履約價）－選擇權權利金。所以當標的物市價上揚，致其內含價值大於／等於零時，選擇權買方執行權利是有利的。

　　(2)買進賣權（Long Put）：買入賣權者通常是對市場未來趨勢看跌而希望能在未來以高於市價的價格（即選擇權履約價）賣出標的物。賣權的內含價值計算公式為：選擇權履約價－（標的物市價）－選擇權權利金。所以當標的物市價下跌時，致其內含價值大於／等於零時，選擇權買方執行權利是有利的。

　　(3)賣出賣權，而現貨價格真的下跌了，此時可能會使投資人產生損失。

65. **C** (1)Theta是用來測量時間變化對期權理論價值的影響。表示時間每經過一天，期權價值會損失多少。用公式表示：Theta＝期權價格變化/到期時間變化。在其他因素不變的情況下，不論是看漲期權還是看跌期權，到期時間越長，期權的價值越高；隨著時間的經過，期權價值則不斷下降。時間只能向一個方向變動，即越來越少。對於期權部位來說，期權多頭的Theta為負值，期權空頭的Theta為正值。負Theta意味著部位隨著時間的經過會損失價值。對期權買方來說，Theta為負數表示每天都在損失時間價值；正的Theta意味著時間的流失對你的部位有利。

　　(2)利用選擇權形成賣出勒式策略（Strangle），則Theta避險參數會比單一選擇權部位高。

66. **A** (1) Gamma反映期貨價格對delta的影響程度，為Delta變化量與期貨價格變化量之比。如某一期權的Delta為0.6，Gamma值為0.05，則表示期貨價格上升1元，所引起Delta增加量為0.05，Delta將從0.6增加到0.65。

(2) 對一個達到Delta中立的選擇權組合而言，Gamma、Theta兩種避險參數會彼此牽制。

67. **B** Vega是用來衡量期貨價格的波動率的變化對期權價值的影響。用公式表示：Vega＝期權價格變化/波動率的變化。如果某期權的Vega為0.15，若價格波動率上升（下降）1%，期權的價值將上升（下降）0.15。期權多頭部位的Vega都是正數，期權空頭的Vega都是負數。

68. **B** 對外匯賣權而言，如果外匯匯率高於履約匯率，此一選擇權稱為「價外選擇權」。

69. **B** 對於選擇權交易者而言，價平選擇權隨著到期日越接近，風險越大。

70. **B** Vega（ν），是指選擇權市價對即期匯率波動率的敏感度，也稱之為Kappa（K）。不論是買權或賣權，選擇權標的之波動性愈高，選擇權的時間價值愈大，權利金就愈高。

71. **D** 同時買進一個買權、買進一個賣權，且到期期限與履約價相同之交易策略的組合等同於賣出一張期貨契約。

72. **D** 因為到期時，美元的即期匯率30.0000NT/U\$小於34.0000NT/U\$，A公司不會執行買權，但是會執行賣權，因此可得
買進買權收益：$(0－20) \times 10,000 ＝ －200,000$
買進賣權收益：$0 \times 10,000 \times (34.0000－30.0000－1.2000) ＝ 560,000$
合計：$560,000－200,000 ＝ 360,000$（獲利）

73. **A** 美式選擇權（American Option），係指買方有權利，但無須負義務，在到期日之前或當天，以履約價格買進或賣出標的資產。換言之，這種選擇權可以被提早執行，到期時雙方則是以履約價格進行交割。大部分在交易所掛牌的選擇權商品均為美式選擇權。美式選擇權買方的執行日期為在到期或到期日前皆可執行。

74. **D** 選擇權（Options Contracts）乃是一種合約，買方有權利在未來某一特定期間內，以事先議定好的價格〔履約價格（Exercise Price）〕向賣方買入或賣出某一特定數量的標的資產。

75. **B** (A)對賣方有利，因價格下跌，買權較無履約價值。
　　　(B)對買方產生或有損失。
　　　(C)對買方有利，因價格上漲，買權較有履約價值。
　　　(D)對賣方有利，因波動率下降，會使權利金價值變少。

76. **A** 買權的價值距到期日越長，價值越大。而當買權的到期時間縮短時，買權的價值隨之減少。

77. **B** 外匯賣權的內在價值等於即期匯率減去執行價格。

78. **D** 若選擇權內在價值大於或等於零，則其為價平或價內選擇權。

79. **A** 期貨選擇權買方交付賣方的金額，稱為權利金（Premium）。選擇權買方繳交權利金之後，便無任何義務與風險，可持有權利一直到期限屆滿，期間不須支付其他金額；而賣方取得權利金之後，便背負履約義務，為保證到期能履行義務，賣方必須支付一定金額，稱為保證金（margin）。

80. **D** 放空選擇權的風險有：權利金損失、因履行義務而被指派部位、行情由價外轉入價內等。

81. **B** Vega（ν）是選擇權市價對即期匯率波動率的敏感度，也稱之為Kappa（K）。不論是買權或賣權，選擇權標的之波動性愈高，權利金就愈高。其他條件不變，若外幣幣值的波動性變大，則以該外幣為標的之買權（Call Option）的價格就會上升，而以該外幣為標的之賣權（Put Option）的價格就會上升。

82. **B** 選擇權在到期之前，其價值主要決定於交易標的之價格（以S表示之）與履約價格（以X表示之）的差異；由於履約價格固定不變，因此交易標的之價格走勢就格外重要。以買權而言，若S＞X，此選擇權稱之為價內買權（ITM Call）；若S＜X，則為價外買權（OTM Call）；若S＝X，則為價平買權（ATM Call）。
　　　價平選擇權的時間價值最高。

83. **D** $100,000 \times 1.01 + 100,000 \times (0.06 - 0.03) = 104,000$

84. **B** （US$0.0083/¥＋US$0.00012/¥）×¥600,000,000＝US$5,052,000

85. **D** 公司有瑞郎計價的應收帳款，站在賣方避險，可以買進瑞郎賣權及賣出瑞郎期貨合約避險。

86. **C** 若應收帳款到期時即期匯率等於賣權的履約價格，則選擇權避險的成本會與遠期合約避險成本一致。

87. **C** 若應收帳款到期時即期匯率等於賣權的履約價格，則未避險比選擇權避險導致較多的實收美元金額。

88. **C** 其他條件不變時，價平的情況下，買權的時間價值會消失最快。

89. **D** 若標的物價格突然跳空大幅上漲，即使Delta Neutral（賣出Call Option，同時買入適量的標的物），亦可能產生損失，稱為Gamma風險。

90. **B** 標的物現值越高、到期期限越長、當無風險利率上升、標的物價格波動率越大、履約價格越低等因素會使選擇權的買權價值增加。

91. **A** (A)選擇權為具有非線性報酬率投資標的。
(B)選擇權買、賣方均需繳交保證金。
(C)選擇權買方擁有履約權利，但沒有義務。
(D)履約價格會影響選擇權價格定價。

92. **C** 標的物現值越高、到期期限越長、標的物價格波動率越大、履約價格越低等因素會使選擇權的買權價值增加。

93. **A** (1)買進混合價差策略要產生獲利時，其標的物價格波動的幅度必須很大（大於採取買進跨式部位時的幅度）。
(2)買進混合價差策略在標的物價格下跌幅度很大時，也能夠獲利。

94. **B** 賣出選擇權買權（Write Call Options），乃是因為看空後市。

95. **A** 當標的物價格波動不大時，同時賣出相同標的物與到期日期的買權與賣權，但買權的履約價格較賣權為高（放空混合價差策略）時，較可能獲利。

96. **B** 多頭垂直價差策略適用於預期標的物會漲但漲幅不大時。

97. **C** 掩護性買權策略是一種選擇權操作策略。它的方法是投資人先買進標的物，然後賣出該股票的買權（Call）。本題買入期貨及賣出期貨買權即屬於掩護性買權策略（Covered Call）。

98. **B** 當標的物價格波動不大時，同時賣出相同標的物與到期日期的買權與賣權，但買權的履約價格較賣權為高（放空混合價差策略）時，較可能獲利。

99. **C** 假設遠期匯率為未來即期匯率的最佳估計值，則美國公司預測一年後之即期匯率為¥115/US\$。若用履約價格為US\$0.0083/¥的美式買權避險，避險的美元成本為：
（US\$0.0083/¥＋US\$0.00012/¥）×¥100,000,000＝US\$842,000

100. **C** 針對「或有曝險」（Contingent Exposure），選擇權合約是理想的避險工具。

101. **B** 風險分攤法是由交易雙方共同來承擔較大幅度匯率變動的風險。

102. **C** 選擇權買方有權利而非義務，即使不履行也不會產生所謂的違約風險。

103. **D** 選擇權的買方無需繳交保證金。

104. **C** 選擇權的買方沒有義務履行合約，選擇權的賣方才有義務履行合約。

105. **B** 其他條件不考慮，利率上揚，則期貨賣權價格應越低。

106. **C** $2.05 - (0.04 + 1.95) = 0.06/£$

107. **C** 損益兩平即期匯率是US\$0.00811/¥（=US\$0.0086/¥－US\$0.00049/¥）

108. **C** 〔$0.00811 - (1/130)$〕$\times 6{,}250{,}000 = $US\$2,611

109. **A** 淨獲利為＝（$0.71 - 0.6726$）$\times 62{,}500 \times 1 = $US\$2,338。

110. **B** Delta（δ）常被稱作避險比率，Delta（δ）是指選擇權市價（權利金）對即期匯率變化的敏感度。買權的Delta介於0與1之間（$0 < \delta < 1$），而賣權的Delta則介於0與-1之間（$-1 < \delta < 0$）。

111. **B** (1)即期匯率上升會影響外匯賣權的履約機會。
(2)匯率波動性上升會使外匯賣權的權利金上升。
(3)市場參與者多寡增加不影響外匯賣權的權利金。

112. **A** (1)契約存續期間越長，外匯賣權的權利金越高。
(2)市場參與者多寡增加不影響外匯賣權的權利金。

113. **A** 預期新臺幣將對美元貶值及新臺幣利率上升，會使以新臺幣計價的美元買權之權利金上升。

114. **B** 新臺幣利率下跌會使以新臺幣計價的美元賣權之權利金上升。

115. **A** 買方不會執行賣權，花草公司的獲利為30萬NT（$30 \times 10{,}000$N\$$\times 1.0000$NT/U\$$=$300,000NT）。

116. **A** 延禧公司的獲利（權利金收入）為10萬NT（$10 \times 10{,}000$N\$$\times 1.0000$NT/U\$$=$10,000NT）。如果到期時，即期匯率S大於33.0000NT/1U\$，買方不會執行賣權，延禧公司的獲利為10萬NT。

117. **D** 賣權買方損益兩平的匯率＝$31 - 5/100 = 30.95$

118. **B**　買權買方損益兩平的匯率＝32＋5/10＝32.5

119. **B**　0.0320－0.0250＝0.007
該交易人損益兩平點＝1.8500＋0.007＝1.8570

120. **C**　即期匯率上升會影響外匯賣權的履約機會。

121. **C**　匯率波動性愈小，會使外匯買權的權利金下跌。

122. **D**　如果預期外匯價格下跌，可以買進賣權或賣出買權尋求獲利。

123. **A**　有權利在未來某一期間內或特定日期，依約定匯率交割一標準化數量外匯的金融契約為外匯選擇權。

124. **D**　(1) Vega（v），是指選擇權市價對即期匯率波動率的敏感度，也稱之為Kappa（K）。不論是買權或賣權，選擇權標的之波動性愈高，權利金就愈高。
(2) 其他條件不變下，若日圓相對於其他貨幣匯率的波動性變大，則以日圓為標的之買權（Call Option）的價格就會上升，而以日圓為標的之賣權（Put Option）的價格就會上升。

125. **B**　投資人此時執行合約的單位淨獲利＝1.40－（1.35＋0.04）＝0.01

126. **B**　提出交割意願通知是空頭部位的權利。

127. **A**　期貨交易人買進一個以期貨為標的之買權（call），當買權執行時，此人將獲得多頭期貨契約。

128. **D**　選擇權為外幣投資組合式商品最常搭配的衍生性商品。

129. **A**　期貨賣權（Put）的履約價格越高，其他條件不變，賣權的價格應該越高。

130. **B**　價外（Out-of-the-Money）期貨賣權越深價外，其時間價值下降。

131. **C**　價內買權內含價值大於價外買權內含價值。

132. **B**　價內（In-of-the-Money）期貨買權越深價內，其時間價值下降。

133. **B**　選擇權時間價值＝權利金－內含價值。

134. **A**　賣權持有者擁有「可以賣出」的權利，稱為賣出選擇權。

第五章　外幣期貨

焦點速成

一、期貨

期貨契約與遠期契約同樣是買賣雙方約定在未來某一特定時日，以特定價格，買賣特定數量商品的交易行為，但兩者最大的不同在於期貨契約交易標的物已經過標準化，買賣雙方除價格外幾無任何彈性協議空間，不過也正因為它是經過標準化的金融商品，透過交易所的居間撮合可以節省許多搜尋交易對手的成本，而使其交易量迅速擴大，成為國際金融市場中不可或缺的基本金融商品。期貨可以分為「商品期貨」和「金融期貨」兩大類。

二、外匯期貨

買賣雙方約定在未來某一特定期間以彼此同意之匯率，以約定之某種通貨金額交換另一種通貨金額的契約。如美元、英鎊、日圓及歐元期貨等。

三、系統風險與非系統風險

系統風險 Systematic Risk	系統性風險通常是由整體政治、經濟、社會等環境因素造成，市場每一家公司或股票受其影響，因此系統風險無法藉由分散化投資來消除。
非系統風險 Non- Systematic Risk	非系統風險是指某一證券或個別公司獨有而隨機變動的風險，通常受到公司經營管理、財務或意外狀況（如火災、竊案等）影響。非系統性風險可經由投資組合規劃來降低，為可分散的風險。

四、臺灣期貨市場架構

主要可區分為數個不同機構與群體，分別為：行政院金融監督管理委員會、臺灣期貨交易所、期貨結算機構、中華民國期貨業商業同業公會、期貨自營商、期貨經紀商、交易輔助人、結算銀行和期貨交易人。

五、常見外匯期貨內容

標的物	英鎊 (BP)	瑞士法郎 (SF)	日圓 (JY)	歐元 (Euro FX)	加幣 (CD)	墨西哥 批索(MP)	澳幣 (AD)
契約規格	BP62,500	SF125,000	JY12,500,000	EC125,000	CD100,000	MP500,000	AD100,000
報價方式	USD/BP	SUD/SF	USD/JY	USD/EC	USD/CD	USD/MP	USD/AD
最小價格 變動幅度	0.002 =USD12.5	0.0001 =USD12.5	0.000001 =USD12.5	0.0001 =USD12.5	0.0001 =USD10.0	0.000025 =USD12.5	0.0001 =USD10.0
漲跌幅 限制	無	無	無	無	無	無	無
契約月份	6個季月（3、6、9、12月）						
交割方式	實物交割，交割月份第3個星期三以電匯方式交付						

六、外匯期貨評價（利率平價理論）

利率平價理論認為兩個國家利率的差額相等於遠期兌換率及現貨兌換率之間的差額。這個理論認為均衡匯率是透過國際拋補套利所引起的外匯交易。在兩國利率存在差異的情況下，資金將從低利率國流向高利率國以謀取利潤。遠期匯率是自動調整的，期貨價格是根據利率平價理論得來的，公式如下：

$$F_\$^{NT} = S_\$^{NT} \times \frac{(1 + i^{NT} \times \frac{天數}{360})}{(1 + i^\$ \times \frac{天數}{360})}$$

F是遠期匯率，S為即期匯率，i^{NT}、$i^\$$分別代表臺幣利率及美金利率，「天數」是現在與到期日的日數（每月30日）。

七、外匯期貨操作策略

(一) **外匯期貨的投機策略**：投資人預期某國貨幣未來有升值（貶值）的空間，即可買進（賣出）該國貨幣的外匯期貨，以賺取匯差的利潤。

(二) **外匯期貨的避險策略**：避險者未來欲買進外匯，即可買進外匯期貨來規避匯率升值的風險；當避險者目前持有外匯，則可賣出外匯期貨來規避匯率貶值的風險。

(三) **外匯期貨的套利策略**：無風險套利是指同時一買一賣兩組貨幣或同時賣出或同時買進兩組貨幣。如買美元兌日元並同時買進澳幣兌美元，將匯差鎖定在一定的風險程度，由於兩組貨幣是反方向，如美元漲，澳幣就會跌，反之，美元跌，澳幣就會漲，因此同時買進時，一個賺錢一個就賠錢，不管市場再怎麼波動，風險可以控管。當利息收入累積遠大於鎖定的匯差風險時，即為無風險套利。所以時間一拉長一定是無風險套利，如遇正匯差同時平倉，即可賺取匯差加上利息。

八、外匯期貨交易的特性

(一) **外匯期貨交易是一種設計化的期貨合約**：合約金額的設計化（期貨合約英鎊為25,000、日元為12,500,000、瑞士法郎為125,000、加拿大幣為100,000、德國馬克為125,000。）、交割期限和交割日期固定化等。

(二) **外匯期貨價格與現貨價格相關**：隨著期貨交割日的臨近，期貨合約所代表的匯率與現匯市場上的該種貨幣匯率差會日益縮小，兩種匯率會在交割日重合。

(三) **外匯期貨交易實行保證金制度。**

(四) **外匯期貨交易實行每日清算制度。**

精選試題

(　)　1. 下列何者不是選擇權交易買賣的資產？　(A)現貨產品　(B)期貨契約　(B)交換契約　(D)援助物質。

(　)　2. 世界最大的外匯期貨市場為：　(A)倫敦國際金融期貨交易所　(B)臺灣期貨交易所　(C)中國期貨交易所　(D)芝加哥商品交易所的國際貨幣市場。

(　)　3. 在外匯期貨市場中，如果該交易成員無法按時補足保證金，清算所有權強迫軋平其頭寸，稱為：　(A)維持保證金　(B)收市單　(C)平倉　(D)變動保證金。

(　)　4. 下列敘述何者正確？　(A)選擇權的價格為權利金　(B)買權持有者擁有「可以買入」的權利，稱選擇權賣方　(C)選擇權的價格為利率　(D)買權持有者擁有「可以買入」的權利，稱賣出選擇權。

(　)　5. 選擇權買賣的標的資產，若為交換契約稱為：　(A)交換選擇權　(B)買入選擇權　(C)賣出選擇權　(D)選擇權買方。

(　)　6. 下列何者不是外匯買賣？　(A)換匯交易　(B)無風險利息的套利交易　(C)外匯利率互換交易　(D)國內房貸。

(　)　7. 第一個正式出現在交易所交易的金融期貨是何者？　(A)日本稻米期貨　(B)利率期貨　(C)股價指數期貨　(D)外匯期貨。

(　)　8. 外匯期貨契約類似銀行之遠期外匯市場交易，請問下列敘述何者錯誤？　(A)外匯期貨有標準的契約數量，遠匯市場則無　(B)外匯期貨市場流動性較高，遠匯市場流動性較低　(C)外匯期貨保證金收取交易金額7%，遠匯市場則為5%保證金　(D)外匯期貨以集中市場交易，遠匯市場則在各銀行間交易。

(　)　9. 有關外幣期貨之敘述，下列何者錯誤？　(A)外幣期貨為標準化合約　(B)由結算所擔保期貨契約的履行　(C)固定到期日　(D)買方才有權決定到期是否履約。

( )　10. 下列何者不屬外匯期貨？　(A)瑞士法郎　(B)歐元　(C)歐洲美元　(D)日圓。

( )　11. 期貨結算制度的主要功能是：　(A)權責區分　(B)確保交易公正　(C)履約保證　(D)選項(A)(B)(C)皆非。

( )　12. 停損限價（Stop Limit）委託賣單，其委託價與市價之關係為：　(A)委託價高於市價　(B)委託價低於市價　(C)沒有限制　(D)依平倉或建立新部位而定。

( )　13. 臺灣期貨交易所之結算會員有下列何情事時，期貨交易所得終止其結算交割契約？甲、經相關主管機關撤銷其營業許可；乙、遲延履行結算交割義務者；丙、違反法令經主管機關為行政處分仍不遵行；丁、結算、交割行為違背誠實信用，足致他人受損
(A)甲、乙、丙、丁　　　　　　(B)僅甲、丙、丁
(C)僅乙、丙、丁　　　　　　(D)僅甲、乙、丙。

( )　14. 期貨商對於委託人之開戶資料及委託事項，除依法令或臺灣期貨交易所依法所為之查詢外，應為下列何種之處理？　(A)開戶資料得接受他人之查詢，但委託事項應予保密　(B)開戶資料應予保密，但委託事項得接受他人之查詢　(C)均應予保密，不得對外洩露　(D)是否應予以保密，由期貨商自行決定。

( )　15. 依我國結算會員資格標準規定，對於證券商兼營期貨業務申請成為個別結算會員，其指撥專用營運資金未達多少者，應與結算銀行簽定不可撤銷之期貨保證金交割專用授信額度？　(A)1億元　(B)2億元　(C)選項(A)(B)皆是　(D)選項(A)(B)皆非。

( )　16. 美國某一對日本出口之廠商，預計4個月後可收到一筆日幣貨款，請問他可採何種避險策略？　(A)賣出日幣期貨　(B)買進日幣期貨賣權　(C)賣出日幣期貨買權　(D)選項(A)(B)(C)均可。

( )　17. 期貨賣權（Put）的Delta為－0.7，表示在其他情況不變下，期貨價格若下跌1元，賣權價格會：　(A)上漲0.7元　(B)下跌0.7元　(C)上漲0.3元　(D)下跌0.3元。

( ) 18. 6月歐洲美元期貨市價為95.85，履約價格為95.75之期貨買權之權利
金為0.2，則時間價值為： (A)0.05 (B)0.1 (C)0.15 (D)0。

( ) 19. 假設最廉交割（Cheapest to Deliver）債券不會改變，當長期利率
高於短期利率時，公債期貨通常呈現何種情況？ (A)正向市場
（Normal Market） (B)逆向市場（Inverted Market） (C)不一定
(D)資本成本高於公債的孳息。

( ) 20. 避險期間較長的狀況，避險者通常利用換約交易的方式加以克服，而且
於近期契約到期前一至二週執行換約，其主要考慮為何？ (A)契約到
期時，未平倉額太大 (B)契約到期時，成交不易 (C)契約到期時，交
易限制較大 (D)愈接近契約到期時，價格波動異常劇烈。

( ) 21. 美國某廠商以總貨款125,000瑞士法郎出售電腦給某瑞士公司，約
定3個月後付款，則此出口商應如何避險？ (A)買瑞士法郎期貨
(B)賣瑞士法郎期貨 (C)買瑞士法郎現貨 (D)賣美元期貨。

( ) 22. 一般結算所在交易盤中對結算會員發出保證金追繳通知後，結算會
員應於多久之內補繳？ (A)收盤前 (B)一小時內 (C)半小時內
(D)次日開盤前。

( ) 23. 期貨商向交易人發出追繳保證金通知為當交易人帳戶餘額低於：
(A)原始保證金 (B)結算保證金 (C)維持保證金 (D)交易保證金。

( ) 24. 當下手期貨商不需讓上手期貨商知道所有個別客戶的下單及未平倉部
位資料，則下手期貨商在上手所開的帳戶稱為：
(A)完全揭露帳戶（Fully Disclosed Account）
(B)綜合帳戶（Omnibus Account）
(C)聯合帳戶（Joint Account）
(D)選項(A)(B)(C)皆非。

( ) 25. 某交易人買進瑞士法郎期貨，價位為$0.8721，該交易人預期瑞士法
郎期貨上漲至$0.8771即可平倉，他該採取下列何種委託方式？
(A)賣出STOP委託（Sell STOP）
(B)買進STOP委託（Buy STOP）
(C)賣出MIT委託（Sell MIT）
(D)買進MIT委託（Buy MIT）。

( )　26. 當判斷基差風險大於價格風險時：　(A)仍應避險　(B)不應避險
　　　　(C)可考慮局部避險　(D)無所謂。

( )　27. A.日圓期貨　B.美國長期公債　C.歐洲美元定期存單期貨　D.黃金
　　　　期貨　E.股價指數期貨，下列描述何者正確？
　　　　(A)A、C、D均可現貨交割　　　　(B)B、C均不可現貨交割
　　　　(C)C、E均不可現貨交割　　　　(D)以上皆非。

( )　28. 歐洲美元定期存單期貨屬於：　(A)短　(B)中　(C)長　(D)中長　期利
　　　　率期貨商品。

( )　29. 當交易人觀察日圓期貨價位，認為今天如果日圓往上能突破8,020壓
　　　　力帶時，將會有一段多頭行情，否則局勢不明朗，則交易人將會以
　　　　下列那一指令來下單獲利？　(A)價位為8,021的停損買單　(B)價位
　　　　為8,021的停損賣單　(C)價位為8,021的觸價買單　(D)價位為8,021
　　　　的觸價賣單。

( )　30. 交易人觀察瑞郎期貨價位，認為今天瑞郎如果往下能突破6,820支撐
　　　　帶時，將會有一段空頭行情，否則局勢時將不明朗，則交易人將會
　　　　以下列那一指令來下單獲利？　(A)價位為6,820的停損買單　(B)價
　　　　位為6,820的停損賣單　(C)價位為6,820的觸價買單　(D)價位為
　　　　6,820的觸價賣單。

( )　31. 下列費用何者不屬於「持有成本」？　(A)倉儲費　(B)利息費
　　　　(C)保險費　(D)交易手續費。

( )　32. 某交易者以$0.47147賣出一張六月份的瑞士法郎期貨，同時以
　　　　$0.4708買進一張十二月份的瑞士法郎期貨，這個價差交易的名稱
　　　　又稱為：　(A)空頭價差交易　(B)多頭價差交易　(C)賣出價差交易
　　　　(D)買進價差交易。

( )　33. 歐洲美元期貨可規避美元的：　(A)短期利率風險　(B)長期利率風
　　　　險　(C)匯率風險　(D)購買力風險。

( )　34. 下列何者不是出售歐洲美元期貨之避險功能？　(A)鎖定貸款成本
　　　　(B)鎖定匯率成本　(C)鎖定短期票券投資之獲利　(D)鎖定浮動利率
　　　　之收益。

( )　35. 有關CME交易之歐洲美元期貨，下列敘述何者有誤？
(A)標的資產為三個月的歐洲美元定期存款
(B)採實物交割
(C)最後交易日為交割月份的第三個禮拜三的前兩個倫敦銀行營業日
(D)最近月份的期貨合約最小價格跳動值（Tick）為0.0025。

( )　36. 小華上星期買進2口歐洲美元期貨，買進價格為97.56，若現在以96.47平倉，試問其損益為何？　(A)獲利5,450美元　(B)損失5,450美元　(C)獲利2,725美元　(D)損失2,725美元。

( )　37. 外匯期貨契約類似銀行之遠匯市場，下列敘述何者正確？　A.外匯期貨有標準的契約，遠匯市場則無；B.外匯期貨以集中市場交易，遠匯市場則在各銀行間交易；C.外匯期貨契約以「間接報價」為準，遠匯市場大部分以「直接報價」為準
(A)僅A　　　　　　　　　(B)僅B
(C)僅C　　　　　　　　　(D)A、B、C均對。

( )　38. CME日圓之合約規格為：　(A)125,000日圓　(B)1,250,000日圓　(C)12,500,000日圓　(D)125,000,000日圓。

( )　39. CME之外匯期貨交割的方式為：　(A)賣方支付外幣換取美元　(B)買方支付外幣換取美元　(C)實物交割　(D)由賣方決定交割方式。

( )　40. 如果市場上新臺幣對美元之即期匯率為33NTD／USD，而一年期新臺幣國庫券年利率為2%，且一年期美元國庫券年利率為3%，那麼一年期美元外匯期貨之均衡價格應為多少？　(A)32.9570　(B)32.9670　(C)32.9870　(D)32.9970。

( )　41. 外匯的期貨價格等於外匯現貨價格和何者相加減？　(A)加持有成本減持有收益　(B)減持有成本加持有收益　(C)加持有成本加持有收益　(D)減持有成本減持有收益。

( )　42. 當CNN報導美國遭受恐怖攻擊時，避險基金經理人預估全球資金將流向避險天堂瑞士，此時應：　(A)買入瑞士法郎期貨　(B)賣出瑞士法郎期貨　(C)買入美元期貨　(D)不必理會。

( )　43. 臺灣的期貨投資人若從事歐洲美元定期存單期貨交易時，將暴露於高變動性的什麼風險？　(A)利率風險　(B)匯率風險　(C)以上皆是　(D)以上皆非。

( )　44. 考量日圓在近期將可能會升值因素，可以運用下列何項來試圖獲利？　(A)今天於CME買進日圓期貨合約（¥ futures）　(B)今天在臺灣銀行賣出日圓遠期外匯（¥ forwards）　(C)今天買進歐洲美元期貨合約（Eurodollar futures）　(D)今天賣出歐洲美元期貨合約（Eurodollar futures）。

( )　45. 期貨與遠期契約的最大差異為：　(A)期貨是零和交易，遠期契約則否　(B)期貨是交易未來，遠期契約則否　(C)期貨是槓桿交易，遠期契約則否　(D)期貨是每日結算，遠期契約則否。

( )　46. 所謂的正價差：　(A)期貨價格小於現貨價格　(B)期貨價格大於現貨價格　(C)期貨價格等於現貨價格　(D)期貨價格大於買權價格。

( )　47. 下列哪種狀況對期貨空頭避險者有利？　(A)正向市場基差變大　(B)反向市場基差變小　(C)反向市場基差變大　(D)以上皆非。

( )　48. 期貨的價格變動往往領先現貨價格的變動，此為衍生性商品之何項功能？　(A)風險管理　(B)價格發現　(C)促進市場效率及完整性　(D)具投機交易上之優勢。

( )　49. 期貨交易中，市價申報與限價申報二者以何種優先撮和？　(A)市價優先　(B)限價優先　(C)優先順序一樣　(D)依輸入時間的先後決定。

( )　50. 有關交換期貨（Swaps Futures）之敘述，何者錯誤？　(A)是為交換契約　(B)是為期貨契約　(C)標的物是利率交換契約　(D)避險功能幾乎與「遠期交換」相同。

( )　51. 外匯期貨具有哪些功能？　(A)投機　(B)避險　(C)價格發現　(D)以上皆是。

( )　52. 在未來某一時間，依約定匯率交割一標準化數量外匯的金融契約為：　(A)外匯選擇權　(B)背對背貸款　(C)遠期外匯　(D)外匯期貨。

( )　53. 買賣外匯期貨，何者需要支付權利金？　(A)買方　(B)賣方　(C)買賣雙方都不要　(D)買賣雙方都要。

( )　54. 如果英鎊期貨的契約大小為50,000£、匯率最小變動幅度為0.0001
U$／£，則一張英鎊期貨的契約價值最小變動幅度為：　(A)1U$
(B)5.00U$　(C)50U$　(D)10U$。

( )　55. 如果英鎊期貨的契約大小為72,500£、英鎊對美元的匯率為1£＝
2U$，則一張英鎊期貨的價值為：　(A)10,000U$　(B)72,500U$
(C)145,000U$　(D)100,000U$。

( )　56. 有外匯期貨契約以來，少有外匯期貨契約違約的紀錄，其原因在
於：　(A)交割方式　(B)漲跌幅限制　(C)結算制度與保證金制度
(D)標準化契約數量。

( )　57. 下列有關外匯期貨的敘述，何者錯誤？　(A)幣值愈大的貨幣，其
期貨契約之外匯數量愈小　(B)契約價值＝契約之外匯數量×匯率
(C)匯率價值最小變動幅度＝契約之外匯數量×匯率最小變動幅度
(D)匯率波動性上升會使外匯期貨的價格上升。

( )　58. 如果日元外匯期貨契約的原始保證金是契約價值的4%，則交易人的
槓桿倍數為：　(A)10倍　(B)25倍　(C)40倍　(D)50倍。

( )　59. 假設A公司買進CME的歐元外匯期貨契約2張（即250,000歐元），
買進價格為1€＝1.4860U$，A公司必須繳交原始保證金7,200美元，
維持保證金為原始保證金的75%。則第二天歐元期貨的價格應為多
少以下，A公司才需要補繳保證金？　(A)1€＝1.4800U$　(B)1€＝
1.4788U$　(C)1€＝1.4780U$　(D)1€＝1.4795U$。

( )　60. 假設在6月，歐元對美元即期匯率為1€＝1.4860U$，美元半年期
利率為2%，歐元半年期匯率為4%，12月份歐元期貨價格為1€＝
1.4900U$，一張歐元期貨的契約大小為125,000€，則此時應該買進或
賣出期貨契約進行套利？且每一張期貨契約可有多少獲利？　(A)買
進，2325　(B)買進，2375　(C)賣出，2375　(D)賣出，2325。

( )　61. 若同時賣出一個買權、一個賣權，且到期期限及履約價相同，則交
易人預估匯率會如何變動？　(A)可能會大漲或大跌　(B)可能在履
約價附近大漲或小跌　(C)可能在履約價附近小漲或小跌　(D)可能
在履約價附近小漲或大跌。

( )　62. CME因推出那一商品期貨而首先創下現金結算方式？
　　　　(A)S&P500　(B)歐洲美元　(C)T-Bond　(D)T-Bill。

( )　63. 期貨交易的違約機率為什麼會遠低於遠期契約，其主要原因為？
　　　　(A)期貨契約具標準化　(B)期貨投資人大多在到期平倉　(C)結算機
　　　　構的參與　(D)期貨的到期期間較遠期契約短。

( )　64. 對期貨交易的買方而言，交易的對象是：　(A)賣方　(B)交易所
　　　　(C)結算所　(D)期貨商。

( )　65. 目前客戶的保證金淨值為US$50,000，而其未平倉部位所需原始保證金
　　　　為US$60,000，維持保證金為US$45,000，則客戶被追繳的保證金是：
　　　　(A)US$10,000　(B)US$15,000　(C)US$5,000　(D)不會被追繳。

( )　66. 期貨市場之逐日結算制度，係以何種價位為計算基準？　(A)當日收
　　　　盤價　(B)交易所決定之結算價　(C)當日最低價　(D)當日最高價。

( )　67. 目前客戶的保證金淨值為US$15,000，而其未平倉部位所需原始保證
　　　　金為US$24,000，維持保證金為US$20,000，則客戶必須補繳多少保
　　　　證金？　(A)US$6,000　(B)US$3,000　(C)US$9,000　(D)不必補繳。

( )　68. 期貨交易的特色為何？　(A)集中市場交易　(B)標準化契約　(C)以
　　　　沖銷交易了結部位　(D)選項(A)、(B)、(C)皆是。

( )　69. 參與期貨交易無需擔憂何種風險？　(A)交易所信用風險　(B)國家
　　　　風險　(C)交易對手信用風險　(D)價格風險。

( )　70. 期貨合約的價格於到期日收盤後，期貨價格必須等於現貨價格，其
　　　　理由是：　(A)未平倉部位必須於到期日收盤後進行交割　(B)期貨
　　　　交易必須逐日結算　(C)期貨交易量大於現貨交易量　(D)人們對期
　　　　貨價格沒有偏好。

( )　71. 當市場呈現多頭時，期貨較遠期契約的價值為：　(A)高　(B)低
　　　　(C)短期有影響　(D)以上皆非。

( )　72. 某進口商三個月後須支付英鎊，目前之匯率為1.625，英鎊期貨匯率為
　　　　1.608，三個月後之即期匯率為1.665，期貨匯率為1.650，若進口商事先
　　　　有避險，其有效匯率為：　(A)1.667　(B)1.623　(C)1.608　(D)1.665。

( ) 73. 握有CME瑞士法郎期貨多頭部位之交易人，當交割時，他將換取
何種外幣？ (A)因採現金交割，交易人無持有任何外幣 (B)美元
(C)瑞士法郎 (D)以上資料無法判斷。

( ) 74. 有關金融期貨與遠期契約之敘述，下列何者錯誤？ (A)兩者均是於
未來於特定時日，以特定價格交割特定數量商品之交易行為 (B)期
貨交易之信用風險係由買賣雙方負擔 (C)兩者相較之下，遠期契約
的流動性欠佳 (D)遠期契約於到期時需為實質交割。

( ) 75. 就期貨價格和現貨價格的變動而言，下列何者具有領先變動的特
性？ (A)期貨價格 (B)現貨價格 (C)同時變動 (D)視情形而定。

( ) 76. 小英公司6個月後將支付250,000歐元的貨款，目前歐元匯率為
1.5750U\$／€，小英公司擔心歐元升值，故買進6個月後到期的歐
元期貨2張（即250,000歐元），價格為1.6150U\$／€。若歐元期貨
到期時的即期匯率為1.6350U\$／€，則小英公司避險效果如何？
(A)損失減少為10000U\$ (B)損失增加10000U\$ (C)損失減少為
5000U\$ (D)損失增加5000U\$。

( ) 77. 假設目前臺幣對美元的匯率為32NT／US，某進口商3個月後將有一
筆100萬美元的支出，他應該如何以外匯期貨避險？ (A)賣出100
萬美元的3個月期美元期貨 (B)買進100萬美元的3個月期美元期貨
(C)賣出100萬美元的6個月期美元期貨 (D)買進100萬美元的6個月
期美元期貨。

( ) 78. 外匯期貨交易人在外匯期貨契約到期前進行反方向交易，一般稱之
為： (A)開倉 (B)結算 (C)平倉 (D)交割。

( ) 79. 愈接近外匯期貨到期日，外匯期貨與外匯現貨的價格差距將會如何
變化？ (A)擴大 (B)不變 (C)不一定 (D)縮小。

( ) 80. 下列有關外匯期貨的敘述，何者錯誤？ (A)交割方式分為實物交
割與現金交割 (B)有固定的交割日期 (C)實物交割是指契約到期
時，買賣雙方只針對現貨與期貨的價差進行清算 (D)外匯期貨交
易大多採實物交割。

( )　81. 交易人利用期貨避險不可能做到完全避險是因為：　(A)匯率風險　(B)基差風險　(C)預期因素和交易成本　(D)(B)、(C)正確。

( )　82. 京城公司一年後將有應收帳款€500,000，目前歐元即期匯率為1€＝1.6200U$，京城公司擔心歐元貶值，因此在芝加哥商品交易所賣出四張一年後到期的歐元期貨，價格為1€＝1.6000U$。如果歐元期貨到期時，歐元即期匯率為1€＝1.5800U$，則京城公司的避險效果如何？　(A)獲利20,000U$　(B)損失10,000U$　(C)獲利10,000U$　(D)損失20,000U$。

( )　83. 大甲從紐西蘭進口奇異果到臺灣，他最好採用下列何種交易策略規避匯率風險？　(A)賣出歐元期貨　(B)買進歐元期貨　(C)賣出澳幣期貨　(D)買進澳幣期貨。

( )　84. 下列有關外匯期貨的敘述，何者錯誤？　(A)逆價差是指外匯期貨價格大於外匯現貨價格　(B)在外匯期貨的最後交易日，外匯期貨與現貨的價差應該會很小　(C)外匯期貨價格與外匯現貨價格會同向變動　(D)外匯期貨到期時的價格將大致等於當時的外匯現貨價格。

( )　85. 下列有關外匯期貨的敘述，何者錯誤？　(A)未平倉的契約數量（open interest）是指尚未結清的外匯契約總數量　(B)當日沖銷（day trade）是指在當天建立外匯期貨部位，並在隔天平倉的交易　(C)基差（basis）是指外匯現貨價格與外匯期貨價格的差額　(D)正價差是指外匯期貨價格大於外匯現貨價格。

( )　86. 按照目前規定下列何者可以擔任造市者？　(A)期貨經紀商　(B)證券經紀商　(C)期貨自營商　(D)證券自營商。

( )　87. 下列何者不是期貨規範的項目？　(A)品質等級　(B)數量　(C)下單方式　(D)交割方式。

( )　88. 下列何者不是投機對期貨交易市場的功能？　(A)承擔避險者轉承的風險　(B)增加交易量及促進市場的流動性　(C)降低價格的波動，擴大獲利的可能　(D)經由套利操作，使相關市場或產品之價格移動。

( ) 89. 期貨交易比遠期交易具有「安全與效率」之優勢主要因那一單位之建立？ (A)主管機關 (B)期交所 (C)公會 (D)結算所。

( ) 90. 期貨交易契約之每日升降幅度限制係依下列何者規定訂定？ (A)各該契約規格 (B)證券暨期貨管理委員會頒布 (C)財政部規定 (D)臺灣期貨交易所董事會透過頒布。

( ) 91. 期貨契約不同於遠期契約的最大差異在於： (A)定型化 (B)電腦化 (C)透明化 (D)以上皆是。

( ) 92. 期貨交易每日之未平倉量是以何種方式計算？ (A)未平倉之買單減未回補之賣單 (B)未回補之賣單減未平倉之買單 (C)未平倉之買單加賣單總和 (D)未平倉之買單量或未回補之賣單量。

( ) 93. 期貨契約的逐日結算制度於避險策略之影響為何？ (A)期貨部位的每日損益有可能造成追繳保證金之現象 (B)現貨部位與期貨部位損益互抵，追繳保證金的現象不會存在 (C)逐日結算制度不適用於避險策略 (D)以上皆非。

( ) 94. 限價委託賣單，其委託價與市價之關係為： (A)委託價高於市價 (B)委託價低於市價 (C)委託價格沒有限制 (D)依市場波動而定。

( ) 95. MIT委託買單，其委託價與市價之關係為： (A)委託價低於市價 (B)委託價高於市價 (C)沒有限制 (D)依市場波動的情況而定。

( ) 96. 我國期貨交易人可以下列何種方式了結期貨持有部位？ A.反向沖銷；B.到期交割；C.期貨轉現貨
(A)A. (B)B. (C)A.和B. (D)任何一種。

( ) 97. 期貨交易的結算價是由下列何者決定？ (A)期貨結算機構 (B)期貨交易所 (C)期貨主管機關 (D)場內交易委員會。

( ) 98. 客戶是否能出金，是依其淨值是否超過其未平倉部位所需的何種保證金而定？ (A)原始保證金 (B)維持保證金 (C)差異保證金 (D)以上皆非。

( ) 99. 本土期貨保證金係採： (A)總額制 (B)淨額制 (C)平時為總額制、特殊狀況時可採淨額制 (D)由結算會員決定。

( )　100. 當交易人觀察日圓期貨價位，認為今天如果日圓往上能突破7,820壓力帶時，將會有一段多頭行情，否則局勢不明朗，則交易人將會以下列那一指令來下單獲利？　(A)價位為7,821的停損買單　(B)價位為7,821的停損賣單　(C)價位為7,821的觸價買單　(D)價位為7,821的觸價賣單。

( )　101. 客戶若要將其存入保證金提出，則其出金數額必須是：　(A)小於或等於客戶保證金淨餘額　(B)保證金既為客戶存入的錢，故客戶的出金數額不受限制　(C)期貨商可以自由決定　(D)法規並未規範。

( )　102. 避險之效果與下列何者之關係最密切？　(A)目前之期貨價格　(B)期貨價格之走勢　(C)基差之變動　(D)現貨價格之走勢。

( )　103. 有關基差的說明，何者正確？　(A)基差由8變為−3，有利空頭避險　(B)其定義為不同到期月份期貨之間的差　(C)由−5變為−1為轉弱　(D)基差為負，且絕對值變大時，對空頭避險不利。

( )　104. 當股指期貨價格大於現貨價格時：　(A)一定有套利機會　(B)一定沒有套利機會　(C)市場不正常　(D)以上皆非。

( )　105. 「歐洲美元」期貨契約是屬於：　(A)短期利率期貨　(B)中期利率期貨　(C)長期利率期貨　(D)外匯期貨。

( )　106. 小平認為日圓兌瑞士法郎有升值的空間，欲建立日圓兌瑞士法郎的期貨部位，但CME並沒有此種外匯期貨，只有日圓兌美元以及瑞士法郎兌美元的期貨商品，此時小平可以：　(A)買進日圓期貨並同時賣出瑞士法郎期貨　(B)賣出日圓期貨並同時買進瑞士法郎期貨　(C)同時買進日圓期貨與瑞士法郎期貨　(D)同時賣出日圓期貨與瑞士法郎期貨。

( )　107. 目前美元對瑞郎即期市場價格為$1＝SFr1.6，美元及瑞郎一年期利率分別為10%及5%，一年期遠期匯率為$1＝SFr1.70，則交易人應：　(A)賣瑞郎期貨　(B)買瑞郎期貨　(C)買瑞郎賣權　(D)賣瑞郎買權。

( )　108. 關於期貨買權何者正確？　(A)時間價值＝權利金－內含價值　(B)時間價值＝權利金＋內含價值　(C)時間價值＞內含價值　(D)時間價值＜內含價值。

( ) 109. 下列何者會使歐洲美元期貨賣權的權利金增加？　(A)到期日接近　(B)歐洲美元期貨價格下跌　(C)歐洲美元期貨價格波動性減少　(D)歐洲美元利率下跌。

( ) 110. 期貨賣權（Put）的履約價格越高，其他條件不變，賣權的價格應該：　(A)越高　(B)越低　(C)不一定　(D)不受影響。

( ) 111. 價外（Out-of-the-Money）期貨賣權（Put）越深價外，其時間價值（Time Value）：　(A)上升　(B)下降　(C)不一定　(D)不受影響。

( ) 112. 關於歐元期貨買權，以下何者正確？　(A)價內買權價值小於價外買權價值　(B)價內買權內含價值小於價外買權內含價值　(C)價內買權內含價值大於價外買權內含價值　(D)價內買權時間價值小於價外買權內含價值。

( ) 113. 其他條件不考慮，利率上揚，則期貨買權價格應：　(A)越高　(B)越低　(C)無關　(D)不一定。

( ) 114. 若持有成本大於0，則期貨價格一定會較現貨價格高，該敘述為：　(A)正確　(B)錯誤　(C)不一定　(D)持有成本與期貨價格沒有關係。

( ) 115. 下列何者不是價差交易吸引交易人的主要原因？　(A)交易成本較小　(B)交易風險較小　(C)保證金較少　(D)獲利較高。

( ) 116. 多頭避險者在基差－7時進行避險，在基差－1時結清部位，其避險損益為：　(A)獲利8　(B)損失8　(C)獲利6　(D)損失6。

( ) 117. 若市場上有1口期貨契約成交，而且這是買賣雙方各自結清自己原有部位的交易，則期貨市場上的未平倉口數（Open Interest）會有何變化？　(A)少2口　(B)少1口　(C)多2口　(D)多1口。

( ) 118. 在計算未平倉契約數量時，應將未平倉多頭與未平倉空頭部位：　(A)相加　(B)相減　(C)相加後再除以二　(D)相減後再除以二。

( ) 119. 價差交易時，若認為兩相關產品價格差距會縮小，則應該如何操作獲利？　(A)買入價格高者，並賣價格低者　(B)買入價格高者，並買入價格低者　(C)買入價格低者，並賣出價格高者　(D)賣出價格高者，並賣出價格低者。

( )　120. 在基差為＋3時買入期貨並賣出現貨，在基差為－2時結清所有部位，此交易的總損益為：　(A)獲利5　(B)損失5　(C)獲利1　(D)損失1。

( )　121. 澳洲和美國的兩年期利率分別為4%和5%，澳幣和美元的現貨匯率是每澳幣兌0.98美元，請問兩年後的遠期利率為何？　(A)0.9998　(B)0.9898　(C)0.9698　(D)0.9799。

( )　122. 目前現貨價格$100，一年期期貨價格$108，無風險利率6%，持有此現貨每年可產生3%的固定收益，此時交易人採取下面的投資策略：賣出期貨，買入現貨，並以無風險利率借入買現貨所需之款項，在無交易成本的情形下，一年後期貨契約到期時，交易人可獲得的無風險套利利潤為：　(A)3　(B)5　(C)7　(D)9。

( )　123. 如果期貨價格是時間的遞增函數，則：　(A)空方傾向越早交割越好　(B)多方傾向越早交割越好　(C)任何時候交割皆可　(D)以上皆非。

( )　124. CME的歐洲美元（Eurodollar）期貨契約規格為：　(A)10萬美元　(B)50萬美元　(C)100萬美元　(D)500萬美元。

( )　125. 對一個美國交易人，預期瑞郎對英鎊升值時，則應該如何操作？　(A)買瑞郎期貨　(B)買瑞郎現貨　(C)買英鎊期貨，並且賣瑞郎期貨　(D)買瑞郎期貨，並且賣英鎊期貨。

( )　126. 某日本製造商將出口一批玩具至英國，若其擔心英國通貨膨脹率將會上升，應如何避險？　(A)賣出日圓期貨　(B)賣出英鎊期貨　(C)買進英鎊／日圓（標的物為歐元）買權　(D)選項(A)、(B)、(C)皆可。

( )　127. 若廠商為了外幣計價的_____而避險，則應建立_____合約的_____部位。　(A)應付帳款；期貨；買進　(B)應收帳款；期貨；買進　(C)應付帳款；期貨；賣出　(D)應收帳款；遠期；買進。

( )　128. 如果某廠商的訂單到貨時必須以外幣付款，則匯率避險的方法為_____外匯期貨_____部位（ong or short）。　(A)買入／短　(B)賣出／長　(C)賣出／短　(D)買入／長。

( ) 129. 在下列何種情況下應於目前買進歐洲美元期貨合約？
(A)預期未來有美元利息收入而擔心美元利率會走跌
(B)預期未來有美元利息支出而擔心美元利率會走高
(C)目前有歐元收入需轉換成美元
(D)目前有美元需求。

( ) 130. 投資人預期歐元將會升值，為了試圖獲利，投資人應會：　(A)買進歐元期貨　(B)賣出歐元期貨　(C)買進歐洲美元期貨　(D)賣出歐洲美元期貨。

( ) 131. CME之歐洲美元期貨契約價格95.20，某甲以該價格買進一口後於最後結算日現金結算，結算價為95.08，其損益為：　(A)獲利1,200元　(B)損失1,200元　(C)獲利300元　(D)損失300元。

( ) 132. 三月份歐洲美元期貨買權之履約價格為95.50，權利金0.3，3月份歐洲美元期貨價格95.60（每一合約一百萬元），則時間價值為：
(A)0　(B)250　(C)500　(D)200。

( ) 133. 出售某項期貨合約之賣權具備：　(A)按履約價格買入該期貨合約的權利　(B)按履約價格賣出該期貨合約的權利　(C)按履約價格買入該期貨合約的義務　(D)按履約價格賣出該期貨合約的義務。

( ) 134. 本國期貨商同時經營本國期貨經紀及國外期貨經紀業務時，則客戶保證金專戶的處理方式為：　(A)國內、外期貨客戶保證金可使用同一帳戶　(B)應分別設置客戶保證金專戶　(C)依期貨商的需要而定　(D)選項(A)(B)(C)皆非。

( ) 135. 臺灣期貨交易所結算會員之委託期貨商違背結算交割義務者：
(A)由委託期貨商直接向期貨交易所負責
(B)由客戶直接向期貨交易所負責
(C)結算會員仍須履行結算交割義務
(D)申報臺灣期貨交易所向違約客戶催繳。

( ) 136. 下列何者純粹是在交易所（Exchanges）交易的商品？　(A)遠期合約　(B)期貨合約　(C)選擇權合約　(D)交換合約。

( )　137. 當歐元升值時，下列何者會導致持有歐元期貨部位的投資人獲利？
　　　　　(A)買進一口歐元期貨合約，然後在歐元升值之後賣出
　　　　　(B)賣出一口歐元期貨合約，然後在歐元升值之後買進
　　　　　(C)買進一口歐元期貨合約，然後在歐元升值之後再買進另一口歐元
　　　　　　　期貨合約
　　　　　(D)賣出一口歐元期貨合約，然後在歐元升值之後再賣出另一口歐
　　　　　　　元期貨合約。

( )　138. 下列哪一項陳述是正確的？　(A)外匯期貨（Futures）市場主為投機
　　　　　者所使用，而外匯遠期（Forward）市場主為避險者在使用　(B)外匯
　　　　　期貨（Futures）市場主為避險者所使用，而外匯遠期（Forward）市
　　　　　場主為投機者在使用　(C)外匯期貨（Futures）和遠期（Forward）市
　　　　　場都主為投機者所使用　(D)外匯期貨（Futures）和遠期（Forward）
　　　　　市場都主為避險者所使用。

( )　139. 下列有關歐洲美元期貨合約的描述，何者正確？
　　　　　(A)合約標的是一個面值為US$1,000,000的歐洲美元60天期存款
　　　　　(B)有實物交割，不作現金交割
　　　　　(C)採百元報價法，一個基點的變化代表合約價格的變化是US$100
　　　　　(D)若價格為97.66%，則利率為2.34%。

( )　140. 大甲在6月17日上午以US$0.0102／¥買了一口IMM日圓期貨合約，
　　　　　而6月17日是該合約的最後交易日。大甲在當日即平倉，獲利是
　　　　　US$1,250；請問大甲平倉的價格是多少？　(A)US$0.0103／¥
　　　　　(B)US$0.0112／¥　(C)US$0.01012／¥　(D)US$0.012／¥。

( )　141. 下列敘述何者正確？　(A)小明預期澳幣會升值，故買進澳幣期貨合
　　　　　約　(B)小明預期澳幣會貶值，故買進澳幣期貨合約　(C)A公司有
　　　　　瑞士法郎應收帳款即將到期，因預期瑞士法郎貶值而買進瑞郎期貨
　　　　　合約　(D)A公司有瑞士法郎應付帳款即將到期，因預期瑞士法郎升
　　　　　值而賣出瑞郎期貨合約。

( )　142. 下列敘述何者不正確？　(A)期貨合約的買賣雙方都有履行期貨合約
　　　　　的義務　(B)期貨合約的投資人大都會以對沖方式結束合約　(C)期
　　　　　貨合約比選擇權風險較小　(D)全球第一個誕生的金融期貨合約是
　　　　　外匯期貨合約。

( ) 143. 下列敘述何者正確？ (A)外匯期貨合約的最後交易日與到期日大都是同一天 (B)外匯期貨合約的到期日是到期月的第三個星期三 (C)外匯期貨合約皆是採歐式報價 (D)外匯期貨合約的部位損益狀況是每週評價。

( ) 144. 假設在2019年5月1日，Golden公司在帳簿上登錄了一筆應付帳款，金額為€300,000，到期日為同年7月1日。該公司在5月1日買進兩口7月份到期的歐元期貨合約來規避匯率風險。假設在5月1日，即期匯率與7月份到期的歐元期貨合約的價格分別為US\$1.06／€及US\$1.10／€；而在7月1日，即期匯率與7月份到期的歐元期貨合約的價格分別為US\$1.12／€及US\$1.20／€。請問Golden公司該筆應付帳款的美元淨成本是多少？ (A)US\$350,000 (B)US\$306,000 (C)US\$360,000 (D)US\$265,000。

( ) 145. 在下列何種情況下應於目前賣出歐洲美元期貨合約？ (A)預期未來有美元利息收入而擔心美元利率會走跌 (B)預期未來有美元利息支出而擔心美元利率會走高 (C)目前有歐元收入 (D)目前有歐元收入需轉換成美元。

( ) 146. 丫神在9月15日上午以US\$1.4250／€進場賣出兩口IMM歐元期貨合約，而9月15日是該合約的最後交易日。丫神在當日即平倉，損失是US\$1,150；請問丫神平倉的價格是多少？ (A)US\$1.4180€ (B)US\$1.4125／€ (C)US\$1.4204／€ (D)US\$1.4319／€。

( ) 147. 娃娃在10月15日上午以US\$1.4050／€進場賣出一口IMM歐元期貨合約，而10月15日是該合約的最後交易日。娃娃在當日即平倉，損失是US\$1,250；請問娃娃平倉的價格是多少？ (A)US\$1.3050€ (B)US\$1.3125／€ (C)US\$1.3950／€ (D)US\$1.3319／€。

( ) 148. 在同一商品期貨市場中，同時進行兩組價差交易，每組價差交易均包含兩個不同交割月份的期貨，如果此兩組價差交易所含的期貨，無共同的交割月份，則兩組價差交易便合稱為什麼？
(A)蝶狀價差交易（Butterfly Spread）
(B)兀鷹價差交易（Condor Spread）
(C)泰德價差交易（Ted Spread）
(D)縱列價差交易（Tandem Spread）。

( )　149. 下列何者不是現貨市場商品？　(A)股票　(B)基金　(C)債券　(D)期貨。

( )　150. CME推出全球第一個金融期貨契約為：　(A)歐洲美元期貨　(B)外幣期貨　(C)短期債券期貨　(D)長期債券期貨。

( )　151. CME歐元之合約規格為：
(A)125,000歐元　　　　　　　　　(B)1,250,000歐元
(C)12,500,000歐元　　　　　　　　(D)125,000,000歐元。

( )　152. CME瑞士法郎（SF）之合約規格為：
(A)125,000SF　　　　　　　　　　(B)1,250,000SF
(C)12,500,000SF　　　　　　　　　(D)125,000,000SF。

( )　153. CME澳幣（AD）之合約規格為：
(A)100,000AD　　　　　　　　　　(B)1,000,000AD
(C)10,000,000AD　　　　　　　　　(D)100,000,000AD。

( )　154. CME英鎊（BP）之合約規格為：
(A)62,500BP　　　　　　　　　　　(B)6,250,000BP
(C)62,500,000BP　　　　　　　　　(D)625,000,000BP。

( )　155. 日本進口商為規避美元升值之風險，須如何操作CME之日圓期貨？　(A)採賣出部位　(B)採買進部位　(C)視匯率走勢而定　(D)無避險效果。

( )　156. 歐元對新臺幣的匯價為1€＝46NT，新臺幣6個月期的利率為4.00%，歐元6個月期的利率為6%，假設6個月後的歐元期貨價格為1€＝47NT，1張歐元期貨的契約大小為125,000€，請問交易1張歐元期貨可以獲利多少？　(A)獲利112,218NT　(B)獲利6,250NT　(C)獲利180,825NT　(D)獲利55,218NT。

( )　157. 伊布公司在4月27日以1.4350U\$／€的匯率賣出5張7月份歐元期貨（即5×125,000歐元），並在4月30日以1.4410U\$／€買回，則伊布公司有多少損益？　(A)獲利3,750U\$　(B)損失3,750U\$　(C)獲利750U\$　(D)損失750U\$。

( )　158. 在歐元對新臺幣的匯價為1€＝45.3NT，新臺幣6個月期的利率為
5.00%，歐元6個月期的利率為6%，假設6個月後的歐元期貨價格
為1€＝46NT，1張歐元期貨的契約大小為125,000€，請問交易1張
歐元期貨可以獲利多少？　(A)獲利112,218NT　(B)獲利6,250NT
(C)獲利114,988NT　(D)獲利55,218NT。

( )　159. 下列有關外匯期貨的敘述，何者錯誤？　(A)交易人建立外匯期貨時
繳納的保證金稱為原始保證金　(B)交易人的保證金餘額必須維持在
結算機構規定的最低水準以上　(C)外匯期貨經紀商不必繳納保證金
(D)交易人未結清部位的盈虧將呈現至保證金餘額。

( )　160. 下列有關於投機的敘述，何者錯誤？　(A)外匯期貨投機交易，交易
人沒有外匯現貨部位　(B)外匯期貨投機是否獲利的關鍵點在於交易
人對於外匯走勢的預期是否正確　(C)是零星遊戲　(D)若進行外匯
期貨空頭投機，代表投機者預測外匯期貨價格將要下跌。

( )　161. 交易人利用期貨避險不可能做到完全避險，其原因不包括：　(A)基
差風險　(B)標準化的契約數量　(C)交易人預期可能有錯誤　(D)期
貨交割日，與現貨價格風險消除日非同一天。

( )　162. A公司買進CME的歐元外匯期貨一張（即125,000歐元），買進價格
為1€＝1.4500U$，需先繳納3,510美元的原始保證金（維持保證金為
2,600美元，歐元期貨1點價值為12.5U$），若第二天歐元期貨價格變
為1€＝1.4465U$，A公司保證金餘額如何變化？要補繳多少保證金？
(A)損失437.5U$，要補繳保證金112.5U$
(B)損失437.5U$，要補繳保證金437.5U$
(C)獲利437.5U$，不需補繳保證金
(D)損失437.5U$，不需補繳保證金。

( )　163. A公司買進CME的歐元外匯期貨一張（即125,000歐元），買進價格
為1€＝1.4500U$，需先繳納3,510美元的原始保證金（維持保證金為
2,600美元，歐元期貨1點價值為12.5U$），若第二天歐元期貨價格變
為1€＝1.4465U$，再隔天的歐元期貨價格變為1€＝1.4490U$，A公司
的保證金餘額如何變化？要補繳多少保證金？　(A)獲利312.5U$，
不需補繳保證金　(B)獲利312.5U$，需補繳保證金125U$　(C)損失
125U$，不需補繳保證金　(D)損失312.5U$，需補繳保證金125U$。

( )　164. 八大公司買進CME的歐元外匯期貨一張（即125,000歐元），買進
價格為1€＝1.4500U\$，需先繳納3,510美元的原始保證金（維持
保證金為2,600美元，歐元期貨1點價值為12.5U\$），若第二天歐
元期貨價格變為1€＝1.4465U\$，再隔天的歐元期貨價格變為1€＝
1.4490U\$，再隔天的歐元期貨價格變為1€＝1.4320U\$，八大公司的
保證金餘額如何變化？要補繳多少保證金？
(A)損失2,125U\$，需補繳保證金1,215U\$
(B)損失2,125U\$，需補繳保證金2,250U\$
(C)損失2,000U\$，需補繳保證金1,215U\$
(D)損失2,000U\$，需補繳保證金2,125U\$。

( )　165. 八大公司買進CME的日圓外匯期貨一張（即12,500,000日圓），買
進價格為US\$0.0101／¥，需先繳納4,950美元的原始保證金（維持
保證金為2,600美元，歐元期貨1點價值為12.5U¥），若第二天日圓
期貨價格變為US\$0.01011／¥，八大公司保證金餘額如何變化？要
補繳多少保證金？
(A)獲利125U\$，要補繳保證金125U\$
(B)損失125U\$，要補繳保證金125U\$
(C)獲利125U\$，不需補繳保證金
(D)損失125U\$，不需補繳保證金。

( )　166. 八大公司買進CME的日圓外匯期貨一張（即12,500,000日圓），買進價
格為US\$0.0101／¥，需先繳納4,950美元的原始保證金（維持保證金為
2,600美元，歐元期貨1點價值為12.5U\$），若第二天日圓期貨價格變
為US\$0.01011／¥，再隔天的日圓期貨價格變為US\$0.01005／¥，八大
公司的保證金餘額如何變化？要補繳多少保證金？
(A)獲利750U\$，不需補繳保證金
(B)獲利750U\$，需補繳保證金750U\$
(C)損失750U\$，不需補繳保證金
(D)損失750U\$，需補繳保證金750U\$。

( )　167. W世界公司預期未來歐元將會貶值，因此在4月14日以1.4425U\$／
€的匯率在CME賣出2張6月份歐元期貨，並在5月31日以1.4510U\$／
€買回，W世界公司獲利或損失多少？　(A)獲利2,150U\$　(B)獲利
2,125U\$　(C)損失2,125U\$　(D)損失2,150U\$。

( )　168. W世界公司預期未來歐元將會升值，因此在5月13日以1.4435U$／€的匯率在CME賣出2張6月份歐元期貨，並在5月31日以1.4510U$／€買回，W世界公司獲利或損失多少？　(A)獲利1,875U$　(B)獲利2,125U$　(C)損失1,875U$　(D)損失2,150U$。

( )　169. 期貨採用保證金交易，其性質為下列何者？　(A)交易之部分價款(B)履約保證　(C)通常為交易價金之百分之五十以上　(D)與契約價金之間無關。

( )　170. 下列有關期貨契約價差交易之敘述，何者正確？　(A)一種特殊之交易方式，僅可從事於交易國外期貨　(B)僅限期貨自營商使用之交易策略　(C)僅限跨月價差組合之委託單型態　(D)交易人可透過交易平台直接進行價差委託之複式單交易，或進行單式單委託，俟部位成立後，再建立期貨商品部位組合之交易策略。

( )　171. 對一個美國交易人，預期日圓對英鎊升值時，則應該如何操作？(A)買日圓期貨　(B)買日圓現貨　(C)買英鎊期貨，並且賣日圓期貨(D)買日圓期貨，並且賣英鎊期貨。

( )　172. 若目前CME的英鎊期貨報價為1.5，歐元期貨為1.2，若預期英鎊相對於歐元將會貶值，該從事何種交易策略？　(A)買英鎊期貨(B)買歐元現貨　(C)賣英鎊期貨　(D)賣歐元現貨。

( )　173. 某投資人與A銀行承作一筆100萬美元的保證金交易，存入10萬元美元做為保證金，並下單買日圓，若當時美元兌日圓的匯率成交為145元，則若規定維持保證金為本金之50%，則日圓在何價位時，需補繳保證金？　(A)152.6315　(B)153.2315　(C)151.1115　(D)152.5。

解答與解析

1. **D**　援助物質不是選擇權交易買賣的資產。

2. **D**　芝加哥商品交易所的國際貨幣市場為世界最大的外匯期貨市場。

3. **C**　在外匯期貨市場中，如果該交易成員無法按時補足保證金，清算所有權強迫軋平其頭寸，稱為「平倉」。

4. **A** 選擇權的價格為權利金,買權持有者擁有「可以買入」的權利,稱選擇權買方。

5. **A** 選擇權買賣的標的資產,若為交換契約稱為「交換選擇權」。

6. **D** 國內房貸是授信,非外匯買賣。

7. **D** 第一個正式出現在交易所交易的金融期貨是外匯期貨。

8. **C** 外匯期貨交易實行保證金制度,通常為合約金額的2%—3%,而遠期外匯交易一般不收保證金。選項(C)有誤。

9. **D** 有關外幣期貨,買賣方才有權決定到期是否履約。

10. **C** 歐洲美元是利率期貨,不是外匯期貨。

11. **C** 期貨結算制度主要功能是履約保證。

12. **B** 期貨停損限價(Stop Limit)委託賣單,是指委託價低於市價。

13. **B** 臺灣期貨交易所之結算會員有經相關主管機關撤銷其營業許可;違反法令經主管機關為行政處分仍不遵行;違反法令經主管機關為行政處分仍不遵行等情事時,期貨交易所得終止其結算交割契約。

14. **C** 期貨商對於委託人之開戶資料及委託事項,除依法令或臺灣期貨交易所依法所為之查詢外,均應予保密,不得對外洩露。

15. **A** 依我國結算會員資格標準規定,對於證券商兼營期貨業務申請成為個別結算會員,其指撥專用營運資金未達1億元者,應與結算銀行簽定不可撤銷之期貨保證金交割專用授信額度。

16. **D** 美國某一對日本出口之廠商,預計4個月後可收到一筆日幣貨款,可選擇先賣出日幣期貨或先賣出日幣期貨買權,或買進日幣期貨賣權避險。

17. **A** Delta值(δ),又稱對沖值,是衡量標的資產價格變動時,期權價格的變化幅度。期貨賣權(Put)的Delta為-0.7,表示在其他情況不變下,期貨價格若下跌1元,賣權價格會上漲0.7元。

18. **B** 期貨的價值等於內含價值加時間價值,本題6月歐洲美元期貨市價為95.85,履約價格為95.75之期貨買權之權利金為0.2,則時間價值$=(0.2+95.75)-95.85=0.1$。

19. **B** 假設最廉交割(Cheapest to Deliver)債券不會改變,當長期利率高於短期利率時,公債期貨通常呈現逆向市場。

20. **D** 避險期間較長的狀況，避險者通常利用換約交易的方式加以克服，而且於近期契約到期前一至二週執行換約，其主要考慮為愈接近契約到期時，價格波動異常劇烈。

21. **B** 美國某廠商以總貨款125,000瑞士法郎出售電腦給某瑞士公司，約定3個月後付款，則三個月後美國廠商將持有瑞士法郎，故該出口商應先賣出瑞士法郎期貨避險。

22. **B** 一般結算所在交易盤中對結算會員發出保證金追繳通知後，結算會員應於一小時內補繳。

23. **C** 期貨商向交易人發出追繳保證金通知為當交易人帳戶餘額低於維持保證金。

24. **B** 當下手期貨商不需讓上手期貨商知道所有個別客戶的下單及未平倉部位資料，則下手期貨商在 上手所開的帳戶稱為綜合帳戶（Omnibus Account）。

25. **C** 該交易人預期瑞士法郎期貨上漲至$0.8771即可平倉，則該交易人應建立觸價單（Market-If-Touched Order，MIT）委託，即賣出 MIT 委託（Sell MIT）。

26. **B** 套期保值是利用期貨的價差來彌補現貨的價差，即以基差風險取代現貨市場價差風險。當判斷基差風險大於價格風險時，不應避險。當判斷基差風險大於價格風險時，不應避險。

27. **C** 歐洲美元定期存單期貨及股價指數期貨均不可現貨交割。

28. **A** 歐洲美元定期存單期貨屬於短期利率期貨商品。

29. **A** 當交易人觀察日圓期貨價位，認為今天如果日圓往上能突破8,020壓力帶時，將會有一段多頭行情，否則局勢不明朗，則交易人將會以價位為8,021的停損買單來下單獲利。

30. **B** 交易人觀察瑞郎期貨價位，認為今天瑞郎如果往下能突破6,820支撐帶時，將會有一段空頭行情，否則局勢時將不明朗，則交易人將會以價位為6,820的停損賣單來下單獲利。

31. **D** 交易手續費是交易成本，非持有成本。

32. **A** 某交易者以$0.47147賣出一張六月份的瑞士法郎期貨，同時以$0.4708買進一張十二月份的瑞士法郎期貨，這個價差交易的名稱稱為空頭價差交易。

33. **A** 歐洲美元期貨為利率期貨，規避美元的短期利率風險。

34. **B** 歐洲美元期貨無鎖定匯率成本的功能。

35. **B** CME交易之歐洲美元期貨採現金交割。

36. **B** 平倉價比買進價為低→損失
    1.09%×（3/12）×1,000,000×2＝5,450美元（損失）。

37. **D** 外匯期貨有標準的契約，遠匯市場則無；外匯期貨以集中市場交易，遠匯市場則在各銀行間交易；外匯期貨契約以「間接報價」為準，遠匯市場大部分以「直接報價」為準。

38. **C** CME日圓之合約規格為12,500,000日圓。

39. **A** CME之外匯期貨交割的方式為賣方支付外幣換取美元。

40. **B** 因為本國利率（r）＜外國利率（rf），所以遠期匯率處於貼水狀態。
    均衡價格＝33×（1＋0.002－0.003）＝32.9670

41. **A** 外匯的期貨價格等於外匯現貨價格加持有成本減持有收益。

42. **A** 當CNN報導美國遭受恐怖攻擊時，避險基金經理人預估全球資金將流向避險天堂瑞士，則瑞士法郎將會升值，則此時應買入瑞士法郎期貨。

43. **C** 臺灣的期貨投資人若從事歐洲美元定期存單期貨交易時，將暴露於高變動性的利率風險及匯率風險。

44. **A** 考量日圓在近期將可能會升值因素，可以運用於CME買進日圓期貨合約（¥ futures）來試圖獲利。

45. **D** 期貨與遠期契約的最大差異為期貨是每日結算，遠期契約則否。

46. **B** 價差為期貨投資人對後續行情的預期，為研判後市的重要指標。正價差出現時表示期貨投資人看好後續行情，反之逆價差出現時則表示期貨投資人看壞後續發展。

47. **C** 空頭避險是指避險者為了規避現貨價格下跌的風險，而在期貨.市場建立空頭部位（賣出期貨）的避險策略。當反向市場基差變大時，對期貨空頭避險者有利。

48. **B** 期貨的價格變動往往領先現貨價格的變動，此為衍生性商品之價格發現功能。價格發現功能是股指期貨市場的一個主要功能，即期貨市場有提供標的資產價格信息的能力。

49. **A** 市價申報，係指不限定價格之買賣申報，其成交價格依競價程序決定之。限價申報，係指限定價格之買賣申報，於買進時，得在其限價或限價以下之價格成交；於賣出時，得在其限價或限價以上之價格成交。市價申報與限價申報二者以市價優先來優先撮和。

50. **A** 交換期貨在性質上屬於期貨契約之一種，該契約之標的為「金融交換」，其避險功能與「遠期交換」類似，惟交換期貨因係在交易所進行交易，因此具有流動性較高，以及違約風險由交易所承擔之優點。

51. **D** 外匯期貨具有投機、避險、價格發現的功能。

52. **D** 外匯期貨係指在未來某一時間，依約定匯率交割一標準化數量外匯的金融契約。

53. **C** 買賣外匯期貨，買賣雙方都不需要支付權利金。

54. **B** $50,000 \times 0.0001 = 5.00$ U\$

55. **C** $72,5000 \times 2 = 145,000$ U\$

56. **C** 有外匯期貨契約以來，少有外匯期貨契約違約的紀錄，其原因在於結算制度與保證金制度。

57. **D** 匯率波動性上升會使外匯期貨的價格下跌。

58. **B** $1/4\% = 25$（倍）

59. **B** $(1.4860 - P) \times 250,000 = 7,200 \times (1 - 75\%) = 1800 \Rightarrow P = 1.4860 - \dfrac{1800}{250000}$

$= 1.4860 - 0.0072 = 1.4788$

60. **D** $F_t = 1.4860 \times \dfrac{1 + 2\% \times \dfrac{1}{2}}{1 + 4\% \times \dfrac{1}{2}} = 1.4714 \text{U\$} < 1.4900$

$\Rightarrow \pi = 125000 \times (1.4900 - 1.4714) = 2325$

61. **C** 若同時賣出一個買權以及一個賣權，若到期時匯率等於履約價，則該交易人能夠坐收兩種權利的權利金（最大收益），但若匯率漲跌超過兩種權利金相加的幅度，則交易人將會有損失。是交易人預估匯率可能在履約價附近小漲或小跌。

62. **B** CME 因推出歐洲美元期貨而首先創下現金結算方式。

63. **C** 期貨交易的違約機率為什麼會遠低於遠期契約，其主要原因為結算機構的參與。

64. **C** 對期貨交易的買方而言，交易的對象是結算所。

65. **D** 目前客戶的保證金淨值為US$50,000，仍大於目前客戶的保證金淨值為US$50,000→不會被追繳保證金。

66. **B** 期貨市場之逐日結算制度，係以交易所決定之結算價為計算基準。

67. **C** 目前客戶的保證金淨值為US$15,000，已低於維持保證金為US$20,000，客戶必須補繳保證金至原始保證金數額，本題須補繳保證金＝24000－15000＝9000（US）

68. **D** 期貨交易的特色為集中市場交易、標準化契約、以沖銷交易了結部位等。

69. **C** 參與期貨交易的買賣雙方都是透過結算所（Clearing House）進行交易，以結算所為交易對手（買賣雙方並非直接面對面進行交易），因此可保證履約，無需擔憂交易對手信用風險。

70. **A** 期貨合約的價格於到期日收盤後，期貨價格必須等於現貨價格，其理由是未平倉部位必須於到期日收盤後進行交割。

71. **A** 當市場呈現多頭時，期貨較遠期契約的價值為高。

72. **B** 有效匯率＝1.665＋1.608－1.650＝1.623

73. **A** 握有CME瑞士法郎期貨多頭部位之交易人，當交割時，他將換取瑞士法郎。

74. **B** (1)金融期貨與遠期契約兩者均是於未來於特定時日，以特定價格交割特定數量商品之交易行為。選項(A)正確。
　　(2)信用風險（Credit risk）是指交易對手未能履行約定契約中的義務而造成經濟損失的風險。故期貨交易之信用風險係由出售人負擔。選項(B)有誤。
　　(3)金融期貨與遠期契約兩者相較之下，遠期契約的流動性欠佳，遠期契約於到期時需為實質交割。選項(C)(D)正確。

75. **A** 在上漲趨勢中，期貨領先現貨上漲，市場預期心理後市看好，若基差發散則有助漲力道，若收斂表示漲勢趨緩。在下跌趨勢中，期貨亦領先現貨止跌，市場預期心理後市有支撐，若基差發散則有止跌力道，若收斂表示跌勢將趨急。
　　註：基差，係指期貨到期日應與期貨價格相同，但未到期日前，因買賣關係使期貨價格高於或低於現貨價格，因此，二者產生價格差異，又稱之期貨與現貨之價差。基差＝現貨—期貨。

76. **A** 應付帳款損失＝250,000×（1.6350－1.5750）＝15,000U\$
期貨多頭部位利得＝250,000×（1.6350－1.6150）＝5,000U\$
15,000U\$－5,000U\$＝10,000U\$
所以小英公司避險後損失減少為10,000U\$

77. **B** 3個月後將有一筆500萬美元的支出，應先買進100萬美元的3個月期美元期貨建立多頭避險。

78. **C** 外匯期貨交易人在外匯期貨契約到期前進行反方向交易，一般稱之為「平倉」。

79. **D** 愈接近外匯期貨到期日，外匯期貨與外匯現貨的價格差距將會縮小。

80. **C** 外匯期貨到期交割可採差額或總額交割，選項(C)有誤。

81. **D** 交易人利用期貨避險不可能做到完全避險是因為預期因素和交易成本。

82. **B** 應收帳款損失＝500,000×(1.6200－1.5800)＝20,000
空頭部位獲利＝500,000×(1.6000－1.5800)＝10,000
避險後損失減少為20,000－10,000＝10,000U\$

83. **D** 大甲從紐西蘭進口奇異果到臺灣，他會有歐元的應付債務，他最好買進澳幣期貨來規避匯率風險。

84. **A** 逆價差是指外匯期貨價格小於外匯現貨價格。

85. **B** 當日沖銷（day trade）是指在當天建立外匯期貨部位，並在當天平倉的交易。

86. **C** 依據造市者作業辦法第2條規定：「期貨自營商及特定法人機構得申請成為本公司造市者，經本公司審核同意後從事造市業務。」

87. **C** 期貨契約係買、賣雙方約定於未來某一特定時點，以交易當時約定之價格交付某特定商品的一種標準化合約。所謂標準化，就是將交易標的物之品質（選項(A)）、數量（選項(B)）、交割日期與地點等要件（選項(D)）均在契約中訂清楚，以增加交易的方便性與時效性。交易人可於契約到期前作相反方向的買賣以沖銷原來交易中所產生的履約義務（買方交錢、賣方交貨），則不須再交錢或交貨。合法期貨交易係指交易人透過政府核准之期貨交易所進行期貨買賣。（參考資料來源：臺灣期貨交易所https://www.taifex.com.tw/cht/9/futuresQA#q1）

88. **C** 降低價格的波動，擴大獲利的可能不是投機對期貨交易市場的功能。

89. **D**

	期貨契約	遠期契約
定義	期貨契約係買、賣雙方約定於未來某一特定時點,以交易當時約定之價格交付某特定商品的一種標準化合約,簡單來説整體都有標準格式。	是由買賣雙方自行議定,所以較不具流通性與市場效率性。
結算模式	1.透過結算所來做每天結算。 2.保證金有盈餘,多於原始保證金的部分,可隨時提領。 3.保證金餘額低於維持保證金時,則必須限期將保證金補足到原始保證金的金額。	到期時才一次結算,故無交易保證金的問題。
信用風險	1.透過結算所進行交易(買賣雙方並非直接面對面進行交易)。 2.可保證履約,免除到期時違約的風險。	由交易雙方自行徵信,並自負對方違約之風險。

由上述比較可知,「結算所」的建立是讓「期貨交易」比「遠期交易」更具有安全與效率的原因。

90. **A** 期貨交易契約之每日升降幅度限制係依各該契約規格規定訂定。

91. **A** 期貨契約不同於遠期契約的最大差異在期貨是定型化契約,遠期契約則否。

92. **D** 期貨交易每日之未平倉量是以未平倉之買單量或未回補之賣單量方式計算。

93. **A** 期貨契約的逐日結算制度有可能造成追繳保證金之現象。

94. **D** 限價委託賣單,其委託價與市價之關係依市場波動而定。

95. **A** MIT委託買單,其委託價與市價之關係為委託價低於市價。

96. **C** (1)反向沖銷:持有多頭部位者到期時賣出;持有空頭部位者到期時買進。
　　(2)到期交割:到期後期貨契約交割採現金交割。
　　(3)期貨轉現貨:交易雙方於合約到期前均未平倉,經彼此同意後將期貨部位轉為現貨部位,進行實體互換(Exchange For Physicals, E.F.P)。
　　目前我國期貨交易人可以反向沖銷與到期交割了結期貨持有部位,惟台灣期交所目前尚未開放實體互換(E.F.P)交易。

97. **A** 期貨交易的結算價是由期貨結算機構決定。

98. **A** 客戶是否能出金,是依其淨值是否超過其未平倉部位所需的原始保證金而定。

99. **A** 期貨結算機構保證金徵收模式有如下兩種：
(1) 總額保證金（Gross Margin）
要求會員依據所持有的期貨多頭部位加上空頭部位總額，繳交保證金。目前除台灣採總額保證金制度外，僅美國的CME與NYMEX仍採總額保證金制度。
(2) 淨額保證金（Net Margin）
同意會員依據本身持有之期貨多頭部位與空頭部位「相抵」後之差額，繳交保證金。美國包含CBOT在內之大多數交易所，均採此制度。

100. **A** 當交易人觀察日圓期貨價位，認為今天如果日圓往上能突破7,820壓力帶時，將會有一段多頭行情，否則局勢不明朗，則交易人將會以價位為7,821的停損買單來下單獲利。

101. **A** 客戶若要將其存入保證金提出，則其出金數額必須是小於或等於客戶保證金淨餘額。

102. **B** 避險之效果與期貨價格之走勢之關係最密切。

103. **D** 基差係指現貨價格與期貨價格之間的差額，計算公式：基差＝現貨價格－期貨價格。在「正常市場」中，基差為負值。一般以「基差絕對值」的變大（Widening）或變小（Narrowing）來說明基差的變化。基差變化在多空的影響：

	空頭避險	多頭避險
正常市場	變小有利	變大有利
逆價市場	變大有利	變小有利

104. **D** 當股指期貨價格大於現貨價格時，並一定有套利機會。

105. **A** 「歐洲美元」期貨契約是屬於短期利率期貨。

106. **A** 小平認為日圓兌瑞士法郎有升值的空間，欲建立日圓兌瑞士法郎的期貨部位，但CME並沒有此種外匯期貨，只有日圓兌美元以及瑞士法郎兌美元的期貨商品，此時小平可以買進日圓期貨並同時賣出瑞士法郎期貨。

107. **B** 一年期遠期匯率之理論價格＝1.6×（1＋10%）/（1＋5%）＝DM1.676
而目前一年期遠期匯率是：$1＝DM1.7
由此可見瑞朗被低估、美元高估，預期未來瑞朗會升值，因此應買入瑞郎期貨。

108. **A** 權利金＝時間價值＋內含價值
→時間價值＝權利金－內含價值

109. **B** 歐洲美元期貨價格下跌，會使歐洲美元期貨賣權的權利金增加。

110. **A** 期貨賣權（Put）的履約價格越高，其他條件不變，賣權的價格應越高。

111. **B** 價外期貨賣權（Put）越深價外，其時間價值下降。

112. **C** 當選擇權為價內選擇權時，履約價格與標的資產價格間的價差絕對值即為內含價值。價外買權表示此履約價的價格全部屬於時間價值，而並沒有任何內含價值的，是價內買權內含價值大於價外買權內含價值。

113. **A** 其他條件不考慮，利率上揚，則期貨買權價格應越高。

114. **C** 持有成本越高，合理之期貨價格越高，則基差越小，但期貨價格不一定會較現貨價格高。

115. **D** 價差交易吸引交易人的主要原因：交易成本較小、交易風險較小、保證金較少等。

116. **D** 避險損益＝－7－（－1）＝－6

117. **D** 買賣雙方各自結清自己原有部位的交易，則期貨市場上的未平倉口數（Open Interest）會少1口。

118. **C** 在計算未平倉契約數量時，應將未平倉多頭與未平倉空頭部位相加後再除以二。

119. **C** 價差交易時，若認為兩相關產品價格差距會縮小，則應買入價格低者，並賣出價格高者來操作獲利。

120. **A** 此交易的總損益＝＋3－（－2）＝5

121. **A** $F0＝S0e（r-rf）t＝0.98e（0.05-0.04）×2＝0.9998$

122. **B** $108-100×（1+3\%）＝5$

123. **A** 如果期貨價格是時間的遞增函數，則空方傾向越早交割越好。

124. **C** CME 的歐洲美元（Eurodollar）期貨契約規格為100萬美元。

125. **D** 對一個美國交易人，預期瑞郎對英鎊升值時，則應買瑞郎期貨，並且賣英鎊期貨。

126. **B** 日本製造商將出口一批玩具至英國，若其擔心英國通貨膨脹率將會上升，會造成英鎊貶值，應賣出英鎊期貨。

127. **A** 若廠商為了外幣計價的應付帳款而避險，則應建立期貨合約的買進部位。

128. **D** 如果某廠商的訂單到貨時必須以外幣付款，則匯率避險的方法為先買入外匯期貨長部位以避免匯率上漲風險。

129. **A** 歐洲美元（Eurodollar），是指儲蓄在美國境外的銀行，不受美國聯邦儲備系統監管之美元。當預期未來有美元利息收入而擔心美元利率會走跌時，應於目前買進歐洲美元期貨合約。

130. **A** 投資人預期歐元將會升值，為了試圖獲利，投資人應會建立歐元部位，例如買進歐元期貨。

131. **D** 100萬是歐洲美元期貨的合約規格一口
$1\ tick＝0.01$
（95.08－95.20）×1,000,000×0.01×3/12＝300（損失）

132. **C** 100萬是歐洲美元期貨的合約規格一口
$1\ tick＝0.01$
$95.6－95.5＝0.1$
$0.3－0.1＝0.2$ 表示為時間價值
換算成價格如下：
$1,000,000×0.2\%×3/12＝500$

133. **C** 出售某項期貨合約之賣權，代表自己有義務買入期貨合約的義務。

134. **B** 本國期貨商同時經營本國期貨經紀及國外期貨經紀業務時，則客戶保證金專戶的處理方式為應分別設置客戶保證金專戶。

135. **C** 臺灣期貨交易所結算會員之委託期貨商違背結算交割義務者，結算會員仍須履行結算交割義務。

136. **B** 期貨合約純粹是在交易所（Exchanges）交易的商品。

137. **A** 當歐元升值時，買進一口歐元期貨合約，然後在歐元升值之後賣出，是一定有獲利的。

138. **A** 外匯期貨（Futures）市場主為投機者所使用，而外匯遠期（Forward）市場主為避險者在使用。

139. **D** $100\%－97.66\%＝2.34\%$
有關歐洲美元期貨合約，若價格為97.66%，則利率為2.34%。

140. **A**　一口IMM日圓期貨合約為12,500,000日元，是大甲的平倉合約價為X
　　　（X－0.0102）×12,500,000＝1,250
　　　X＝0.0103/¥

141. **A**　(1)小明預期澳幣會升值，可買進澳幣期貨合約以獲利。
　　　(2)小明預期澳幣會貶值，故應賣出澳幣期貨合約。
　　　(3)A公司有瑞士法郎應收帳款即將到期，因預期瑞士法郎貶值而賣出瑞郎
　　　　期貨合約避險。
　　　(4)A公司有瑞士法郎應付帳款即將到期，因預期瑞士法郎升值而買進出瑞
　　　　郎期貨合約避險。

142. **C**　(1)期貨合約的買賣雙方都有履行期貨合約的義務。
　　　(2)期貨合約的投資人大都會以淨額結算的方式結束合約。
　　　(3)期貨合約比選擇權單純，故風險較小。
　　　(4)全球第一個誕生的金融期貨合約是外匯期貨合約。

143. **B**　(1)外匯期貨合約的最後交易日與到期日大都不是同一天。
　　　(2)外匯期貨合約的到期日是到期月的第三個星期三。
　　　(3)外匯期貨合約有採美式報價及採歐式報價。
　　　(4)外匯期貨合約的部位損益狀況是每日評價。

144. **B**　$300,000×1.12－（1.20－1.10）×300,000＝306,000$

145. **B**　歐洲美元（Eurodollar），是指儲蓄在美國境外的銀行，不受美國聯邦儲
　　　備系統監管之美元。當預期未來有美元利息支出而擔心美元利率會走高
　　　時，應買進歐洲美元期貨合約。

146. **C**　歐元期貨合約一口合約價為125,000
　　　（1.4250－X）×125,000×2＝1,150
　　　∴X＝1.4204

147. **C**　歐元期貨合約一口合約價為125,000
　　　（1.4050－X）×125,000＝1,250
　　　∴X＝1.3950

148. **B**　在同一商品期貨市場中，同時進行兩組價差交易，每組價差交易均包含兩個
　　　不同交割月份的期貨，如果此兩組價差交易所含的期貨，無共同的交割月
　　　份，則兩組價差交易便合稱為兀鷹價差交易（Condor Spread）。

149. **D** 期貨不是現貨市場商品，期貨係是一種跨越時間的交易方式。買賣雙方透過簽訂合約，同意按指定的時間、價格與其他交易條件，交收指定數量的現貨。

150. **B** CME推出全球第一個金融期貨契約為外幣期貨。

151. **A** CME歐元之合約規格為125,000歐元。

152. **A** CME瑞士法郎（SF）之合約規格為125,000SF。

153. **A** CME澳幣（AD）之合約規格為100,000AD。

154. **A** CME英鎊（BP）之合約規格為62,500BP。

155. **A** 日本進口商為規避美元升值之風險，應賣出日圓期貨，買進美元期貨。

156. **C** 歐元期貨的理論價格為$46 \times (1+4\% \div 2) \div (1+6\% \div 2) = 45.553398$比實際價格低，故有套利機會。獲利$= 125,000 \times (47-45.553398) = 180,825NT$。

157. **B** 損失$= 125,000 \times 5 \times (1.4410-1.4350) = 3,750$

158. **C** 歐元期貨的理論價格$45.3 \times (1+5\% \div 2) \div (1+6\% \div 2) = 45.0800971$比實際價格低，故有套利機會。獲利$= 125,000 \times (46-45.0800971) = 114,988NT$。

159. **C** 外匯期貨經紀商操作外匯期貨，須繳納保證金。

160. **C** 投機是一個零和的遊戲，投資是正和的遊戲。

161. **C** 無法達到完全避險效果之原因：
(1) 期貨與現貨價格不完全相關。
(2) 基差變動不確定。
(3) 期貨交易規模已標準化，難以與現貨之質量相配合。
(4) 期貨交割日，與現貨價格風險消除日非同一天。

162. **D** $12.5 \times 35 \times 1 = 437.5$，保證金餘額減少437.5U$，跌至3,072.5U$，仍高於2,600美元的維持保證金，不需補繳保證金。

163. **A** $12.5 \times 25 \times 1 = 312.5$，保證金餘額增加312.5U$，至3,385U$，仍高於維持保證金。

164. **B**　12.5×170×1＝2,125，保證金餘額減少2,125U$，至1,260U$，低於維持擔保金2,600U$，故需補足至原始擔保金3,510U$，則需補繳3,510－1,260＝2,250 U$。

165. **C**　12.5×10×1＝125，保證金餘額增加125U$，增至5,075U$，仍高於2,600美元的維持保證金，不需補繳保證金。

166. **C**　12.5×60×1＝750，保證金餘額減少750U$，至4,325U$，仍高於維持保證金。

167. **C**　W世界公司賣出歐元期貨，而歐元期貨的匯率上升0.0085U$／€，相當於85點，因此W世界公司將遭到損失。W世界公司的損失＝85×12.5×2＝2,125U$

168. **A**　W世界公司賣出歐元期貨，而歐元期貨的匯率上升0.0075U$／€，相當於75點，因此W世界公司將有獲利。W世界公司的獲利＝75×12.5×2＝1,875U$

169. **B**　期貨採用保證金交易，其性質為履約保證。

170. **D**　有關期貨契約價差交易，交易人可透過交易平台直接進行價差委託之複式單交易，或進行單式單委託，俟部位成立後，再建立期貨商品部位組合之交易策略。

171. **D**　對一個美國交易人，預期日圓對英鎊升值時，則應買日圓期貨，並且賣英鎊期貨。

172. **D**　因為現在持有外匯，擔心未來外匯貶值而損失，故在外匯期貨市場中賣出外匯期貨，藉此鎖定到期時外匯賣出價格。透過空頭避險策略，避險者可以將即期外匯的匯率風險轉換成基差風險。

173. **A**　當日圓從145貶值至X價位時須補繳保證金50%

$$-50,000＝\frac{(145－X)\times 1,000,000}{X} \Rightarrow X＝152.6315$$

當日圓貶至152.6315元時需補繳保證金。

第六章　外幣保證金交易

依據出題頻率區分，屬：**A** 頻率高

焦點速成

一、外匯保證金交易

外匯保證金交易是指投資者在銀行開立外幣帳戶，存入一定金額的保證金，即可進行原保證金數倍的外匯交易。

> **範例▶▶▶**
>
> 假設當前歐元兌美元報價為1.1400，這意味著投資人需要使用1.1400美元才能買入1歐元，或者賣出1歐元能獲得1.1400美元。使用114000美元買入100,000歐元（1合約），利用100倍的槓桿比例，那麼就需要提供1140的保證金。
>
> 如果歐元兌美元升值了100點，那麼就獲利了1000美金。如果貶值了100點，那麼就虧損了1000美金。投資回報率就是獲得資金除以您的本金，即1000／1140，投資回報率超過90%。

二、外匯保證金交易之功能

(一) **避險的工具**。

(二) **具財務槓桿原理**。

(三) **具可展期的特性**：一般外匯市場到期日必需進行交割，但是外匯保證金業務可展期到您要求的日期，充分的彈性供投資人選擇。

三、外匯保證金交易特色

(一) **交易幣別**：以國際匯市主要外幣通貨為主，例如美元、日圓、英鎊、瑞士法郎、加幣、澳幣等等幣別，客戶可自行選擇交易貨幣。

(二) **交易匯率**：交叉匯率，如以英鎊兌日圓。

(三) 保證金金額。

(四) 無中介機構。

(五) 外匯保證金交易沒有到期日。

(六) 外匯保證金交易市場規模巨大，參與者很多。

(七) 外匯保證金交易時間是24小時不間斷的。

四、外匯保證金交易的優缺點

(一) 優點：

點差低	一般外匯交易商提供的點差為3～12點，其中主要貨幣的點差為3～5點。
提供槓桿	保證金交易由於其使用了保證金機制，提供了資金使用槓桿。
雙向操作	保證金交易不僅可以買多貨幣，也可以放空貨幣。
盈利空間大	在保證金交易提供的槓桿作用下，盈利的空間就大大增加了。

(二) 缺點：

國內政府不保護	國內政府目前不保護國外外匯保證金交易。
有爆倉風險	由於保證金交易的機制，如果交易者沒有控制好倉位，也就是說如果進行的交易量相對賬戶資金來說過大，就會出現爆倉的情形。

五、外匯保證金交易的獲利

「外匯保證金交易」收益部分可分為下列兩部分：

(一) 匯差：外匯保證金交易盈利和虧損的計算：

　1.間接報價貨幣下的盈虧計算公式：

　　（賣出價－買入價）×合約單位×合約數＝××美元。

　2.直接報價貨幣下的盈虧計算公式：

　　（賣出價－買入價）／結算價×合約單位×合約數＝××美元。

(二) **利差**：買入利息的計算方式是：

1. **間接報價貨幣的利息計算公式：**

   合約單位×年利率×隔夜拆放天數／360×合約數。

2. **直接報價貨幣的利息計算公式：**

   合約單位×入市價×年利率×隔夜拆放天數／360×合約數。

六、外匯保證金合約

類別	代號	報價	最低價格變動	合約金額
日元	JPY	美元／日元	0‧01	100,000美元
加元	CAD	美元／加元	0‧0001	100,000美元
瑞郎	CHF	美元／瑞郎	0‧0001	100,000美元
英鎊	GBP	英鎊／美元	0‧0001	100,000英鎊
澳元	AUD	澳元／美元	0‧0001	100,000澳元
歐元	EUR	歐元／美元	0‧0001	100,000歐元

精選試題

( )　1. 客戶自A銀行買入500萬美元兌馬克，匯率是1.7145，然後客戶
　　　　在賣出500萬美元兌馬克給B銀行，匯率是1.7112。淨損益？
　　　　(A)損失16,500馬克　　　　　　(B)獲利16,500馬克
　　　　(C)損失18,500馬克　　　　　　(D)獲利18,500馬克。

( )　2. 投資人與A銀行承作一筆100萬美元的保證金交易，存入10萬元美元做
　　　　為保證金，並下單買日圓，若當時美元兌日圓的匯率成交為145元，則
　　　　若規定維持保證金為本金之50%，則日圓在何價位時，需補繳保證金？
　　　　(A)152.6315　　　　　　　　　(B)153.2315
　　　　(C)151.1115　　　　　　　　　(D)152.5。

( )   3. 依我國期貨交易法,有關外幣保證金交易(指客戶與交易商簽約繳付外幣保證金後,交易商得隨時應客戶之請求,於保證之倍數範圍內以自己之名義為客戶之計算,在外匯市場從事不同幣別間之即期或遠期買賣)之敘述,下列何者正確?
(A)該種交易係槓桿保證金交易之一種
(B)外匯指定銀行經核准辦理外幣保證金交易,應適用期貨交易法
(C)中央銀行指定外匯經紀商經核准辦理外幣保證金交易應適用期貨交易法
(D)金融機構均得自行辦理外幣保證金交易。

( )   4. 申請人與銀行訂定60天期之遠期外匯預售匯率為35.00,金額為100,000美元,以新臺幣現金繳交3%保證金(以匯率35.00計收),因故向銀行申請註銷,註銷當日即期賣出匯率35.15,即期買入匯率為35.05,則銀行於扣除匯差損失後,應退還客戶保證金新臺幣若干元?
(A)90,000   (B)105,000
(C)100,000   (D)15,000。

( )   5. 有關指定銀行辦理外幣保證業務之主要內容,下列敘述何者錯誤?
(A)以國內顧客為限且憑顧客提供之有關交易文件辦理
(B)以國內、外顧客為限且憑顧客提供之有關交易文件辦理
(C)履行保證債務時,應由顧客依申報辦法規定辦理
(D)應將月底餘額及其保證性質,列表報送央行外匯局。

( )   6. 有關銀行簽發外幣保證應注意事項,下列何者錯誤?
(A)保證金額應確定
(B)保證金額不確定者,將被視為無效保證
(C)保證函應明確載明有效期限
(D)除必須經其他銀行保兌外,提示地限制在開狀(證)行櫃檯較適宜。

( )   7. A先生買進歐元/美元100萬,買進價位在0.7400,賣出價位在0.7600,採用保證金交易方式,本金只需10000歐元(假設保證金比例為1%),則其獲利率為何?
(A)200%   (B)2%
(C)20%   (D)10%。

( )　8. 關於外匯保證金交易，下列敘述何者錯誤？ 　(A)沒有到期日 　(B)以外匯現貨為交易標的 　(C)有隔夜利息存在 　(D)屬於集中市場交易的一種。

( )　9. POE先生買進英鎊／美元100萬，買進價位在GBP／USD1.4000，賣出價位在GBP／USD1.5000，採用保證金交易方式，本金只需10,000美元（假設保證金比例為1%），則其獲利多少？ (A)USD7,143 　(B)GBP7,143 　(C)USD7,500 　(D)GBP7,250。

( )　10. POE先生買進英鎊／美元100萬，買進價位在GBP／USD1.4000，賣出價位在GBP／USD1.5000，採用保證金交易方式，本金只需10,000美元（假設保證金比例為1%），則其獲利率為何？ (A)71.43% 　(B)75% 　(C)750% 　(D)714.30%。

( )　11. 某甲與銀行訂立一個月遠期契約，購買等值美金二十五萬元日圓並存入外匯保證金帳戶一成保證金美金二萬五千元，即期匯率115.50，遠期點數（換匯點數）－40，訂約匯率為115.10（115.50－0.40）後，日圓升值至114.20，某甲獲利了結，以144（其中－20為遠期點數）價位平倉，賣出日圓，則其獲利為何？ (A)USD2,412.28 　(B)USD2,212 　(C)JPY2,412.28 　(D)JPY2,212。

( )　12. 某甲與銀行訂立一個月遠期契約，購買等值美金二十五萬元日圓並存入外匯保證金帳戶一成保證金美金二萬五千元，即期匯率115.50，遠期點數（換匯點數）－40，訂約匯率為115.10（115.50－0.40）後，日圓升值至114.20，某甲獲利了結，以144（其中－20為遠期點數）價位平倉，賣出日圓，則其獲利率為何？ (A)15.28% 　(B)12.28 　(C)9.65% 　(D)6.65%。

( )　13. 某人於1.2350買入10萬EUR／USD，於1.2450賣出10萬EUR／USD平倉，保證金為1萬USD，則其獲利為何？ 　(A)獲利USD1,000 (B)獲利USD10,000 　(C)獲利EUR1,000 　(D)獲利EUR10,000。

( )　14. 某人於1.2350買入10萬EUR／USD，於1.2450賣出10萬EUR／USD平倉，保證金為1萬USD，則其獲利率為何？ 　(A)1% 　(B)5% (C)10% 　(D)15%。

( )　15. 某人於112.50買入10萬USD／JPY，後於111.50賣出10萬USD／JPY
平倉，保證金為1萬USD，則其獲利（損失）為何？
(A)獲利896.86USD　　　　　　　(B)損失896.86SD
(C)獲利888.89USD　　　　　　　(D)損失888.89USD。

( )　16. 某人於136.20買入10萬EUR／JPY，後於138.60賣出10萬EUR／JPY
平倉，平倉時USD／JPY市價為112.00，保證金為1萬USD，則其獲
利（損失）為何？
(A)獲利2,142.86USD　　　　　　(B)損失2,142.86USD
(C)獲利1,762.11USD　　　　　　(D)損失1,762.11USD。

( )　17. 某人於136.20買入10萬EUR／JPY，後於138.60賣出10萬EUR／JPY
平倉，平倉時USD／JPY市價為112.00，保證金為1萬USD，則其獲
利率為何？
(A)21.43%　　　　　　　　　　(B)11.43%
(C)214.3%　　　　　　　　　　(D)12.43%。

( )　18. 大元於1.2200買入10萬EUR／USD，後於1.2350賣出10萬EUR／
USE平倉，保證金為1萬USD，則其獲利（損失）為何？
(A)獲利1,250USD　　　　　　　(B)損失1,250USD
(C)獲利1,500USD　　　　　　　(D)損失1,500USD。

( )　19. 大元於1.2200買入10萬EUR／USD，後於1.2350賣出10萬EUR／
USE平倉，保證金為1萬USD，則其獲利率為何？
(A)15%　　　　　　　　　　　　(B)1.5%
(C)1.25%　　　　　　　　　　　(D)12.5%。

( )　20. 我國主管機關將下列何種金融商品之保證金交易歸類為第五種的
衍生性商品？　(A)股票和公債　(B)股票和外幣　(C)公債和外幣
(D)股票、公債和外幣。

( )　21. 銀行與客戶承作1筆1年期2倍槓桿，每期不計槓桿名目本金為500千
美元，比價12次之USD／CNHTRF交易，其個別交易損失上限為：
(A)1,800千美元　(B)3,000千美元　(C)3,600千美元　(D)6,000千美元。

( )　22. 依我國期貨交易法，有關外幣保證金交易（指客戶與交易商簽約繳付外幣保證金後，交易商得隨時應客戶之請求，於保證之倍數範圍內以自己之名義為客戶之計算，在外匯市場從事不同幣別間之即期或遠期買賣）之敘述，下列何者正確？　(A)該種交易係槓桿保證金交易之一種　(B)外匯指定銀行經核准辦理外幣保證金交易，應適用期貨交易法　(C)中央銀行指定外匯經紀商經核准辦理外幣保證金交易應適用期貨交易法　(D)金融機構均得自行辦理外幣保證金交易。

( )　23. CBOT的日圓期貨原始保證金為$2,000，維持保證金為$1,500，假設一點1,000元，某交易人買進一口日圓期貨，價位為112－10，當日圓期貨價格跌至111－10，交易人必須追繳的保證金為：(A)$1,000　(B)$500　(C)0　(D)$725。

( )　24. 日圓期貨原始保證金為$3,000，某交易人以109－00之價位買進一口日圓期貨，該交易人所承擔最大的風險為：（期貨契約值$100,000）(A)$3,000　(B)$100,000　(C)$109,000　(D)$70,000。

( )　25. 指定銀行承作外幣擔保付款之保證業務，下列敘述何者錯誤？(A)承作對象以國內顧客為限　(B)應憑顧客提供有實際需求之證明文件辦理　(C)履行保證責任之結匯應以銀行為申報義務人　(D)應將月底餘額及其保證性質列表報送中央銀行外匯局。

( )　26. 下列何者非屬外幣保證簽發之型式？　(A)擔保信用狀　(B)跟單信用狀　(C)銀行保證函　(D)擔保信用狀與銀行保證函。

( )　27. 指定銀行辦理外幣擔保付款之保證業務應依規定向何者列報？(A)無須列報　(B)向金管會銀行局列報　(C)向中央銀行外匯局列報(D)向金管會銀行局及中央銀行外匯局列報。

解答與解析

1. **A**　－（5,000,000×1.7145）馬克＋（5,000,000×1.7112）馬克
　　　　　付給A銀行　　　　　　　收自B銀行
＝－8,572,500＋8,556,000馬克
＝－16,500馬克（淨損失）
交割日當天，馬克帳戶會減少16,500馬克。

2. **A** 當日圓從145貶值至X價位時須補繳保證金50%

$$-50,000 = \frac{(145\text{-}X) \times 1,000,000}{X} \Rightarrow X = 152.6315$$

當日圓貶至152.6315元時需補繳保證金。

3. **A** 外幣保證金交易（指客戶與交易商簽約繳付外幣保證金後，交易商得隨時應客戶之請求，於保證之倍數範圍內以自己之名義為客戶之計算，市場從事不同幣別間之即期或遠期買賣）係槓桿保證金交易之一種。

4. **A** $100,000 \times 35 \times 3\% = 105,000$
$100,000 \times（35.15 - 35）= 15,000$
$105,000 - 15,000 = 90,000$

5. **B** 指定銀行辦理外幣保證業務之承作對象：以國內顧客為限。

6. **B** 銀行簽發外幣保證，其保證金額必須確定，金額不確定者，將被視為無限保證責任。

7. **A** $1,000,000 \times（0.7600 - 0.7400）\div 10,000 = 200\%$

8. **D** 外匯保證金交易屬於非集中市場交易的一種。

9. **A** $1,000,000 \div 1.4000 = 71,429GBP$
$71,429 \times 1.5000 - 1,000,000 = 7,143（USD）$

10. **A** $1,000,000 \div 1.4000 = 71,429GBP$
$71,429 \times 1.5000 - 1,000,000 = 7,143（USD）$
$7,143/10,000 = 71.43\%$

11. **A** $USD250,000 \times〔（115.10 - 114）/114〕= USD2,412.28$

12. **C** $USD250,000 \times〔（115.10 - 114）/114〕= USD2,412.28$
$2,412.28/25,000 = 9.65\%$

13. **A** 損益計算方法：（賣出價－買入價）×交易金額＝盈虧（美元）
$（1.2450 - 1.2350）\times 100,000 = USD\ 1,000$

14. **C** $（1.2450 - 1.2350）\times 100,000 = USD1,000$
$1,000/10,000 = 10\%$

15. **B** 損益計算方法：（賣出價－買入價）×交易金額÷平倉價＝盈虧（美元）
$（111.50 - 112.50）\times 100,000 \div 111.50 \fallingdotseq -USD896.86$

16. **A**　（138.60－136.20）×100,000÷112.00≒USD 2,142.86

17. **A**　（138.60－136.20）×100,000÷112.00≒USD2,142.86
　　　　2,142.86/10,000＝21.43%

18. **C**　（1.2350－1.2200）×100,000＝1,500USD

19. **A**　（1.2350－1.2200）×100,000＝1,500USD
　　　　1,500/10,000＝15%

20. **C**　公債保證金交易和外幣保證金交易被歸類在第五種衍生性商品。

21. **A**　上限為本金的3.6倍（500×3.6＝1800）

22. **A**　有關外幣保證金交易（指客戶與交易商簽約繳付外幣保證金後，交易商得隨時應客戶之請求，於保證之倍數範圍內以自己之名義為客戶之計算，在外匯市場從事不同幣別間之即期或遠期買賣）係槓桿保證金交易之一種。

23. **A**　（112.10－111.10）×1,000＝1,000

24. **C**　1.09×100,000＝109,000

25. **C**　指定銀行承作外幣擔保付款之保證業務，履行保證責任之結匯應以顧客為申報義務人。

26. **B**　跟單信用狀：即信用狀規定受益人請求讓購或兌付匯票（有時無需匯票）時，必須同時檢附代表貨物所有權或證明貨物已交運之運送單據及有關之貨運單據者稱之。跟單信用狀非屬外幣保證簽發之型式。

27. **C**　指定銀行辦理外幣擔保付款之保證業務應依規定向向中央銀行外匯局列報列報。

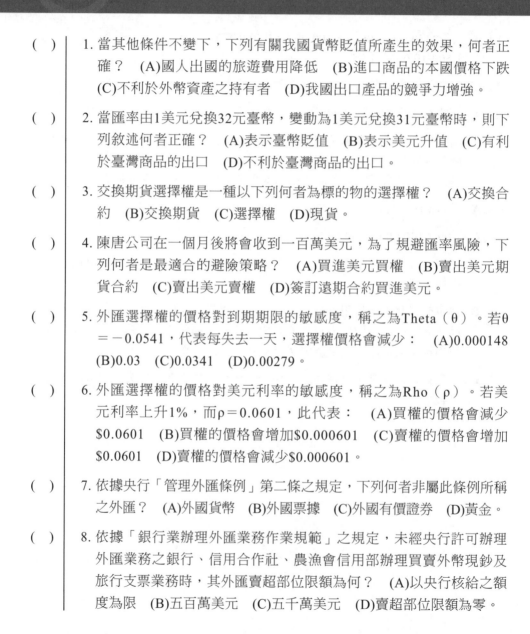

( ) 1. 當其他條件不變下,下列有關我國貨幣貶值所產生的效果,何者正確? (A)國人出國的旅遊費用降低 (B)進口商品的本國價格下跌 (C)不利於外幣資產之持有者 (D)我國出口產品的競爭力增強。

( ) 2. 當匯率由1美元兌換32元臺幣,變動為1美元兌換31元臺幣時,則下列敘述何者正確? (A)表示臺幣貶值 (B)表示美元升值 (C)有利於臺灣商品的出口 (D)不利於臺灣商品的出口。

( ) 3. 交換期貨選擇權是一種以下列何者為標的物的選擇權? (A)交換合約 (B)交換期貨 (C)選擇權 (D)現貨。

( ) 4. 陳唐公司在一個月後將會收到一百萬美元,為了規避匯率風險,下列何者是最適合的避險策略? (A)買進美元買權 (B)賣出美元期貨合約 (C)賣出美元賣權 (D)簽訂遠期合約買進美元。

( ) 5. 外匯選擇權的價格對到期期限的敏感度,稱之為Theta(θ)。若θ=-0.0541,代表每失去一天,選擇權價格會減少: (A)0.000148 (B)0.03 (C)0.0341 (D)0.00279。

( ) 6. 外匯選擇權的價格對美元利率的敏感度,稱之為Rho(ρ)。若美元利率上升1%,而ρ=0.0601,此代表: (A)買權的價格會減少\$0.0601 (B)買權的價格會增加\$0.000601 (C)賣權的價格會增加\$0.0601 (D)賣權的價格會減少\$0.000601。

( ) 7. 依據央行「管理外匯條例」第二條之規定,下列何者非屬此條例所稱之外匯? (A)外國貨幣 (B)外國票據 (C)外國有價證券 (D)黃金。

( ) 8. 依據「銀行業辦理外匯業務作業規範」之規定,未經央行許可辦理外匯業務之銀行、信用合作社、農漁會信用部辦理買賣外幣現鈔及旅行支票業務時,其外匯賣超部位限額為何? (A)以央行核給之額度為限 (B)五百萬美元 (C)五千萬美元 (D)賣超部位限額為零。

( )　9. 市場匯率1美元＝33.502／33.512新臺幣，1美元＝118.00／118.10日圓，
客戶欲以新臺幣換購日幣一百萬存入外幣存款，銀行對客戶報價為一
日圓＝0.2900新臺幣，銀行此筆交易的獲利為多少？
(A)日幣6,000元　　　　　　　　(B)日幣6,325元
(C)新臺幣6,000元　　　　　　　(D)新臺幣6,325元。

( )　10. 交易員於市場報價1歐元＝1.065／1.0660美元時，買入歐元1百萬對
美元，隨即於市場報價1歐元＝1.0740／1.0750美元時，賣出歐元1
百萬買回美元，此交易員的獲利／損失為多少？
(A)獲利美元8,000　　　　　　　(B)獲利歐元8,000
(C)損失美元10,000　　　　　　 (D)獲利歐元10,000。

( )　11. 三個月期買美元賣日圓選擇權（USD CALL／JPY PUT）履約價格
為120.00，三個月期美元對日圓遠匯為117.45，此選擇權的內含價
值為多少？
(A)－2.55美元對日圓　　　　　 (B)0
(C)2.55美元對日圓　　　　　　 (D)美元182.05。

( )　12. 在國際收支帳中，國際贈予，如臺灣慈濟功德會援助稻米給中國大
陸水災居民，會被歸為：
(A)經常帳　　　　　　　　　　　(B)金融帳
(C)資本帳　　　　　　　　　　　(D)誤差與遺漏淨額。

( )　13. 下列何者不是國際準備？　(A)IMF的準備頭寸　(B)外匯準備
(C)特別提款權　(D)印尼幣。

( )　14. 以同一貨幣，訂定於不同交割日，依約定兩匯率，作先買並後賣，
或先賣並後買金額相同的另一貨幣，以達到此二貨幣於兩不同交割
日間，互為轉換的交易。此種交易稱為：
(A)換匯交易　　　　　　　　　　(B)利率交換
(C)貨幣選擇權　　　　　　　　　(D)期貨。

( )　15. 長天期遠期交易是指交割超過？　(A)半年　(B)九個月　(C)一年
(D)二年。

( )　16. 假設一存款組合式商品（歐式選擇權），存款本金10,000歐元，連結標的為EUR/USD匯率，存款期間1個月（實際投資為35天），存款起息日105/5/16，到期日105/6/20，清算日為105/6/18，保障存款稅前年收益4%，轉換匯率=進場匯率+0.015，清算匯率低於轉換匯率則歐元本金不會被轉換，若進場匯率為1.135，且清算日當天清算匯率為1.165，則投資人可領本金及收益為何？
(A)本金10,000歐元，利息38.89歐元
(B)本金11,500美元，利息0美元
(C)本金11,500美元，利息44.72美元
(D)本金11,500美元，利息38.89歐元。

( )　17. 客戶有USD200,000，想要購買AUD銀行即期牌告匯率AUD／USD：0.9200／0.9240客戶可以拿到多少AUD？　(A)217,391　(B)216,919　(C)200,000　(D)216,450。

( )　18. 假設A公司向國外B公司訂購機器，價值為USD10,000,000，A公司必須馬上支出B公司1%的手續費。銀行即期牌告匯率：29.5／30.0，A公司需支付給銀行多少新臺幣以購買等值的美金足以支付1%的手續費？　(A)3,000,000　(B)2,950,000　(C)300,000　(D)295,000。

( )　19. 利用無本金交割遠期外匯（NDF）對弱勢貨幣進行避險時（如買美元賣新臺幣），當到期定價匯率高於原遠期匯率時，NDF 的買方收到賣方支付的現金差額為何？　(A)（定價匯率–遠期匯率）×成交金額　(B)（遠期匯率–定價匯率）×成交金額／遠期匯率　(C)（定價匯率–遠期匯率）×成交金額／遠期匯率　(D)（定價匯率–遠期匯率）×成交金額／定價匯率。

( )　20. 已知即期匯率為：USD／NTD＝30、GBP／USD＝1.32，請以NTD掛出GBP的匯率？　(A)GBP／NTD＝43.8　(B)NTD／GBP＝0.044　(C)GBP／NTD＝39.6　(D)NTD／GBP＝0.02314。

( )　21. 銀行間報價歐元：美元即期匯率1.1240－60，兩個月遠期匯0.0015－0.0022，若以直接匯率報價法，兩個月遠期匯率應為：
(A)1.1255－1.1282
(B)1.1225－1.1238
(C)1.1255－1.1275
(D)1.1262－1.1288。

（　）22. 有關遠期匯率與即期匯率的敘述，下列敘述何者錯誤？
(A)遠期匯率與即期匯率的差額稱為「換匯匯率」（swap rate）
(B)遠期匯率與即期匯率的差額稱為「換匯點」（swap point）
(C)當換匯匯率為正值（＞0）時，表示遠期外匯是「升水」（premiun）
(D)當換匯點為負值（＜0）時，表示遠期外匯是「升水」（premiun）。

（　）23. A股票選擇權賣權權利金15元，時間價值7元，當A股票市場價值為70元時，試問該賣權履約價格為下列何者？　(A)62元　(B)77元　(C)78元　(D)92元

（　）24. 外匯交易中，交易雙方無法同步進行無時差的資金收付，因而產生的風險稱為：　(A)流動性風險　(B)市場風險　(C)交割風險　(D)作業風險。

（　）25. 當一美元兌換日圓的匯率由85元上升至105元，則日圓：　(A)貶值19.49%　(B)貶值23.53%　(C)升值19.49%　(D)升值23.53%。

（　）26. 在臺灣的外匯市場裡，各種外國貨幣的代表符號何者正確？
(A)美元（¥），歐元（£）　　　(B)英鎊（$），美元（$）
(C)日圓（¥），歐元（£）　　　(D)歐元（£），英鎊（$）。

（　）27. 假設美元相對於歐元升值，則：　(A)美國加州葡萄酒在美國會變得比較貴　(B)美國手機在法國會變得比較便宜　(C)義大利皮件在美國會變得比較貴　(D)法國化妝品在美國會變得比較便宜。

（　）28. 有關匯率選擇權及遠期外匯的性質，下列敘述何者錯誤？　(A)買入匯率選擇權須支付一筆權利金　(B)訂定遠期外匯契約不需要支付權利金　(C)匯率走勢看錯時，通常買入選擇權比遠期外匯有利　(D)選擇權的權利金不會因為即期匯率的變動而變動。

（　）29. 如果1美元可以兌換120日圓，1歐元可以兌換2美元，則歐元與日圓之匯率為：　(A)1歐元＝250日圓　(B)1歐元＝240日圓　(C)1歐元＝60日圓　(D)1歐元＝120日圓。

（　）30. 有關外幣期貨之敘述，下列何者錯誤？　(A)外幣期貨為標準化合約　(B)由結算所擔保期貨契約的履行　(C)固定到期日　(D)買方才有權決定到期是否履約。

( )　31. 倘即期USD／JPY報價114.63／68，一個月期換匯點報價44／42，客戶欲購買一個月期USD／JPY遠期匯率，其匯價為何？　(A)114.06　(B)114.16　(C)114.26　(D)114.36。

( )　32. 目前臺灣所實施的匯率制度，比較接近下列何種匯率制度？　(A)浮動匯率制度　(B)固定匯率制度　(C)管理浮動匯率制度　(D)金本位匯率制度。

( )　33. 有關換匯換利交易之敘述，下列何者錯誤？　(A)在約定期間內交換本金　(B)在到期日以相同匯率換回本金　(C)在契約期間不收付利息　(D)換匯換利的信用風險較換利高。

( )　34. 有關CME交易之歐洲美元期貨，下列敘述何者有誤？　(A)標的資產為三個月的歐洲美元定期存款　(B)採實物交割　(C)最後交易日為交割月份的第三個禮拜三的前兩個倫敦銀行營業日　(D)最近月份的期貨合約最小價格跳動值（Tick）為0.0025。

( )　35. 某交易者以$32.58賣出一張六月份的美元期貨，同時以$32.18買進一張十二月份的美元期貨，這個價差交易的名稱又稱為：　(A)空頭價差交易　(B)多頭價差交易　(C)賣出價差交易　(D)買進價差交易。

( )　36. 交易人觀察瑞郎期貨價位，認為今天瑞郎如果往下能突破6,620支撐帶時，將會有一段空頭行情，否則局勢時將不明朗，則交易人將會以下列那一指令來下單獲利？　(A)價位為6,620的停損買單　(B)價位為6,620的停損賣單　(C)價位為6,620的觸價買單　(D)價位為6,620的觸價賣單。

( )　37. 6月歐洲美元期貨市價為96.95，履約價格為96.55之期貨買權之權利金為0.5，則時間價值為：　(A)0.05　(B)0.1　(C)0.15　(D)0。

( )　38. 期貨賣權（Put）的Delta為−0.5，表示在其他情況不變下，期貨價格若下跌1元，賣權價格會：　(A)上漲0.5元　(B)下跌0.5元　(C)上漲0.3元　(D)下跌0.3元。

( )　39. 期貨結算制度主要功能是：　(A)權責區分　(B)確保交易公正　(C)履約保證　(D)選項(A)(B)(C)皆非。

( )　40. 如果某銀行的報價為：AUD／USD：0.8150－0.8160，如果想買美元，則美元兌澳幣的匯率最接近下列何者？　(A)0.8150 (B)0.8160　(C)1.2255　(D)1.2270。

( )　41. 倫敦與巴黎報價USD：C\$的即期匯率如下表，請問若採地點套匯（space arbitrage）操作，獲利狀況最接近下列何者（不考慮交易手續費用或稅）？
(A)0.0117　　　　(B)0.0100
(C)0.0088　　　　(D)0.0130。

倫敦	1.3346 – 1.3365
巴黎	1.3465 – 1.3476

( )　42. 有關外匯市場之敘述，下列何者錯誤？　(A)外幣現鈔匯率的買賣價差比即期匯率的買賣價差大　(B)銀行與顧客間的即期外匯交易是當天交割　(C)銀行間市場的外匯即期買價一般低於銀行對顧客市場的即期買價　(D)銀行多不主動報價畸零期的遠期匯率，須個別向銀行詢價。

( )　43. 期貨與遠期契約的最大差異為：　(A)期貨是零和交易，遠期契約則否　(B)期貨是交易未來，遠期契約則否　(C)期貨是槓桿交易，遠期契約則否　(D)期貨是每日結算，遠期契約則否。

( )　44. 所謂的逆價差：　(A)期貨價格小於現貨價格　(B)期貨價格大於現貨價格　(C)期貨價格等於現貨價格　(D)期貨價格大於買權價格。

( )　45. 下列何者不是匯率衍生性商品？　(A)短期外匯　(B)遠期外匯 (C)無本金交割選擇權　(D)換匯交易。

( )　46. 下列市場交易時區，何者交易時間最早？　(A)紐約　(B)倫敦 (C)雪梨　(D)東京。

( )　47. 澳幣對美元的價格為0.8975／00，若交易員依市場慣例的小碼（pips）報價方式應為何？　(A)0.8895／0.8900　(B)895／900 (C)5／0　(D)75／00。

( )　48. 下列各組EUR／USD之報價中，何者最具競爭力？　A：1.3611－1.3615　B：1.3610－1.3615　C：1.3612－1.3614　D：1.3609－1.3613　(A)A　(B)B　(C)C　(D)D。

( )　49.下列有關遠期外匯交易之報價方式的敘述，何者正確？
　　　　(A)銀行同業間和外匯指定銀行對一般出口廠商之報價方式皆以換匯率（swap rate）為基礎
　　　　(B)銀行同業間和外匯指定銀行對一般出口廠商之報價皆採直接遠匯價格（forward outright rate）方式
　　　　(C)銀行同業間之報價方式以換匯率為基礎，而外匯指定銀行對一般出口廠商則採直接遠匯價格方式
　　　　(D)銀行同業間之報價方式以直接遠匯價格為基礎，而外匯指定銀行對一般出口廠商則採換匯率方式。

( )　50.銀行辦理無本金交割新臺幣遠期外匯業務（NDF）之承作對象以下列何者為限？　(A)限國內指定銀行間　(B)限本國銀行（指定銀行）與其海外分行　(C)限外國銀行在臺分行與該行總行及其分行　(D)國內指定銀行間、本國銀行（指定銀行）與其海外分行間、外國銀行在臺分行與該行總行及其分行、外國銀行在臺子行與該行母行及其分行皆可。

解答與解析

1. **D** (A)出國費用提高。(B)進口商品價格上漲。(C)利於外幣資產之持有者。

2. **D** US\$1：NT\$30→US\$1：NT\$29，表示臺幣升值，不利出口，有利進口。

3. **B** 交換期貨選擇權在性質上屬於選擇權契約之一種，其契約之標的為「交換期貨」。

4. **B** 陳唐公司在一個月後將會收到一百萬美元，意味陳唐公司將會持有一百萬美元，為了為了規避匯率風險，則陳唐公司可先於市場賣出美元期貨金約，以抵銷這一百萬元美元可能面臨的匯率風險。

5. **A** 選擇權價格會減少＝0.0541/365＝0.000148

6. **B** Rho（ρ）是指選擇權市價對美元利率的敏感度。當美元利率水準上升時，買權的價格也會上升。本題若美元利率上升1%，而ρ＝0.0601，此代表買權的價格會增加＝0.0601/100＝0.000601

7. **D** 管理外匯條例第2條規定：「本條例所稱外匯，指外國貨幣、票據及有價證券。前項外國有價證券之種類，由掌理外匯業務機關核定之。」

8. **D** 銀行業辦理外匯業務作業規範第13點規定，未經央行許可辦理外匯業務之銀行、信用合作社、農漁會信用部辦理買賣外幣現鈔及旅行支票業務時，其外匯賣超部位限額為零。

9. **C** $1,000,000 \times 0.2900 - 1,000,000 \div 118 \times 33.512 = 6,000$元（新臺幣）

10. **A** $1,000,000 \times 1.0940 - 1,000,000 \times 1.0860 = 8,000$元（獲利美元）

11. **B** 選擇權市價＝內含價值＋時間價值
$120.00 =$ 內含價值 $+ 120.00$
內含價值 $= 0$

12. **A** 在國際收支帳中，國際贈予，如臺灣慈濟功德會援助稻米給中國大陸水災居民，會被歸為「經常帳」。

13. **A** 國際準備項目有：外匯準備、特別提款權、貨幣性黃金、IMF的準備頭寸、在國際貨幣基金的準備部分等。

14. **A** 以同一貨幣，訂定於不同交割日，依約定兩匯率，作先買並後賣，或先賣並後買金額相同的另一貨幣，以達到此二貨幣於兩不同交割日間，互為轉換的交易。此種交易稱為「換匯交易」。

15. **C** 長天期遠期交易是指交割超過一年的交易。

16. **D** (1) 本題清算日當天清算匯率為1.165＞轉換匯率1.15（1.135＋0.015＝1.15）
→本金會被轉換為美元$10,000 \times 1.15 = 11,500$（美元）。
(2) 利息 $= 10,000 \times 4\% \times 35 / 365 = 38.89$。

17. **D** 客戶想要買AUD→銀行賣AUD給客戶→適用匯率為0.9240
$USD200,000 \div 0.9240 = AUD216,450$

18. **A** 手續費：$USD10,000,000 \times 1\% = 100,000$
A公司買美金適用之匯率：30
$100,000 \times 30 = 3,000,000$

19. **C** 利用無本金交割遠期外匯（NDF）對弱勢貨幣進行避險時（如買美元賣新臺幣），當到期定價匯率高於原遠期匯率時，NDF的買方收到賣方支付的現金差額為（定價匯率–遠期匯率）×成交金額／遠期匯率。

20. **C** 即期匯率為：$USD/NTD = 30$、$GBP/USD = 1.32$，NTD 掛出GBP的匯率 $= 30 \times 1.32 = 39.6$

21. **A**　銀行間報價歐元：美元即期匯率1.1240－60，兩個月遠期匯率0.0015－0.0022，若以直接匯率報價法，兩個月遠期匯率為1.1255－1.1282。

22. **D**　遠期外匯匯率與即期外匯匯率是有差額的，這種差額叫遠期差價，用升水、貼水或平價來表示。升水表示遠期匯率比即期匯率高（即當換匯匯率為正值），貼水則反之，平價表示二者相等。

23. **C**　該賣權履約價格＝70＋15－7＝78（元）。

24. **C**　交割風險係指交易雙方無法同步進行無時差的資金收付，因而產生的風險。

25. **A**　(1)貶值是指某一特定貨幣價值下降，此價值一般會以兌換為其他貨幣單位後的金額為準，意指價格下降或是價值減少。當一美元兌換日圓的匯率由85元上升至105元，代表日圓購買力下降，則日圓貶值＝$\dfrac{105-85}{105}$＝19.49%
　　　　(2)當一美元兌換日圓的匯率由85元上升至105元，則日圓貶值19.49%。

26. **C**　貨幣符號是一種常被用來作為貨幣名稱的圖像速記符號，貨幣符號主要在各自的國家內使用。美元的貨幣的符號為$，歐元的貨幣的符號為€，日圓的貨幣的符號為¥，英鎊的貨幣的符號£。

27. **D**　(1)如果用本國貨幣表示的外國貨幣價格下跌了，則稱為匯率升值。簡單地說，匯率升值是本國貨幣對外國貨幣的價值上升了，同樣一單位本國貨幣能買到更多外國貨幣。
　　　　(2)例如臺幣對美元匯率從40NTD＝1USD升值到20NTD＝1USD，代表原先拿新臺幣40元換到1美元，但因為新臺幣匯率升值，變成同樣拿新臺幣40元可換到2美元。
　　　　(3)故假設美元相對於歐元升值，則法國化妝品在美國會變得比較便宜。

28. **A**　選擇權的權利金會因為即期匯率的變動而變動。Delta（δ）是指選擇權市價（權利金）對即期匯率變化的敏感度。

29. **B**　120×2＝240（日圓）。

30. **B**　外幣期貨，買賣方才有權決定到期是否履約。

31. **C**　114.68－0.42＝114.26

32. **C**　目前臺灣所實施的匯率制度，比較接近管理浮動匯率制度。

33. **C**　換匯換利交易在契約期間有收付利息。

34. **B**　CME交易之歐洲美元期貨採現金交割。

35. **A**　某交易者以$32.58賣出一張六月份的美元期貨，同時以$32.18買進一張十二月份的美元期貨，這個價差交易的名稱稱為空頭價差交易。

36. **B**　交易人觀察瑞郎期貨價位，認為今天瑞郎如果往下能突破6,620支撐帶時，將會有一段空頭行情，否則局勢時將不明朗，則交易人將會以價位為6,620的停損賣單來下單獲利。

37. **B**　期貨的價值等於內含價值加時間價值，本題6月歐洲美元期貨市價為96.95，履約價格為95.75之期貨買權之權利金為0.2，則時間價值＝（0.5＋96.55）－96.95＝0.1。

38. **A**　Delta值（δ），又稱對沖值，是衡量標的資產價格變動時，期權價格的變化幅度。期貨賣權（Put）的Delta為－0.5，表示在其他情況不變下，期貨價格若下跌1元，賣權價格會上漲0.5元。

39. **C**　期貨結算制度主要功能是履約保證。

40. **D**　1/0.8150＝1.2300

41. **B**　地點套匯（space arbitrage）地點套匯，是指套匯者利用不同外匯市場之間的匯率差異，同時在不同的地點進行外匯買賣，以賺取匯率差額的一種套匯交易。直接套匯（direct arbitrage）。又稱兩角套匯（two pointsirbitrage），是指利用同一時間兩個外匯市場的匯率差異，進行賤買貴賣，以賺取匯率差額的外匯買賣活動，

例如，在同一時間內，出現下列情況：

London　　　£1＝US$1・4815／1・4825

NewYork　　£1＝US$1・4845／1・4855

若某一套匯者在倫敦市場上以£1＝US$1・4825的價格賣出美元，買進英鎊，同時在紐約市場上以£1＝US$1・4845的價格買進美元，賣出英鎊，則每英鎊可獲得0・0020美元的套匯利潤。

本題獲利＝1.3465 –1.3365＝0.0100

42. **C**　銀行間市場的外匯即期買價不一定低於銀行對顧客市場的即期買價，僅是銀行間市場的外匯即期買價買賣價差較小，而銀行對顧額市場的即期買價之買賣價差較大。

43. **D**　期貨與遠期契約的最大差異為期貨是每日結算，遠期契約則否。

44. **A** 價差為期貨投資人對後續行情的預期，為研判後市的重要指標。正價差出現時表示期貨投資人看好後續行情，反之逆價差出現時則表示期貨投資人看壞後續發展。

45. **A** 凡是涉及外幣衍生性金融商品交易的行為，均稱為匯率衍生性金融商品交易。一般而言匯率衍生性金融商品包括遠期外匯（FORWARD）、換匯交易（FX Swap）、無本金交割遠匯（NDF）、無本金交割選擇權（NDO）、外匯期貨（FX FUTURE）、外匯選擇權（FX OPTION）等。

46. **C** (1)國際金融市場由於時區不同而形成全球24小時不間斷的營業，惟基於合法性及商業考量，各主要地區之主管機關，一致認同之正式市場每週開始與結束時間為雪梨時間星期一早上5點至紐約時間星期五下午5點整。
(2)綜上，市場交易時區，雪梨交易時間最早。

47. **D** (1)後面的數字只有報出兩碼，稱為小碼報價。
(2)故澳幣對美元的價格為0.8875/00，若交易員依市場慣例的小碼（pips）報價方式應為75/00。

48. **C** 報價愈往內對客戶最有利，故上述各組EUR/USD之報價中，以C：1.3612－1.3614最具競爭力。

49. **C** 銀行之間的匯率報價是以「貨幣A/貨幣B＝？」表示，斜線前的貨幣為基準貨幣，斜線後的貨幣為標價貨幣，是銀行同業間之報價方式以換匯率為基礎。而外匯指定銀行對一般出口廠商則採直接遠匯價格方式。

50. **D** 銀行業辦理外匯業務管理辦法第36條規定：「……三、無本金交割新臺幣遠期外匯業務（NDF）。(一)承作對象以國內指定銀行及指定銀行本身之海外分行或總行為限。……」

第二回

( )　1. 外匯市場臺幣對美元升值，造成我國廠商對美國貿易活動的影響為何？　(A)進出口都不利　(B)進出口皆有利　(C)出口有利，進口不利　(D)出口不利，進口有利。

( )　2. 下列有關匯率的敘述，何者錯誤？　(A)當臺幣／美元的匯率由1美元兌32元臺幣，變動為1美元兌36元臺幣時，稱為美元升值　(B)當臺幣／英磅的匯率由1英磅兌50元臺幣，變動為1英磅兌60元臺幣時，稱為英磅貶值　(C)當臺幣／美元的匯率由1美元兌32元臺幣，變動為1美元兌36元臺幣時，此時臺幣變便宜了　(D)當臺幣／英磅的匯率由1英磅兌60元臺幣，變動為1英磅兌50元臺幣時，此時英磅變便宜了。

( )　3. 外匯選擇權的價格對外幣利率的敏感度，稱之為Phi（φ）。若外幣利率上升1%，而$\varphi = -0.0790$，此代表：　(A)賣權的價格會減少$0.0790　(B)買權的價格會增加$0.000790　(C)買權的價格會減少$0.000790　(D)賣權的價格會增加$0.0790。

( )　4. 某投資人買了一個英鎊買權，權利金和履約價格分別為$0.03／£及$1.95／£。假設市場即期匯率在到期日為$2.01／£，則投資人此時執行合約的單位淨獲利為：　(A)$0.01　(B)$0.02　(C)$0.03　(D)$0.04。

( )　5. 有關選擇權，下列何者是正確的描述？　(A)選擇權的買方有決定是否履約的權利　(B)選擇權的賣方有決定是否履約的權利　(C)選擇權的買方和賣方都有履約的義務　(D)選擇權的賣方應付給買方權利金。

( )　6. 下列何者的時間價值（Time Value）最高？　(A)價內選擇權　(B)價平選擇權　(C)價外選擇權　(D)價差選擇權。

( )　7. 依據央行「銀行業辦理外匯業務管理辦法」之規定，下列有關指定銀行辦理新臺幣與外幣間遠期外匯業務（DF）之敘述，何者正確？ (A)限進出口業者始能申請辦理　(B)與顧客訂約及交割時，均應查核其相關實際外匯收支需要之交易文件，或主管機關核准文件 (C)期限為180天，限展期一次　(D)展期時得依原契約價格展期。

( )　8. 若1美元兌換新臺幣的匯率從30變成35，表示新臺幣升值或貶值多少？　(A)升值14.3%　(B)貶值14.3%　(C)升值16.7%　(D)貶值16.7%。

( )　9. 美國非農就業指標為全球最重要經濟指標之一，請問多數情況於星期幾公布？　(A)星期三　(B)星期四　(C)星期五　(D)不一定。

( )　10. 1美元＝32.80新臺幣，1美元＝118.00日圓，1日圓等於多少新臺幣？（四捨五入至小數第四位）　(A)0.2780　(B)0.2864　(C)3.5976 D)38.7040。

( )　11. 日本外匯交易市場中，日元對美元的交易匯率為：1美元＝100日元；在紐約外匯交易市場中，日元對美元的交易匯率為：1美元＝100.6日元；如果採取套利，請問100萬美元可以獲利多少日元？　(A)60,000日元　(B)600,000日元　(C)6,000,000日元　(D)100,000日元。

( )　12. 匯率完全由市場供需決定，政府不加干涉的是：　(A)機動匯率 (B)固定匯率　(C)浮動匯率　(D)蠕動匯率。

( )　13. 就「支付匯率」之觀點而言，下述何者為真？　(A)若支付匯率為33時，表臺幣1元可換入33元美元　(B)匯率下降，將有利我國出口，不利進口　(C)匯率上升，表示外國貨幣貶值　(D)若我國的出口大於進口，則外匯的供過於求，匯率就會下跌。

( )　14. 目前我國所採用的匯率表達方式為：　(A)應收匯率　(B)應付匯率 (C)承受匯率　(D)收入匯率。

( )　15. 下列何者不得辦理幣別轉換？　(A)遠期信用狀單據提示前之開狀金額　(B)進口開狀已到單現放之融資案件　(C)外匯存款　(D)出口押匯款。

（　）16. 關於外匯保證金交易，下列敘述何者錯誤？　(A)沒有到期日　(B)以外匯現貨為交易標的　(C)有隔夜利息存在　(D)屬於集中市場交易的一種。

（　）17. 下列有關遠期外匯交易之報價方式的敘述，何者正確？　(A)銀行同業間和外匯指定銀行對一般出口廠商之報價方式皆以換匯率（swap rate）為基礎　(B)銀行同業間和外匯指定銀行對一般出口廠商之報價皆採直接遠匯價格（forward outright rate）方式　(C)銀行同業間之報價方式以換匯率為基礎，而外匯指定銀行對一般出口廠商則採直接遠匯價格方式　(D)銀行同業間之報價方式以直接遠匯價格為基礎，而外匯指定銀行對一般出口廠商則採換匯率方式。

（　）18. 所謂「外匯指定銀行」是指經何者指定辦理外匯業務之銀行？　(A)中央銀行　(B)財政部　(C)金管會　(D)國貿局。

（　）19. 現行臺灣自然人自由結匯額度每年為多少？　(A)100萬美元　(B)200萬美元　(C)300萬美元　(D)500萬美元。

（　）20. 若出售一買入外幣選擇權，面額為10,000USD，當選擇權價格對標的價格的敏感度為0.3時，則在即期市場進行的避險策略何？　(A)買進3,000USD　(B)賣出3,000USD　(C)買進13,000USD　(D)賣出13,000USD。

（　）21. 客戶有USD200,000，想要購買ZAR，銀行即期牌告匯率SD／ZAR：10.0060／10.0100則客戶可以拿到多少的ZAR？　(A)2,000,000　(B)2,001,500　(C)2,002,000　(D)2,001,200。

（　）22. 客戶與銀行簽訂90天期之預購遠期美元外匯契約，簽訂時之即期匯率為31.73／83，90天期遠期匯率為31.75／85，則90天到期時交割所適用之匯率為何？　(A)31.75　(B)31.65　(C)31.85　(D)31.73。

（　）23. 若預售遠期外匯契約到期交割日為2016年9月10日（星期六），原非上班日，但因人事行政局公告當天正常上班，請問客戶最遲應於何時辦理交割？　(A)2016年9月9日（星期五）　(B)2016年9月10日（星期六）　(C)2016年9月11日（星期日）　(D)2016年9月12日（星期一）。

( )　24. 關於幣別交換（currency swap）與外匯交換（foreign exchange swap），下列敘述何者錯誤？　(A)幣別交換是屬資本市場衍生的金融商品，次級市場交易相當發達　(B)外匯交換是外匯交易的一種，屬外匯市場交易，市場相當活躍　(C)外匯交換大多為一年內甚或一個月內之短期債務交換　(D)幣別交換大多為三至十年之長期債務交換。

( )　25. 關於外匯交換（foreign exchange swap, FX Swap）的敘述，下列何者錯誤？　(A)外匯交換會產生期間差部位　(B)外匯交換會產生外匯淨部位　(C)外匯交換有利率風險　(D)外匯交換是一種同時一賣一買或一買一賣的交易。

( )　26. 關於外匯市場中遠期避險和即期避險，下列敘述何者錯誤？　(A)即期避險須備足本金　(B)遠期避險須繳交保證金　(C)即期避險所面臨的價格波動風險較小　(D)遠期避險必須備足本金才可操作。

( )　27. 下列何者非屬「外匯」涵蓋的範圍？　(A)英鎊　(B)美元存款　(C)以英鎊計價的股票　(D)臺灣存託憑證。

( )　28. 若美元兌新臺幣的匯率為33（NTD／USD），美元兌日圓的匯率為120（JPY／USD）；請問新臺幣兌日圓的匯率為何？　(A)3.6364（JPY／NTD）　(B)0.275（JPY／NTD）　(C)2.7966（JPY／NTD）　(D)以上皆非。

( )　29. 若實質有效匯率指數高於100，代表：　(A)有利本國的出口競爭力　(B)目前的出口競爭力低於基期　(C)本國貨幣高估　(D)本國貨幣低估。

( )　30. 本國外匯市場係由不同型態的外匯交易參與者所組成，下列何者非屬其組織成員？　(A)進出口商及旅行、投資者　(B)外匯指定銀行　(C)外匯經紀商　(D)期貨交易所。

( )　31. 有關國際外匯市場之主要功能，下列敘述何者有誤？　(A)提供國際匯兌與清算　(B)擴大國際間各種貨幣之利差　(C)提高國際資金運用效率　(D)提供規避匯率風險的工具。

( )　32. 外匯交易雙方在一特定時點簽訂契約，決定匯率，並於交易後第二個營業日完成契約金額的交割，稱為下列何者？　(A)即期交易　(B)遠期交易　(C)期貨交易　(D)選擇權交易。

（　）　33. 外資匯入美元，投資臺灣股市，唯恐將來匯出時新臺幣貶值，可如
　　　　　　何規避匯率風險？　(A)買無本金交割遠期美元（NDF）　(B)買入
　　　　　　即期美元　(C)買入美元賣權　(D)賣出美元買權。

（　）　34. A公司將於3個月後收到1萬美元的現金，因擔心美元貶值而與銀行
　　　　　　簽訂3個月期的NDF，約定遠期匯率為33.5（NTD／USD），3個月
　　　　　　後即期匯率為33（NTD／USD），下列敘述何者正確？　(A)A公
　　　　　　司支付1萬美元，向銀行換得335,000元新臺幣　(B)銀行必需支付
　　　　　　5,000元新臺幣給A公司　(C)A公司必需支付5,000元新臺幣給銀行
　　　　　　(D)A公司將支付1萬美元，向銀行換得330,000元新臺幣。

（　）　35. 如果市場上新臺幣對美元之即期匯率為33NTD／USD，而一年期
　　　　　　新臺幣國庫券年利率為3%，且一年期美元國庫券年利率為5%，
　　　　　　那麼一年期美元外匯期貨之均衡價格應為多少？　(A)32.934
　　　　　　(B)32.9670　(C)32.9870　(D)32.9970。

（　）　36. CME日圓之合約規格為：　(A)125,000日圓　(B)1,250,000日圓
　　　　　　(C)12,500,000日圓　(D)125,000,000日圓。

（　）　37. 星月上星期買進2口歐洲美元期貨，買進價格為97.58，若現在以
　　　　　　96.45平倉，試問其損益為何？　(A)獲利5,650美元　(B)損失5,650
　　　　　　美元　(C)獲利2,825美元　(D)損失2,825美元。

（　）　38. 假設某銀行GBP：USD即期匯率1.48–1.485GBP利率3%p.a.USD
　　　　　　利率5%p.a.依據利率平價理論，該銀行均衡狀態的一年後GBP：
　　　　　　USD的賣價最接近下列何者？　(A)1.4885　(B)1.514　(C)1.523
　　　　　　(D)1.554。

（　）　39. 某進口商預計未來6月份將有一筆付款EUR5,200,000，為免屆時因
　　　　　　EUR大幅升值，造成付款的增加，擬藉由外匯選擇權交易避險。
　　　　　　目前選擇權市場有六月份到期的EUR call options及put options契
　　　　　　約。請問出口商可使用何種選擇權基本交易策略規避匯率風險？
　　　　　　(A)買進EUR call　(B)賣出EUR call　(C)買進EUR put　(D)賣出
　　　　　　EUR put。

( )　40. 依據「外匯收支或交易申報辦法」規定，公司、行號每年累積結購或結售之自由結匯金額為等值元，團體、個人每年累積結購或結售之自由結匯金額為等值元。　(A)NT$3000萬元、NT$300萬元　(B)US$100萬元、US$10萬元　(C)US$5000萬元、US$500萬元　(D)NT$5000萬元、NT$500萬元。

( )　41. 有關外匯交易常用術語，下列敘述何者錯誤？　(A)大數指前二個數字　(B)小數指最後二個數字　(C)匯率多以五位數字表示　(D)貨幣最小的計價單位稱之基本點。

( )　42. 涉及新臺幣匯率外匯交易規定之敘述，下列何者錯誤？　(A)新臺幣與外幣間遠期外匯業務（DF），以有實際外匯收支需要者為限，同筆外匯收支需要不得重複簽約　(B)新臺幣與外幣間換匯交易業務（FX SWAP），係指辦理即期外匯或遠期外匯之同時，應即承作相等金額、不同方向及不同到期日之遠期外匯　(C)無本金交割新臺幣遠期外匯業務（NDF）承作對象以國內外法人為限　(D)新臺幣匯率選擇權業務承作對象以國內外法人為限。

( )　43. 指定銀行辦理未涉及新臺幣匯率之外匯衍生性商品業務，下列敘述何者錯誤？　(A)外幣保證金交易業務不得以外幣貸款為之　(B)非經中央銀行許可不得代客操作或以「聯名帳戶」方式辦理外幣保證金交易業務　(C)不得收受以非本人所有之定存或其他擔保品設定質權作為外幣保證金　(D)辦理外幣間遠期外匯及換匯交易業務，展期時應依原價格展期。

( )　44. 下列哪一項因素，是遠期合約相對於期貨合約而言的缺點？　(A)遠期合約的流動性比較高　(B)交易時，不清楚交易對手的身分　(C)若市場行情變動，遠期合約的交易人必須補繳保證金　(D)在到期日前，遠期合約的交易人可能面臨交易對手的信用風險。

( )　45. 下列何者為外匯市場的參與者？　(A)外匯指定銀行　(B)外匯經紀商　(C)中央銀行　(D)以上皆是。

( )　46. 對於選擇權交易者而言，隨著到期日越接近，下列何種狀態之風險越大？　(A)價內　(B)價平　(C)價外　(D)深價內。

( )　47. 一般而言，波動度增加，則選擇權的時間價值：　(A)增加　(B)減少　(C)不變　(D)不確定。

( )　48. 指定銀行對持有外國護照之自然人，依「外匯收支或交易申報辦法」規定，得逕行辦理結匯之金額為何？　(A)每筆不得超過新臺幣50萬元　(B)每筆不得超過10萬美元　(C)每筆不得超過50萬美元　(D)每年不得超過500萬美元。

( )　49. 依「外匯收支或交易申報辦法」規定，申報義務人委託他人辦理新臺幣結匯申報時，應由何人就申報事項負其責任？　(A)委託人　(B)受託人　(C)委託人與受託人連帶　(D)指定銀行。

( )　50. 有關新臺幣與外幣之遠期外匯交易，下列敘述何者錯誤？　(A)訂約時銀行應審核交易文件　(B)以有實際外匯收支需要者為限　(C)銀行依規定辦理展期時，得依原價格展期　(D)同筆外匯收支交易需要不得重複簽約。

解答與解析

1. **D** 臺幣對美元升值，臺灣商品相對美國商品變貴，將不利出口、有利進口。

2. **B** (B)英磅：臺幣＝1：50，變動為1：60，表示英磅升值。

3. **C** Phi（φ）是指選擇權市價對外幣利率的敏感度。當外幣利率的水準上升時，買權的價格會下跌，若外幣利率上升1%，而φ＝－0.0790，此代表買權的價格會減少＝0.0790/100＝0.000790

4. **C** 投資人此時執行合約的單位淨獲利＝2.01－（0.03＋1.95）＝0.03/£

5. **A** 選擇權市場上由買賣雙方決定的是權利金，並非標的資產之交割價格。選擇權買方擁有權利，可選擇是否履約；選擇權的賣方則負有履約的義務。

6. **B** 選擇權市價＝內含價值＋時間價值
選擇權市價與內含價值的差異謂為時間價值。對價平選擇權而言，交易標的之價格與履約價格剛好相等，其內含價值為零，其時間價值最高。

7. **B** 銀行業辦理外匯業務管理辦法第31條規定：「……一、新臺幣與外幣間遠期外匯業務（DF）：(一)以有實際外匯收支需要者為限，同筆外匯收支需要不得重複簽約。(二)與顧客訂約及交割時，均應查核其相關實際外

匯收支需要之交易文件，或主管機關核准文件。(三)期限：依實際外匯收支需要訂定。(四)展期時應依當時市場匯率重訂價格，不得依原價格展期。……」

8. **B** 若1美元兌換新臺幣的匯率從30變成35，表示要付出更多的錢才能換個一塊美元，故美元升值，新臺幣貶值＝（35－30）35＝14.3%

9. **A** 美國非農就業指標為全球最重要經濟指標之一，通常於星期三公布。

10. **A** 32.8/118.00＝0.2780

11. **B** 1,000,000×100.6－1,000,000×100＝600,000元（獲利日元）

12. **C** 浮動匯率係指匯率完全由市場供需決定，政府不加干涉。

13. **D** (A)若支付匯率為33時，表美元1元可換入33臺幣。
(B)匯率下降，將有利我國進口，不利出口。
(C)匯率上升，表示外國貨幣升值。
(D)若我國的出口大於進口，則外匯的供過於求，匯率就會下跌。

14. **B** 目前我國所採用的匯率表達方式為「應付匯率」。

15. **A** 遠期信用狀單據提示前之開狀金額不得辦理幣別轉換。

16. **D** 外匯保證金交易屬於非集中市場交易的一種。

17. **C** 銀行同業間之報價方式以換匯率為基礎，而外匯指定銀行對一般出口廠商則採直接遠匯價格方式。

18. **A** 所謂「外匯指定銀行」是指經中央銀行指定辦理外匯業務之銀行。

19. **D** 現行臺灣自然人自由結匯額度每年為500萬美元。

20. **A** 本題已先出賣外幣選擇權，為避險，應在即期市場進行相反的交易即買進USD，金額為10,000×0.3＝3,000（USD）。

21. **D** 客戶賣USD，買ZAR→銀行買USD，賣ZAR
適用匯率為10.0050
USD 200,000×10.0060＝ZAR 2,001,200

22. **C** 簽訂時之即期匯率為31.73/83，90天期遠期匯率為31.75/85，則90天到期時交割所適用之匯率為90天期遠期賣出匯率31.85。

23. **B** 原星期六到期交割日之遠期外匯應於下星期一交割，但該星期六為正常生班日，故應於到期交割日2016年9月10日（星期六）交割。

24. **A** 幣別交換是屬貨幣市場衍生的金融商品。

25. **B** 從事換匯交易不但可以平衡資金流量，而且也不影響外匯淨部位。

26. **D** 遠期避險不須備足本金即可操作。

27. **D** 外匯就是外國的貨幣（包括現金、存款、支票、本票、匯票等）和可以兌換成貨幣的有價證券（包括公債、國庫券、股票、公司債等）。

28. **A** 若美元兌新臺幣的匯率為33（NTD/USD），美元兌日圓的匯率為120（JPY/USD）；新臺幣兌日圓的匯率＝120/33＝3.6364

29. **B** 相對於基期的實質有效匯率指數值100，指數＜100表示本國對外價格競爭力上升，原因包括本國貨幣對外價值下跌及本國物價相對下跌；指數＞100表示本國對外價格競爭力下跌，原因包括本國貨幣對外價值上升及本國物價相對上升。

30. **D** 本國外匯市場係由 同型態的外匯交易參與者所組成，其組織成員包括進出口商及 行、投資者、外匯指定銀行、外匯經紀商等。

31. **B** 國際外匯市場之主要功能包括提供國際匯兌與清算、提高國際資金運用效、提供規避匯率風險的工具等。

32. **A** 外匯交易雙方在一特定時點簽訂契約，決定匯率，並於交易後第二個營業日完成契約金額的交割，稱為即期交易。

33. **A** 外資匯入美元，投資臺灣股市，唯恐將來匯出時新臺幣貶值，可先買入美元的遠期外匯交易或美元期貨等避險。

34. **B** 無本金交割遠期外匯（NDF，Non-Delivery Forward），屬於遠期外匯商品，具有避險功能。當合約到期時，交易雙方不需交割本金，只就合約議定遠期匯率與到期時的即期匯率間的差額，進行交割。A公司將於3個月後收到1萬美元的現金，因擔心美元貶值而與銀行簽訂3個月期的NDF，約定遠期匯率為33.5（NTD/USD），3個月後即期匯率為33（NTD/USD），故銀行必需要付5,000新臺幣給A公司（33.5－33）×10,000＝5,000

35. **A** 因為本國利率（r）＜外國利率（rf），所以遠期匯率處於貼水狀態。
均衡價格＝33×（1＋0.003－0.005）＝32.934

36. **C** CME日圓之合約規格為12,500,000日圓。

37. **B** 平倉價比買進價為低→損失
1.13%×（3/12）×1,000,000×2＝5,650美元（損失）。

38. **B** 利率平價理論（Interest Rate Parity Theory）認為兩個國家利率的差額相等於遠期兌換率及現貨兌換率之間的差額。

$$F_\$^{NT} = S_\$^{NT} \times \frac{(1+i^{NT} \times \frac{天數}{360})}{(1+i^\$ \times \frac{天數}{360})}$$

F是遠期匯率，S為即期匯率，iNT、i$分別代表臺幣利率及美金利率，「天數」是現在與到期日的日數（每月30日）。本題一個月遠期外匯價格 F＝1.485×（1＋5%×（360/360））/（1＋3%×360/360））＝1.514

39. **A** 該出口商未來將持有歐元5,000,000，為避免屆時因EUR大幅貶值，造成出口收入的減少，可先於選擇權市場買進 EUR call，以鎖住匯率。

40. **C** 依據「外匯收支或交易申報辦法」第4條規定，公司、行號每年累積結購或結售金額未超過五千萬美元之匯款；團體、個人每年累積結購或結售金額未超過五百萬美元之匯款，申報義務人得於填妥申報書後，逕行辦理新臺幣結匯。

41. **A** 大數指前三個數字，例如USD/TWD＝30.123，30.1為大數，23為小數。

42. **C** 無本金交割之遠期外匯合約（NDF）因為不用備有本金的收付，只要就到期日的市場匯率價格與合約議定價格的差價進行交割清算，因此投機風險偏高，更容易造成即期匯率市場之波動。為維持匯率市場之穩定性，避免投機客破壞市場機能，中央銀行外匯局規定指定銀行辦理（NDF）新臺幣與外幣間無本金交割遠期外匯業務交易之承作對象限制如下：
    (1) 國內法人－除指定銀行間交易外，禁止辦理其他國內法人及自然人NDF交易。
    (2) 國外法人－承作對象限「在台外商銀行之國外聯行」及「本國銀行之海外分行或子行」。

43. **D** 銀行業辦理外匯業務管理辦法第37條規定：「指定銀行經營不涉及新臺幣匯率之衍生性外匯商品業務，應依下列規定辦理：一、外幣保證金交易業務：(一)不得以外幣貸款為之，且銀行須設單一客戶之信用額度。(二)非經本行許可不得代客操作及以「聯名帳戶」方式辦理本項業務。相關代客操作管理規範由本行另訂之。(三)不得提供非本人所有之定存單或其他擔保品設定質權予指定銀行作為外幣保證金。二、涉及股價或股價指數之衍生性外匯商品業務，其標的商品應以外幣計價或交割，或與外國市場相關者。三、辦理外幣間遠期外匯及換匯交易業務，其展期應依當時市場匯率重訂展期價格，不得依原價格展期。……」

44. **D** 遠期合約相對於期貨合約而言的缺點為在到期日前，遠期合約的交易人可能面臨交易對手的信用風險。

45. **D** 市場參與者：
　　(1) 辦理外匯業務之金融機構：在市場上進行接受顧客買、賣外匯後之拋補工作，或為其他目的的金融性交易，是市場的主角。
　　(2) 外匯經紀商：從事於交易撮合工作，在市場上扮演橋樑的角色。可分為人工撮合與網路電子撮 合兩種。
　　(3) 其他外匯買賣中間業者。
　　(4) 外匯供需者。
　　(5) 中央銀行。

46. **D** 對於選擇權交易者而言，價平選擇權隨著到期日越接近，深價內風險越大。

47. **A** Vega（ｖ）：是指選擇權市價對即期匯率波動率的敏感度，也稱之為Kappa（Ｋ）。不論是買權或賣權，選擇權標的之波動性愈高，選擇權的時間價值愈大，權利金就愈高。

48. **B** 外匯收支或交易申報辦法第4條規定，非居住民每筆結購或結售金額未超過十萬美元之匯款，得逕行辦理結匯。

49. **A** 依「外匯收支或交易申報辦法」第2條規定，申報義務人委託他人辦理新臺幣結匯申報時，應由委託人就申報事項負其責任。

50. **C** 新臺幣與外幣之遠期外匯交易，銀行依規定辦理展期時，應依當時市場匯率重訂展期價格，不得依原價格展期。

第三回

( )　1. 若國際收支長期逆差,對國內經濟影響為?　(A)貨幣貶值,物價上漲　(B)貨幣貶值,物價下跌　(C)貨幣升值,物價上漲　(D)貨幣升值,物價下跌。

( )　2. 實施貨幣貶值的效果為?　(A)穩定國內利率水準　(B)降低外債負擔　(C)增加出口　(D)增加進口。

( )　3. 指定銀行辦理新臺幣與外幣間換匯交易業務(FX SWAP),依據央行「銀行業辦理外匯業務管理辦法」之規定,下列何者不得申請辦理?　(A)國外法人　(B)國外自然人　(C)國內法人　(D)國內自然人。

( )　4. 依據央行「銀行業辦理外匯業務管理辦法」之規定,下列有關無本金交割新臺幣遠期外匯業務(NDF)之敘述,何者錯誤?　(A)到期結清時,一律採現金差額交易　(B)本項交易時不得展期,不得提前解約　(C)不得以保證金交易槓桿方式處理　(D)限公司行號始得辦理。

( )　5. 在1983年10月香港金融管理局為維持匯率穩定,決定採行聯繫匯率制度,以7.80港元兌1美元的匯率與美元掛勾,此動作被稱之為:　(A)歐元化　(B)美元化　(C)歐洲美元　(D)交換美元化。

( )　6. 下列何者之幣別代號與國家或地區是正確的配對?　(A)CNH:加拿大　(B)CNY:中國　(C)GBP:希臘　(D)CAD:紐西蘭。

( )　7. 在其他條件不變的情況下,若外國的利率上升,則本國將發生:　(A)資本流出　(B)外匯需求減少　(C)匯率下跌　(D)本國物價上升。

( )　8. 倘AUD／USD匯率從0.9050來到0.8850,下列敘述何者誤錯?　(A)美元相對澳幣升值　(B)AUD／USD匯率下跌200個基本點　(C)美元買澳幣價標變便宜　(D)澳幣轉美元價格變好。

( )　9. 大麥克指數(Big Mac Index)為下列何者所發布?　(A)美國經濟學會　(B)經濟學人雜誌　(C)英國金融時報　(D)路透社。

( ) 10. 近年來亞洲各國貨幣對美元競相貶值,下列何者為貶值的市場效益? (A)貶值國家可以馬上改善其貿易帳 (B)貶值國家的貿易條件趨於改善 (C)貶值國家其貨幣的購買力上升 (D)貶值國家可以改善其出口競爭力。

( ) 11. 歐元對美元的價格為1.0855/75,若交易員依據市場慣例採小碼(Rips)報價方式,應為: (A)1.0855/75 (B)1.086/88 (C)55/75 (D)855/875。

( ) 12. 影響日圓兌美元匯率之因素包含下列何者? A.日本政府公債利率 B.日本國民生產毛額 C.日本國內失業率 D.財務省之重大決策 (A)僅ABC (B)僅ACD (C)僅BCD (D)ABCD。

( ) 13. 若應付匯率是0.4,則應收匯率應為: (A)0.4 (B)4 (C)2.5 (D)1。

( ) 14. 下列何者不是選擇權交易買賣的資產? (A)現貨產品 (B)期貨契約 (C)交換契約 (D)援助物質。

( ) 15. 世界最大的外匯期貨市場為: (A)倫敦國際金融期貨交易所 (B)臺灣期貨交易所 (C)中國期貨交易所 (D)芝加哥商品交易所的國際貨幣市場。

( ) 16. 若新臺幣對美元匯率由27升為30,表示: (A)新臺幣升值 (B)美元貶值 (C)應收匯率上升 (D)應付匯率上升。

( ) 17. 指定銀行於網際網路受理顧客等值一百萬美元以上之新臺幣與外幣間遠期外匯交易,應於確認交易相關證明文件無誤後,於何時將相關資料傳送央行外匯局? (A)於訂約日立即傳送 (B)訂約日之次營業日中午十二時前傳送(C)於交割日傳送 (D)不須傳送。

( ) 18. 同時於即期、遠期,買進、賣出某一貨幣對另一貨幣,其交易得為即期與遠期之組合、或兩個遠期之組合,此種業務為下列何者? (A)換匯交易(SWAP) (B)換匯換利交易(CCS) (C)外幣選擇權(FX Options) (D)無本金交割遠期外匯業務(NDF)。

( ) 19. 臺灣外匯市場成交量最大的為何種交易? (A)遠期外匯交易 (B)換匯交易 (C)外匯選擇權交易 (D)即期外匯交易。

( )　20. 當美元利率高於新臺幣利率時，表示美元對新臺幣遠期匯率會隨時間增加而如何變化？　(A)遞增　(B)遞減　(C)先遞增再遞減　(D)先遞減再遞增。

( )　21. 有關換匯（Foreign Exchange Swaps），下列敘述何者錯誤？(A)換匯點數的高低是連動的　(B)市場慣例通常以中價作為換匯時的即期匯率　(C)遠期匯率取決於即期匯率與換匯點數　(D)換匯點數與即期匯率無關。

( )　22. 無本金交割遠期外匯與一般遠期外匯之主要差異為何？　(A)本金交換，實質交割　(B)不交換本金及差額　(C)不交換本金，差額交割　(D)兩者都是離岸金融衍生性商品。

( )　23. 透過本國貨幣與外幣兌換之外匯業務中，下列何者屬於銀行賣匯業務？　(A)匯出匯款　(B)出口押匯　(C)以外匯存款結售存入臺幣支票存款　(D)匯入匯款。

( )　24. 假設甲國貨幣升值，則下列敘述何者正確？　A.有利甲國出口　B.有利甲國進口　C.不利甲國出口　D.不利甲國進口　(A)A、D　(B)B、C　(C)A、B　(D)C、D。

( )　25. 下列敘述何者為非？　(A)銀行間的外匯市場，又稱躉售外匯市場　(B)銀行間的外匯市場並無最小交易單位之限制　(C)銀行與顧客間市場的交易，金額較小者，依銀行牌告匯率交易　(D)銀行與顧客間市場的交易，金額較大者，以議價方式交易。

( )　26. 假設美元對新臺幣的即期匯率為32.500，1個月期新臺幣利率為1.25%，1個月期美元利率為2.95%，則1個月期的美元對新臺幣遠期匯率為何？　(A)32.454　(B)32.413　(C)32.386　(D)32.347。

( )　27. 一罐汽水在美國要賣0.8美元，在墨西哥要賣20披索。如果購買力平價說成立，披索與美元間的匯率為何？　(A)1美元＝16披索　(B)1美元＝25披索　(C)1美元＝0.75披索　(D)1美元＝24披索。

( )　28. 若A公司想規避外匯風險，可從事下列哪些交易？　(A)遠期外匯交換　(B)外匯期貨　(C)外匯選擇權交易　(D)以上皆是。

( ) 29. 國際即期外匯報價USD／JPY為115.00／115.10、EUR／USD為1.1988／1.2000、USD／CHF為1.2990／1.3000、USD／CAD為1.1650／1.1660；國內即期外匯報價USD／TWD為33.200／33.300，下列哪一個交叉匯率報價錯誤？
(A)CAD／TWD28.50／28.56　　　(B)CHF／TWD25.54／25.64
(C)EUR／TWD39.80／39.96　　　(D)JPY／TWD0.2884／0.2896。

( ) 30. 選擇權買賣的標的資產若是交換契約，稱為：　(A)執行價格 (B)買入選擇權　(C)賣出選擇權　(D)交換選擇權。

( ) 31. 設目前美元兌新臺幣的即期匯率為33.4756（NTD／USD），1個月期遠期外匯的換匯點為－300，1個月期的新臺幣利率為2%，請問1個月期的美元利率約為？　(A)3.0754%　(B)2.0754%　(C)1.0756% (D)以上皆是。

( ) 32. 請問目前港幣的匯率機制為何？　(A)固定匯率機制　(B)完全浮動匯率機制　(C)管理浮動匯率機制　(D)釘住匯率機制。

( ) 33. 經營外匯相關業務者，為處理國際間收付與國際清算之需要，進行不同貨幣間的相互交換之市場，稱為下列何者？　(A)貨幣市場 (B)外匯市場　(C)資本市場　(D)權益市場。

( ) 34. 換匯換利契約（Cross Currency Swap）可視為一連串之何種契約的組合？　(A)遠期利率契約　(B)遠期外匯契約　(C)歐洲美元期貨契約　(D)以上皆非。

( ) 35. 標的物市價為55元，履約價格為45元，此買權的權利金為15元，則該買權的單位時間價值是多少？　(A)55　(B)5　(C)45　(D)15。

( ) 36. 以賣權而言，標的物市價為50元，履約價格為55元，則此賣權的單位內含價值是多少？　(A)50　(B)5　(C)2　(D)10。

( ) 37. 以賣出買權為例，設單位權利金為10元，履約價格為50元，試問此賣出買權者可能的單位最大收益是多少？　(A)50　(B)5　(C)60 (D)10。

( ) 38. 依管理外匯條例之規定，掌理外匯之業務機關為下列何者？　(A)財政部　(B)經濟部　(C)中央銀行　(D)臺灣銀行。

( ) 39. 當投資者擁有外匯長部位時,可利用下列哪一種外匯選擇權交易方式增加其外匯收益? (A)買入買權 (B)賣出賣權 (C)買入賣權 (D)賣出買權。

( ) 40. 若US$:CHF即期匯率為0.9822／0.9940,三個月的換匯點為110／150,請問三個月的US$:CHF遠期匯率最接近下列何者?
(A)0.9932／1.0050　　　　　　(B)0.9712／0.9790
(C)0.9972／1.0090　　　　　　(D)0.9932／1.0090。

( ) 41. 假設某銀行GBP:USD即期匯率1.48–1.485GBP利率3%p.a.USD利率5%p.a.依據利率平價理論,該銀行均衡狀態的一個月GBP:USD的賣價最接近下列何者? (A)1.4875 (B)1.4869 (C)1.4874 (D)1.4898。

( ) 42. 有關非居民辦理匯入款結售為新臺幣時,下列何者正確? (A)不管金額大小均不得辦理 (B)每筆等值NT$50萬以下逕行辦理(C)每筆等值USD10萬以下逕行辦理 (D)每年享有USD500萬之自由結額度。

( ) 43. 考量日圓在近期將可能會升值因素,可以運用下列何項來試圖獲利? (A)今天於CME買進日圓期貨合約(¥ futures) (B)今天在臺灣銀行賣出日圓遠期外匯(¥ forwards) (C)今天買進歐洲美元期貨合約(Eurodollar futures) (D)今天賣出歐洲美元期貨合約(Eurodollar futures)。

( ) 44. 下列有關外匯利率交換(換匯換利或雙率交換)合約的敘述何者正確? (A)合約買方是指浮動利率支付者 (B)一定包括期初的本金互換、期中的利息互換、期末的本金互換 (C)是陽春型外匯交換與陽春型利率交換的綜合體 (D)其他條件不變,合約價值(VCCS)會隨浮動利率指標水準的下降而增加。

( ) 45. 銀行業辦理外匯業務管理辦法所稱之外匯指定銀行,下列何者不得申辦? (A)農漁會、信合社 (B)本國銀行 (C)農業金庫 (D)外國銀行在台分行。

( ) 46. 銀行擬辦理「外幣保證金代客操作業務」,向中央銀行申辦之程序為何? (A)得不經申請逕行辦理 (B)開辦前申請許可 (C)開辦前函報備查 (D)開辦後函報備查。

( )　47. 下列何者是各類型之選擇權其權利金由低至高的排列順序？　(A)亞
洲式、歐式、美式　(B)歐式、亞洲式、美式　(C)美式、歐式、亞
洲式　(D)歐式、美式、亞洲式。

( )　48. 選擇權之類型中，下列何者係指「買方有以特定價格賣出特定數量
商品之權利，而賣方有應買的義務」？　(A)買權（Call Option）
(B)賣權（Put Option）　(C)交換選擇權（Swaption）　(D)交換契
約（Swap Contract）。

( )　49. 如「看升」人民幣，應如何操作？　(A)買入USD Call CNYPut
(B)買入USD Put CNYCall　(C)賣出USD Put CNYCall　(D)買入一
連串USD Call。

( )　50. 銀行間報價USD：CHF即期匯率1.1856－66，兩個月遠期匯率
0.0015－0.0022，若以直接匯率報價法，兩個月遠期匯率應為？
(A)1.1871－1.1888　(B)1.1841－1.1844　(C)1.1834－1.1851
(D)1.1871－1.1881。

解答與解析

1. **B** 當一國對外經常項目收支處於逆差時，在外匯市場上則表現為外匯
（幣）的供應小於需求，因而本國貨幣匯率貶值，物價下跌，外國貨幣
匯率上升。

2. **D** 本國貨幣貶值，表示同樣的商品，付給外國廠商的錢變多了，不利出口，
有利進口。

3. **D** 銀行業辦理外匯業務管理辦法第31條規定，新臺幣與外幣間換匯換利交易
業務，承作對象以國內外法人及國外自然人為限。

4. **D** 銀行業辦理外匯業務管理辦法第31條規定：「三、無本金交割新臺幣遠期
外匯業務（NDF）：(一)承作對象以國內指定銀行及指定銀行本身之海外分
行、總（母）行及其分行為限。(二)契約形式、內容及帳務處理應與遠期外匯
業務（DF）有所區隔。(三)承作本項交易不得展期、不得提前解約。(四)到期
結清時，一律採現金差價交割。(五)不得以保證金交易（Margin Trading）
槓桿方式為之。(六)非經本行許可，不得與其他衍生性商品、新臺幣或外幣
本金或其他業務、產品組合。(七)無本金交割新臺幣遠期外匯交易，每筆金
額達五百萬美元以上者，應立即電告本行外匯局。」

5. **B** 香港金融管理局為維持匯率穩定，決定採行聯繫匯率制度，以7.80港元兌1美元的匯率與美元掛勾，此動作被稱之為「美元化」。

6. **A** (A)CNH：離岸人民幣；(B)CNY：中國；(C)GBP：英鎊；(D)CAD：加拿大。

7. **A** 在其他條件不變的情況下，若外國的利率上升，則本國將發生資本流出，本國貨幣貶值。

8. **D** 澳幣對美元匯率自0.9050至0.8850，代表美元升值，故澳幣轉美元價格變便宜。

9. **B** 大麥克指數（Big Mac Index）為經濟學人雜誌所發布。

10. **D** 當一國貨幣可以換到的外國貨幣數量減少，表示該國貨幣貶值。一國貨幣貶值代表以以外幣表示的出口品價格變便宜了，故一國貨幣貶值，不利進口，有利出口，貶值國家可以改善其出口競爭力。

11. **C** 歐元對美元的價格為1.0855/75，若交易員依據市場慣例採小碼（Rips）報價方式，應為55/75。

12. **D** 影響日圓兌美元匯率之因素包含：日本政府公債利率、日本國民生產毛額、日本國內失業率、財務省之重大決策等。

13. **C** 若應付匯率是0.4，則應收匯率＝1/0.4＝2.5

14. **D** 援助物質不是選擇權交易買賣的資產。

15. **D** 芝加哥商品交易所的國際貨幣市場為世界最大的外匯期貨市場。

16. **D** 若新臺幣對美元匯率由27升為30，表示應付匯率上升。

17. **A** 指定銀行於網際網路受理顧客等值一百萬美元以上之新臺幣與外幣間遠期外匯交易，應於確認交易相關證明文件無誤後，於訂約日立即傳送央行外匯局。

18. **A** 時於即期、遠期，買進、賣出某一貨幣對另一貨幣，其交易得為即期與遠期之組合、或兩個遠期之組合，此種業務為換匯交易（SWAP）。

19. **A** 臺灣外匯市場成交量最大的為遠期外匯交易。

20. **B** 當美元利率高於新臺幣利率時，表示美元對新臺幣遠期匯率會隨時間增加（交割期間愈長），「遠期匯率」愈低（時間愈長，匯率愈低），以防止套利空間產生。

21. **D** 換匯點係遠期外匯價格與即期外匯價格的差距（換匯點＝遠期匯率－即期匯率），換匯點數與即期匯率有關。

22. **C** 無本金交割遠期外匯（NDF，Non-Delivery Forward），屬於遠期外匯商品，具有避險功能。當合約到期時，交易雙方不需交割本金，一般遠期外匯則要交割本金。

23. **A** 透過本國貨幣與外幣兌換之外匯業務中，匯出匯款屬於銀行賣匯業務。

24. **B** (1)當本國貨幣升值時，對進出口物價的變化而言，以外國貨幣表示的本國出口品價格將上揚，貨幣升值有利於進口，因為可以較少的臺幣兌換外幣支付進口貨款 ；但不利於出口因為收到外幣貨款僅能兌換成較少的臺幣。
(2)假設甲國貨幣升值，則有利甲國進口；不利甲國出口。

25. **B** 銀行間的外匯市場有最小交易單位之限制。

26. **A** $32.5＋〔32.5×（1.25\%－2.95\%）/12〕＝32.454$

27. **B** $20/0.8＝25$披索

28. **D** 若A公司想規避外匯風險，可從事遠期外匯交換、外匯期貨、外匯選擇權交易等。

29. **A** 外匯交叉報價是一個匯率所涉及的是兩種非美元貨幣間的兌換率方法。交叉匯率報價的計算係採交叉相除的方式，故CAD/TWD 28.48/28.58。

30. **D** 選擇權買賣的標的資產若是交換契約，稱為交換選擇權。

31. **A** 換匯點＝持有成本＝利差
＝即期匯率×[（1＋新臺幣利率×天期/365）/（1＋美元利率×天期/360）－1]
＝$33.4756×[（1＋2\%×1/12）/（1＋美元利率×1/12）－1]＝300$
美元利率＝3.0754\%

32. **D** 目前港幣的匯率機制為釘住匯率機制。

33. **B** 經營外匯相關業務者，為處理國際間收付與國際清算之需要，進行不同貨幣間的相互交換之市場，稱為「外匯市場」。

34. **B** 換匯換利契約（Cross Currency Swap）可視為一連串之遠期外匯契約的組合。

35. **B** 時間價值＝權利金－內含價值＝15元－10元＝5元。

36. **B** 此賣權內含價值＝55元－50元＝5元。

37. **D** 賣出買權者可能的單位最大獲利為權利金10元。

38. **C** 管理外匯之行政主管機關為財政部，掌理外匯業務機關為中央銀行。

39. **D** 當投資者擁有外匯長部位時，可利用賣出買權之外匯選擇權交易方式增加其外匯收益。

40. **D** $0.9822+0.011=0.9832$

   $0.9940+0.015=1.009$

   US$：CHF 遠期匯率最接近0.9932/1.0090

41. **A** 利率平價理論（Interest Rate Parity Theory）認為兩個國家利率的差額相等於遠期兌換率及現貨兌換率之間的差額。

   $$F_\$^{NT} = S_\$^{NT} \times \frac{(1+i^{NT} \times \frac{天數}{360})}{(1+i^\$ \times \frac{天數}{360})}$$

   F是遠期匯率，S為即期匯率，iNT、i$分別代表臺幣利率及美金利率，「天數」是現在與到期日的日數（每月30日）。本題一個月遠期外匯價格 $F=1.485 \times [1+5\% \times (30/360)] / (1+3\% \times 30/360) = 1.4875$

42. **C** 有關境外外國金融機構辦理匯入款結售為新臺幣，非居住民每筆結購或結售金額未超過十萬美元之匯款。但境外非中華民國金融機構不得以匯入款項辦理結售。

43. **A** 考量日圓在近期將可能會升值因素，可以運用於 CME 買進日圓期貨合約（¥ futures）來試圖獲利。

44. **C** 以同一貨幣，訂定於不同交割日，依約定兩匯率，作先買並後賣，或先賣並後買金額相同的另一貨幣，以達到此二貨幣於兩不同交割日間，互為轉換的交易。此種交易稱為「換匯交易」。外匯利率交換（換匯換利或雙率交換）合約有固定利率，亦有變動利率。外匯利率交換（換匯換利或雙率交換）合約是陽春型外匯交換與陽春型利率交換的綜合體。

45. **A** 銀行業辦理外匯業務管理辦法所稱銀行業，係指中華民國境內之銀行、全國農業金庫股份有限公司（以下簡稱農業金庫）、信用合作社、農（漁）會信用部及中華郵政股份有限公司（以下簡稱中華郵政公司）。本辦法所稱指定銀行，係指經中央銀行（以下簡稱本行）許可辦理外匯業務，並發給指定證書之銀行或農業金庫。

46. **B** 銀行業辦理外匯業務管理辦法第12條規定：「……指定銀行辦理前項以外之外匯衍生性商品業務，應依下列類別，向本行申請許可或函報備查：一、開辦前申請許可類：(一)首次申請辦理外匯衍生性商品業務。(二)尚未開放或開放未滿半年及與其連結之外匯衍生性商品業務。(三)無本金交割新臺幣遠期外匯交易業務。(四)涉及新臺幣匯率之外匯衍生性商品，及其自行組合、與其他衍生性商品、新臺幣或外幣本金或其他業務、產品之再行組合業務。(五)外幣保證金代客操作業務。……」

47. **A** 各類型之選擇權其權利金由低至高：亞洲式＜歐式＜美式。

48. **B** 賣權（Put Option），是指該權利的買方有權在約定期間內，以履約價格賣出約定標的物，但無義務一定要執行該項權利；而賣權（Put Option）的賣方則有義務在買方選擇執行賣出權利時，依約履行買進標的物。

49. **B** 「看升」人民幣，應作多人民幣，故應買入USD Put CNYCall。

50. **A** 直接報價法，又名「價格報價法」，以一單位外幣折合多少美元。間接報價法，又稱為「歐式報價法」或「數量報價法」，指一單位本國貨幣可折合為多少單位的外幣。銀行間報價USD：CHF即期匯率1.1856－66，兩個月遠期匯率0.0015－0.0022，若以直接匯率報價法，兩個月遠期匯率應為（1.1856＋0.0015）－（1.1866＋0.0022）。

第四回

( )　1. 下列何者不屬於歐元區國家？　(A)德國　(B)法國　(C)英國　(D)荷蘭。

( )　2. AAQ公司3個月後將支付100,000歐元的貨款，目前歐元匯率為1.5800U\$／€，AAQ公司擔心歐元升值，故買進3個月後到期的歐元期貨2張（即100,000歐元），價格為1.6200U\$／€。若歐元期貨到期時的即期匯率為1.6500U\$／€，則AAQ公司避險效果如何？
(A)損失減少為7,000U\$　　　　　(B)損失增加3,000U\$
(C)損失減少為4,000U\$　　　　　(D)損失增加5000U\$。

( )　3. 外匯期貨的功能不包括：　(A)投機　(B)避險　(C)投資　(D)套利。

( )　4. 春曉公司一年後將有應收帳款€100,000，目前歐元即期匯率為1€＝1.6200U\$，春曉公司擔心歐元貶值，因此在芝加哥商品交易所賣出四張一年後到期的歐元期貨，價格為1€＝1.6000U\$。如果歐元期貨到期時，歐元即期匯率為1€＝1.5800U\$，則春曉公司的避險效果如何？
(A)獲利2,000U\$　　　　　　　　(B)損失10,000U\$
(C)獲利10,000U\$　　　　　　　(D)損失20,000U\$。

( )　5. 大甲從澳洲進口牛肉到臺灣，他最好採用下列何種交易策略規避匯率風險？
(A)賣出歐元期貨　　　　　　　　(B)買進歐元期貨
(C)賣出澳幣期貨　　　　　　　　(D)買進澳幣期貨。

( )　6. 下列有關外匯期貨的敘述，何者錯誤？
(A)正價差是指外匯期貨價格小於外匯現貨價格
(B)在外匯期貨的最後交易日，外匯期貨與現貨的價差應該會很小
(C)外匯期貨價格與外匯現貨價格會同向變動
(D)外匯期貨到期時的價格將大致等於當時的外匯現貨價格。

( )　7. 依據購買力平價理論（Theory of Purchasing Power Parity），假若本國物價水準上漲10%，同時外國的物價水準上漲10%，則：　(A)本國貨幣升值10%，同時外國貨幣升值10%　(B)本國貨幣貶值10%，同時外國貨幣升值10%　(C)本國貨幣貶值10%，同時外國貨幣貶值10%　(D)本國貨幣與外國貨幣的匯率不變。

( )　8. 依據購買力平價說主張，若一國的物價水準相對於另一國上升時，則：　(A)該國的貨幣會貶值，而另一國的貨幣會升值　(B)該國的貨幣會貶值，而另一國的貨幣也貶值　(C)該國的貨幣會升值，而另一國的貨幣也升值　(D)該國的貨幣會升值，而另一國的貨幣會貶值。

( )　9. 在我國1美元折合新臺幣約30元，此報價法在我國屬於何種報價法？　(A)實質匯率報價法　(B)間接報價法　(C)收進報價法　(D)直接報價法。

( )　10. 指定銀行針對自然人辦理人民幣衍生性商品及人民幣兌換者，應符合自然人每人每日透過帳戶買賣之金額為何？　(A)不得逾人民幣二萬元規定　(B)不得逾人民幣三萬元規定　(C)不得逾人民幣四萬元規定　(D)不得逾人民幣八萬元規定。

( )　11. 利用模擬法進行遠期風險的衡量，不需要下列何種資訊？　(A)過去資產價格資料　(B)過去資產價格相關性資料　(C)假設資產的隨機過程　(D)交易對手的交易紀錄。

( )　12. 有關選擇權的敘述，下列何者錯誤？　(A)美式選擇權指的是買方可以在到期日前的任一時點要求行使權利　(B)歐式選擇權指的是買方必須在到期日當天要求行使權利　(C)亞洲式選擇權是一種美式選擇權的形式　(D)亞洲式選擇權，買方可以「平均即期價格」做為與履約價格比較後決定是否履行權利的基準。

( )　13. 關於風險值衡量法（VaR）之敘述：(1)風險值係以一金額數字來表達金融商品或投資組合在特定持有期間及特定信賴水準下之最大可能損失；(2)風險值的原始目的係用來描述複雜投資組合的風險暴露程度，同時整合風險發生機率與損失金額之概念；(3)風險值除可用來表達不同交易活動及投資活動所隱含的風險大小外，亦可用來作為與外部溝通、或進行跨資產比較的風險衡量工具。前述正確者有哪幾項？　(A)僅(1)(2)　(B)僅(2)(3)　(C)僅(1)(3)　(D)(1)(2)(3)。

( )　14. 關於「遠期交換」（Forward Swaps）和「期貨選擇權」（Futures Options），下列敘述何者正確？
(A)遠期交換是一種「遠期契約」，而期貨選擇權是一種「選擇權」
(B)遠期交換是一種「交換」，而期貨選擇權是一種「選擇權」
(C)遠期交換是一種「遠期契約」，而期貨選擇權是一種「期貨」
(D)遠期交換是一種「交換」，而期貨選擇權是一種「期貨」。

( )　15. 下列何者係結算風險的定義？　(A)指投資人的部位無法找到交易對手，或者無法以合理的價格軋平部位　(B)指當銀行履行契約規定之交割義務後，因全球時差尚未收到交易對手所提供之報價或價值而承擔的風險　(C)指當選擇權標的物的現貨價格波動程度為1%時，其權利金變動的幅度　(D)指個股股價或股價指數的變動而使衍生性商品的部位發生損失的風險。

( )　16. 以下有關期貨保證金制度的敘述，何者為真？　(A)只有期貨賣方須繳保證金　(B)只有期貨買方須繳保證金　(C)期貨買賣雙方均須繳保證金　(D)賣方所繳之保證金額度高於買方。

( )　17. 期貨市場之逐日結算制度，係以何種價位為計算基準？　(A)當日收盤價　(B)交易所決定之結算價　(C)當日最低價　(D)當日最高價。

( )　18. 有關外匯存款之敘述，下列何者正確？　(A)存入來源可為國外匯入匯款、外幣票據、外幣現鈔或以新臺幣結購之外匯等　(B)承作金融機構不必徵提準備金　(C)銀行不得開辦外匯綜合存款　(D)外匯指定銀行應於營業場所揭示至少美元、日圓、歐元、英鎊及港幣五種貨幣之存款利率。

( )　19. 下列何者尚不得承作無本金交割新臺幣遠期外匯業務？　(A)國內銀行間　(B)外商銀行在台分行對其國外聯行　(C)本國銀行對其海外分行　(D)本國銀行對國內法人。

( )　20. 依「外匯收支或交易申報辦法」規定，申報義務人委託他人辦理新臺幣結匯申報時，應由何人就申報事項負其責任？　(A)委託人　(B)受託人　(C)委託人與受託人連帶　(D)指定銀行。

( )　21. 依「外匯收支或交易申報辦法」規定，指定銀行於受理公司、行號辦理結匯時，應先確認申報書記載事項與證明文件相符之額度為何？
(A)等值新臺幣五十萬元以上　　　(B)十萬美元以上
(C)五十萬美元以上　　　　　　　(D)一百萬美元以上。

( )　22. 依「銀行業辦理外匯業務管理辦法」規定，銀行承作自然人匯款人民幣至大陸地區業務，其對象限制為何？
(A)大陸地區人民
(B)港澳居民
(C)領有中華民國國民身分證之個人
(D)大陸地區人民或港澳居民。

( )　23. 依「銀行業辦理外匯業務管理辦法」規定，指定銀行於受理個人、團體多少金額以上之結匯申報案件時，應立即將填妥之「大額結匯款資料表」電傳中央銀行外匯局？
(A)新臺幣五十萬元以上或等值外幣
(B)十萬美元以上或等值外幣
(C)五十萬美元以上或等值外幣
(D)一百萬美元以上或等值外幣。

( )　24. 有A、B、C三家銀行分別報出如下的匯率：
A銀行：US\$1＝€0.8901
B銀行：US\$1＝SFr1.2416
C銀行：SFr1＝€0.6825
若市場投資人想透過三角套利來獲利，獲利將會是多少？
(A)US\$1,000　　　　　　　　　(B)US\$1,034
(C)US\$1,500　　　　　　　　　(D)US\$2,022。

( )　25. 目前市場報出之英鎊即期匯率與6個月到期之遠期匯率分別為US\$1.8218／£及US\$1.8120／£（此處不考慮買賣價差）。根據你對匯率的長期追蹤，你認為英鎊在6個月後的市場即期匯率將等於US\$1.84／£。若你有£1,000,000可供操作，英鎊在6個月後的市場即期匯率並非如你所料，而是等於US\$1.8090／£，則你先前的操作所導致的獲利或損失金額為何？
(A)US\$3,000　　　　　　　　　(B)US\$12,800
(C)US\$9,800　　　　　　　　　(D)US\$28,000。

( ) 26. 某外資在臺灣股市投資了一百萬美元等值的股票，投資期間為三個月；因擔心新臺幣在三個月後貶值，因此與某銀行簽訂了一只NDF合約，名目本金金額為US$1,000,000，鎖定之遠期匯率與簽約當時的即期匯率相同，為NT$32.0／US$。倘若三個月後，新臺幣果真貶值而即期匯率的落點為NT$33.5／US$，則： (A)銀行應付給外資US$46,875 (B)外資應付給銀行NT$150,000 (C)銀行應付給外資US$44,776.12 (D)外資應付給銀行NT$1,000,000。

( ) 27. 目前是美元一年期利率為1.5%，紐西蘭一年期利率為4%，而紐幣（NZ$）兌美元的即期匯率為US$0.68／NZ$。你預測一年期的（US$／NZ$）遠期利率為何？ (A)0.6583 (B)0.6573 (C)0.73 (D)0.71。

( ) 28. 假設日圓兌美元的目前即期匯率是¥1＝US$0.007；在目前時點，預期美國未來一年的通貨膨脹率為5%，日本未來一年的通貨膨脹率為2%。根據相對式購買力平價條件，一年之後，一單位日圓應值多少美元？ (A)0.0071 (B)0.0072 (C)0.0074 (D)0.0075。

( ) 29. 當費雪效應條件預測美元將對新臺幣貶值，這有可能是反映下列哪一種情況？ (A)目前美元利率超過目前新臺幣利率 (B)目前美元利率低於目前新臺幣利率 (C)目前美國的通貨膨脹率超過目前臺灣的通貨膨脹率 (D)目前臺灣的通貨膨脹率超過目前美國的通貨膨脹率。

( ) 30. 有關遠期外匯之敘述，下列何者錯誤？ (A)履約保證金由承作銀行與顧客議定 (B)同筆外匯收支需要不得重複簽約 (C)遠期外匯交易履約方式應以實際交割為主 (D)遠期外匯交易，其訂約期限以六個月為限。

( ) 31. 有關指定銀行經向中央銀行申請許可，於非共同營業時間辦理外匯業務，下列敘述何者正確？ (A)得受理顧客之各項外匯交易，無金額限制 (B)僅得受理顧客未達新臺幣50萬元之外匯交易 (C)僅可受理公司之各種外匯交易，而個人不可受理 (D)僅可受理個人之各種外匯交易，而公司不可受理。

( )　32. 依銀行業辦理外匯業務管理辦法規定，指定銀行臨櫃受理顧客等值一百萬美元以上之新臺幣與外幣間換匯換利交易（CCS），其資料應於何時以電腦連線將資料傳送中央銀行？　(A)應於訂約當日　(B)訂約日之次營業日中午十二時前　(C)交割前二營業日　(D)交割當日。

( )　33. 進出口商與銀行訂定遠期外匯合約預購或預售外匯，是為了規避下列何種風險？　(A)匯率風險　(B)作業風險　(C)法律風險　(D)信用風險。

( )　34. 進口開狀第一次結匯之保證金應收成數為：　(A)一律為10%　(B)一律為20%　(C)一律為30%　(D)由指定銀行自訂。

( )　35. 下列何者為辦理外匯存款幣別轉換之適用匯率？　(A)轉換前之幣別金額×轉換前幣別對新臺幣即期買入匯率÷轉換後幣別對新臺幣即期賣出匯率＝轉換後的幣別金額　(B)轉換前之幣別金額×轉換前幣別對新臺幣即期賣出匯率÷轉換後幣別對新臺幣即期買入匯率＝轉換後的幣別金額　(C)轉換前之幣別金額×轉換前幣別對新臺幣即期買入匯率÷轉換後幣別對新臺幣即期買入匯率＝轉換後的幣別金額　(D)轉換前之幣別金額×轉換前幣別對新臺幣即期賣出匯率÷轉換後幣別對新臺幣即期賣出匯率＝轉換後的幣別金額。

( )　36. 下列何者不得辦理幣別轉換？　(A)遠期信用狀單據提示前之開狀金額　(B)進口開狀已到單現放之融資案件　(C)外匯存款　(D)出口押匯款。

( )　37. 下列何者非屬中央銀行外匯存底的運用方式？　(A)提供本國企業赴海外購併時所需資金，　(B)提供國安基金進場護盤股市所需資金　(C)購買美債等金融商品　(D)提供資金參與台北外幣拆款市場。

( )　38. 關於外匯保證金交易，下列敘述何者錯誤？　(A)沒有到期日　(B)以外匯現貨為交易標的　(C)有隔夜利息存在　(D)屬於集中市場交易的一種。

( )　39. 「遠期利率協定」簡稱為：　(A)IRS　(B)FRA　(C)CCS　(D)Future。

( )　40. 於單純避險策略（現貨部位與期貨部位等值）中，隱藏一主要假設條件為：　(A)期貨價格與現貨價格同向變動　(B)期貨價格與現貨價格同向而且同幅變動　(C)期貨價格與現貨價格同向但不需同幅變動　(D)期貨價格與現貨價格反向變動。

( )　41. 於實際應用上，利用線性迴歸式估計最小風險避險比例，即 $S = a + bF + $ 誤差項。其中S與F分別為現貨與期貨價格變動，a與b分別係數。其中誤差項的變異數可以被視為：　(A)現貨部位風險　(B)期貨部位風險　(C)基差風險　(D)市場風險。

( )　42. 買權的賣方與買方所面對的損益以及權利義務，下列何者有誤？　(A)買權的賣方須支付保證金，買方不須支付　(B)標的物的上漲有利於買權的買方　(C)買權的買方須支付權利金　(D)買權的賣方之獲利可能無限制。

( )　43. 其他條件不考慮，利率上揚，則期貨賣權價格應：　(A)越高　(B)越低　(C)無關　(D)不一定。

( )　44. 價外（Out-of-the-Money）期貨賣權（Put）越深價外，其時間價值（Time Value）：　(A)上升　(B)下降　(C)不一定　(D)不受影響。

( )　45. 在風險中立的經濟環境下，投資人投資於任何有價證券之期望報酬為：　(A)零　(B)無風險利率　(C)風險溢酬　(D)無風險利率加上風險溢酬。

( )　46. 下列何者屬掩護性買權策略（Covered Call）？　(A)買入期貨及期貨買權　(B)賣出期貨及期貨買權　(C)買入期貨及期貨買權　(D)賣出期貨及期貨買權。

( )　47. 若標的物價格突然跳空大幅上漲，即使Delta Neutral（賣出Call Option，同時買入適量的標的物），亦可能產生損失，稱為：　(A)Vega風險　(B)Rho風險　(C)Theta風險　(D)Gamma風險。

( )　48. 在下列何種情況下，選擇權的Gamma風險為最大？　(A)價平，距到期日遠　(B)價平，距到期日近　(C)深價內，距到期日遠　(D)深價外，距到期日遠。

( )　49. 外匯選擇權的價格對到期期限的敏感度，稱之為Theta（θ）。若θ＝－0.0341，代表每失去一天，選擇權價格會減少：　(A)0.000093　(B)0.03　(C)0.0341　(D)0.00279。

( )　50. 外匯選擇權的價格對美元利率的敏感度，稱之為Rho（ρ）。若美元利率上升1%，而ρ＝0.0901，此代表：　(A)買權的價格會減少$0.0901　(B)買權的價格會增加$0.000901　(C)賣權的價格會增加$0.0901　(D)賣權的價格會減少$0.000901。

解答與解析

1. **C** 歐元區共有19個成員，另有10個國家和地區採用歐元作為當地的單一貨幣，不包括英國。

2. **C** 應付帳款損失＝100,000×（1.6500－1.5800）＝7,000U$
期貨多頭部位利得＝100,000×（1.6500－1.6200）＝3,000U$
所以AAQ公司避險後損失減少為4,000U$

3. **D** 外匯期貨的功能包括：投機、避險、投資、價格發現等。

4. **A** 應收帳款損失＝100,000×（1.6200－1.5800）＝4,000
空頭部位獲利＝100,000×（1.6000－1.5800）＝2,000
避險後損失減少為4,000－2,000＝2,000U$

5. **B** 大甲從澳洲進口牛肉到臺灣，他會有澳幣的應付債務，他最好買進澳幣期貨來規避匯率風險。

6. **B** 正價差是指外匯期貨價格大於外匯現貨價格，逆價差是指外匯期貨價格小於外匯現貨價格。

7. **D** (1)購買力平價認為一國貨幣的對外價值，是決定於二國通貨的相對購買力。其中相對購買力平價理論係指在真實匯率不變下，兩國匯率可依據兩國物價水準之變動調整之。
(2)故依據購買力平價理論（Theory of Purchasing Power Parity），假若本國物價水準上漲10%，同時外國的物價水準上漲10%，則本國貨幣與外國貨幣的匯率不變。

8. **A** (1)購買力平價於1916年認為一國貨幣的對外價值，是決定於二國通貨的相對購買力，而不是貨幣的含金量。匯率是依照本國貨幣在本國市場的購買力和外國貨幣在外國市場的購買力兩者比較而決定。

(2)依據購買力平價說主張，若一國的物價水準相對於另一國上升時，則該國的貨幣會貶值，而另一國的貨幣會升值。

9. **D** (1)直接報價（價格報價）：把美元視為商品需要多少貨幣才能購買（買1美元需要多少錢買）以美元為基準，如：1 USD：1.0138 CAD。

(2)間接報價（數量報價）：把非美元視為商品值多少美元（可以買多少美元）以非美元為基準，如：1EUR：1.3895 USD。

(3)我國1美元折合新臺幣約30元，此報價法屬於直接報價法。

10. **A** 銀行業辦理外匯業務管理辦法第52條規定：「銀行業辦理人民幣業務之管理，除應遵循下列規定外，準用本辦法及其他有關外匯業務之規定：……四、承作自然人買賣人民幣業務，每人每次買賣現鈔及每日透過帳戶買賣之金額，均不得逾人民幣二萬元。……」

11. **D** 利用模擬法進行遠期風險的衡量，需要過去資產價格資料、過去資產價格相關性資料、假設資產的隨機過程。

12. **C** 亞洲式選擇權（Asian Option），則屬新奇選擇權的一種，亞洲式選擇權不同於美式選擇權，新奇選擇權通常係金融機構為個別客戶量身訂作之特殊選擇權工具組合，其契約條件遠較傳統選擇權商品複雜。亞洲選擇權常見於外匯及利率商品市場，其損益決定於該契約存續期間內，標的資產之平均價格。

13. **D** (1)風險值係以一金額數字來表達金融商品或投資組合在特定持有期間及特定信賴水準下之最大可能損失。

(2)風險值的原始目的係用來描述複雜投資組合的風險暴露程度，同時整合風險發生機率與損失金額之概念。

(3)風險值除可用來表達不同交易活動及投資活動所隱含的風險大小外，亦可用來作為與外部溝通、或進行跨資產比較的風險衡量工具。

(1)(2)(3)均正確。

14. **A** 「遠期交換」（Forward Swaps）是約定合約持有人有權利與義務去執行一項交易，該交易是針對某特定證券或商品，而持有人必需在特定的時間以特定的價格去履行此合約。遠期交換是一種「遠期契約」，常見的遠期合約如遠期外匯、金屬、能源產品與利率商品。期貨選擇權是一種「選擇權」。

15. **B** 結算風險係指指當銀行履行契約規定之交割義務後，因全球時差尚未收到交易對手所提供之報償或價值而承擔的風險。

16. **C** 期貨交易是採行保證金制度，投資人在建立期貨部位之前，帳戶內就必須要先有足夠的保證金，才能委託下單，期貨買賣雙方均須繳保證金。

17. **B** 期貨市場之逐日結算制度，係以交易所決定之結算價為計算基準。

18. **A** 關外匯存款存入來源可為國外匯入匯款、外幣票據、外幣現鈔或以新臺幣結購之外匯等，承作金融機構應徵提準備金，銀行得開辦外匯綜合存款。各外匯指定銀行應依銀行法第41條規定於營業場所揭示至少美金、日圓、歐元、英鎊及瑞士法郎等五種貨幣之存款利率。

19. **D** 中央銀行外匯局規定指定銀行辦理（NDF）新臺幣與外幣間無本金交割遠期外匯業務交易之承作對象限制如下：

   (1) 國內法人－除指定銀行間交易外，禁止辦理其他國內法人及自然人 NDF交易。

   (2) 國外法人－承作對象限「在台外商銀行之國外聯行」及「本國銀行之海外分行或子行」。

20. **A** 依「外匯收支或交易申報辦法」第8條規定，申報義務人委託他人辦理新臺幣結匯申報時，應由委託人就申報事項負其責任。

21. **D** 依「外匯收支或交易申報辦法」第5條規定，公司、行號每筆結匯金額達一百萬美元以上之匯款，申報義務人應檢附與該筆外匯收支或交易有關合約、核准函等證明文件，經銀行業確認與申報書記載事項相符後，始得辦理新臺幣結匯。

22. **C** 依「銀行業辦理外匯業務管理辦法」規定，銀行承作自然人匯款人民幣至大陸地區業務，其對象限制為領有中華民國國民身分證之個人。

23. **C** 銀行業辦理外匯業務管理辦法第45條規定：「指定銀行於臨櫃受理客戶即期或遠期大額結匯交易，應依下列規定，利用「民間匯出入款當年累積結匯金額查詢電腦連線作業系統」項下之「大額結匯款資料、大額遠期外匯資料、大額換匯換利交易（CCS）資料電腦連線作業系統」，將相關資料傳送本行外匯局：一、受理公司、行號一百萬美元以上或等值外幣（不含跟單方式進、出口貨品結匯），或個人、團體五十萬美元以上或等值外幣之結購、結售外匯，應於訂約日立即傳送。……」

24. **A** (1) 觀察US\$1＝€實際交叉匯率：0.8901

   (2) 計算US\$1＝€合成交叉匯率＝0.6825×1.2416＝0.847392

   (3) 實際交叉匯率不等於合成交叉匯率，有套利機會存在。

(4) 假設我們有1美元，我們做以下三步驟交易：
 A.將US$1,000,000轉化成€890,100
 B.將€890,100轉化成SFr1,304,176
 C.將SFr1,304,176轉化SFr1,304,176
(5) 獲利金額＝US$1,050,399 － US$1,000,000＝US$50,399

25. **A** 損失為：（US$1.8090/£ －US$1.8120/£ ）×£1,000,000＝－US$3,000。

26. **C** $1,000,000-1,000,000 \div 33.5 \times 32 = 44,776.12$

27. **B** $\dfrac{f_0^{1-year}}{0.68} = \dfrac{(1+1.5\%)}{(1+5\%)}$
$f_0^{1-year} = \text{US}\$0.6573/\text{NZ}\$$

28. **B** $\dfrac{E(e_1)}{0.007} = \dfrac{(1+5\%)}{(1+2\%)} \Rightarrow E(e_1) = 0.0072$

29. **A** 當費雪效應條件預測美元將對新臺幣貶值，這有可能是反映目前美元利率超過目前新臺幣利率。

30. **D** 遠期外匯交易，其訂約期限依實際外匯收支需要訂定。

31. **B** 指定銀行經向中央銀行申請許可，於非共同營業時間辦理外匯業務，僅得受理顧客未達新臺幣50萬元之外匯交易。

32. **B** 依銀行業辦理外匯業務管理辦法規定，指定銀行臨櫃受理顧客等值一百萬美元以上之新臺幣與外幣間換匯換利交易（CCS），其資料應於訂約日之次營業日中午十二時前以電腦連線將資料傳送中央銀行。

33. **A** 出口商與銀行訂定遠期外匯合約預購或預售外匯，是為了規避匯率風險。

34. **D** 進口開狀第一次結匯之保證金應收成數由指定銀行自訂。

35. **A** 辦理外匯存款幣別轉換之適用匯率：
轉換前之幣別金額×轉換前幣別對新臺幣即期買入匯率÷轉換後幣別對新臺幣即期賣出匯率＝轉換後的幣別金額。

36. **A** 遠期信用狀單據提示前之開狀金額不得辦理幣別轉換。

37. **B** 中央銀行外匯存底的不得作為提供國安基金進場護盤股市所需資金運用。

38. **D** 外匯保證金交易屬於非集中市場交易的一種。

39. **B** 「遠期利率協定」簡稱為FRA。

40. **B** 於單純避險策略（現貨部位與期貨部位等值）中，隱藏一主要假設條件為：期貨價格與現貨價格同向而且同幅變動。

41. **C** 基差風險是指保值工具與被保值商品之間價格波動不同步所帶來的風險。本題誤差項的變異數即可以被視為基差風險。

42. **D** 買權的賣方獲利有限，風險無限。

43. **B** 其他條件不考慮，利率上揚，則期貨賣權價格應越低。

44. **B** 價外（Out-of-the-Money）期貨賣權（Put）越深價外，其時間價值越少，最後只剩內含價值。

45. **A** 在風險中立的經濟環境下，投資人投資於任何有價證券之期望報酬為零。

46. **C** 買入期貨及期貨買權屬掩護性買權策略。

47. **D** 若標的物價格突然跳空大幅上漲，即使Delta Neutral（賣出Call Option，同時買入適量的標的物），亦可能產生損失，稱為Gamma風險。

48. **B** 在價平，距到期日近的情況下，選擇權的Gamma 風險為最大。

49. **A** Theta（θ），是指選擇權市價對到期期限的敏感度。選擇權愈接近到期日時，即到期期限愈來愈短之時，每失去一天，選擇權價值減少的幅度就愈大。
本題Theta（θ）。若θ＝－0.0341，代表每失去一天，選擇權價格會減少
＝－0.0341/365＝0.000093

50. **B** Rho（ρ），是指選擇權市價對美元利率的敏感度。當美元利率水準上升時，買權的價格也會上升。
若美元利率上升1%，而ρ＝0.0901，此代表買權的價格會增加$0.000901
（0.0901×0.01）。

第五回

( )　1. 下列有關外匯期貨的敘述，何者錯誤？　(A)有固定的交割日期　(B)集中競價　(C)合約由買賣雙方議定　(D)有固定的交易場所。

( )　2. 處於價內的外匯買權，其時間價值等於：　(A)買權價格減即期匯率再加執行價格　(B)買權價格減執行價格再加即期匯率　(C)即期匯率減執行價格再減買權價格　(D)即期匯率減買權價格再減執行價格。

( )　3. K線分析法中下列何種情況可能會形成十字線？　(A)開盤價＝最高價　(B)開盤價＝最低價　(C)開盤價＝收盤價　(D)開盤價＞收盤價。

( )　4. 葛蘭碧八大法則利用下列何者為工具，以判斷交易訊號之重要法則？　(A)移動平均線（MA）　(B)K線　(C)相對強弱指標（RSI）　(D)波浪理論。

( )　5. 有關影響選擇權價格的因素，下列何者錯誤？　I.標的商品的價格；II.標的商品價格的波動性；III.履約價格（執行價格）；IV.無風險利率；V.投資人對風險的態度　(A)IV與V　(B)I與III　(C)僅V　(D)II與IV。

( )　6. 有關歐洲美元（Euro-dollar），下列敘述何者正確？　(A)是指流通在美國境外的美元　(B)其流通範圍僅以歐洲為限　(C)歐洲美元是以歐元計值的　(D)歐洲美元是存放在美國境內的銀行或美國境外銀行的國內分行之存款。

( )　7. 依購買力平價理論（Purchasing Power Parity），下列敘述何者正確？　(A)各國貨幣購買力的比較即可決定其均衡利率　(B)貨幣購買力較高的國家，其匯價應貶值　(C)任何兩國均衡匯率的決定，取決於這兩國貨幣購買力的比較　(D)當本國物價上漲，本國貨幣的購買力上漲，則本國貨幣應升值。

( )　8. 衡量流動性風險的最佳指標為：　(A)風險值　(B)Beta係數　(C)買賣價差　(D)Sharpe指標。

( ) 9. 一般金融機構對於市場風險所採行限額控制方式，下列何者不在其中？ (A)交易量限額 (B)選擇權限額 (C)交割限額 (D)缺口限額。

( ) 10. 衡量選擇權價格對標的資產波動率變動的敏感程度之敏感度分析指標為何？ (A)Delta (B)Vega (C)Theta (D)Omega。

( ) 11. 如「看升」人民幣，應如何操作？ (A)買入USD Call CNYPut (B)買入USD Put CNYCall (C)賣出USD Put CNYCall (D)買入一連串USD Call。

( ) 12. 銀行間報價USD：CHF即期匯率1.1856－66，兩個月遠期匯率0.0015－0.0022，若以直接匯率報價法，兩個月遠期匯率應為？ (A)1.1871－1.1888 (B)1.1841－1.1844 (C)1.1834－1.1851 (D)1.1871－1.1881。

( ) 13. 風險值（VaR）衡量的是： (A)最小損失 (B)最大損失 (C)最小交易部位 (D)最大交易部位。

( ) 14. 下列何項變數的變化不會使買權的價值隨之增加？ (A)到期時間縮短 (B)無風險利率上升 (C)標的物價格波動性升高 (D)標的物價格升高。

( ) 15. 利率上下限（interest rate collar）簡稱為Collar，下列敘述何者正確？ (A)「利率上下限」是同時買進一個「利率上限」，以及買進一個「利率下限」 (B)「利率上下限」是同時賣出一個「利率上限」，以及賣出一個「利率下限」 (C)「利率上下限」是同時買進一個「利率上限」，以及賣出一個「利率下限」 (D)「利率上下限」是同時賣出一個「利率上限」，以及買進一個「利率下限」。

( ) 16. 結算前風險係屬於何種風險？ (A)市場風險 (B)信用風險 (C)流動性風險 (D)作業風險。

( ) 17. 假設目前美元一年期定存利率是2.1%，日圓一年期定存利率是1.2%，即期匯率是US$1＝¥100。根據利率平價條件，可算出一年期遠期匯率（¥／US$）為： (A)97.32 (B)99.11 (C)99.3 (D)100.02。

( ) 18. 歐洲通貨單位（ECU）是在下列哪一個制度之下誕生的？ (A)布芮頓伍茲固定匯率制度 (B)匯率機制 (C)銀本位制度 (D)金本位制度。

( ) 19. 在管理浮動匯率之下，若想要提升美國的經濟成長率，則應讓美元_____，如此可以_____美國對進口品的需求。 (A)升值；減少 (B)貶值；減少 (C)升值；增加 (D)貶值；增加。

( ) 20. 目前英鎊（£）美式報價的買價（Bid Price）及賣價（Ask Price）分別為1.98及2.01，因此英鎊（£）歐式報價的賣價為： (A)0.5050 (B)0.4975 (C)0.5514 (D)0.4875。

( ) 21. 美國期貨交易所中成立最早的是： (A)CBOT (B)CME (C)COMEX (D)Kansas City Board of Trade。

( ) 22. 當期貨商替客戶強迫平倉時，若平倉後造成超額損失，此部分的損失應由誰來承擔？ (A)客戶 (B)期貨商 (C)交易所 (D)結算所。

( ) 23. 下列何種匯出匯款之結匯方式，銀行應掣發賣匯水單？ (A)提領外匯存款支付 (B)以新臺幣結購 (C)以外幣現鈔或旅行支票支付 (D)以出口押匯或匯入匯款轉匯。

( ) 24. 有關買賣外幣現鈔業務，下列敘述何者錯誤？ (A)銀行牌告賣出匯率外幣現鈔較旅行支票為高 (B)銀行出售外幣現鈔每次以等值USD10,000為限 (C)外幣現鈔之收兌需核驗客戶之身分證件 (D)人民幣現鈔：自然人每人每次買賣現鈔之金額，不得逾人民幣二萬元。

( ) 25. 有關選擇權商品性質，下列敘述何者錯誤？ (A)為非線性關係報酬率 (B)買賣雙方須繳保證金 (C)買方具有履約權利 (D)無風險利率為影響選擇權價格因素之一。

( ) 26. 有關遠期契約與期貨契約之敘述，下列何者錯誤？ (A)二者契約內容均可完全依交易雙方需要而議定 (B)出口商所交易的遠期外匯為遠期契約的一種 (C)期貨契約交割時可採用現金交割或實物交割 (D)遠期契約並不在有組織化的交易所內交易。

（　）　27. 當股票選擇權賣權權利金為3元，當損益兩平股價為28元時，請問該選擇權買入賣權履約價應為下列何者？　(A)25元　(B)28元　(C)31元　(D)34元。

（　）　28. 如果投資人於5,050點賣出臺灣期交所之加權股價指數小型期貨，並於5,120點回補，其損益為何？（手續費與期交稅不計）　(A)損失14,000元　(B)獲利14,000元　(C)損失3,500元　(D)獲利3,500元。

（　）　29. 有關遠期外匯保證金之收取，下列敘述何者正確？　(A)保證金之繳納限以現金為之　(B)保證金之繳納得以授信額度或其他可靠之擔保品為之　(C)客戶於遠期外匯契約到期全部履約者，保證金應計息退還　(D)訂約保證金一定要收取，對往來特優之客戶亦不得免收。

（　）　30. 有關遠匯之敘述，下列何者錯誤？　(A)遠匯是以即期匯價為基礎，再依據換匯點調整後為銀行掛牌價　(B)遠匯的價格會隨著即期匯率與換匯點的變化而改變　(C)遠匯屆交割時如適逢月底末日且為例假日，均得提前或順延　(D)遠匯買賣依交割幣別不同，可區分為新臺幣與外幣間及外幣與外幣間之遠匯。

（　）　31. 當銀行與客戶進行即期外匯交易之同時，另訂一筆方向相反且金額相同之遠期交易合約，稱之為下列何者？　(A)遠期外匯交易　(B)幣別轉換交易　(C)換匯交易　(D)無本金交割遠期外匯交易。

（　）　32. 指定銀行對持有外國護照之自然人，依「外匯收支或交易申報辦法」規定，得逕行辦理結匯之金額為何？　(A)每筆不得超過新臺幣50萬元　(B)每筆不得超過10萬美元（C3）每筆不得超過50萬美元　(D)每年不得超過500萬美元。

（　）　33. 假設目前美元一年期定存利率是2%，歐元一年期定存利率是3%，即期匯率是€1＝US$1.36。根據利率平價（IRP）條件，可算出一年期遠期匯率（US$／€）為：　(A)1.32　(B)1.33　(C)1.34　(D)1.35。

（　）　34. 假設你相信目前的公開即時資訊及私有資訊對匯率預測是有幫助的，則你所支持的是：　(A)弱式效率市場假說　(B)強式效率市場假說　(C)半強式效率市場假說　(D)以上皆非。

( )　35. 以同一貨幣，訂定於不同交割日，依約定兩匯率，作先買並後賣，或先賣並後買金額相同的另一貨幣，以達到此二貨幣於兩不同交割日間，互為轉換的交易。此種交易稱為：　(A)換匯交易　(B)利率交換　(C)貨幣選擇權　(D)期貨。

( )　36. 長天期遠期交易是指交割超過？　(A)半年　(B)九個月　(C)一年　(D)二年。

( )　37. 新臺幣三個月期利率為0.42%，美元三個月期利率為0.62%，美元兌新臺幣即期匯率為33.60，三個月期遠期匯率為多少？（四捨五入至小數第四位）　(A)33.583　(B)33.60　(C)33.617　(D)33.635。

( )　38. 在5／27(一)成交一筆遠期外匯交易，自5／29(三)起，期限六個月，於11／29(六)到期交割，則實務上本筆遠期外匯應在哪一天交割？　(A)11／28(五)　(B)11／29(六)　(C)11／30(日)　(D)12／1(一)。

( )　39. 當便利收益率（Convenience Yield）上升時：　(A)期貨合約的價值上升　(B)期貨合約的價值下降　(C)期貨合約的價值不變　(D)以上皆非。

( )　40. 在現貨市場不虞匱乏，倉儲之供應量夠大，則不同交割月份之同一商品期貨價格之間的差距，在理論上應反映：　(A)兩個交割月份間的持有成本　(B)融資成本　(C)倉儲成本　(D)商品供需之季節性因素。

( )　41. 莊臣公司在一個月後將會收到一百萬英鎊，為了規避匯率風險，下列何者是最適合的避險策略？　(A)買進英鎊買權　(B)賣出英鎊期貨合約　(C)賣出英鎊賣權　(D)簽訂遠期合約買進英鎊。

( )　42. 其他條件不變，若外幣幣值的波動性變大，則以該外幣為標的之買權（Call Option）的價格就會_____，而以該外幣為標的之賣權（Put Option）的價格就會_____。　(A)上升；下跌　(B)上升；上升　(C)下跌；上升　(D)下跌；下跌。

( )　43. 有關選擇權，下列何者是正確的描述？　(A)選擇權的買方有決定是否履約的權利　(B)選擇權的賣方有決定是否履約的權利　(C)選擇權的買方和賣方都有履約的義務　(D)選擇權的賣方應付給買方權利金。

( )　44. 尼克公司在一個月後必須付出二千一百二十五萬日圓，為了規避匯率風險而決定在PSE市場買進日圓買權。若此時Delta＝0.85，則尼克公司應買進幾口買權來達成Delta中立？　(A)兩口　(B)三口　(C)四口　(D)五口。

( )　45. 下列何者的時間價值（Time Value）最高？　(A)價內選擇權　(B)價平選擇權　(C)價外選擇權　(D)價差選擇權。

( )　46. 南方公司在一個月後將會收到十萬加幣，為了規避匯率風險而在PSE市場買了兩口9月份到期的加幣賣權，權利金和履約價格分別為$0.03／C$及$0.96／C$。若一個月後的市場即期匯率是$1.01／C$，而該加幣賣權的權利金為$0.06／C$，則南方公司針對十萬加幣的美元淨收入最高可達：　(A)$95,000　(B)$98,000　(C)$101,000　(D)$104,000。

( )　47. 目前是美元一年期利率為1.75%，紐西蘭一年期利率為5.1%，而紐幣（NZ$）兌美元的即期匯率為US$0.68／NZ$。你預測一年期的（US$／NZ$）遠期利率為何？　(A)0.6583　(B)0.65　(C)0.73　(D)0.71。

( )　48. 假設一年期利率在美國是2%，在歐元區是4%；目前歐元兌美元即期匯率為US$1.2／€，請問根據國際費雪效應條件所預測之一年後即期匯率為何？　(A)1.1769　(B)1.2　(C)1.224　(D)1.248。

( )　49. 在歐洲通貨市場，每筆交易金額至少是：　(A)十萬美元或其等值　(B)五十萬美元或其等值　(C)一百萬美元或其等值　(D)二百萬美元或其等值。

( )　50. 其他條件不變，美元實質貶值會導致美國的淨出口_____及失業率_____。　(A)增加；上升　(B)增加；下降　(C)減少；上升　(D)減少；下降。

解答與解析

1. **C** 外匯期貨是在外匯市場集中競價，非由合約買賣雙方議定。

2. **C** 處於價內的外匯買權，其時間價值等於買權價格減即期匯率再加執行價格。

3. **C** K線分析法中，當開盤價＝收盤價時，會形成十字線。

4. **A** 葛蘭碧八大法則的運作，是利用價格與其移動平均線（MA）的關係作為買進與賣出訊號的關係作為買進與賣出訊號的依據。其認為價格的波動具有某種規律，但移動平均則代表著趨勢的方向。

5. **C** 影響選擇權價格的因素，包括：標的商品的價格、標的商品價格的波動性、履約價格（執行價格）、無風險利率、投資人對風險的態度。

6. **A** 歐洲美元指的是流動於美國境外的美元資金，並非僅限於歐洲地區。而歐洲美元期貨指的是三個月的短期利率期貨，而非匯率商品。

7. **C** (1)購買力平價認為一國貨幣的對外價值，是決定於二國通貨的相對購買力，而不是貨幣的含金量。匯率是依照本國貨幣在本國市場的購買力和外國貨幣在外國市場的購買力兩者比較而決定。
   (2)各國貨幣購買力的比較即可決定其均衡匯率。
   (3)貨幣購買力較高的國家，其匯價應升值。
   (4)任何兩國均衡匯率的決定，取決於這兩國貨幣購買力的比較。
   (5)當本國物價上漲，本國貨幣的購買力下跌，則本國貨幣應貶值。

8. **C** 衡量流動性風險的最佳指標為「買賣價差」。

9. **C** 一般金融機構所採行的限額控制方式約可分為盈餘或資本暴險限額、停損限額（Loss Control Limit）、缺口限額（Gap Limit）、交易量限額（Volume Limit）及選擇權限額（Option Limit）等五種。

10. **B** Vega是用來衡量期貨價格的波動率的變化對期權價值的影響。用公式表示：Vega＝期權價格變化/波動率的變化。如果某期權的Vega為0.15，若價格波動率上升（下降）1%，期權的價值將上升（下降）0.15。期權多頭部位的Vega都是正數，期權空頭的Vega都是負數。

11. **B** 「看升」人民幣，應作多人民幣，故應買入USD Put CNYCall。

12. **A** 直接報價法，又名「價格報價法」，以一單位外幣折合多少美元。間接報價法，又稱為歐式報價法或數量報價法，指一單位本國貨幣可折合為多少單位的外幣。銀行間報價USD：CHF即期匯率1.1856－66，兩個月遠期匯

率0.0015－0.0022，若以直接匯率報價法，兩個月遠期匯率應為（1.1856
＋0.0015）－（1.1866＋0.0022）。

13. **B** 風險值（VaR）衡量的是最大損失部位。

14. **A** 買權的價值距到期日越長，價值越大。而當買權的到期時間縮短時，買權
的價值隨之減少。

15. **C** 利率上下限期權又稱領子期權、雙限期權或利率雙限期權，是利率上限
期權和利率下限期權的結合。「利率上下限」是同時買進一個「利率上
限」，以及賣出一個「利率下限」。

16. **B** 信用風險（Credit risk）是指交易對手未能履行約定契約中的義務而造成
經濟損失的風險。信用風險又可分為結算前風險及結算風險。

17. **B** $100 \times ((1+1.2\%)/(1+2.1\%)) = 99.11$

18. **B** 歐洲通貨單位（ECU）是在匯率機制之下誕生的。

19. **B** 在管理浮動匯率之下，若想要提升美國的經濟成長率，則應讓美元升值
（一國貨幣貶值代表以以外幣表示的出口品價格變便宜了，故一國貨幣貶
值，不利進口，有利出口。），如此可以減少美國對進口品的需求。

20. **A** 英鎊（£）歐式報價的賣價＝$1/1.98 = 0.5050$

21. **A** 芝加哥期貨交易所（Chicago Board of Trade，縮寫：CBOT）是美國芝加
哥的期貨交易所，成立於1848年是世界上最古老的期貨和期權交易所。

22. **A** 當期貨商替客戶強迫平倉時，若平倉後造成超額損失，此部分的損失應由
客戶來承擔。

23. **B** 以新臺幣結購，銀行應掣發賣匯水單。

24. **B** 銀行出售外幣現鈔無金額限制。

25. **B** 選擇權商品,買方付權利金、賣方收權利金且繳交保證金。選項(B)有誤。

26. **A** 期貨合約是指交易雙方約定於未來某一時間，依事先約定的價格（標準化
契約，無法完全依交易雙方需要而議定）買入或賣出某一特定數量的資
產。選項(A)有誤。

27. **C** (1)當指數在4487點時，履約價4400低於4487，故4400以下的call皆稱為價
內之買權，此時可解讀成4400履約價有至少87點的價值；而履約價4500
雖高於4487可稱為價內賣權，但一般皆稱其為最接近價平之賣權，故
4600以上的put才稱為價內之賣權，而此時4600的put有113點的價值。
(2)本題該選擇權買入賣權履約價＝$28+3=31$（元）。

28. **C**　小型期貨一點50元。
　　本題損失＝(5,120－5,050)×50＝3,500(元)

29. **B**　遠期外匯保證金之繳納得以授信額度或其他可靠之擔保品為之。

30. **B**　遠期外匯匯率與即期外匯匯率是有差額的，這種差額叫遠期差價，用升水、
　　貼水或平價來表示。升水錶示遠期匯率比即期匯率高，貼水則反之，平價表
　　示二者相等。遠匯的價格不會隨著即期匯率與換匯點的變化而改變。

31. **C**　當銀行與客戶進行即期外匯交易之同時，另訂一筆方向相反且金額相同之
　　遠期交易合約，稱之為「換匯交易」。

32. **B**　指定銀行對持有外國護照之自然人，依「外匯收支或交易申報辦法」規
　　定，每筆不得超過10萬美元，得逕行辦理結匯。

33. **D**　$\dfrac{f_0}{1.36}=\dfrac{(1+2\%)}{(1+3\%)}\Rightarrow f_0=1.35$

34. **A**　弱式效率市場假説（weak form efficiency）：目前證券價格已經完全反映
　　歷史資料。因此，投資者利用各種方法對證券過去之價格從事分析與預測
　　後，並不能提高其選取證券之能力。認為目前的公開即時資訊及私有資訊
　　對匯率預測是有幫助的，則所支持的即是弱式效率市場假説。

35. **A**　以同一貨幣，訂定於不同交割日，依約定兩匯率，作先買並後賣，或先賣
　　並後買金額相同的另一貨幣，以達到此二貨幣於兩不同交割日間，互為轉
　　換的交易。此種交易稱為「換匯交易」。

36. **C**　長天期遠期交易是指交割超過一年的交易。

37. **A**　$\dfrac{E(e_1)}{3.6}=\dfrac{(1+0.24\%)}{(1+0.26\%)}$
　　$E(e_1)＝33.583$

38. **A**　遠期外匯交易，期限六個月，應於11/29(六)到期交割，因該日為星期六，
　　故應於11/28(五)交割。

39. **B**　當便利收益率（Convenience Yield）上升時，期貨合約的價值上升。

40. **A**　在現貨市場不虞匱乏，倉儲之供應量夠大，則不同交割月份之同一商品期
　　貨價格之間的差距，在理論上是反映兩個交割月份間的持有成本。

41. **B**　莊臣公司在一個月後將會收到一百萬英鎊，為了規避匯率風險，可先於市
　　場賣出英鎊期貨合約。

42. **B** 選擇權市價對即期匯率波動率的敏感度，也稱之為Kappa（K）。不論是買權或賣權，選擇權標的之波動性愈高，權利金就愈高。

    其他條件不變，若外幣幣值的波動性變大，則以該外幣為標的之買權（Call Option）的價格就會上升，而以該外幣為標的之賣權（Put Option）的價格就會上升。

43. **A** 選擇權市場上由買賣雙方決定的是權利金，並非標的資產之交割價格。選擇權買方擁有權利，可選擇是否履約；選擇權的賣方則負有履約的義務。

44. **C** $21,250,000 \div 0.85 \div 6,250,000 = 4$（口）。

45. **B** 選擇權在到期之前，其價值主要決定於交易標的之價格（以S表示之）與履約價格（以X表示之）的差異；由於履約價格固定不變，因此交易標的之價格走勢就格外重要。以買權而言，若S＞X，此選擇權稱之為價內買權（ITM Call）；若S＜X，則為價外買權（OTM Call）；若S＝X，則為價平買權（ATM Call）。

    價平選擇權的時間價值最高。

46. **D** $100,000 \times 1.01 + 100,000 \times (0.06 - 0.03) = 104,000$

47. **A** $\dfrac{f_0^{1-year}}{0.68} = \dfrac{(1+1.75\%)}{(1+5.1\%)}$

    $f_0^{1-year} = US\$0.6583/NZ\$$

48. **A** $\dfrac{E(e_1)}{1.2} = \dfrac{(1+2\%)}{(1+4\%)}$

    $E(e_1) = US\$1.1769/\text{€}$

49. **C** 在歐洲通貨市場，每筆交易金額至少是一百萬美元或其等值。

50. **B** 其他條件不變，美元實質貶值會導致美國的淨出口增加及失業率下降。

附錄

管理外匯條例

修正時間：民國98年04月29日

第1條　為平衡國際收支，穩定金融，實施外匯管理，特制定本條例。

第2條　本條例所稱外匯，指外國貨幣、票據及有價證券。

前項外國有價證券之種類，由掌理外匯業務機關核定之。

第3條　管理外匯之行政主管機關為財政部，掌理外匯業務機關為中央銀行。

第4條　管理外匯之行政主管機關辦理左列事項：

一、政府及公營事業外幣債權、債務之監督與管理；其與外國政府或國際組織有條約或協定者，從其條約或協定之規定。

二、國庫對外債務之保證、管理及其清償之稽催。

三、軍政機關進口外匯、匯出款項與借款之審核及發證。

四、與中央銀行或國際貿易主管機關有關外匯事項之聯繫及配合。

五、依本條例規定，應處罰鍰之裁決及執行。

六、其他有關外匯行政事項。

第5條　掌理外匯業務機關辦理左列事項：

一、外匯調度及收支計畫之擬訂。

二、指定銀行辦理外匯業務，並督導之。

三、調節外匯供需，以維持有秩序之外匯市場。

四、民間對外匯出、匯入款項之審核。

五、民營事業國外借款經指定銀行之保證、管理及清償稽、催之監督。

六、外國貨幣、票據及有價證券之買賣。

七、外匯收支之核算、統計、分析及報告。

八、其他有關外匯業務事項。

第6條　國際貿易主管機關應依前條第一款所稱之外匯調度及其收支計畫，擬訂輸出入計畫。

第6-1條　新臺幣五十萬元以上之等值外匯收支或交易，應依規定申報；其申報辦法由中央銀行定之。

依前項規定申報之事項，有事實足認有不實之虞者，中央銀行得向申

報義務人查詢，受查詢者有據實說明之義務。

第7條　左列各款外匯，應結售中央銀行或其指定銀行，或存入指定銀行，並得透過該行在外匯市場出售；其辦法由財政部會同中央銀行定之：

一、　出口或再出口貨品或基於其他交易行為取得之外匯。

二、　航運業、保險業及其他各業人民基於勞務取得之外匯。

三、　國外匯入款。

四、　在中華民國境內有住、居所之本國人，經政府核准在國外投資之收入。

五、　本國企業經政府核准國外投資、融資或技術合作取得之本息、淨利及技術報酬金。

六、　其他應存入或結售之外匯。

華僑或外國人投資之事業，具有高級科技，可提升工業水準並促進經濟發展，經專案核准者，得逕以其所得之前項各款外匯抵付第十三條第一款、第二款及第五款至第八款規定所需支付之外匯。惟定期結算之餘額，仍應依前項規定辦理；其辦法由中央銀行定之。

第8條　中華民國境內本國人及外國人，除第七條規定應存入或結售之外匯外，得持有外匯，並得存於中央銀行或其指定銀行。其為外國貨幣存款者，仍得提取持有；其存款辦法，由財政部會同中央銀行定之。

第9條　出境之本國人及外國人，每人攜帶外幣總值之限額，由財政部以命令定之。

第10條　（刪除）

第11條　旅客或隨交通工具服務之人員，攜帶外幣出入國境者，應報明海關登記；其有關辦法，由財政部會同中央銀行定之。

第12條　外國票據、有價證券，得攜帶出入國境；其辦法由財政部會同中央銀行定之。

第13條　左列各款所需支付之外匯，得自第七條規定之存入外匯自行提用或透過指定銀行在外匯市場購入或向中央銀行或其指定銀行結購；其辦法由財政部會同中央銀行定之：

一、　核准進口貨品價款及費用。

二、　航運業、保險業與其他各業人民，基於交易行為或勞務所需支付之費用及款項。

三、　前往國外留學、考察、旅行、就醫、探親、應聘及接洽業務費用。

四、　服務於中華民國境內中國機關及企業之本國人或外國人，贍養其在國外家屬費用。

五、　外國人及華僑在中國投資之本息及淨利。

六、　經政府核准國外借款之本息及保證費用。

七、　外國人及華僑與本國企業技術合作之報酬金。

八、 經政府核准向國外投資或貸款。
九、 其他必要費用及款項。

第14條　不屬於第七條第一項各款規定，應存入或結售中央銀行或其指定銀行之外匯，為自備外匯，得由持有人申請為前條第一款至第四款、第六款及第七款之用途。

第15條　左列國外輸入貨品，應向財政部申請核明免結匯報運進口：
一、 國外援助物資。
二、 政府以國外貸款購入之貨品。
三、 學校及教育、研究、訓練機關接受國外捐贈，供教學或研究用途之貨品。
四、 慈善機關、團體接受國外捐贈供救濟用途之貨品。
五、 出入國境之旅客及在交通工具服務之人員，隨身攜帶行李或自用貨品。

第16條　國外輸入餽贈品、商業樣品及非賣品，其價值不超過一定限額者，得由海關核准進口；其限額由財政部會同國際貿易主管機關以命令定之。

第17條　經自行提用、購入及核准結匯之外匯，如其原因消滅或變更，致全部或一部之外匯無須支付者，應依照中央銀行規定期限，存入或售還中央銀行或其指定銀行。

第18條　中央銀行應將外匯之買賣、結存、結欠及對外保證責任額，按期彙報財政部。

第19條　（刪除）

第19-1條　有左列情事之一者，行政院得決定並公告於一定期間內，採取關閉外匯市場、停止或限制全部或部分外匯之支付、命令將全部或部分外匯結售或存入指定銀行、或為其他必要之處置：
一、 國內或國外經濟失調，有危及本國經濟穩定之虞。
二、 本國國際收支發生嚴重逆差。
前項情事之處置項目及對象，應由行政院訂定外匯管制辦法。
行政院應於前項決定後十日內，送請立法院追認，如立法院不同意時，該決定應即失效。
第一項所稱一定期間，如遇立法院休會時，以二十日為限。

第19-2條　故意違反行政院依第十九條之一所為之措施者，處新臺幣三百萬元以下罰鍰。
前項規定於立法院對第十九條之一之施行不同意追認時免罰。

第19-3條　為配合聯合國決議或國際合作有必要時，行政院金融監督管理委員會（以下簡稱金管會）會同中央銀行報請行政院核定後，得對危害國際安全之國家、地區或恐怖組織相關之個人、法人、團體、機關、機構於銀行業之帳戶、匯款、通貨或其他支付工具，為禁止提款、轉帳、付款、交付、轉讓或其他必要處置。

依前項核定必要處置措施時，金管會應立即公告，並於公告後十日內送請立法院追認，如立法院不同意時，該處置措施應即失效。

採取處置措施之原因消失時，應即解除之。

第20條　違反第六條之一規定，故意不為申報或申報不實者，處新臺幣三萬元以上六十萬元以下罰鍰；其受查詢而未於限期內提出說明或為虛偽說明者亦同。

違反第七條規定，不將其外匯結售或存入中央銀行或其指定銀行者，依其不結售或不存入外匯，處以按行為時匯率折算金額二倍以下之罰鍰，並由中央銀行追繳其外匯。

第21條　違反第十七條之規定者，分別依其不存入或不售還外匯，處以按行為時匯率折算金額以下之罰鍰，並由中央銀行追繳其外匯。

第22條　以非法買賣外匯為常業者，處三年以下有期徒刑、拘役或科或併科與營業總額等值以下之罰金；其外匯及價金沒收之。

法人之代表人、法人或自然人之代理人、受僱人或其他從業人員，因執行業務，有前項規定之情事者，除處罰其行為人外，對該法人或自然人亦科以該項之罰金。

第23條　依本條例規定應追繳之外匯，其不以外匯歸還者，科以相當於應追繳外匯金額以下之罰鍰。

第24條　買賣外匯違反第八條之規定者，其外匯及價金沒入之。

攜帶外幣出境超過依第九條規定所定之限額者，其超過部分沒入之。

攜帶外幣出入國境，不依第十一條規定報明登記者，沒入之；申報不實者，其超過申報部分沒入之。

第25條　中央銀行對指定辦理外匯業務之銀行違反本條例之規定，得按其情節輕重，停止其一定期間經營全部或一部外匯之業務。

第26條　依本條例所處之罰鍰，如有抗不繳納者，得移送法院強制執行。

第26-1條　本條例於國際貿易發生長期順差、外匯存底鉅額累積或國際經濟發生重大變化時，行政院得決定停止第七條、第十三條及第十七條全部或部分條文之適用。

行政院恢復前項全部或部分條文之適用後十日內，應送請立法院追認，如立法院不同意時，該恢復適用之決定，應即失效。

第27條　本條例施行細則，由財政部會同中央銀行及國際貿易主管機關擬訂，呈報行政院核定。

第28條　本條例自公布日施行。

銀行業辦理外匯業務管理辦法　　修正時間：民國108年02月15日

第一章　總則

第1條　本辦法依中央銀行法第三十五條第二項規定訂定之。

第2條　銀行業辦理外匯業務之管理，依本辦法之規定，本辦法未規定者，適用其他有關法令之規定。

第3條　本辦法所稱銀行業，係指中華民國境內之銀行、全國農業金庫股份有限公司（以下簡稱農業金庫）、信用合作社、農（漁）會信用部及中華郵政股份有限公司（以下簡稱中華郵政公司）。

本辦法所稱指定銀行，係指經中央銀行（以下簡稱本行）許可辦理外匯業務，並發給指定證書之銀行或農業金庫。

第4條　本辦法所稱外匯業務，包括下列各款：

一、出口外匯業務。

二、進口外匯業務。

三、一般匯出及匯入匯款業務（含買賣外幣現鈔及旅行支票業務）。

四、外匯存款業務。

五、外幣貸款業務。

六、外幣保證業務。

七、外匯衍生性商品業務。

八、其他外匯業務。

本辦法所稱外匯衍生性商品，係指下列契約。但不含資產證券化商品、結構型債券、可轉（交）換公司債等具有衍生性金融商品性質之國內外有價證券及境外結構型商品管理規則所稱之境外結構型商品：

一、涉及外匯，且其價值由利率、匯率、股權、指數、商品、信用事件或其他利益等所衍生之交易契約。

二、前款所涉交易契約之再組合契約。

三、涉及外匯之結構型商品。

前項第一款及第二款所稱交易契約，係指保證金之槓桿式契約、期貨契約、遠期契約、交換契約、選擇權契約或其他性質類似之契約。

本辦法所稱結構型商品，係指固定收益商品或黃金與衍生性商品之組合契約，且不得以存款名義為之。

本辦法所稱複雜性高風險外匯衍生性商品，係指符合銀行辦理衍生性金融商品業務內部作業制度及程序管理辦法（以下簡稱內部作業制度及程序管理辦法）所稱複雜性高風險商品定義之外匯衍生性商品。

本辦法所稱專業客戶、專業機構投資人及高淨值投資法人之定義，分別準用內部作業制度及程序管理辦法第三條第一項、第三條第一項第一款及第二款規定。

第5條 銀行業因辦理外匯業務所蒐集顧客之資料，除其他法律或主管機關另有規定者外，應保守秘密；如涉及個人資料者，並應依個人資料保護法第二十七條第一項規定採行適當之安全措施。

第二章 外匯業務之申請及開辦

第6條 銀行業有關外匯業務之經營，除本辦法或本行另有規定者外，應向本行申請許可，並經發給指定證書或許可函後，始得辦理。

除本辦法或本行另有規定者外，不得辦理非經本行許可或同意備查之外匯業務。

第7條 銀行及農業金庫得申請許可辦理第四條第一項所列各款業務之全部或一部。

中華郵政公司得申請許可辦理一般匯出及匯入匯款或買賣外幣現鈔及旅行支票業務。

信用合作社及農（漁）會信用部，得申請許可辦理買賣外幣現鈔及旅行支票業務。

第8條 銀行及農業金庫申請許可為指定銀行，除本辦法及其他法令另有規定者外，應分別符合下列各款規定：

一、 本國銀行及農業金庫：

(一) 自有資本與風險性資產比率符合主管機關之規定。

(二) 配置足敷外匯業務需要之熟練人員。

(三) 合辦外匯業務量累積達四億美元或筆數達七千件。

(四) 最近三年財務狀況健全。

(五) 最近一年無違反金融相關法規，而受主管機關處分或糾正之情事，或有違反金融相關法規之情事，惟已具體改善，並經主管機關認可。

二、 外國銀行在臺分行（以下簡稱外國銀行）：配置足敷外匯業務需要之熟練人員。

純網路銀行申請許可為指定銀行，應符合下列各款規定：

一、 自有資本與風險性資產比率符合主管機關之規定。

二、 配置足敷外匯業務需要之熟練人員。

三、 最近一年或主管機關核准設立之日起至申請日止，無違反金融相關法規，而受主管機關處分或糾正之情事，或有違反金融相關法規之情事，惟已具體改善，並經主管機關認可。

第一項第一款資格之審查，於銀行及農業金庫向其主管機關申請設立國外部辦理外匯業務時，由主管機關核轉本行辦理之。

經許可在中華民國境內辦理外匯業務之外國銀行，其資本或營運資金之匯入匯出，應報經金融監督管理委員會（以下簡稱金管會）同意後，始得辦理。

第9條 銀行及農業金庫申請許可為指定銀行，應備文檢附下列各項相關文件：
一、主管機關核准設立登記之證明文件。
二、申請辦理外匯業務之範圍。
三、國外往來銀行之名稱及其所在地。
四、在中華民國境內之負責人姓名、住址。
五、在中華民國境內之資本或營運資金及其外匯資金來源種類及金額。
六、其他本行規定之資料或文件。

第10條 指定銀行之分行申請許可辦理第四條第一項第一款至第六款各項外匯業務，本國銀行及農業金庫應由其總行、外國銀行應由臺北分行備文敘明擬辦理業務範圍，並檢附該分行營業執照影本及經辦與覆核人員資歷。

第11條 指定銀行辦理第四條第一項第一款至第六款各項外匯業務之經辦及覆核人員，應有外匯業務執照或具備下列資格：
一、經辦人員須有三個月以上相關外匯業務經歷。
二、覆核人員須有六個月以上相關外匯業務經歷。

第12條 指定銀行得不經申請逕行辦理下列外匯衍生性商品業務：
一、遠期外匯交易（不含無本金交割新臺幣遠期外匯交易）。
二、換匯交易。
三、業經本行許可或函報本行備查未涉及新臺幣匯率之外匯衍生性商品，連結同一風險標的，透過相同交易契約之再行組合，但不含對專業機構投資人及高淨值投資法人以外之客戶辦理之複雜性高風險外匯衍生性商品。
四、國內指定銀行間及其與國外銀行間辦理未涉及新臺幣匯率之外匯衍生性商品。
五、以期貨交易人身分辦理未涉及新臺幣匯率之國內外期貨交易契約。
指定銀行辦理前項以外之外匯衍生性商品業務，應依下列類別，向本行申請許可或函報備查：
一、開辦前申請許可類：
（一）首次申請辦理外匯衍生性商品業務。
（二）尚未開放或開放未滿半年及與其連結之外匯衍生性商品業務。
（三）無本金交割新臺幣遠期外匯交易業務。
（四）涉及新臺幣匯率之外匯衍生性商品，及其自行組合、與其他衍生性商品、新臺幣或外幣本金或其他業務、產品之再行組合業務。
（五）外幣保證金代客操作業務。
二、開辦前函報備查類：指定銀行總行授權其指定分行辦理經本

行許可或函報本行備查之外匯
衍生性商品推介業務。

三、開辦後函報備查類：以經許可
辦理任一項外匯衍生性商品業
務之指定銀行為限：

(一) 開放已滿半年且未涉及新
臺幣匯率之外匯衍生性商
品業務。

(二) 對專業機構投資人及高淨
值投資法人辦理尚未開放
或開放未滿半年，且未涉
及新臺幣匯率之外匯衍生
性商品業務，並符合其主
管機關相關規定。

(三) 經主管機關核准辦理提供
境外衍生性金融商品之資
訊及諮詢服務業務，其連
結標的不得涉及國內利
率、匯率、股權、指數、
商品、信用事件、固定收
益或其他利益。

如因經營受託買賣、簽訂信託契
約、全權委託契約、投資型保單或
私募基金等，並以專業機構投資人
名義進行前項第三款第二目及第三
目交易者，其委託人、要保人或應
募人亦應為專業機構投資人或高淨
值投資法人。

第13條　指定銀行向本行申請許可辦
理前條第二項第一款業務，應檢附
下列書件：

一、法規遵循聲明書。

二、本國銀行及農業金庫董事會決議

辦理本項業務議事錄或外國銀行
總行(或區域總部)授權書。

三、經辦及相關管理人員資歷表。

四、風險預告書。

五、商品簡介。

六、作業準則。

七、風險管理相關文件。

指定銀行向本行函報備查辦理前條
第二項第二款業務，應檢附下列書
件，並俟收到本行同意備查函後，
始得辦理：

一、主管機關同意函影本。

二、本國銀行及農業金庫董事會決議
辦理本項業務議事錄或外國銀行
總行(或區域總部)授權書。

三、依相關規定訂定之授權準則。

指定銀行向本行函報備查辦理前條
第二項第三款第一目及第二目業
務，應於辦理首筆交易後一週內，
檢附產品說明書（須為已實際交易
者，列有交易日、交割日、到期
日、名目本金、執行價或其他相關
指標、參數等）及第一項第一款至
第五款規定之文件，並應俟收到本
行同意備查函後，始得繼續辦理該
項業務之次筆交易。

指定銀行向本行函報備查辦理前條
第二項第三款第三目業務，應於開
辦該項業務後一週內為之，並應檢
附主管機關核准函及第一項第一款
至第三款文件。

第14條　指定銀行辦理第四條第一項
第七款外匯衍生性商品業務之經辦

及相關管理人員，應具備下列資格條件之一：

一、 參加國內金融訓練機構舉辦之衍生性商品及風險管理課程時數達六十小時以上且取得合格證書，課程內容須包括外匯衍生性商品交易理論與實務、相關法規、會計處理及風險管理。

二、 在國內外金融機構相關外匯衍生性商品業務實習一年。

三、 曾在國內外金融機構有半年以上外匯衍生性商品業務之實際經驗。

辦理外匯衍生性商品推介工作之經辦及相關管理人員，須具備下列資格條件之一：

一、 具備前項資格條件之一。

二、 透過國內金融訓練機構舉辦之結構型商品銷售人員資格測驗並取得合格證書。

三、 透過國內金融訓練機構舉辦之衍生性金融商品銷售人員資格測驗並取得合格證書。

辦理外匯衍生性商品業務之交易、行銷業務、風險管理、交割、會計之經辦及相關管理人員，法令遵循人員、稽核人員，及外匯衍生性商品推介之經辦及相關管理人員，每年應參加衍生性商品教育訓練課程時數達六小時以上；其中參加國內金融訓練機構舉辦之衍生性商品相關法規或缺失案例課程，不得低於應達訓練時數之二分之一。

指定銀行辦理外匯衍生性商品業務之人員應具專業能力，並應訂定專業資格條件及訓練制度。

第15條 指定銀行經由國內結算機構辦理外幣清算業務，應向本行申請許可為外幣清算銀行。

指定銀行為前項之申請時，應於本行所定期限內，檢附下列證明文件及說明，由本行審酌後，擇優許可一家銀行辦理：

一、 辦理外幣清算業務之營業計畫書。

二、 會計師最近一期查核簽證之財務報告。

三、 其他有利於辦理外幣清算業務之說明。

前項期限，由本行另行通告。

經本行許可之外幣清算銀行，其辦理外幣清算業務得具有自該業務開辦日起五年之專營期。

第16條 指定銀行兼營信託業辦理新臺幣或外幣特定金錢信託投資外幣有價證券業務者，應檢附下列文件向本行申請許可：

一、 主管機關核准文件。

二、 本國銀行及農業金庫董事會決議辦理本項業務議事錄或外國銀行總行（或區域總部）授權書。

三、 法規遵循聲明書。

四、 款項收付幣別及結匯流程說明。

五、 其他本行要求之文件。

第17條 指定銀行兼營信託業辦理外幣計價之信託資金集合管理運用帳

戶業務或於境內募集發行外幣計價
之共同信託基金業務者，應於首次
設置或募集發行前檢附下列文件向
本行申請許可：
一、主管機關核准文件，但設置外
　　幣計價信託資金集合管理運用
　　帳戶且限境外結構型商品管理
　　規則所稱之專業投資人委託投
　　資（應於申請函文敘明）或募
　　集發行外幣計價共同信託基金
　　者免附。
二、首次設置外幣計價集合管理運用
　　帳戶之管理及運用計畫或首檔共
　　同信託基金募集發行計畫書。
三、本國銀行及農業金庫董事會決議
　　辦理本項業務議事錄或外國銀行
　　總行（或區域總部）授權書。
四、法規遵循聲明書。
五、其他本行要求之文件。
指定銀行辦理前項業務經本行許可
後，嗣後無須再逐案向本行申請許可。

第17-1條　指定銀行兼營信託業辦
理前二條以外之外幣信託業務，應
檢附下列文件向本行申請許可：
一、主管機關核准文件或符合信託
　　業營運範圍受益權轉讓限制風
　　險揭露及行銷訂約管理辦法第
　　五條規定之相關證明文件。
二、作業說明（申請辦理各種類之
　　外幣金錢信託及外幣有價證券
　　信託者免附），內容應包括下
　　列各目：

（一）業務名稱（依信託業法第
　　　十六條及信託業法施行細
　　　則第六條至第八條標明業
　　　務項目及分類）。
（二）業務簡介。
（三）作業流程。
（四）款項收付說明。
三、本國銀行及農業金庫董事會決議
　　辦理本項業務議事錄或外國銀行
　　總行（或區域總部）授權書。
四、法規遵循聲明書。
五、其他本行要求之文件。

第18條　指定銀行設置自動化服務設
備受理顧客辦理外匯業務，應符合
金管會所定有關自動化服務設備得
提供之服務項目，以及相關作業安
全控管規範，並於設置後一週內檢
附作業說明及敘明自動化服務設備
所隸屬之單位名稱及設置地點，函
報本行備查。
嗣後作業說明若有涉及服務項目、
匯率適用原則及揭露方式、外匯申
報方式之變動者，應於變動後一週
內函報本行備查。
指定銀行經本行為第一項備查後，
若擬增設或裁撤自動化服務設備，
僅須備文敘明自動化服務設備所隸
屬之單位名稱及設置或裁撤地點，
於設置或裁撤後一週內函知本行。

第19條　指定銀行及中華郵政公司受
理顧客透過電子或通訊設備辦理外
匯業務，應符合金管會所定有關銀

行得辦理之電子銀行業務範圍後，向本行申請許可。但指定銀行符合本行規定者，得向本行函報備查或逕行辦理。

指定銀行及中華郵政公司依前項規定向本行申請許可時，應檢附下列書件：

一、作業說明。

二、匯款性質分類項目。

三、總機構法令遵循主管、總稽核及資訊部門最高主管聲明書。

四、防範顧客以化整為零方式規避法規義務之管控措施。但未涉及新臺幣結匯者，免附。

指定銀行依第一項規定向本行函報備查時，應檢附前項書件及銀行系統辦理外匯業務作業流程自行模擬測試報告。

指定銀行及中華郵政公司辦理第一項業務，應遵循下列規定：

一、其系統應具備檢核匯款分類之功能，以及控管人民幣兌換或匯款至大陸地區規定之機制。

二、提供顧客依外匯收支或交易申報辦法（以下簡稱申報辦法）第十條第一項規定利用網際網路辦理新臺幣結匯申報者，其系統應於向本行申請許可或函報備查前通過本行外匯資料處理系統連結測試。

三、其他本行為妥善管理第一項業務所為之規定。

純網路銀行受理顧客透過電子或通訊設備辦理新臺幣結匯金額達等值新臺幣五十萬元以上之交易，應提供申報義務人依申報辦法第十條第一項規定利用網際網路辦理新臺幣結匯申報。

第一項得向本行函報備查或逕行辦理之規定及第四項第三款之其他規定，由本行另定之。

第20條 指定銀行於非共同營業時間辦理外匯業務，應檢附相關作業說明（含劃分相關交易列報營業當日或次營業日「交易日報」及「外匯部位日報表」等報表之時點）向本行申請許可；業務項目若有變動時，亦同。

指定銀行經本行為前項許可後，所屬指定分行依其作業說明辦理前項外匯業務者，無須再逐案申請許可。

第21條 指定銀行以國內自設外匯作業中心處理相關外匯作業時，應於開辦後一週內檢附相關作業說明、作業流程及經辦與覆核人員資歷，函報本行備查；以其他方式委託代為處理外匯相關後勤作業，應檢附委外作業計畫書向本行申請，於申請書件送達本行之次日起十五日內，本行無不同意之表示者，即可逕行辦理。

第22條 指定銀行發行外幣金融債券，應於發行後一週內檢附主管機

關之核准（備）文件及相關說明（含發行日期、金額、發行條件、發行地區或國家及資金運用計畫等），函報本行備查。但依發行人募集與發行海外有價證券處理準則規定，於境外發行外幣轉換金融債券、外幣交換金融債券或其他涉及股權之外幣金融債券者，其申請程序應依該準則規定辦理。

第23條　非指定銀行之銀行業，辦理買賣外幣現鈔及旅行支票業務者，應依下列規定向本行申請許可：

一、　本國銀行、農業金庫及其分行應由總行、外國銀行應由臺北分行備文，並檢附營業執照影本（或主管機關核准設立許可函影本）及經辦與覆核人員資歷。

二、　信用合作社（總社或其分社）應由其總社備文，並檢附信用合作社營業執照影本、經辦與覆核人員資歷、前一會計年度決算後之資產負債表與綜合損益表及最近一年內有無違反金融法規受處分情形之相關文件。

三、　農（漁）會信用部及其分部，應由農（漁）會備文，並檢附許可證影本及經辦與覆核人員資歷，經行政院農業委員會審查核可後，函轉本行許可。

四、　中華郵政公司及其所屬郵局，應由總公司備文，檢附金管會核准函影本（九十二年一月一日以後成立者）及經辦與覆核人員資歷。

前項業務之經辦及覆核人員，應有五個營業日以上之相關外匯業務經歷。

中華郵政公司及其所屬郵局辦理一般匯出及匯入匯款業務之許可程序，準用第一項第四款規定；其經辦及覆核人員之資格，準用第十一條之規定。

第24條　依第十條及前條第一項第一款至第三款規定，經許可辦理外匯業務之銀行業，其地址或名稱有變動時，應分別於實行日前後二週內，檢附主管機關核准文件、換發之營業執照或許可證影本，向本行申請換發指定證書，或函報備查；其為遷址者，並應檢附經辦及覆核人員資歷。

依前條第一項第四款及第三項規定經許可辦理外匯業務之中華郵政公司及其所屬郵局，其地址或名稱有變動時，應分別於實行日前後二週內，檢附金管會核准函或總公司核准函影本，向本行函報備查；其為遷址者，並應檢附經辦及覆核人員資歷。

經許可辦理外匯業務之銀行業裁撤時，應於裁撤後一週內向本行繳回指定證書或函報備查。

第25條　非指定銀行之銀行業於非共同營業時間辦理經本行許可之買賣外幣現鈔及旅行支票業務，無須向本行申請許可。

第二十條之規定，於中華郵政公司在非共同營業時間辦理經本行許可之一般匯出及匯入匯款業務，準用之。

第26條　銀行業申請許可或函報備查辦理外匯業務時，所送各項書件不完備或應記載事項不完整，經通知限期補正，仍未補正者，本行得退回其申請或函報案件。

第27條　銀行業申請許可辦理外匯業務，經審查有下列情形之一者，本行得駁回其申請：

一、　申請資格不符規定。

二、　未依規定輔導申報義務人填報外匯收支或交易申報書（以下簡稱申報書）。

三、　所掣發相關單據及報表填報錯誤率偏高。

四、　最近一年曾有違反本辦法或相關規定，且情節重大；或經本行限期改正，屆期仍未改正。

五、　其他事實足認有礙業務健全經營或未能符合金融政策要求之虞。

銀行業函報備查辦理外匯業務時，若檢附不實之文件，或該業務依規定非屬得函報備查者，本行除不予同意備查外，並得按情節輕重，為警告、命其改善、停止一定期間辦理特定外匯業務，或令其不得以函報備查方式開辦依本辦法規定得函報備查之外匯業務。

第28條　銀行業辦理外匯業務，有下列情事之一者，本行得按情節輕重，

命其於一定期間內停辦、廢止或撤銷許可內容之一部或全部，或停止其於一定期間內申請新種外匯業務或新增分支機構辦理外匯業務：

一、　發給指定證書或許可函後六個月內未開辦。但有正當理由申請延期，經本行同意，得延長三個月，並以一次為限。

二、　違反本辦法規定且情節重大；或經本行限期改正，屆期仍未改正。

三、　經本行許可辦理各項外匯業務後，經發覺原申請書件內容有虛偽不實情事，且情節重大。

四、　有停業、解散或破產情事。

五、　其他事實足認有礙業務健全經營或未能符合金融政策要求之虞。

銀行業經依前項規定廢止或撤銷許可者，應於接獲處分之日起七日內繳回指定證書或許可函；逾期未繳回者，由本行註銷之。

銀行業經本行或相關主管機關命其於一定期間內停辦或停止申辦外匯業務，於停止期間尚未屆滿或未提報適當之具體改善措施，或提報之改善措施未獲主管機關認可前，不得以函報備查方式開辦依本辦法規定得函報備查之外匯業務。

第三章　外匯業務之經營

第29條　銀行業辦理各項外匯業務，應先確認顧客身分或基本登記資料及憑辦文件符合規定後，方得受理。

銀行業辦理外匯業務涉及之確認顧客身分、紀錄保存、一定金額以上通貨交易申報及疑似洗錢或資恐交易申報，應依洗錢防制法及相關規定辦理；對經資恐防制法指定對象之財物或財產上利益及其所在地之通報，應依資恐防制法及相關規定辦理。

第30條　指定銀行得於其經本行許可之外匯業務範圍內，接受同一銀行國際金融業務分行委託代為處理國際金融業務分行業務；其受託處理業務應依國際金融業務條例、國際金融業務條例施行細則及其他有關規定辦理。

第31條　指定銀行辦理涉及新臺幣匯率之外匯衍生性商品業務，應依下列規定辦理：

一、　新臺幣與外幣間遠期外匯業務（DF）：

　（一）以有實際外匯收支需要者為限，同筆外匯收支需要不得重複簽約。

　（二）與顧客訂約及交割時，均應查核其相關實際外匯收支需要之交易文件，或主管機關核准文件。

　（三）期限：依實際外匯收支需要訂定。

　（四）展期時應依當時市場匯率重訂價格，不得依原價格展期。

二、　新臺幣與外幣間換匯交易業務（FX SWAP）：

　（一）換匯交易係指辦理即期外匯或遠期外匯之同時，應即承作相等金額、不同方向及不同到期日之遠期外匯。

　（二）承作對象及文件：國內法人無須檢附文件；對國外法人及自然人應查驗主管機關核准文件。

　（三）換匯交易結匯時，應查驗顧客是否依申報辦法填報申報書，其「外匯收支或交易性質」是否依照實際匯款性質填寫及註明「換匯交易」，並於外匯水單上註明本行外匯局訂定之「匯款分類及編號」，連同申報書填報「交易日報」。

　（四）本項交易得不計入申報辦法第四條第一項第三款所訂之當年累積結匯金額。

　（五）展期時應依當時市場匯率重訂價格，不得依原價格展期。

三、　無本金交割新臺幣遠期外匯業務（NDF）：

　（一）承作對象以國內指定銀行及指定銀行本身之海外分行、總（母）行及其分行為限。

　（二）契約形式、內容及帳務處理應與遠期外匯業務（DF）有所區隔。

（三）承作本項交易不得展期、不得提前解約。

（四）到期結清時，一律採現金差價交割。

（五）不得以保證金交易（Margin Trading）槓桿方式為之。

（六）非經本行許可，不得與其他衍生性商品、新臺幣或外幣本金或其他業務、產品組合。

（七）無本金交割新臺幣遠期外匯交易，每筆金額達五百萬美元以上者，應立即電告本行外匯局。

四、新臺幣匯率選擇權業務：

（一）承作對象以國內外法人為限。

（二）到期履約時得以差額或總額交割，且應於契約中訂明。

（三）權利金及履約交割之幣別，得以所承作交易之外幣或新臺幣為之，且應於契約中訂明。

（四）僅得辦理陽春型（Plain Vanilla）選擇權。且非經本行許可，不得就本項業務自行組合或與其他衍生性商品、新臺幣或外幣本金或其他業務、產品組合。

五、新臺幣與外幣間換匯換利交易業務（CCS）：

（一）承作對象以國內外法人為限。

（二）辦理期初及期末皆交換本金之新臺幣與外幣間換匯換利交易，國內法人無須檢附交易文件，其本金及利息於交割時得不計入申報辦法第四條第一項第三款所訂之當年累積結匯金額。

（三）其他類型之新臺幣與外幣間換匯換利交易，承作時須要求顧客檢附實需證明文件，且交割金額應計入申報辦法第四條第一項第三款所訂之當年累積結匯金額，但其外匯收支或交易性質為出、進口貨款、提供服務或經有關主管機關核准者，得不計入上述當年累積結匯金額。

（四）辦理本款業務，於顧客結匯時應查驗是否依申報辦法填報申報書，其「外匯收支或交易性質」是否依照實際匯款性質填寫，及註明「換匯換利交易」。並於外匯水單上註明本行外匯局訂定之「匯款分類及編號」，連同申報書填報「交易日報」。

（五）未來各期所交換之本金或利息視為遠期外匯，訂約時應填報遠期外匯日報表。

第32條　指定銀行辦理未涉及新臺幣匯率之外匯衍生性商品業務，應依下列規定辦理：

一、外幣保證金交易業務：

(一) 不得以外幣貸款為之。

(二) 非經本行許可不得代客操作或以「聯名帳戶」方式辦理本款業務。相關代客操作管理規範由本行另訂之。

(三) 不得收受以非本人所有之定存或其他擔保品設定質權作為外幣保證金。

二、辦理外幣間遠期外匯及換匯交易業務，展期時應依當時市場匯率重訂展期價格，不得依原價格展期。

三、辦理外幣間換匯交易及換匯換利交易業務，交割時應於其他交易憑證上註明適當之「匯款分類及編號」填報「交易日報」。

四、外匯信用違約交換（Credit Default Swap）及外匯信用違約選擇權（Credit Default Option）業務：

(一) 承作對象限於屬法人之專業客戶。

(二) 對象如為國內顧客者，除其主管機關規定得承作信用衍生性商品且為信用風險承擔者外，僅得承作顧客為信用風險買方之外匯信用衍生性商品。

(三) 國內顧客如為信用風險承擔者，合約信用實體應符合其主管機關所訂規範，且不得為大陸地區之政府、公司及其直接或間接持有股權達百分之三十以上之公司。

(四) 指定銀行本身如為信用風險承擔者，且合約信用實體為利害關係人，其交易條件不得優於其他同類對象，並應依相關銀行法令規定辦理。

(五) 本款業務組合為結構型商品辦理者，承作對象僅限於屬專業機構投資人及國外法人之專業客戶。

五、辦理外匯衍生性商品組合式契約或結構型商品業務，應符合各單項業務及連結標的之相關限制及規定。

六、原屬自行辦理之外匯衍生性商品業務，不得改以提供境外衍生性金融商品之資訊及諮詢服務業務方式辦理。

指定銀行辦理未涉及新臺幣匯率之外匯衍生性商品業務，除本行另有規定者外，不得連結下列標的：

一、資產證券化相關之證券或商品。

二、未公開上市之大陸地區個股、股價指數或指數股票型基金。

三、國內外私募之有價證券。

四、 國內證券投資信託事業於海外
　　 發行且未於證券市場掛牌交易
　　 之受益憑證。

五、 國內外機構編製之臺股指數及
　　 其相關金融商品。但由證券櫃
　　 檯買賣中心或證券交易所編製
　　 或合作編製者,不在此限。

第33條　指定銀行辦理尚未開放之外
匯衍生性商品業務,本行得於許可函
中訂定辦理該項業務應遵循事項,或
授權財團法人臺北外匯市場發展基金
會(以下簡稱基金會)洽商中華民國
銀行商業同業公會全國聯合會(以下
簡稱銀行公會)後,就業務之交易對
象、簽約、交易與交割方式、風險預
告內容、會計處理原則、報表與資訊
揭露方式、糾紛調處、違規事件函報
本行處理之程序,以及其他有關業務
之處理等事項訂定規範,並報本行核
定;修正時,亦同。

指定銀行辦理外匯衍生性商品業
務,除依本辦法規定外,並應依其
他相關規定及前項規範辦理。

第34條　指定銀行辦理外匯存款業
務,應參照國際慣例自行訂定並公
告最低存款利率。未公告存款天期
之利率,指定銀行得參酌相近天期
之公告利率與顧客議定。採議定利
率者應於公告中告知。

前項公告應於營業廳揭示,並於公
開之網站或其他足使公眾知悉之方
式揭露。

第35條　指定銀行設置自動化服務設
備,應限制每帳戶每日累積提領外
幣金額,以等值一萬美元為限。

第36條　指定銀行發行外幣可轉讓定
期存單,應以無實體方式為之,相關
應遵循事項、辦理方式及報送報表,
由本行另定,或授權銀行公會訂定並
報本行核定;修正時,亦同。

第37條　銀行業與顧客之外匯交易買
賣匯率,由各銀行業自行訂定。

每筆交易金額在一萬美元以下涉及新
臺幣之匯率,應於每營業日上午九時
三十分以前,在營業場所揭示。

第38條　辦理買賣外幣現鈔之銀行
業,應依牌告價格收兌外幣現鈔,
並加強偽鈔辨識能力,若發現偽造
外國幣券,應確實依偽造變造外國
幣券處理辦法辦理。

第39條　經本行許可之外幣清算銀行
辦理外幣清算業務,應遵循下列規定:

一、 營運期間非經本行許可,不得
　　 擅自停止辦理;如無法正常運
　　 作,或有暫停、終止外幣清算
　　 系統之參加單位(以下簡稱參
　　 加單位)參與之情事,應立即
　　 函報本行。

二、 應隨時提供本行所需之有關
　　 資訊,並定期將統計報表報送
　　 本行。

三、 如對所提供之外幣清算服務收
　　 取費用,應訂定收費標準,報
　　 本行備查;變更時,亦同。

四、　與參加單位間之約定事項，應訂定作業要點，報本行備查。對於參加單位因違反與其訂定之契約，致妨害外幣清算系統之順暢運作者，除依契約處置外，並應視其違約情節函報本行。

五、　於本行對其業務情形進行檢查、調閱有關資料時，不得拒絕。

六、　依參加單位所設質之本行定期存單、中央政府公債或其他擔保品，提供日間透支額度者，應訂定相關作業程序，報本行備查。

七、　應與結算機構及參加單位約定支付指令經外幣清算系統完成清算後，不得撤銷。

第40條　指定銀行兼營信託業辦理第十七條及第十七條之一業務，除本行另有規定或經本行另予核准外，應遵循下列事項：

一、　信託財產交付、返還及其他相關款項收付，均應以外幣或外幣計價財產為之。

二、　受託人相關款項收付，應透過其於指定銀行開立之外幣信託財產專戶為之。

三、　信託財產之運用，應符合主管機關規定並以外幣計價商品為限，且不得涉及或連結新臺幣利率或匯率指標。

四、　應依本行規定格式報送報表。

第41條　指定銀行發行外幣金融債券，其所募資金應以外幣保留。如需兌換為新臺幣使用，應以換匯（SWAP）或換匯換利（CCS）方式辦理；並應依本行規定格式報送報表。

除本行另有規定者外，指定銀行於境內發行外幣金融債券之利率條款僅得為正浮動或固定利率，不得連結衍生性商品或為結構型債券。

指定銀行於境外發行一般外幣金融債券、次順位外幣金融債券及其他未涉及股權之外幣金融債券，應依下列規定辦理：

一、　發行條件依發行地相關法令辦理。

二、　發行還款期限超過一年之外幣金融債券，應依民營事業中長期外債申報要點規定辦理外債申報。

三、　未來還本付息若涉及新臺幣結匯事宜，應依申報辦法及其相關規定辦理。

指定銀行於境外發行外幣轉換金融債券、外幣交換金融債券及其他涉及股權之外幣金融債券，應依銀行發行金融債券辦法、發行人募集與發行海外有價證券處理準則及本行其他規定辦理，不適用前三項規定。

第42條　指定銀行於非共同營業時間辦理外匯業務，應依下列規定辦理：

一、　每筆結匯金額以未達新臺幣五十萬元或等值外幣者為限。

二、非共同營業時間辦理之外匯交易，應依其檢送之作業說明或本行之規定，列報於營業當日或次營業日之「交易日報」及「外匯部位日報表」。

前項第一款規定，於非指定銀行之銀行業在非共同營業時間辦理買賣外幣現鈔及旅行支票業務，及中華郵政公司在非共同營業時間辦理一般匯出及匯入匯款業務時，準用之。

非指定銀行之銀行業於非共同營業時間辦理前項業務所為之交易，應列報於營業當日或次營業日之「交易日報」。

第43條　指定銀行得向外匯市場或本行買入或賣出外匯，亦得在自行訂定額度內持有買超或賣超部位。

指定銀行參與銀行間外匯市場，應遵循基金會洽商銀行公會後，依國際慣例所定並報經本行備查之交易規範。

第44條　指定銀行應自行訂定新臺幣與外幣間交易總部位限額，並檢附董事會同意文件（外國銀行則為總行或區域總部核定之相關文件），報本行外匯局同意備查後實施。

前項總部位限額中，無本金交割新臺幣遠期外匯及新臺幣匯率選擇權二者合計之部位限額，不得逾總部位限額五分之一。

第45條　指定銀行應自行訂定「各幣別交易部位」、「交易員隔夜部位」等各項部位限額，責成各單位確實遵行，並定期辦理稽核。

第46條　指定銀行應將涉及新臺幣之外匯交易按日填報「外匯部位日報表」，於次營業日報送本行外匯局。指定銀行填報之外匯部位，應與其內部帳載之外匯部位相符。

指定銀行應將營業當日外匯部位預估數字，於營業結束後電話通報本行外匯局。

第47條　指定銀行於臨櫃受理顧客新臺幣與外幣間即期、遠期或換匯換利大額結匯交易、中華郵政公司於臨櫃受理顧客新臺幣與外幣間即期大額結匯交易，及本國指定銀行就其海外分行經主管機關核准辦理顧客無本金交割新臺幣遠期外匯大額交易，應依下列規定，將相關資料傳送至本行外匯資料處理系統：

一、指定銀行及中華郵政公司受理公司、有限合夥、行號等值一百萬美元以上（不含跟單方式進、出口貨品結匯），或個人、團體等值五十萬美元以上之結購、結售外匯，應於確認交易相關證明文件無誤後，於訂約日立即傳送。

二、指定銀行受理顧客等值一百萬美元以上之新臺幣與外幣間遠期外匯交易、換匯換利交易（CCS），應於確認交易相關證明文件無誤後，於訂約日之次營業日中午十二時前傳送。

三、本國指定銀行就其海外分行受理境內外法人、境外金融機

構及本國指定銀行海外分行等值一百萬美元以上之無本金交割新臺幣遠期外匯交易（NDF），應於訂約日之次營業日中午十二時前傳送。

指定銀行於網際網路受理顧客新臺幣與外幣間即期或遠期大額結匯交易，及中華郵政公司於網際網路受理顧客新臺幣與外幣間即期大額結匯交易，應先透過與本行外匯資料處理系統連結測試；並依下列規定，將相關資料傳送至本行外匯資料處理系統：

一、 指定銀行及中華郵政公司受理公司、有限合夥、行號等值一百萬美元以上（不含跟單方式進、出口貨品結匯），或個人、團體等值五十萬美元以上之結購、結售外匯，應於確認交易相關證明文件無誤後，於訂約日立即傳送。

二、 指定銀行受理顧客等值一百萬美元以上之新臺幣與外幣間遠期外匯交易，應於確認交易相關證明文件無誤後，於訂約日立即傳送。

第47-1條　銀行業應依下列方式擇一與本行外匯資料處理系統辦理連結，並遵循金融機構使用中央銀行外匯資料處理系統應注意事項：

一、 自行開發主機對主機系統者，依據外匯資料處理系統之連線作業跨行規格辦理。

二、 使用本行外匯資料申報系統者，應依據外匯資料申報系統軟體使用者手冊辦理，並遵循金融機構使用中央銀行外匯資料申報系統應注意事項。

第48條　銀行業報送本辦法規定各種報表時，應檢附相關單證及附件。

本行外匯局於必要時，得要求銀行業填送其他相關報表。

銀行業應報送本行外匯局相關報表時間：

一、 指定銀行及中華郵政公司：

　(一) 日報表：次營業日中午十二時前。

　(二) 月報表：每月營業終了後十日內。

二、 非指定銀行、信用合作社及農（漁）會信用部：買賣外幣現鈔及旅行支票業務交易日報表，於次營業日中午十二時前。

前三項報表之格式、內容、填表說明、報表及檢附資料報送方式，依本行另訂之銀行業辦理外匯業務作業規範及其他有關規定辦理。

第49條　為審核銀行業所送報表，必要時得派員查閱其有關帳冊文卷，或要求於期限內據實提出財務報告或其他有關資料。

第四章　人民幣業務之管理

第50條　指定銀行向本行申請許可為臺灣地區人民幣清算銀行（以下簡稱人民幣清算行），辦理臺灣地區

人民幣結算及清算業務（以下簡稱人民幣清算業務），應取得大陸地區主管機關認可得辦理人民幣之結算及清算，並檢附下列文件：

一、上述認可之相關證明文件。

二、辦理人民幣清算業務之項目、內容及相關風險管理機制（應包括於發生流動性及清償性危機時，其總行承諾妥予協助處理、承擔全部清償性責任及流動性支援）之文件。

人民幣清算行辦理人民幣清算業務，應遵循下列規定，並準用第三十九條規定：

一、訂定與金融機構簽署人民幣清算協議之範本，並事先報本行同意。

二、依前款經同意之協議範本內容，提供有關人民幣之結算及清算服務，並充分供應及妥善回收人民幣現鈔。

三、依本行規定提供簽署人民幣清算協議之金融機構名單及清算業務相關統計資料。

四、於本行參酌前項第一款認可文件所載授權期限所給予之專營期內，辦理人民幣清算業務。

第51條　國內、外金融機構，均得與人民幣清算行簽署人民幣清算協議；其屬國內金融機構者，應以經本行許可得辦理外匯或人民幣業務之銀行業為限。

第52條　銀行業辦理人民幣業務之管理，除應遵循下列規定外，準用本辦法及其他有關外匯業務之規定：

一、除本行另有規定外，應於人民幣清算行開立人民幣清算帳戶，始得辦理人民幣業務；於大陸地區代理銀行（以下簡稱代理行）開立人民幣同業往來帳戶，並將其簽訂之清算協議報本行同意備查者，亦同。

二、承作與跨境貿易相關之人民幣業務，涉及資金進出大陸地區者，應透過人民幣清算行或代理行進行結算及清算。

三、業經本行許可得辦理人民幣現鈔買賣業務者，得逕依本辦法規定辦理人民幣現鈔買賣業務。

四、承作自然人買賣人民幣業務，每人每次買賣現鈔及每日透過帳戶買賣之金額，均不得逾人民幣二萬元。

五、承作於外幣提款機提領人民幣現鈔業務，每人每次提領之金額，不得逾人民幣二萬元。

六、承作自然人匯款人民幣至大陸地區業務，其對象應以領有中華民國國民身分證之個人為限，並應透過人民幣清算行或代理行為之；匯款性質應屬經常項目，且每人每日匯款之金額，不得逾人民幣八萬元。

七、其他本行為妥善管理人民幣業務所為之規定。

第五章　附則

第53條　本辦法有關外國銀行之規定，於經金管會核准在臺灣地區設立之大陸銀行分行準用之。

外匯收支或交易申報辦法

修正時間：民國107年11月13日

第1條　本辦法依管理外匯條例（以下簡稱本條例）第六條之一第一項規定訂定之。

第2條　中華民國境內新臺幣五十萬元以上等值外匯收支或交易之資金所有者或需求者（以下簡稱申報義務人），應依本辦法申報。

外國公司或外國有限合夥在中華民國境內依法辦理設立登記之全部分公司或分支機構，視為同一申報義務人，並以配發統一編號之首家分公司或分支機構名義辦理申報。

下列各款所定之人，均視同申報義務人：

一、法定代理人依第六條第二項規定代辦結匯申報者。

二、公司或個人依第八條第一項規定，以自己名義為他人辦理結匯申報者。

三、非居住民法人之中華民國境內代表人或代理人依第九條第二項規定代辦結匯申報者。

四、非居住民之中華民國境內代理人依第九條第三項規定代辦結匯申報者。

第54條　銀行業未依本辦法之規定辦理時，本行得依行政執行法之有關規定執行。

第55條　本辦法自發布日施行。

五、非前項所定之申報義務人，且不符合得代辦結匯申報之規定而為結匯申報者。

申報義務人辦理新臺幣結匯申報時，應依據外匯收支或交易有關合約等證明文件，誠實填妥「外匯收支或交易申報書」（以下簡稱申報書）（申報書樣式如附件），經由銀行業向中央銀行（以下簡稱本行）申報。

第3條　本辦法所用名詞定義如下：

一、銀行業：指經本行許可辦理外匯業務之銀行、全國農業金庫股份有限公司、信用合作社、農會信用部、漁會信用部及中華郵政股份有限公司。

二、外匯證券商：指證券業辦理外匯業務管理辦法所稱之外匯證券商。

三、公司：指依中華民國法令在中華民國組織登記成立之公司或外國公司在中華民國境內依法辦理設立登記之分公司。

四、有限合夥：指依中華民國法令在中華民國組織登記之有限合

夥或外國有限合夥在中華民國境內依法辦理設立登記之分支機構。

五、 行號：指依中華民國商業登記法登記之獨資或合夥經營之營利事業。

六、 團體：指依中華民國法令經主管機關核准設立之團體。

七、 辦事處：指外國公司在中華民國境內依法辦理設置之在臺代表人辦事處。

八、 事務所：指外國財團法人經中華民國政府認許並在中華民國境內依法辦理設置登記之事務所。

九、 個人：指年滿二十歲領有中華民國國民身分證、臺灣地區相關居留證或外僑居留證證載有效期限一年以上之自然人。

十、 非居住民：

(一) 非居住民自然人：指未領有臺灣地區相關居留證或外僑居留證，或領有相關居留證但證載有效期限未滿一年之非中華民國國民。

(二) 非居住民法人：指境外非中華民國法人。

第4條 下列外匯收支或交易，申報義務人得於填妥申報書後，逕行辦理新臺幣結匯。但屬於第五條規定之外匯收支或交易，應於銀行業確認申報書記載事項與該筆外匯收支或交易有關合約、核准函等證明文件相符後，始得辦理：

一、 公司、行號、團體及個人出口貨品或對非居住民提供服務收入之匯款。

二、 公司、行號、團體及個人進口貨品或償付非居住民提供服務支出之匯款。

三、 公司、行號每年累積結購或結售金額未超過五千萬美元之匯款；團體、個人每年累積結購或結售金額未超過五百萬美元之匯款。但前二款及第五條第四款之結購或結售金額，不計入其當年累積結匯金額。

四、 辦事處或事務所結售在臺無營運收入辦公費用之匯款。

五、 非居住民每筆結購或結售金額未超過十萬美元之匯款。但境外非中華民國金融機構不得以匯入款項辦理結售。

申報義務人為前項第一款及第二款出、進口貨品之外匯收支或交易以跟單方式辦理新臺幣結匯者，以銀行業掣發之出、進口結匯證實書，視同申報書。

第5條 下列外匯收支或交易，申報義務人應檢附與該筆外匯收支或交易有關合約、核准函等證明文件，經銀行業確認與申報書記載事項相符後，始得辦理新臺幣結匯：

一、 公司、行號每筆結匯金額達一百萬美元以上之匯款。

二、 團體、個人每筆結匯金額達五十萬美元以上之匯款。

三、 經有關主管機關核准直接投資、證券投資及期貨交易之匯款。

四、 於中華民國境內之交易，其交易標的涉及中華民國境外之貨品或服務之匯款。

五、 依本行其他規定應檢附證明文件供銀行業確認之匯款。

第6條 下列外匯收支或交易，申報義務人應於檢附所填申報書及相關證明文件，經由銀行業向本行申請核准後，始得辦理新臺幣結匯：

一、 公司、行號每年累積結購或結售金額超過五千萬美元之必要性匯款；團體、個人每年累積結購或結售金額超過五百萬美元之必要性匯款。

二、 未滿二十歲領有中華民國國民身分證、臺灣地區相關居留證或外僑居留證證載有效期限一年以上之自然人，每筆結匯金額達新臺幣五十萬元以上之匯款。

三、 下列非居住民每筆結匯金額超過十萬美元之匯款：

(一) 於中華民國境內承包工程之工程款。

(二) 於中華民國境內因法律案件應提存之擔保金及仲裁費。

(三) 經有關主管機關許可或依法取得自用之中華民國境內不動產等之相關款項。

(四) 於中華民國境內依法取得之遺產、保險金及撫卹金。

四、 其他必要性之匯款。

辦理前項第二款所定匯款之結匯申報者，應由其法定代理人代為辦理，並共同於申報書之「申報義務人及其負責人簽章」處簽章。

第7條 申報義務人至銀行業櫃檯辦理新臺幣結匯申報者，銀行業應查驗身分文件或基本登記資料，輔導申報義務人填報申報書，辦理申報事宜，並應在申報書之「銀行業或外匯證券商負責輔導申報義務人員簽章」欄簽章。

銀行業對申報義務人至銀行業櫃檯辦理新臺幣結匯申報所填報之申報書及提供之文件，應妥善保存備供稽核及查詢，其保存期限至少為五年。

第8條 公司或個人受託辦理新臺幣結匯並以自己之名義辦理申報者，受託人應依銀行業輔導客戶申報外匯收支或交易應注意事項有關規定及本行其他規定辦理。

除前項規定情形外，申報義務人得委託其他個人代辦新臺幣結匯申報事宜，但就申報事項仍由委託人自負責任；受託人應檢附委託書、委託人及受託人之身分證明文件，供銀行業查核，並以委託人之名義辦理申報。

第9條 非居住民自然人辦理第四條第一項第五款或第五條第三款之新臺幣結匯申報時，除本行另有規定外，應憑護照或其他身分證明文件，由本人親自辦理。

非居住民法人辦理第四條第一項第五款或第五條第三款之新臺幣結匯申報時，除本行另有規定外，應出具授權書，授權其在中華民國境內之代表人或代理人以該代表人或代理人之名義代為辦理申報；非居住民法人為非中華民國金融機構者，應授權中華民國境內金融機構以該境內金融機構之名義代為辦理申報。

非居住民依第六條第一項第三款及第四款規定，經由銀行業向本行申請辦理新臺幣結匯者，得出具授權書，授權中華民國境內代理人以該境內代理人之名義代為辦理申報。

第 10 條　下列申報義務人辦理新臺幣結匯申報，得利用網際網路，經由本行核准辦理網路外匯業務之銀行業，以電子文件向本行申報：

一、 公司、行號或團體。

二、 個人。

申報義務人利用網際網路辦理新臺幣結匯申報事宜前，應向銀行業申請並辦理相關約定事項。

銀行業應依下列規定受理網際網路申報事項：

一、 查驗申報義務人身分文件或基本登記資料。

二、 於網路提供申報書樣式及填寫之輔導說明。

三、 就申報義務人填具之申報書確認電子簽章相符後，依據該申報書內容，製作本行規定格式之買、賣匯水單媒體資料報送本行，並以該媒體資料視同申報義務人向本行申報。

四、 對申報義務人以電子訊息所為之外匯收支或交易申報紀錄及提供之書面、傳真或影像掃描文件，應妥善保存備供稽核、查詢及列印，其保存期限至少為五年。

第 11 條　申報義務人經由網際網路辦理第五條規定之新臺幣結匯時，應將正本或與正本相符之相關結匯證明文件提供予銀行業；其憑主管機關核准文件辦理之結匯案件，累計結匯金額不得超過核准金額。

申報義務人利用網際網路辦理新臺幣結匯申報，經查獲有申報不實情形者，其日後辦理新臺幣結匯申報事宜，應至銀行業櫃檯辦理。

第 12 條　申報義務人於辦理新臺幣結匯申報後，不得要求更改申報書內容。但有下列情形之一者，可經由銀行業向本行申請更正：

一、 申報義務人非故意申報不實，經舉證並檢具律師、會計師或銀行業出具無故意申報不實意見書。

二、 因故意申報不實，已依本條例第二十條第一項規定處罰。

依第四條第二項規定作成之結匯證實書如與憑以掣發之證明文件不符時，其更正準用第十三條第二項規定。

第13條　申報義務人之外匯收支或交易未辦理新臺幣結匯者，以銀行業掣發之其他交易憑證視同申報書。

申報義務人應對銀行業掣發之其他交易憑證內容予以核對，如發現有與事實不符之情事時，應檢附相關證明文件經由銀行業向本行申請更正。

第14條　依本辦法規定申報之事項，有事實足認有申報不實之虞者，本行得向申報義務人及相關之人查詢，受查詢者有據實說明之義務。

第15條　申報義務人故意不為申報、申報不實，或受查詢而未於限期內提出說明或為虛偽說明者，依本條例第二十條第一項規定處罰。

第16條　對大陸地區匯出匯款及匯入匯款之申報，準用本辦法規定；其他應遵循事項依臺灣地區與大陸地區人民關係條例及其相關規定辦理。

臺灣地區人民幣收支或交易之申報，除本行另有規定外，準用本辦法之規定。

第16-1條　外匯證券商受理外匯收支或交易之申報，除本行另有規定外，準用本辦法有關銀行業之規定。

有限合夥之申報，準用本辦法及其他有關公司之申報規定。

第17條　本辦法自發布日施行。

外匯詞彙

1. **Cable Transfer（電匯）**：從一個中心到另一個中心用電報轉移資金。現在是銀行間電子資金轉移的同義詞。

2. **Cable**：外匯市場中稱呼美元／英鎊的術語。

3. **Call Option（買權）**：賦予買權投資人在約定期間內，執行購買特定數量標的物之權利，但非義務。

4. **Capital Account（資本帳戶）**：一個國家長期和短期引進和輸出資本的合稱。

5. **Carry（利率差價）**：持有融資證券或其它金融工具的利率費用。

6. **Carry-Over Charge（結轉費用）**：從一個交割日到另一個交割日儲存商品（或外匯合約）所需的融資費用。

7. **Cash（現金交易）**：通常指交易履約日約定結算的外匯交易。這個術語主要用於北美市場和那些因時區不同而依賴北美市場外匯服務的國家，例如拉丁美洲。在歐洲和亞洲，現金交易通常被指作當天交易的價值。

8. **Cash and Carry（現貨和期貨）**：購買當天的資產和出售此資產的期權。現貨和期貨可以透過出售資產和買進期權而互相轉換。

9. **Cash Settlement（現金結算）**：結算期權合約的程式，其中將支付期權和市場價格之間的現金差異，而不是實際交割。

10. **CBOE**：芝加哥期權交易所。

11. **CBOT or CBT（CBOT 或CBT）**：芝加哥期貨交易所。

12. **Central Bank（中央銀行）**：中央銀行為本國政府和商業銀行提供金融和銀行服務。它也透過改變利率實施政府的貨幣政策。

13. **Central Rate（中心匯率）**：歐洲貨幣體系（EMS）內採用的每種貨幣兌換歐洲貨幣單位（ECU）的匯率。貨幣根據相應浮動區間在中心匯率一定範圍內浮動。

14. **Certificate of Deposit（CD）（定期存單）**：由一個商業銀行發行的以憑票即付形式作為存款證據的可轉讓存款證明，上面寫著到期價值、到期日和應付利率。CD的到期日從幾個星期到幾年不等。
CD通常可在到期日前只以在二級市場上出售的形式償還，但也可以向發行銀行支付罰金後贖回。

15. **CHAPS**：清算交易所自動付款系統。

16. **Chartist（圖表專家）**：圖表專家研究歷史資料的圖形和圖表，以便能找到趨勢並預測未來的趨勢逆轉。這包括對圖表特定形狀和特點的觀察以得出阻力價位、頭和肩的形狀和被認為指示趨勢逆轉的雙底或雙峰形狀。

17. **CHIPS**：紐約清算所清算系統。（清算所銀行間付款系統）。多數歐元交易透過這個系統清算和結算。

18. **CIBOR**：哥本哈根銀行同業拆借率，是銀行在不安全的基礎上貸出丹麥克朗的利率。這個利率由丹麥國家銀行（丹麥的中央銀行）基於丹麥銀行家聯合會設置的原則每天計算而來。

19. **Closed Position（關單價位）**：一個交易的執行使其對特定貨幣的市場給出零承諾。

20. **Closing Purchase Transaction（平買入倉交易）**：購買和已出售期權等同的一個期權，以清算一個頭寸。

21. **CME**：芝加哥商品交易所。

22. **Desk（交易室）**：指交易特定貨幣或其它貨幣的團隊。

23. **Details（細節）**：完成一個外匯交易所需的所有資訊，即名稱、利率、日期和交割點。

24. **Devaluation（貶值）**：通常因官方公告引起的一種貨幣幣值對另一種貨幣幣值的刻意下調。

25. **Direct Quotation（直接報價法）**：報價時以一定單位的外國貨幣折合成若干數額的本國貨幣。

26. **Discount（貼水）**：少於即期價格。例如：遠期貼現。

27. **Discount Rate（貼現率）**：匯票被貼水的利率。特指中央銀行準備對金融機構的一些匯票貼現的利率，這是一種緩解資金壓力的手段，更精確的叫法是官方貼現率。

28. **Domestic Rates（國內利率）**：適用於本國內存款的利率。因為稅收和不同的市場活動，在歐洲的歐元存款的價值和面值可能不同。

29. **Delivery（交割）**：交易雙方過戶交易貨幣的所有權的實際交付行為。

30. **Delivery Date（交割日期）**：合約的到期日，即透過交換貨幣最後清算交易的日期。這個日期更常用的叫法是到期日。

31. **Delivery Risk（交割風險）**：描述當交易對方不能完成己方交易時的術語。這種風險在店頭市場交易時非常高，沒有交易所作為合約雙方交易的擔保。

32. **Day Order（當日有效訂單）**：如果不在指定的日子執行便自動取消的訂單。

33. **Day Trading（日內交易）**：又稱當日沖銷，是金融市場上的一種交易行為，指在同一日買進及賣出同一檔金融商品的投機式交易。

34. **Deal Date（交易日期）**：約定的交易發生日期。

35. **Deal Ticket（買賣盤紙）**：紀錄一個交易基本資訊的主要方法。

36. **Dealer（交易商）**：在交易中充當委託人或者交易對方角色的人。投放買入或賣出定單，希望能從中賺取差價（利潤）。與之不同的是，經紀人是一個人或公司作為中間人為買賣雙方牽線搭橋而收取傭金。

37. **Expiration Day（到期日）**：選擇權買方必須決定是否行使買權或賣權。

38. **Counterparty（交易對手）**：執行外匯交易對應的客戶或銀行。

重要名詞解釋

1. **購買力平價**：一種根據各國不同的價格水準計算出來的貨幣之間的等值係數，是指貨幣透過匯率在兩地之間兌換後，仍然能夠購買相同的貨品（購買力不變）。

2. **國際費雪效果**：國際費雪效果主張各國間之實質利率皆相同，故兩國貨幣市場之名目利率差等於兩國通貨膨脹率之差。

3. **絕對購買力平價**：一國貨幣的價值及對它的需求是由單位貨幣在國內所能買到的商品和勞務的量決定的，即由它的購買力決定的，因此兩國貨幣之間的匯率可以表示為兩國貨幣的購買力之比。而購買力的大小是透過物價水平體現出來的。

4. **相對購買力平價**：相對購買力平價是指不同國家的貨幣購買力之間的相對變化，是匯率變動的決定因素。認為匯率變動的主要因素是不同國家之間貨幣購買力或物價的相對變化；當兩國購買力比率發生變化。則兩國貨幣之間的匯率就必須調整。

5. **一價定律**：假設其他條件不變，在有效率市場的情況下，任何同質物品的價值應相同。

6. **大麥克指數**：大麥克指數是一個非正式的經濟指數，用來評估各國匯價及購買力水準的指數。

7. **名目利率**：名目利率是以在借款期間獲得或支付利息的數額計算的利息。

8. **實質利率**：計算其所獲得利息的購買力，是將名目利率以通膨率來做調節。

9. **利率平價理論**：當一國利率上升而物價保持不變，表示該國金融資產的實質報酬率同步上升，投資人為了投資該國金融資產，將以其他貨幣兌換該國貨幣，導致該國貨幣升值。

信託業務｜銀行內控｜
初階授信｜初階外匯｜
理財規劃｜保險人員用書

千華出品
有口皆碑

2F011091	圖解速成防制洗錢與打擊資恐法令與實務	金永瑩	390元
2F021091	初階外匯人員專業測驗重點整理+模擬試題	蘇育群	410元
2F031091	債權委外催收人員專業能力測驗重點整理+模擬試題	王文宏 邱雯瑄	470元
2F051091	無形資產評價師(初級、中級)能力鑑定速成	陳善	390元
2F061091	證券商高級業務員(重點整理+試題演練)	蘇育群	610元
2F071091	證券商業務員(重點整理+試題演練)	金永瑩	590元
2F081101	金融科技力知識檢定(重點整理+模擬試題)	李宗翰	390元
2F091101	風險管理基本能力測驗一次過關	金善英	470元

2F141101	防制洗錢與打擊資恐(重點整理+試題演練)	成琳	400元
2F621081	信託業務專業測驗考前猜題及歷屆試題	龍田	560元
2F791101	圖解式金融市場常識與職業道德	金融編輯小組	370元
2F811101	銀行內部控制與內部稽核測驗焦點速成+歷屆試題	薛常湧	490元
2F851101	信託業務人員專業測驗一次過關	蔡季霖	650元
2F861081	衍生性金融商品銷售人員資格測驗一次過關	可樂	430元
2F881101	理財規劃人員專業能力測驗一次過關	可樂	530元
2F901091	初階授信人員專業能力測驗重點整理+歷年試題解析二合一過關寶典	艾帕斯	470元
2F911081	投信投顧相關法規(含自律規範)重點統整+歷年試題解析二合一過關寶典	陳怡如	470元
2F931101	外匯交易專業能力測驗(重點速成+模擬試題)	高瀅	430元
2F941101	人身保險業務員資格測驗(重點整理+試題演練)	陳宣仲	390元
2F951101	財產保險業務員資格測驗(重點整理+試題演練)	楊昊軒	490元
2F961081	投資型保險商品第一科(含投資型保險商品概要、金融體系概述)	周大宇	330元
2F981091	投資型保險商品第二科(含投資學概要、債券與證券之評價分析、投資組合)重點整理+試題演練	陳宜	360元
2F991081	企業內部控制基本能力測驗(重點統整+歷年試題)	高瀅	450元

歡迎至千華網路書店選購
服務電話 (02)2228-9070

千華網路書店

更多網路書店及實體書店

 博客來網路書店　 PChome 24hr書店　三民網路書店
MOMO 購物網　金石堂網路書店　 誠品網路書店

查詢實體書店

頂尖名師精編紙本教材

超強編審團隊特邀頂尖名師編撰，
最適合學生自修、教師教學選用！

千華影音函授

超高畫質，清晰音效環
繞猶如教師親臨！

TTQS 銅牌獎

多元教育培訓
數位創新

現在考生們可以在「Line」、「Facebook」
粉絲團、「YouTube」三大平台上，搜尋【千
華數位文化】。即可獲得最新考訊、書
籍、電子書及線上線下課程。千華數位
文化精心打造數位學習生活圈，與考生
一同為備考加油！

實戰面授課程

不定期規劃辦理各類超完美
考前衝刺班、密集班與猜題
班，完整的培訓系統，提供
多種好康講座陪您應戰！

遍布全國的經銷網絡

實體書店：全國各大書店通路

電子書城：

Google play、Hami 書城 …
Pube 電子書城

網路書店：

千華網路書店、博客來
MOMO 網路書店…

書籍及數位內容委製
服務方案

課程製作顧問服務、局部委外製
作、全課程委外製作，為單位與教
師打造最適切的課程樣貌，共創
1+1＝無限大的合作曝光機會！

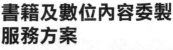

多元服務專屬社群

千華官方網站、FB 公職證照粉絲團、Line@ 專屬服務、YouTube、
考情資訊、新書簡介、課程預覽，隨觸可及！

~~ 不是好書不出版 ~~
最權威、齊全的國考教材盡在千華

千華系列叢書訂購辦法

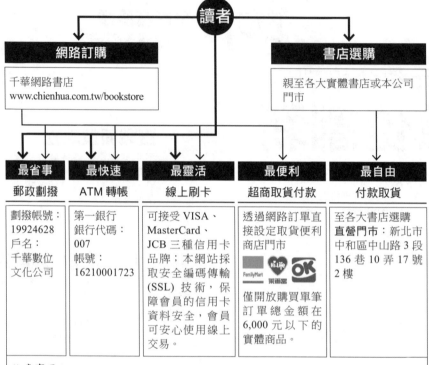

讀者

網路訂購
千華網路書店
www.chienhua.com.tw/bookstore

書店選購
親至各大實體書店或本公司門市

最省事	最快速	最靈活	最便利	最自由
郵政劃撥	ATM 轉帳	線上刷卡	超商取貨付款	付款取貨
劃撥帳號：19924628 戶名：千華數位文化公司	第一銀行 銀行代碼：007 帳號：16210001723	可接受 VISA、MasterCard、JCB 三種信用卡品牌；本網站採取安全編碼傳輸(SSL) 技術，保障會員的信用卡資料安全，會員可安心使用線上交易。	透過網路訂單直接設定取貨便利商店門市 FamilyMart Hi-Life萊爾富 OK 僅開放購買單筆訂單總金額在6,000 元以下的實體商品。	至各大書店選購 **直營門市**：新北市中和區中山路 3 段 136 巷 10 弄 17 號 2 樓

注意事項：

1. 單筆訂單總額 499 元以下郵資 60 元；500~999 元郵資 40 元；1000 元以上免付郵資。

2. 請在劃撥或轉帳後將收據傳真給我們 (02)2228-9076、客服信箱：chienhua@chienhua. com.tw 或 LineID:@chienhuafan，並註明您的姓名、電話、地址及所購買書籍之書名及書號。

3. 請您確保收件處必須有人簽收貨物 (民間貨運、郵寄掛號)，以免耽誤您收件時效。

訂單及匯款確認

收到產品

我們接到訂單及確認匯款後，您可在三個工作天內收到所訂產品 (離島地區除外)，如未收到所訂產品，請以電話與我們確認。

※ 團體訂購，另享優惠。請電洽服務專線 (02)2228-9070 分機 211,221

千華數位文化
Chien Hua Learning Resources Network

國家圖書館出版品預行編目(CIP)資料

外匯交易專業能力測驗(重點速成+模擬試題) / 高瀅編
　著. -- 第二版. -- 新北市 ： 千華數位文化, 2020.09
　　面 ；　公分
　ISBN 978-986-520-100-5 (平裝)

　1.外匯交易　2.外匯投資　3.投資技術

　563.23　　　　　　　　　109012517

外匯交易專業能力測驗
(重點速成＋模擬試題)

編 著 者：高 澄

發 行 人：廖 雪 鳳
登 記 證：行政院新聞局局版台業字第 3388 號
出 版 者：千華數位文化股份有限公司
　　　　　地址／新北市中和區中山路三段 136 巷 10 弄 17 號
　　　　　電話／ (02)2228-9070　　傳真／ (02)2228-9076
　　　　　郵撥／第 19924628 號　千華數位文化公司帳戶
　　　　　千華公職資訊網：http://www.chienhua.com.tw
　　　　　千華網路書店：http://www.chienhua.com.tw/bookstore
　　　　　網路客服信箱：chienhua@chienhua.com.tw

法律顧問：永然聯合法律事務所
編輯經理：甯開遠
主　　編：甯開遠
執行編輯：尤家瑋
校　　對：千華資深編輯群
排版主任：陳春花
排　　版：翁以健

出版日期：2020 年 9 月 20 日　　　　第二版／第一刷

本書如有勘誤或其他補充資料，
將刊於千華公職資訊網　http://www.chienhua.com.tw
歡迎上網下載。